| **中情局局长自述**：后9·11时代的反恐情报战争 | PLAYING TO THE EDGE
AMERICAN INTELLIGENCE IN THE AGE OF TERROR |

中情局局长自述

后 9 · 11 时代的反恐情报战争

[美] 迈克尔 · 海登 / 著
刘苗苗 / 译

金城出版社
GOLD WALL PRESS
中国 · 北京

图书在版编目（CIP）数据

中情局局长自述: 后9·11时代的反恐情报战争/（美）迈克尔·海登著; 刘苗苗译. –北京 : 金城出版社, 2021.4

书名原文: PLAYING TO THE EDGE

ISBN 978-7-5155-1724-7

Ⅰ. ①中… Ⅱ. ①迈… ②刘… Ⅲ. ①中央情报局（美国）–研究 Ⅳ. ①D771.236

中国版本图书馆CIP数据核字（2018）第 205863 号

中情局局长自述: 后9·11时代的反恐情报战争

著　　者 [美] 迈克尔·海登

译　　者 刘苗苗

策划编辑 李铁武

责任编辑 李明辉

责任校对 岳　伟

责任印制 李仕杰

开　　本 710 毫米 × 1000 毫米　1/16

印　　张 24.5

字　　数 320 千字

版　　次 2021 年 4 月第 1 版

印　　次 2021 年 4 月第 1 次印刷

印　　刷 天津旭丰源印刷有限公司

书　　号 ISBN 978-7-5155-1724-7

定　　价 78.00元

出版发行 **金城出版社** 北京市朝阳区利泽东二路3号　邮编：100102

发 行 部（010）84254364

编 辑 部（010）84250838

总 编 室（010）64228516

网　　址 http: //www.jccb.com.cn

电子邮箱 jinchengchuban@163.com

法律顾问 北京市安理律师事务所 18911105819

献给我的妻子珍妮，她不但和我承担了
同样的压力，而且付出更多。

目 录

前　言

著书缘起

走出光线昏暗的指挥中心，眼睛由于长时间盯着刺眼的数字屏幕，澳大利亚内陆那灼灼烈日此刻显得尤为刺眼。这里是澳大利亚松树谷美军基地，地处偏远，荒无人烟。首先乘机抵达当地机场，然后抄近路来到高速干道，你会看到一块道路交通标志牌。标志牌标得很清楚，右前方 10 公里是爱丽丝泉，那是距松树谷最近的城镇。倘若左转，要直行 450 公里才能抵达下一个重要地标——几近神秘的艾尔斯岩（乌鲁鲁巨石）。

大家纷纷伸手遮挡灼眼的日光，我转向身旁的澳大利亚国家安全局局长，询问他是否考虑过向公众，尤其是那些攻击他的批评者，解释我们刚刚在作战中心亲眼看见的工作内容。事实上，我隐晦的意思是，“您是否愿意将我们工作的具体内容公之于众”，他迅速给了我肯定的答复。

那些批评者、观察家以及普通公民对情报工作并不熟悉，但他们想要了解，也理应知道得更多。本书撰写的目的之一就是为他们揭秘美国的情报机构。

当然，让读者朋友到澳洲松树谷基地参观并不现实，但我们可以走向幕后，了解那些不为人知的细节。接下来我将竭尽全力告诉你们美国情报部门代表美国人民的意志都做了哪些工作。它和你们熟知的美剧和电影不同，没有《24 小时》中的杰克 · 鲍尔，也没有《谍影重重》中的杰森 · 伯恩。情报人员大都工作勤恳而投入，值得我们的理解和欣赏，甚至偶尔的批评和指责。本书将以回忆录的形式，讲述我亲眼看见的那些故事；至于书中提到的那些人物，这也是他们的故事。

当然，凡事皆有度。由于工作性质原因，我无法做到知无不言，要谨守保密原则。坦白讲，诸如此类的限制实在太多，一旦披露会不利于我当前热爱的工作，甚至会伤害到我们整个国家的利益。但我会在中情局出版物审查委员会的许可范围内，谨慎地为你们道出尽可能多的内情。

虽然担任过美国预备役军官训练营教官，也有过几段从政经历，我仍然可以被称为职业情报人员：在美国战略空军司令部总部负责解读卫星影像，军衔中尉；在关岛辅助美军在东南亚地区的波音 B-52 战略轰炸行动；担任驻韩空军战术战斗机联队的情报主管；以空军武官的身份在保加利亚共和国公开搜集情报；两次巴尔干战争期间，指导驻欧美军的情报工作；担任得克萨斯州美国空军基地的情报指挥官。

上述诸多工作，本人乐在其中，但这不是本书讲述的重点。本书将着重讲述我情报工作生涯的最后 10 年。在这辉煌的 10 年，我先后担任美国国家安全局局长、国家情报第一副总监以及中央情报局局长。

1999 年至 2009 年的 10 年，国际局势动荡，政坛风云变幻，不可避免地波及情报工作。本书将叙述担任上述职务时本人的亲身经历，从中可以窥视到情报工作与政策决定者之间重要而微妙的关系，以及与国会监管千丝万缕的联系。

书中还有一个到三个章节讲述政府的官僚主义。毕竟，我负责领导的情报机构的预算多达几十亿美元，遍布全球各地的情报人员成千上万。由此，行动组织、财政预算以及人员调动都并非出自他们本意，只是为了圆满完成任务。打击体制中的不良作风是美国情报界 10 多年来的夙愿。

但凡有大型机构管理经验的人都不难明白，那些高层，例如首席执行官、指挥官以及总监，权限也颇为有限。他们可以动用（或申请）资金，进行人事调动，对员工进行裁减、督促或激励，仅此而已。我曾多次感叹要想读完一本管理学或领导力著作难度太高，却丝毫没有察觉自己实际积累了大量这方面的经验。

接下来，书中提到的间谍活动与秘密行动或许会让你毛骨悚然。其实由于保密原因，有些内情无法在书中全部道来。这些惊悚的部分大多与恐怖主义有关，毕竟国安局与中情局以打击全球的恐怖主义为己任，因此后文还会出现其他话题。

本书的记述基本遵循时间顺序，先后贯穿国安局、国家情报总监办公室和中情局三个部门。讲述具体事件时，我有时采用正叙，有时采用倒叙。以“网络领域”一章为例，我原本应该从自己在国安局的工作经历讲起，但为了把故事说得更明白，我不得不从 20 世纪 90 年代得克萨斯州的工作讲起，并向后追溯到中情局工作的全部经历。

既然这是本回忆录，讲述的重点理应是过去，就不可避免地会涉及引渡、拘禁、审讯以及被公众严重误解的“国内监控事件”等话题。撰写本书时，我吃惊地发现多年的情报工作让自己更加向往未来，向往新生的网络领域带来的挑战。这个领域充满了冲突与合作，其重要程度以小时的速度递增。

更重要的是，在美国人民对政府的信任度下降而全球范围内威胁指数却在猛增的当下，更吸引我的是如何妥善处理国家的间谍活动与人民的关系。

本人对拙作颇有王婆卖瓜的嫌疑。但不得不说，抛开那些不足，我们的情报工作完成得相当圆满，但仍需努力。世界并不和平，人民并不安全，谍报活动依然是我们的当务之急。

重任在肩，故而我为本书取名为 PLAYING TO THE EDGE，旨在利用一切可用的工具与资源，像优秀的运动员充分利用赛场的边界与底线那样，完成自己的责任。

谍报工作向来惹人非议。我时常担心因为公众对情报部门不理解、不支持而最终无法进行。因此，我将用心讲好下面的故事，这是我和上千位情报人员的真实经历。

最后，我想说，能为伟大的情报事业尽自己的一份绵薄之力，本人深感荣幸。

第一章

系统瘫痪

马里兰州米德堡，1999—2000 年

故事发生在一个天寒地冻的周一傍晚，我正在家里看电视新闻播报，突然接到电话，说电脑出了问题。软件故障导致国家安全局的电脑系统全面瘫痪。

“说明白点，”我在安全电话线路上询问值班员，“到底出了什么问题？”

“国安局的电脑系统全面瘫痪。”

系统瘫痪是因为超负荷运转。技术人员后来向我解释问题原因时称，现有的系统配置无法承受“数据风暴”。仅数据的采集量就远远超过国安局网络的最初配置，这就好比附近的切萨皮克湾的码头、防波堤和海堤，倘若不够牢固，就无法矗立在强劲的东北风中。

系统瘫痪的责任不全在我。近年来，国安局财政预算吃紧，人员精简，基础设施陈旧，极少录用新人。我们费尽心思让系统保持运转，连我们自己都不清楚这个乱糟糟的系统如何维持运行。如今系统瘫痪，想找张可以参考的布线图都不容易。不妨设想下，将达伦·麦克加文饰演的电影人物放到电影《圣诞故事》中的圣诞树上，是的，就是这么不合时宜。以此描述我们当前的处境最为恰当。

那天是 2000 年 1 月 24 日。当时，我身为三星空军将军，在美国规模最大、权力最大的情报机构国家安全局局长的位子上刚刚坐满 10 个月。虽然还是个新手，但无须值班员解释，我也明白问题的严重性。

信号情报（SIGINT），是个连续过程，相当于一条谍报活动生产线，每天24小时不间断进行情报搜集、加工、分析与报送。此刻，遍布世界的卫星和地面信息采集站依然在拦截通信，它们采集的海量电话、传真和无线电信号依然涌入存储缓冲器。然而，一旦存入，数据就会被冻结，不能移动，也不能读取。用不了多久，情报使用者就会注意到出了问题，因为他们的显示器出现频闪或根本无法显示。总而言之，国安局现在处于脑死亡状态。

情急之下，我与中情局局长乔治·特尼特在安全线路上通了电话，向他汇报电脑系统全面瘫痪。显然，我们对此束手无策，只能坐等技术人员排查故障。乔治和我知道很多国家机密，如今我们要共同保守一个新的秘密。系统瘫痪的消息一旦被萨达姆·侯赛因或者奥萨马·本·拉登之流的恐怖分子得知，后果将不堪设想。

第二天一大早，一场暴风雪席卷整个华盛顿，联邦政府被迫关闭，我们则趁机召集了大批的计算机工程师与技术人员。趁员工们在家休息，我们要抓紧时间让瘫痪的国安局恢复正常。我们争分夺秒地工作了两天两夜，但仍毫无进展，这不由得让人感到绝望。周四早上，在家休整了两天的数学家、语言学家以及情报分析员正常到岗，但他们发现所有入口和刷卡器上都贴着手写的便条："系统目前存在间歇性故障，登录前请与上级主管联系。"我们给出的解释轻描淡写。

此时此刻，系统瘫痪已成为实实在在的安全危机。中午时分，在紧急召开的员工代表大会上，我在国安局弗里德曼礼堂（以美国密码学先驱威廉与伊丽莎白·弗里德曼夫妇命名）亲口将这个坏消息告诉了局里数千名员工，那些没有到场的工作人员观看了闭路电视直播。宣布完这个残酷的通知，我真诚地说："我们在座的每个人都是国家机密的守卫者。一旦走漏风声，就会使我们的人民置于更加危险的境地。那些觊觎美国领土和人民的不法分子会更加丧心病狂。这绝对不能成为你们茶余饭后的谈资。'亲爱的，你猜今天国安局出什么大事了'这样的谈话永远不要开始，这是机密，出了国安局我们要对此守口如瓶。"

这次系统崩溃恰如其分地描述了国安局当前急需改革的处境。无可否认，计算机设备陈旧让人头疼，但现实比这更糟糕。

国安局亟须变革。由于在第二次世界大战期间破解密码立下赫赫战功，1952 年，美国总统杜鲁门一纸密令成立国家安全局。在很多人看来，从获取情报的数量和质量上，信号情报远比人力情报和卫星影像更有价值。

但事实并非如此。识破间谍的确很难，但我们的监听目标只要轻松地挂断电话就能让我们精心设计的监听计划功亏一篑。此外，由于通信的窃听与破解乃高度机密，国安局将保密工作做到了极致。虽然成立了几十年，大多数美国人还不知道它的存在。

后来，很多人以一种糟糕的方式听说了它的存在。1975 年，以参议员弗兰克 · 丘奇为首的情报委员会披露国安局僭越了杜鲁门总统的授权，对国内诸多名流进行秘密监视，包括简 · 方达、（乡村歌手）琼 · 贝兹以及（著名儿科医生）本杰明 · 斯波克。

这份监听名单曝光后，美国政府针对国安局的行动权限制定了严格的法律条文，尤其是那些被国安局称为“美国人”的特殊人群，包括美国境内的所有人以及美国境外的所有美国公民。此后多年，国安局严格遵守这些规定，但在多年之后再次遭到指责，原因是行动过于小心谨慎。

国安局之所以能在“冷战”期间大获全胜，除了预算充足与技术优越，还有个重要原因，那就是主要对手只有苏联，而后者显然在预算与技术方面远远落后于美国。1991 年，苏联解体，两极格局瓦解，世界向多极化发展。与曾经的辉煌年代相比，如今的国安局仍然是马里兰州雇员人数最多的机构，人数和 20 世纪 90 年代基本持平，财政预算却削减了将近三分之一。我们面临的对手也不再是国力薄弱、行动效率低下、技术落后的政治寡头苏联，而是行踪飘忽不定的恐怖团伙、贩毒集团以及流氓国家。他们个个使用手机、网络以及各种现代通信工具，更不要提还有俄罗斯、中国与朝鲜这些传统意义上的对手。

越来越多的通信经过新型的商业加密，要想破译无异于天方夜谭。另一方面，在全球范围内，光纤宽带正在以每小时数百公里的速度进行铺设，越来越多的信息交流通过光缆飞速传播，使得窃听难上加难。现代社会的海量数据流令国安局应接不暇。

当下，私营企业与商业投资推动技术的更新换代，而国安局由于太过推崇保密，与活力四射的市场几乎脱节。1999 年，美国众议院特别情报委员会宣称国安局“问题一大堆”，资金短缺，领导团队出现断层。我与该情报委员会主席波特 · 戈斯首次会见，他就提醒我：“将军，你要将这些恐怖分子一网打尽。”

与此同时，社会上那些自由论者、倡导保护公民隐私的激进分子、提供加密服务的企业、欧洲议会以及成百上千，甚至成千上万的欧洲人来势汹汹地质疑美国国安局是否有存在的必要。引用美国公民自由联盟官网的原话，国安局将“对世界人民的个人隐私构成威胁”。

1997 年，在我担任国安局局长两年前，欧洲议会便委托第三方对梯队系统（Echelon）进行调查。调查报告显示，国安局与其盎格鲁—撒克逊伙伴们可以对欧洲的传真、电话与邮件实施拦截与监听，趁机窃取欧洲公司的商业机密，并将窃取的机密提供给他们的竞争对手。

抛开这些商业性质的间谍活动，欧洲人还担心他们的个人隐私受到侵犯。虽然美国律法规定国安局不得将美国公民列为监控对象，但外国公民并不包含在内。截至 1999 年，这场论战成功地争取到美国那些公民自由意志论者，他们担心美国人民再次受到国安局的监控。

非常具有讽刺意味的是，国安局同时受到双重指控，既指责它无法无天，又指责它无所作为。国安局是个聋子，但这个聋子却在阅读你的每一封电子邮件。

那次电脑系统崩溃只能证明国安局技术落后，官僚主义严重。员工代表大会结束后，我召集全局最优秀的技术专家与工程师，告诉他们系统修复无望的现状。同时，因为无法及时获取情报，递交给白宫的《总统每日简报》开始严重缩水。

事实上，约有三分之一的信号情报生产尚在继续，这是由盟友及部分美国能自行处理情报的情报采集站生产的。但剩下的三分之二就静静地躺在国安局的系统缓存里。

尽管距中情局局长特尼特规定的期限还很宽裕，但国安局的气氛愈发变得压抑。身为国安局人，大家心知肚明，他们在这里工作多年，比我更能理解事情的严重性。

周四晚上，系统修复出现转机，那天恰巧也是我结婚32周年纪念日。得知计算机系统出现好转，我带上妻子珍妮到弗雷德里克西边一家名叫“石头庄园”的餐厅共进晚餐。回家路上，我的手机接到技术部副主任鲍勃·史蒂文斯的来电，说有要事汇报。回家后，我在安全电话线路上给他回电。

那时，电脑系统瘫痪已超过72小时。史蒂文斯告诉我，目前系统恢复了四分之一，但他认为技术人员努力的方向有些问题。

此次修复涉及多个节点，每个节点连接着多位客户。目前的维修方案是将这些节点按照重要级别逐个进行恢复。系统正在恢复是好事，但坏消息是即使恢复正常，也不会维持太久。恢复后的系统极不稳定，随时有可能再次瘫痪，按照这个思路修复只能是死路一条。

鲍勃建议对系统全面大换血，从零开始。他需要对每个节点适当调整，使它们日后互相兼容，而不仅仅是解决眼下问题。

我对鲍勃的提议表示认可。他将系统全部关闭，安装了更大存储量的电脑硬件，并对软件进行全面升级。周五早上，瘫痪多时的系统终于恢复生机。

周五晚，中情局局长乔治·特尼特与副局长约翰·戈登将军来访，对大家的辛苦工作当面表示感谢。经过这几天的彻夜奋战，他们个个累得脸色发乌，双眼无神。乔治尤其擅长鼓舞士气，他发自内心地表达诚挚的谢意，感动了在场的每一个人。信号情报界，美国又回来啦！

说到乔治，我欠他不少人情。每当在工作上遇到难题，我就会找他，他就是我的传声筒、扩音器以及缓冲器。乔治是一个缓冲器。当暴风雪肆虐，机场与国安局之间的路面交通被切断，他手下的空中支援穿越暴风雪，将滞留机场的零部件及时交到我们手里。事后，我接见了那些小伙子，他们是美国空军的宝贵财富，经历过越南战争的洗礼。

第二天是周六，足迹遍布全球的美国信号情报部门国安局开工。当务之急是处理这几日挤压的情报。所有信息都恢复如初，被好好地缓存在采集点。（不难想象，倘若真如有些人所言，我们收集所有数据，那我们的采集点需要多大容量的存储空间？这种内在矛盾没有人注意到。）

地面仍然覆盖着半米深的积雪，我当即决定和妻子在米德堡的 36 洞高尔夫球场来个越野滑雪，放松这几天紧绷的神经。临近黄昏，当我和珍妮正沿着大路滑行，一辆国安局巡逻车跟了上来，停靠在我们前方。一个官员从驾驶座上钻了出来，望着我说："局长先生，我需要带您回到作战中心。"

回想自己上次被警车拦住还是我 13 岁那年。没办法，我把身上滑雪的家伙卸下来，扔进后备厢，将珍妮留在冰天雪地里独自滑回去。

美国广播公司新闻部有个叫约翰·麦克韦西的家伙不知从哪儿得到消息，知道了这次国安局电脑崩溃的前因后果。我之前要求大家保密，但他们不可能永远守口如瓶，这件事终究会被更多的人知道。麦克韦西准备在当天的晚间新闻中予以曝光，他本人希望能和我谈谈。

迫于压力，特尼特批准了这次会谈。我向麦克韦西证实，国安局的计算机系统的确瘫痪整整 72 小时，但目前已经恢复正常。

麦克韦西则表示质疑："听起来很不错，但我怎么知道你说的就是事实？"

"如果我在说谎，系统还在恢复中，肯定不会接你的电话。"

"有道理。"

这天晚上，我认真观看了这次事件的相关报道。

系统崩溃的小插曲让我更清楚地认清自己当前的困境。之前的我太过谨慎。国安局是美国人民的财富，我的首要任务曾是不要造成伤害。这让我明白，放手一搏固然危险，停止不前也并不安全。

倘若当时能够预测一年半后我们会面对什么，我当时会更加无畏地进行改革。后来的经历告诉我，谨慎不一定就是美德。

第二章

国家财富……还能坚持多久?

马里兰州米德堡，2001—2005 年

我曾描述国安局是一艘“配有小舵的大船”。我还应该补充一点，“仅配备了临时船长和临时领航员”。

我从没想过自己有朝一日能成为国安局局长。1998 年，我在韩国只是个联合国与美国驻韩部队的副参谋长，听命于得州的美国空军空中情报署。当时的岗位与情报工作无关。身为副参谋长，我尽职尽责，使美军将领在汉城的工作正常有序，与韩国盟友保持联络，并以联合国官员的身份在板门店与朝鲜进行和谈。

这就是我以前的生活。直到那个秋高气爽的早晨，我起床后正在梳洗，突然被妻子喊着接电话，电话那头是空军参谋长迈克·赖安。

我拿起听筒，里面传来熟悉的称谓“小迈克”。数年前，在我负责美军驻欧情报工作时与迈克·赖安结识，那时他负责巴尔干半岛的空战。“小迈克”是他那时对我的昵称。

“小迈克，我们准备提名你来担任国安局局长，但不一定获任，我们负责把你带到圈子里，你呢，权当是熟悉熟悉环境，等到明年夏天国防情报局局长的位置空出来，再走马上任。这才是我们瞄准的目标。”

如此说来，国安局局长的位子还不是十拿九稳，但这至少表明参谋长认为我的工作干得不错，我也非常乐意回家一趟。说是回家，其实就是绕着地球四处飞。我先到了夏威夷，接受晋升选拔委员会的审核；接下来到华盛顿，进行入职面试；最后因为朝鲜方面要求与中国、美国、韩国代表进行四方会谈，我返回汉城之前不得不飞到瑞士日内瓦。

我的国安局局长入职面试只有一轮，面试官是乔治·特尼特，地点在马里兰州东海岸的怀依河种植园。特尼特当时正忙着在巴勒斯坦领导人亚西尔·阿拉法特和以色列总理本雅明·内塔尼亚胡之间穿梭，希望他们能就中东问题达成和解。

我从华盛顿的波林空军基地登机，落地后便看到好多间谍电影中特工标配的黑色雪佛兰萨博班。浩浩荡荡的车队穿过切萨皮克湾大桥，安保特遣小队将我送到怀依河种植园的住所倒时差。

一小时后，乔治精神抖擞地走了进来，丝毫看不到被巴以问题搞得头昏脑涨的样子。我以前没见过他，但谈话很轻松。我们谈论了美国情报工作的整体形势，重点谈了国安局。因为从未在国安局工作过，我只能参照1996—1997 年间我在空军空中情报署的工作经验。

大约一个月后，回到汉城的我得知我即将成为下一任国安局局长。我不确定自己是否彻底征得布什总统的信任，但新任命的中情局副局长约翰·戈登和我曾在布什总统的国家安全委员会共事。这种事在华盛顿屡见不鲜。

任命公示之前，我和妻子珍妮在龙山基地电影院看了那部风靡一时的惊悚片《全民公敌》。影片中，硬汉威尔·史密斯与神通广大的国安局孤身作战。随着情节的推进，幕后黑手竟然是位国安局平民雇员，因为觊觎国安局副局长的位子谋杀了参议员。看到这里，我不由得脊背发凉，全身缩到座椅里，妻子低声问我：“你为了得到这个位子都做了什么？”

1999 年 3 月末，我正式宣誓就职。第二天，我坐在摇椅上，身上连着各种传感器，回答了一系列关于忠诚的问题。每个国安局员工都要经过测谎，这是入职的必备程序，局长也不例外。不出意料，我通过了测试。

此时，北大西洋公约组织 (NATO) 正在轰炸科索沃。国安局正在为本次轰炸提供直接援助，这并不稀奇，八年前的海湾战争国安局也做过类似工作。国安局是美国人民的宝贵财富。自杜鲁门总统 1952 年一纸密令成立国安局，它通过实施监听任务既保证了美国人民的自由与安全，也推动了美国的国家安全不断进步。监听目标主要是敌国通信，但也不排除美利坚合众国《宪法第四修正案》保护范围之外的通信（毕竟，世界各国对此尚未达成共识）。当然，监听的前提是这些通信恰好能够提供有用的情报。譬如说，境外旅行社或许在毫不知情的情况下为某恐怖分子或军火商安排了入境行程。

与国安局来往密切的外国情报机构当属英国政府通信总部（GCHQ），但后者的规模仅为国安局的五分之一。

然而，到了1999年，国安局遭遇瓶颈。正如我们之前所说，国安局能够成长是因为它始终在计算机与通信领域遥遥领先。但世界无时无刻不在变化，各个领域的革新更是日新月异。正如众议院情报委员会委员约翰·米利斯所说："技术向来是国安局的朋友，但近四五年来，它逐渐由朋友变为敌人。"美苏争霸时期，国安局面临的难题是信号情报稀少，拦截难度大；而如今的现实是可以拦截到大量信息，却难以破解。国安局过于重视保密，总部的高墙将20世纪新纪元的改革创新无情地拒之门外。

这就是身为国安局局长的我所要面对的现实，某情报界资深人士（也是位友人）戏称我的到任是"雪中送炭"。虽然在公众场合，高层们已经认可坐在总部大楼第八层的那位就是国安局的"现任局长"，但我毕竟是行伍出身，对这些自以为是的公务人员发号施令并不容易。他们对待改革的态度是静观其变，冷眼旁观。这么评述所有人或许不太合适，但至少大多数人如此。

前国安局局长博比·雷·英曼在国安局的地位固若磐石。（我曾经将下台的他比作息影的兰道夫·斯科特，斯科特凭借梅尔·布鲁克斯执导的影片《神枪小子》的精彩表演奠定了不可撼动的影坛地位。）早前，我还特地到得州奥斯汀去征求这个前任的建议。老前辈告诫我不要与世孤立。"他们只是想让你安静地坐在那儿，像法老那样被抬来抬去，无法按照自己的判断下达命令。"

这里的一切都让人感到神秘。与其说它是间办公室，不如说是巴尔干半岛的信息采集中心，一切都以字母与数字命名。国安局雇员接电话时习惯报上自己办公室编号的后四位："你好，3685 房间，有什么需要帮忙？"使用数字编号固然可以防止泄密，即使对局里的工作人员而言，也觉得生硬得要命。有位官员事后说，我这个局长上任后熟悉国安局的流程和他们接到任务接近监听目标的流程惊人地相似。刚上任时，我不得不花费数个周末在国安局大楼里走来走去，记住每个办公室的编号与位置。

国安局的工作氛围相对稳定。某资深官员喜欢拿电影《屋顶上的小提琴手》中主人公特维的口头禅打比方，那就是"传统"！是啊，传统，传统，无论外面的世界如何改变，以传统之不变应万变。

但在外人看来，国安局是块烫手的山芋。由技术专家组成的参议院特别情报委员会技术顾问组曾警告我，如今的国安局至少比全球的科技进步滞后十年，必须争分夺秒地迎头赶上。

作为信号情报部门，我们的信息系统老得掉渣，无论是日常办公还是执行任务都不够用。刚上任时我问下属："我怎么才能让大家都收到我的邮件？"

回答是："哦，那根本行不通。"

"说起来，这里的计算机不还是我们发明的吗？"

执行任务方面，据统计，高达 70%—80% 的情报依然借助传统的声音拦截技术。即使在声音拦截上，我们的技术也并不先进。基地组织与其他监视目标正在使用新型卫星通信。这种新型信号的追踪对基础硬件的要求很高，但国安局不愿投资，万般无奈，中情局只好自己上阵。听到下属的汇报，我忍不住发问："建立国安局自己的信号情报系统，究竟需要多大代价？"

当前的世界，以电子邮件为代表的数字通信呈爆炸式增长。国安局只有在声音数据加密（意味它极其重要）的情况下才会对非声音类的数据进行追踪，而且以传真和电报为主，而不是电邮。

没错，早些时候电子邮件的收发有限，目标性强，属于点对点的信息传播，只有安装对应软件的计算机才能够接收。软件不对，你发不了，也收不到。但如今，我们收发电子邮件都是通过网络，不仅方便，数量也大。点对点的电邮收发系统使我们被监控目标远远地甩在身后。

不想听那些所谓的专家（据现有的组织结构）夸夸其谈，我向圈外专家以及国安局的一群土耳其青年征求意见。他们提交了大量建议和观察数据，提到最多的是国安局整体没有发挥出各部门的应有水平（他们强调，许多部门其实相当不错）。

圈外那些家伙先是对国安局赞不绝口，认为国安局具备一流的国际竞争力，在世界和平进程中扮演了重要角色，具备强悍的危机应对能力以及对美国政府与人民的无私付出。然后，他们列举了国安局在通信、决策制定、财务管理、人事变动、需求开发以及业务流程诸多方面的不足。他们还预测国安局在技术方面会极度退化，形成不太关注外界变化的企业文化，领导团队（甚至不少领导班子成员持相同观点）不足以应对新时代的挑战。

那些土耳其青年组成的“新型企业团队”的评价也相当刻薄。他们先从达尔文的进化论谈起，认为国安局能否生存取决于它当前能否适应国际环境。然后，他们猛烈抨击了国安局的制度与领导阶层，声称情报客户已经将国安局的情报和服务（目前仍然受到重视）与国安局本身区分看待。国安局近十年基本靠员工的努力推动缓慢前行。

他们认为国安局急需成立新的领导层、制订战略发展计划、规范决策制定流程，还要对现有资源进行优化配置。“权宜之计”就是对那些个人能决定的工作就由个人决定，之前成立的那些小组和委员会统统取消。我下令对所有部门一刀切，然后由主席主持申诉，恢复那些他们认为必不可少的小组。当全面精简完成后，我们竟然将国安局 450 个专案组削减了三分之一！

接下来是无法回避的机构重组，毕竟，这对政府部门可谓是家常便饭，理由也很充分。考虑到有限的财政预算和人事配备，眼下确实没有什么别的法子。

我尝试简化国安局的组织结构图，根据行动性质将它分为两大部门：

进攻部与防御部。进攻部，又称信号情报局（SID）；防御部，又称情报保护局（IAD）。我们还将研发、信息技术、培训、后勤以及人力资源从行动部门分离，直接归我管辖。精简过后的国安局更加平面化，我的直接管辖范围扩大，为我后期的改革提供了全方位支持。

外事局能够归我直接管辖至关重要。我们有很多合作伙伴，但除了少数，大多数都被保持在一种相对低的合作水平，而且很大程度上还取决于国安局相关官员的决策。我希望与国际情报机构的合作能够从策略层面考虑，而不是各自为战，自顾自地进行监听目标、翻译和寻找可疑的无线调频。

重组工作成效显著，但更重要的是有机会把新的领导者安置到新成立的岗位。我们已深入基层，敢保证这些新兵将让我们刮目相看。的确，大多数人没让我们失望。

我们制定了严格的规章制度，在我办公室走廊尽头设立了一人制决策室。此前，为保证公正与维持稳定，职务升迁与任务分配全部按照联邦政府的程序，由不同层级的委员会决定升迁人选、上任时间与工作安排。如今，我们不需要稳定，我们需要打破稳定，我必定会对某些员工更加看重。

在我的授意下，现有的领导层全部自动离职，巧妙地避开了大批翘首以待的继位者。离职的领导者都是好人，本不该如此。但那时，我想起素来以无情著称柯蒂斯·李梅将军的那句话："我不知道运气差和技术差有什么区别，因为两者的结果毫无区别。"我知道他们的工作没有问题，只是运气有点差。国安局需要改革，改革派需要证明，但对那些被劝退的员工而言，只能说他们在错误的时间出现在错误的地点。

我最具颠覆性的改革是任命国安局副局长的人选。刚到国安局时，副局长是芭芭拉·麦克纳马拉，她在这个位子上坐到 2000 年 6 月。芭芭拉是个职业国安局官员，浑身上下透着对这份工作的热爱。最初，她只是个语言学家，后来由于表现出色进入领导层。她冷酷无情，与男性同行相比毫不逊色。她的中间名以字母 A 开头，多年来经她签名过的文件数不胜数，文件末尾是清一色的 Barbara A. McNamara，大家习惯以她名字的首字母缩略词 BAM 来称呼她。

1999 年 11 月，《纽约客》记者西摩 · 赫希撰写文章对芭芭拉进行恶意中伤，指责她追逐名利。赫希因揭露越南战争期间惨绝人寰的美莱村大屠杀而在国际上声名鹊起。那篇洋洋洒洒的大作批评的是整个国安局，却对麦克纳马拉指名道姓。赫希引用了情报委员会某委员助理的原话："海登来了，副局长芭芭拉跟这位空降的上司一直唱反调。"

事实并非如此，但芭芭拉不是无情的变革推动者。她在副局长的位子上坐了 3 年，是个彻头彻尾的亲英派。离开国安局后，她到了国安局驻伦敦办事处，与英国同行打交道对她而言也是个不错的选择。

副局长的位置空缺。国安局领导高层不乏才华横溢之辈，但能胜任副局长的人不多，而且也不是我期待的那种大刀阔斧型。我开始对照校友会名单四处打听，谁最近离职了，而且离职的时候满腹抱怨。就这样，比尔 · 布莱克的名字进入我的视线。比尔是我前任英曼的特别助理，负责情报战，3 年前从国安局辞职。自 1959 年进入国安局，他始终是国安局针对《华沙条约》诸国监控行动的核心人物，但因为国安局无法紧跟时代步伐而心灰意冷。他本人也是反抗官僚主义的斗士，让他做我的副手，我大可放心。

我邀请比尔到米德堡后门附近一家不起眼的韩国餐厅共进午餐。吃着烤肉和泡菜，我俩分析了国安局当前的形势以及可以改进之处。比尔镇定而不偏激，大家吃得很开心。陪同就餐的行政助理事后告诉我，从没见我吃饭的时候如此放松。

选择基地外部的韩式餐厅是为了掩人耳目。但国安局是个庞大的社会群体，人员关系渗透到整个马里兰州东部地区。第二天，比尔就收到前国安局某退休员工的电子邮件，询问他与新局长的午餐如何。

比尔是合适人选，但我还有个问题没有解决。我再次邀请他周日到我在基地的住所共进晚餐。因为珍妮那天外出旅行，家里只有我和比尔两个。我决定简单应付下，准备了蒸粗麦粉和烤时蔬。

我告诉比尔自己非常希望他能出任国安局副局长，但还有一点不太放心。我知道他符合我的预期，但他不走寻常路无人不知。“但是，比尔，”我说，“我们必须将这一切制度化。你我无须露面，工作也能继续。”他表示没有意见，我们达成共识。

事实证明，选择比尔是明智的。他在国安局副局长的位置上待了6年，在我离任后又出任代理局长。我对他亏欠很多。9 · 11事件发生后，我私下对他坦言，应该对他当年及时的援助表示感谢。“可现在，”我以开玩笑的口吻，“你应该感谢我才对。”比尔没有争辩。美国人民遭到恐怖袭击，他却置身事外而无法插手，肯定会郁闷得要死。

为了让这次人事改组进行得更加彻底，我们还从外部引进了雇员，希望给国安局死气沉沉的工作氛围注入新鲜的血液，打破稳定，制造混乱。经过此番调整，现有部门对新进雇员分配任务时有些力不从心，我准备另想办法解决。后来在长达10年耗资20亿美元的“拓荒者”项目中，我将2000个信息技术任务外包给某家私有联合企业。

回顾过去，我或许错失过良机，因为美国工业在后来称之为网络领域内早已开辟出一片新天地，我了解得越多，越会形成强烈的对比。

我的谨慎显然并不适用于支援工作。新招聘的首席财务官来自全球最大的资产管理公司美盛集团。我们在《华尔街日报》刊登广告招聘总监。我们还新成立了资深收购部，选择拥有35年丰富收购经验的海军前副部长助理担此重任。新任命的首席情报官来自联邦商务委员会（和美国国家航空航天局）。立法事务办公室主任曾在国会山担任了5年的行政助理。

对那些提供直接任务支持的工作，我们将目光投向国安局之外。通过咨询委员会任职的某奥斯卡金像奖获得者牵线搭桥，我们从华特迪士尼幻想工程研发部挖到了国安局的首席研究员。

从事电信多年的某咨询委员会委员想方设法，为我们找到一位技术与商业头脑兼备的人才担任我们的信息技术部总监。我低调地对他进行面试，把他拉到正在处理2000年1月的那次系统崩溃的局内高层面前，简单地对他进行个人介绍和职务任命。

走到这一步并不容易。国安局需要改变，但我不希望将整个国安局搞得人心惶惶。我也颇有自知之明，知道单凭一己之力难以拯救国安局于水火。

我认为我对建议还是很开明的，但最终拿主意的还是自己。我承认，那些下属直言不讳，凡事颇有见地，但对职责细分到极致的国安局而言，大多数人是站在自己的角度看待问题，不能像我那样纵观全局。我们不能再像以往那样毫不作为，坐等达成共识或调停所有关切无异于坐以待毙。

此外，我要格外注意自己的措辞。我在国安局尚不足一年，很多下属在这里已待了几十年（甚至自打工作就待在这里）。和他们讲话时，我总是使用第一人称复数："我们要这样做。我们不妨那样试试看。"我从来不用第一人称单数的"我"，也绝不用第二人称。频繁使用"你"或"你们"会加深上下级之间的分歧，继而威胁到这些才华横溢的员工能否对我坦言相待。

自 1999 年 11 月，我开始定期发送"局长通告"，通知和解释国安局的人事变动，也为他们提供发表言论的平台。截至 2005 年春离开国安局，我共发送 400 多个"局长通告"。面向全部员工发送通报既保证信息不会被层级过滤，能够直达每位下属，也加速了我们的改组进程。但作为职业军官，我知道自己是在越级指挥，和底层员工直接交流，向制造层级障碍的领导权威宣战。

我们要面临的问题不仅来自内部，还有国内外的公共关系。某些国会议员与社会上的专家指责国安局工作无能，不思进取；而那些民间持自由论者与欧洲议会议员则指责我们无法无天，不仅剽窃商务机密还侵犯个人隐私。让大家议论纷纷的是梯队监听系统，在欧洲人看来这是英美密谋攫取经济利益的手段；在美国公民自由联盟看来："（美国）政府……再次拿美国人民的个人通信开刀。"

没有任何官方或准确的界定，梯队系统被那些居心叵测之人信口雌黄。

令人称奇的是，他们竟然一呼百应，支持者不在少数。无论是欧洲还是美国，无论出于何种目的，梯队系统沦为他们共同打击的目标。

我们更看重美国民众对梯队系统的态度。无论他们怎么指责，我们都要直接面对，无法回避。国安局需要更多的资金，如果民众和国会议员对我们不投信任票，我们拿不到一分钱。信任是关键，我们要让监管机构明白，国安局面对的不再是某个孤立的目标网络，而是错综复杂的全球网络，不可避免地会涉及某些无辜之人，包括某些美国公民。

至于那些欧洲人，就让他们自顾自地伸张正义好了，我拒绝和他们会见。他们对国安局的调查力度早已超越理性的界限，有些甚至卷入经济间谍活动。他们调查的借口竟然是与欧洲情报机构相比，国安局的间谍互动更加明目张胆。这种五十步笑百步的做法，我们当时有些看不入眼。即使现在看来，也同样如此。

我说服众议院情报委员会主席波特·戈斯举行公开听证。2000 年 4 月，面对佐治亚州共和党议员鲍勃·巴尔的咄咄逼问，乔治·特尼特和我坐在证人席上为国安局进行申辩。

听证会持续了整整两小时，旁听席上座无虚席。乔治和我承认如果外国企业卷入军火销售、化工贸易、洗钱以及贩卖毒品，我们会搜集涉案企业的相关情报。但我们坚决否认监听那些欧洲企业是为了窃取他们的商业机密并将这些商业机密透露给他们在美国的竞争对手。

我还谈到国安局面临的重重挑战，谈到现代通信的数量之大，类型之多，瞬息万变。为应对日后网络领域的挑战，我说："我们搜集情报的能力和过去相比或许有所提高，但远远跟不上这个信息爆炸的时代。"

谈到美国公民的隐私，我再三强调国安局监控的合法性。倘若基地组织头目奥萨马·本·拉登通过从加拿大安大略省尼亚加拉大瀑布过桥来到美国纽约州，按照美国法律的规定，政府要对他提供庇护，甚至还会规定提供哪些庇护。那时，我举这个例子纯属假设，17 个月后这竟然成为重大的问题。

即使我们赢得公众的信任，再从国会的口袋里争取些资金，但依然要面对技术难题。信号变得愈加复杂，数量越来越多，加密系数越来越高。如何是好？

我们的解决之道是“开拓者”项目。与其说大家颇有微词（并不完全合理）的“开拓者”是项风险投资，不如说它是个单纯的项目，为满足诸多需求我们投入很多。理想中的国安局要能配合我们完成任务。我们可以截取信号，对它们进行识别分类，记录下重要信息，有疑问的数据能迅速进行回溯。

上述的这些流程时时刻刻都在进行，数量之大，速度之快，超出想象。记得有个傍晚，IT 界某重量级人物来访。当我在办公室向他介绍了国安局面临的海量数据，他才意识到这比他之前处理过的数据要多得多，不由得深呼一口气。

这位大腕在是否成为国安局的 IT 外包商上犹豫不决。但我们始终相信将任务外包是明智之举，这意味着将技术革新的难题转移给企业，我们只需关注合同是否按期完成，并按合同要求支付相关款项。

国安局项目办公室规定了任务的运作流程：首先，进行概念界定，再借助技术论证平台展示初步运作能力，然后识别并降低技术风险，最后进行限量生产并分阶段进行部署。

想法听起来不错，但我们要为此付出很多。“开拓者”项目每推进一步，国安局系统都会随之整合。

无可否认，整体效果令人失望，时间也远远超出预期。我们发现，当分配任务的企业知道如何运作时，表现会相当完美。如果他们对托付的项目不熟悉，他们干得并不好，速度也不比我们快。即使防务界大名鼎鼎的科学应用国际公司、波音公司、美国计算机科学公司、美国电话电报公司以及博思艾伦咨询公司也不例外。

我们有些急于求成。“开拓者”项目包含多次登月计划，最终像多数联邦大型 IT 项目那样草草收尾，譬如联邦调查局巨资打造的虚拟案件档案系统与国防部的海军陆战队内联网。我们选择切入点时应该更谨慎，逐渐递增，螺旋式向前发展，直到达到预期。

此外，我们还要应对神出鬼没的游击战。国安局内人才济济，有一组技术员研发出搜集和分析元数据（指那些呼入号码、呼出号码、通话时间、通话时长之类的通信数据）的工具——“细线”，然后在这些信号洪流中寻找蛛丝马迹，继而深入分析。

刚上任时，“细线”项目并没有在国安局记录备案。在职期间，我也没有将它备案。离职后，我的继任者仍然没有将它备案。现在看来，我们都错了，当然我们也有自己的考虑。

“细线”项目截获的数据包括电子邮件，这在当时是有效的，因为那时全球范围内电邮的数量还在可处理范围之内。“细线”技术拥有良好的数据包处理器，可以对包含电邮的个人数据包进行组装。此外，“细线”还具备出色的“会话重组”功能，可以复原个人数据包中提取的信息。

此外，“细线”项目的软件系统可以通过对海量数据通信（包括电子邮件与声音）的元数据进行分析，从而判断出有价值的通信量。通过研究通话模式、通话频率以及通话时长，系统可以运算出可疑通信目标。当然，数据流并非千篇一律，系统要经过特定数据流的严格训练，才能从万千数据中挑选出有价值的信息。

“细线”项目启动之初便崭露锋芒。我们将华盛顿州中部陆军雅基马外国通信卫星采集点作为试点。针对单个目标（类似目标多达数千个）对系统进行数月的培训，但它后期的表现不比人工检测出色。出现太多假阳性分析，看上去具备很高的情报价值，实际上并非如此，需要大量的人力干预。

作为外国通信卫星信号采集点，雅基马信息处理能力远不及当代光纤的通信量。通常来讲，外国卫星通信的传播速度为每秒 150 兆比特，微波拦截高达 600 兆比特。而当前广泛应用的电缆拥有多重纤维束，每个纤维束每秒可传送至少 10 吉比特，约是外国卫星通信的 70 倍。即使“细线”项目之前表现再突出，它对系统空间和运算功率的要求会使得其成本远高于电缆通信。

国安局技术人员给出最理想的结论是，“细线”项目前景很美好，但不可能成规模。国安局要应对的问题很多，将如此智能的技术项目拒之门外绝对不是它的风格。部分“细线”项目最终被并入“开拓者”项目，成功地研发出全新的系统，并使用多年。

“细线”项目的研发人员比尔·宾尼、科克·维贝与埃德·卢米斯成为救世主。他们获得了美国众议院特别情报委员会职员黛安娜·罗克的支持。后来，托马斯·德雷克加入。德雷克是国安局外聘的资深专家，进入国安局时恰好双子塔倒塌。

与黛安娜·罗克联手产生了意想不到的后果。我手下的几个技术人员竟然越级积极地游说国会议员，要求撤销国安局内部违背他们意愿的程序化决策和预算决策。说得委婉些，这违背了我在部队多年的行事风格。

2000 年 4 月，我向所有员工发送通告，将自己的想法全盘托出。我的措辞小心谨慎，但掩盖不住愤怒的语气。“有人与国会负责监管国安局的议员见面时，公然和我们之前全员通过的决议唱反调。这会导致国会质疑我们国安局的决策，动摇对我们的信心。国安局发布的每个决策背后都有大量的数据和分析的支撑，经过反复的商讨辩论和深思熟虑。任何阻挠决议执行的行为都会不利于国安局的改革大局。对此，我绝对不会姑息。”

对国安局的内部决策流程表示肯定后，我继续强调：“一旦决策制定，我希望所有人都能尽最大努力执行。我不需要懦弱地服从，如果真有人反对，我希望能在国安局内部解决。”

然后，我提醒大家：“我们的事业能否成功，公开与坦率非常关键。我不希望看到谁和国会监管部门打交道时要小心思。当然，如果有人质疑我们国安局的工作违反了法律、制度或者道德底线，请务必通告有关部门。对那些已经下达的政策、资源与行动决策，我希望每个人都能恪守其职，各负其责。”

这份通牒没有加密，国会随后应该会得知此事。奇怪的是，他们竟然没打电话前来询问。他们的责任是监管，如何管理是我的管辖范围。

在大多数人眼里，“细线”项目引发的只是技术层面的争论。此后，我再也没有发现哪个高层口是心非。但“细线”项目那批激情四射的支持者硬生生地将它升华为数字时代的道德剧。

首先，他们声称任何行动都要考虑付出与回报的等价原则。“细线”项目资金投入相对保守，但“开拓者”项目则耗资巨大。即使从发挥的功能比较，“开拓者”项目的处理能力只是“细线”项目的冰山一角。如此比较似乎也能站得住脚。

然后，他们又指责国安局存在欺骗、浪费以及滥用职权的行为，把矛头指向“开拓者”计划，称副局长比尔·布莱克曾经就职的科学应用国际公司是“开拓者”项目科技展示平台的主要承包商。科学应用国际公司是比尔的老东家，我当初请他出山重返国安局时，他的确是那家公司的员工。但这和承包没有半点关系。

最后，宾尼、罗克、维贝、德雷克与卢米斯试图从伦理和法律层面寻找优势。宾尼公然谴责国安局说谎。2012年，他控告“乔治·布什、迪克·切尼、特尼特与海登合谋破坏美国宪法、制宪过程及法律法规”。

当时正值国安局前承包商雇员爱德华·斯诺登披露国安局的监听项目，宾尼的此番言论可谓一石激起千层浪。他们声称“细线”项目就不会惹出这么大的麻烦。

抛开操作层面的问题，我不明白他们的信心从何而来。他们说“细线”项目会对搜集的信息进行加密，而且只有通过秘密协议才能读取。可遭到滥用的并非国安局保留的那些大量美国公民的元数据，反而是之前保留的数据。即使加密，这些数据也不会有多大改善。

9·11事件前夕，“细线”项目的支持者找到国安局的律师团。律师团告诉他们可以合法处理“细线”项目数据的系统根本不存在。“细线”的运行凭借的是广泛搜集的元数据，包括他国与他国、外国与美国以及美国与外国的所有通信。换而言之，美国人的个人数据已经被卷入国安局的日常数据搜集。

但国安局电脑系统的连接协议要求对美国人的个人通信进行层级过滤。能不采集就不采集；一旦采集，尽量不保留，以此类推。“细线”项目要想成功，需要对情报进行采集、保留和分析。

宾尼和他的支持者坚持认为只要对数据进行加密并控制读取权限就能解决这个问题。他们声称黛安娜·罗克也认可他们的观点。国安局的律师团表示质疑，后来他们与特别情报委员会进行确认，双方律师都表示支持国安局的决策。

我们不是没有努力过。1999年年末，即将进入新千年之际，我们担心美国本土会遭到恐怖分子袭击。后来这种担心成为现实，果真有恐怖分子试图从皮吉特湾乘渡船非法进入美国，庆幸的是他们被边境巡逻队员及时发现并拘留。

在国安局的我们也全力以待。地勤人员在制订新的行动方案。和所有人一样，他们关注的是正在入境或者已经入境的恐怖分子。行动负责人想启动“细线”计划，保留针对敌国搜集的情报元数据，加密并通过设定双重“密码”限制情报的读取，然后（在适当的时候）通过元数据进行追踪。

这个方案听起来可行度极高，但国安局的律师团对它的合法性表示深度质疑，请求与我面谈。听完行动组与律师团的分析，我决定启动“细线”计划，“通知司法部，告诉他们我们想启动‘细线’”。

需要声明的是，这次是我要求在一定范围内启动“细线”计划。此时，9·11恐怖袭击尚未发生。

司法部的回复很明确：“你们不能这么做，原因你们懂的。”当众议院特别情报委员会委员黛安娜·罗克得知了司法部的处理意见，指责国安局在司法部面前不够强硬，被情报委员会的民主党委员引为笑谈。

因此，“细线”计划因未能启动让它逃过一劫。后来有反对者提出布什总统授权“星风”监视计划（第五章），获取美国公民的私人通信，侵犯了“美国人”的个人隐私。总统先生的授权事后证明确实引发诸多争议

（但国安局仍在获取美国公民数据，到 2015 年夏才停止），而“细线”计划需要相似的授权。令人费解的是（至少在我看来），总统先生的“星风”计划不合法，而“细线”项目组始终将它作为合法的备选。

不客气地讲，在总统授权启动“星风”之前，“细线”的某些细节和流程并不符合美国法律的要求。“星风”启动之后，由于“细线”计划过于复杂，我们不得不选择了全新的系统。

2002 年，“细线”项目的支持者正式提交了监察长对“开拓者”项目的投诉报告。当我 2005 年年末离开国安局，《巴尔的摩太阳报》记者西沃恩 · 戈尔曼刊登系列文章，对“开拓者”项目大加指责。他们事后从托马斯 · 德雷克那里得到内幕。当时新上任的国安局局长基思 · 亚历山大决意放弃“细线”计划，德雷克不由得心灰意冷。随后联邦调查局介入调查，对国安局“细线”项目涉及人员的家庭成员进行了雷霆式突击。调查显示，德雷克违反了美国《1917 年间谍法》。这对“细线”计划无异于当头一棒，不出乎意料，这个计划最终被人们淡忘。

需要声明的是，事情到了这个地步与我无关，甚至促成调查的犯罪报告都并非由我提交。德雷克越权，其他人也的确让人生厌，但这并不构成伤害他人的理由。这件事最好从行政的角度处理，譬如撤回官方许可等。

然而，“细线”项目的成员不肯就此放手。2013 年，当一队美国人前往莫斯科出席斯诺登接受山姆 · 亚当斯协会的“情报正直奖”时，托马斯 · 德雷克就在其中。

2014 年夏，德雷克与宾尼再度现身，受德国联邦议院的委托，对美国国安局在德国境内的活动进行调查。宾尼声称：“他们（国安局）希望自己无所不知，这是彻头彻尾的极权主义者行径。他们要将所有人玩弄于股掌之中。”德雷克称德国窝藏 9 · 11 事件中的劫机者，美国意欲对其进行惩戒。他还说美国国安局的“监控体系已经渗透到世界的每一个角落”。

正如我之前所言，他们认为自己是救世主。我很好奇，如果当初买下他们的“细线”项目，他们又会怎么说呢？

第三章

奔向战事……与盟友并肩作战

马里兰州米德堡，2001—2003 年

我们都记得那个星期二的上午，美国东海岸秋高气爽，晴空万里。那天是 2001 年 9 月 11 日，也是所有美国人的世界末日。头天晚上我观看《周一橄榄球之夜》到很晚，赛事是在科罗拉多州丹佛野马队新体育馆进行的。看完比赛，我抓紧时间睡了六小时，然后起床上班。和往常一样，7 点我跑到国安局理发店匆匆理了个发。回办公室的途中，我顺道去国家安全作战中心了解最新情报进展。一切正常，至少看上去一切正常。

回到办公室，我开始进行每日约谈。这时，我的行政助理辛迪 · 法库斯突然走进办公室："有架飞机撞击了世贸中心北楼。"和绝大多数人一样，我的第一反应只是觉得这是一次意外，充其量是架小型飞机。于是，约谈继续。没多久，辛迪又过来告诉我："又有一架飞机撞向世贸中心南楼。"

"知道了，立即通知安保高层到我的办公室开会。"我立即停止约谈。当安保主管坎普 · 恩索尔赶到办公室，辛迪再次向我汇报："有报道说大楼多处发生爆炸。"疑似第三架飞机撞击了国防部五角大楼。不等恩索尔开口，我直接下令："通知所有人员，包括非必要人员，立即撤离。"

接下来，我指挥在岗的 5000 多名国安局员工撤退到原国家安全作战中心的办公楼。如今国安局的办公楼是两个高层，作战中心的这栋旧楼占地面积大，且只有三层，实施轰炸不容易。再加上作战中心原本在此，是撤退的首选地点。

办公室的其他工作人员已撤离，只有行政助理辛迪伴我左右。撤离前，负责记载局长日程安排的辛迪·费尼弗特，冥思苦想后在笔记本上写道：

备注：美国遭到攻击——提前解散——下午的约谈取消

美国遭到攻击。临近中午，中情局局长乔治·特尼特来电询问国安局现状。情报界[1]人都清楚，这次攻击和基地组织脱不了干系。我手里有真凭实据，掌握了基地组织为此欢呼的通信情报。特尼特听完，说了两个字“是的”。

米德堡并非真正意义上的人去楼空，仍然有人坚守在这里，他们就是国安局的反恐团队。米德堡不仅是国安局总部，也是全美最大的外勤基地。每天搜集的大量信号情报绝大多数来自这里，包括那些反恐通信的拦截与报告，他们的工作不能打断，无论如何都要在这里坚守岗位。

临近黄昏，我来到反恐团队的办公室。队员大多是阿拉伯裔，此次袭击无论从国家还是从职业的角度，对他们的冲击更大。

他们工作得很专心，我没有打扰他们，只是在他们之间走走看看。我甚至没让他们摘下耳机，或是拍拍他们的肩膀，点头示意；或是跟他们来上一句“坚持住”之类的鼓励。

这时，我看到维修人员正在往办公室窗子安装遮光布。眼前发生的一切让人难以想象。21世纪的马里兰州东部地区竟然要安装遮光窗帘！

当晚，我拖着疲惫的身躯回到家里，妻子给我一个温暖的拥抱。全国哀悼时，我俩泪流满面。自美国遭到袭击的那个早上我匆匆给她打了个电话，让她带着孩子尽快撤离，就再也没有和她说过一个字。后来，岳母和我弟弟来电都是她接听的电话，她让岳母和弟弟放心，恐怖袭击当天我并

---

① 此处的情报界指的是国家情报总监领导下的16家情报机构，包括国安局和中情局，也包括公众不太熟悉的禁毒署和美国能源部。

不在五角大楼。

就在我家的走廊上，我和珍妮意识到第二天将是不同寻常的一天。

的确，不仅第二天，截至我2005年离开国安局，其间的每一天都不好过。一方面，如果人手充足、资金宽裕且不断努力，我们可以针对关键环节集中搜集情报。针对9·11恐怖袭击，我们需要覆盖250个任务专区。袭击发生后的几周，我下令停止其中十分之一区域的监听工作，这个决定得到国安局上下的一致支持，并将原四分之一的区域分给其他部门。如此一来，相对集中的人力和财力加速了国安局整改的进程。袭击后一周，我召集高层，询问他们这次恐怖袭击对国安局会有何影响。他们给出的底线是“毫无影响，节奏加快”。

从他们的回复里，我听到了愤怒和决心。临近周末，我发现中情局到处都印着9·11恐怖袭击事件中93号航班上的英雄托德·比默的名言：“让我们行动吧！”当一直紧绷的神经终于有所放松，我和珍妮观看哀悼9·11事件亡者的大型国家音乐会重播。珍妮向我提议国安局应该有类似的口号，她推荐的是摇滚巨星汤姆·佩蒂的“我绝不让步”。幸运的是，佩蒂对此慷慨应允。“我绝不让步”的精神激励着国安局在世界各地的情报站，汤姆·佩蒂的歌声陪伴我们度过随后的若干多年。

在行动层面，国安局的反恐高层从三个方向对工作进行简化：密切关注资金流向（指恐怖分子的活动基金）、高危物品（譬如武器、易制毒化学品及其他类似物）以及可疑人群。可疑人群为重中之重。

信号情报的价值不可估量。不止一次，我们靠通信拦截获知相应的情报。举例来说，英国军情五处（MI5）前负责人伊莱扎·曼宁厄姆-布尔在2004年3月来电致谢。根据国安局提供的情报，军情五处与警察对24处可疑场所联合进行突击搜查，共逮捕8名嫌犯，缴获硝酸铵重达半吨。她说国安局的信号情报“为整个行动奠定了绝对基础”。

我将布尔女士感谢词原封不动地转告给国安局的所有员工，竟然又收到一封洋溢着感激之词的电子邮件。好像马里兰州的某个电台大肆表扬英国军情五处的这次雷霆行动，以此对比国安局的错误百出。邮件作者此前对国安局极其不满，但当他得知国安局在这次打击中所扮演的角色后，不由得大感欣慰。这封邮件再次提醒我，我们在情报工作上再辛苦付出，公众也不会知道。

为打击恐怖分子，我们还掌握了地理定位和元数据，这和传统意义上可疑人员通信、外交通信以及军方通信的情报汇报略有不同。只要掌握了足够的元数据——通信装置的运行模式（被叫、主叫、通话时间以及通话时长）——就能大致判断出该通信装置的持有者有何目的。这些成为日后“美国人”元数据搜集的争论焦点，但此时此刻它让国安局从可疑通话着手，继而获得机主的身份信息和常用联系人名单，即便我们并不知道他们在电话里说些什么。然后，借助现有工具我们再对通话的手机进行精确定位。

我们有过成功的案例。阿富汗战争早期，当某个基地组织头目带着若干心腹在阿富汗首都喀布尔境内逃亡时，我们借助卫星影像和实时通信成功将其击毙。后来进行任务汇报时，我脑中灵光一闪：“为什么我们不能推行这种模式呢？”于是，我抽调一批头脑灵活的员工，研究如何将这种模式规范化。

我们还成立了负责追踪电话位置的团队“定位房”（Geocell）。队员是一群聪明的年轻人，他们和美国国家地理空间情报局的影像分析专家合作，并被直接编入国安局的战术部门。

那些信号情报老手或许会嗤之以鼻，认为这就是传统的流量分析法的升级换代。他们说得没错，只不过如今覆盖的范围更广，得到的目标数据更多。

我们把“定位房”安置在地下室，周围是乱糟糟的供热管道、叉车、供应物资和建筑垃圾。当你穿过装有密码锁的大门，进入安全工作区，就会看到四周悬挂着一块块播放即时影像的大屏幕，还能看到那些负责全球各战区情报工作的分析专家在这里对远方的战斗部队进行实时指导，充分实现了他们对自己工作的定位：“我们负责跟踪，你们负责搞定。”

11月初，美国政府根据“定位房”提供的数据，授权“捕食者”无人机对喀布尔北部的某塔利班营地进行突袭，可谓是牛刀小试，初露锋芒。

这种作战模式起初仅限于阿富汗战区。自2002年年末起，国安局信号情报正式携手实时卫星影像以及其他情报工具，对基地组织共同打击的模式成为常态。

《时代周刊》对此表示质疑。在报道此类空袭时，它这样写道：“从遥远的阿富汗战场对恐怖分子进行定位不失为全新的尝试，但不可能成为常态。”

事实证明，并非如此。

此时，乔治·特尼特正在与情报界其他名士齐聚米德堡，庆祝国安局成立15周年。众人回忆起当年杜鲁门总统如何秘密下令成立国安局的往事，也对它如今发挥的重要角色表示肯定。这对我们当前的业绩可谓锦上添花。

信号情报和卫星影像联手接连取得不俗战绩，因此呼吁在更多领域进行更深层次的合作。吉姆·克拉珀是我的老朋友兼导师，现任国家地理空间情报局局长。国家地理空间情报局将图像情报与传统的测绘融合，实现了“熟悉地球，指明方向”的豪言壮语。情报界的两大学科，信号情报与图像情报，凭借各自的技术优势向前发展。国安局和国家地理空间情报局的相同点在于我们都搜集和输出电子。

渐渐地，我们将国安局和地理空间情报局的数据库和信息技术系统链接起来，实现资源共享。2004年秋，吉姆和我在新奥尔良共同登台，向我们的数千个承包商代表进行了长达一小时的合作战果汇报。但凡知道美国情报界传统文化的人，就不会质疑这个场景的重大意义。

吉姆和我认同一点，那就是反恐是场情报驱动的战争。事实上，这对所有战争都是放之四海而皆准的真理，反恐战更是如此。我们职业生涯的绝大部分都用来见证“冷战”时期的起起伏伏。情报工作那时很难开展，但苏联驻德集团军那庞大的坦克军团和西伯利亚的洲际弹道导弹基地很难遁形，只是容易找到却不好对付。

反恐则不同。恐怖分子不难消灭，难的是他们藏匿很深，很难找到。

这看似简单，但在很大程度上颠覆了传统思维。这也解释了为什么有些情报项目日后引发诸多争议。我认为倘若对当前的情报工作加上条条框框，相当于让美国政府单方面裁军，你正在将胜利的果实亲手送到敌人手上。

这也颠覆了某些作战理念。情报人员习惯于情报指令发出后采取行动。反恐战刚开始时，我有幸与美国特种作战司令部司令查尔斯·赫兰德共进晚餐。查尔斯是我的好友，我俩曾共同参加国防部的“顶石”项目。参加培训的都是刚晋升为将星级的军官或者国家安全方面的高级文职人员。在为期五周的培训期间，我和查尔斯结伴出游，去过很多拉美国家的首府。有天正在享用餐后甜点，查尔斯突然转向我，手指敲着桌子，若有所思地说：“迈克尔，我需要能够采取行动的可操作情报。”

我向他保证，我们正在朝这个方向努力，但补充道：“查尔斯，我建议你换个角度思考这个问题。你可以配合我们做点小动作，我们才能搜集到更多的情报。”换句话讲，我们得主动出击，迫使敌人有所动作并进行通信，从而捕捉到可乘之机。采取行动是为了获得更多的情报。慢慢地，我们越来越适应这种新型行动模式。

9 · 11 事件过后，很多朋友对我们伸出援助之手。尤其是那些以英语为母语的国家——“五眼联盟”（除美国外，还包括澳大利亚、加拿大、新西兰和英国）。这些国家信号情报的合作可以追溯到欧洲的布莱切利园，在那里破解了德国的恩尼格玛密码机，以及在太平洋的类似努力和基地。

美国和“五眼联盟”有很深的渊源。当年，美国的密码破译专家刚走进布莱切利园的会客厅，英方专家就毫无保留地告诉他们恩尼格玛密码机的破译进展。从那一刻起，英美两国就建立了特殊的政治友谊，这是英美两国情报界早已达成的共识。

9 · 11 恐怖袭击当天，新西兰联络部有位新进员工接到撤退命令后拒绝离开，坚持继续工作。后来他告诉我："朋友不能弃朋友于危难之中。"

9 · 11 事件发生不久，英国情报界首脑特地乘专机来到美国。他们需要特别许可，甚至美军的特别护送才能穿越美国领空。落地后他们直奔中情局，受到乔治 · 特尼特及其他中情局要员的接见。我们的客人远道而来，英国首相命令他们"竭尽所能帮助美国盟友"。

美国与这些盟国的合作拥有坚实的基础。按照惯例，"五眼联盟"每年都会组织一次年会。出席年会的美方代表是中情局、国安局和联邦调查局的负责人，其他四国的参会代表与美国相比略有不同，五国通常有 13 个部门参加年会。9 · 11 恐怖袭击发生后，五国再次聚首是在 2002 年 3 月新西兰风景优美的南岛。作为主办方的新西兰筹谋已久，但年会日期一拖再拖，日程安排也再三压缩，其他四国也减少了参会人数。此次年会的安保级别很高，我们不想发生什么意外。

我们五国彼此并不陌生。尽管各国在预算、规模以及能力方面意见并不统一，相处起来却体现了专业水准的平等主义，没有哪个超级大国指手画脚。机场例外：当时中情局与联邦调查局首脑乘各自专机而来，勾起当地报纸的好奇——这些家伙是谁，要发生什么事？

我们迅速投入工作。如何才能保证美国人民的安全，这是大家讨论的重点，但不是全部。我们是民主制度的捍卫者，也是民主制度的产物。军情五处副处长伊莱扎 · 曼宁厄姆 - 布尔在和反英政府武装组织爱尔兰共和军的对抗中积累了丰富的经验。她直言不讳地指出美国面临行动与法律的双重挑战，对此我们深表赞同。我们该怎么处理那些尚未得逞的恐怖分子呢？毕竟，我们的任务是预防恐怖活动，而不是惩罚那些恐怖分子。

布尔含蓄地指出我们需要改变对人民自由与安全的传统认识。2005 年 9 月，伦敦地铁爆炸案发生后，布尔（今军情五处负责人）就提出："为了更好保护我们的人民不再遭受恐怖袭击，能否牺牲民众的自由？这个问题值得商榷。"

后来，我注意到布尔的问题并未引起各国政界精英的重视（至少美国没有）。形势危急时，他们习惯将情报机构推到风口浪尖；当局面稳定后，再指责他们做得过了头。

非常遗憾。怯于面对，只是一味回避带来的是双重伤害。就目前来看，我们没能保证公民的自由，也没能保护他们的人身安全。

尽管“五眼联盟”在大多数问题上能够保持一致，但并不代表他们没有分歧。从昆士城回家的途中，我经过新西兰首都惠灵顿，受到总理海伦·克拉克的接见。克拉克总理对待这问题相当宽容和支持，这多少出乎我的意料。因为自 20 世纪 80 年代起，她一直在呼吁新西兰远离核武器，一度使得澳大利亚、新西兰、美国三国组成的太平洋安全条约组织（ANZUS）陷入泥潭。当然，她也担心过于激进的反恐行动会侵犯国际公约，波及众多小国。这话听起来没有什么问题，只是让我感到不太舒服。现在回想起来，当时真应该对这样的担心更加敏感。

后来，我们与英方代表展开了更广泛、更激烈的讨论。英国政府通信总部显然对伊拉克战争的情报工作存在分歧。2003 年初，政府通信总部员工凯瑟琳 · 冈向伦敦《观察家报》透露了美国国安局和英国政府通信总部来往的一封邮件。邮件中呼吁在安理会决定是否发动战争投票时，对联合国代表团实施通信监听。冈称自己是个“第三文化儿童”，就是那些成长阶段便被父母送到别的文化群体的孩子。她自幼在中国台湾长大，总觉得自己更像个世界公民，而不是英国人。如果不是她能够娴熟地使用汉语，估计她还敲不开英国政府通信总部的大门。

凯瑟琳 · 冈的泄密本应该给我们敲响警钟，情报界的道德观念亟待改变。可惜我们当时没有意识到这一点。直到 10 年后，爱德华 · 斯诺登的出现才让我们如梦初醒。

凯瑟琳 · 冈事件让我们感到头疼，但远远算不上危机，至少在我们看来。即便她所言属实，为达到政治目的进行外交通信的拦截并非没有先例。这不由得让我想起 1917 年英国政府成功截获并破译德国外交部部长亚瑟 · 齐默曼的电报。电文中德国与墨西哥密谋对美国发动攻击，促使美国下定决心对德宣战。我们几乎不对盟友的一次偶然泄密加以谴责，不是因为在那个领域我们有自己的隐患。（这也是好事，10 年后，美国人爱德华·斯诺登公开了英国政府通信总部的大量秘密数据。）

早在 2004 年，英国政府通信总部部长戴维·佩珀向我透露，部分负责伊拉克情报的工作人员被调离岗位，因为工作内容让他们感到不适。他提议在随后的双边会议中对“价值观”展开讨论。

我觉得英国同行认为战争期间信号情报人员可以选择退出任务的消息会让我大吃一惊。我们不否认，有些语言学家在击毙监控目标前进行语音识别时存在抵抗情绪。但英国政府通信总部全部是文职，直属英国外交部；但国安局员工有半数都是军人，隶属国防部的作战辅助部门。我当即肯定了戴维的提议，一方面出于个人兴趣，另一方面出于朋友的情谊。

美国国安局与英国政府通信总部的双方高层每年都会碰头，轮流主持。英国政府通信总部通常将会址选在伦敦郊外的乡村庄园，典雅精致。在美国，他们则有幸入住格伦伯尼的 6 号汽车旅馆，虽然有次因为房源紧张我们改住喜来登酒店，但旁边就是葛底斯堡战场，这为我们后面的讨论提供了切入点。我清楚地记得，当美国陆军战争学院的讲解员即将带着我们穿过皮克特冲锋原址时说：“冲锋的前 90 分钟，在这里阵亡的美国士兵远远超过 81 年后诺曼底登陆美军的阵亡人数。”

2004 年，美国国安局与英国政府通信总部的年会在英国外交大臣官邸志奋领举办。这是一栋风景优美的英式乡间别墅。从别墅陈列的感谢信中可以看到，就连曾到此一游的本杰明·富兰克林也对它的迷人之处赞不绝口。在志奋领，我们白天围绕日常的行动方案与监听技术进行讨论。晚饭过后，大家手执白兰地，应戴维之邀到图书馆再次讨论。

尽管大家都是真正的朋友，但再三斟酌，美方代表仍旧花了大量时间解释美国的反恐策略。我们解释了美国在国际关系中是否会使用武力。不难想象，这与英方代表的立场大相径庭，但我们代表的是美国政府，而且在我看来，美国对这一点上比英国老大哥更坚决。

出乎意料的是，我们还讨论了电影，尤其是《正午》，这是美国电影史上最伟大的电影之一。在美国电影学院评选的最伟大的五位银屏英雄中，《正午》主人公威尔·凯恩（加里·库柏饰）警长榜上有名。英方代表对这部电影不甚了解，但它是美国神话的绝美演绎。面对袭击他的暴徒、新婚的贵格会妻子以及他保护的城镇，凯恩拒绝妥协和逃避，并且不顾盛行的观点，最终凭借正义的暴力得以幸存。这和当代欧洲电影多少有些不同。

当讨论接近尾声，大家的白兰地也喝得差不多时，我以略微夸张的手法对欧美的文化差异进行小结："大多数美国人都有枪，而且他们会在周日去教堂。"

这是个愉快的夜晚。如果说英方存在顾虑，我们及时地给予澄清。此外，英国日益变得"欧化"，这让英国政府通信总部感到头疼。在英国的法律政策与惯例上叠加《欧洲人权公约》需要政府进行更多层面的考虑。对英国政府通信总部而言，这意味着要遵从额外的行政指令与流程。

澳大利亚的情报机构就没有类似的困扰。我曾告诉澳大利亚总理陆克文，美澳两国的情报机构合作最契合，完全没有隔阂。我不知道这是否和两国都是移民国家有关，拥有相似的边疆生活和务实的社会文化。但无论何种原因，事实摆在眼前。美国和澳大利亚情报机构合作愉快，尽管合作内容不多，但他们提供了有价值的情报。

经过细致的劳动分工，澳大利亚国防部信号处负责向美国国安局提供某些地区的情报。我们甚至在澳大利亚首府堪培拉设置了海外信号采集站。尽管将所有"美国人"的情报纳入囊中的概率很低，我们确信，经过培训的国防部信号处能够保证"美国人"的隐私得到尊重。还有什么能比"他搞砸了，我来扛"这样的承诺更值得我们信任呢？（2014 年 10 月，在庆祝堪培拉与中情局合作 60 周年的晚会上，澳大利亚大使如是说，不是所有的国家都能说出这样的话。）

除了澳大利亚，我们还有其他值得信任的伙伴。北欧某国有次无意中截获了一份美国政府的传真，涉及总统先生出行的某些敏感细节。他们对两国关系很有信心（确定我们不会认为他们有意而为之），竟然将截获的电文转发给我们，还善意提醒如果他们可以截获，别人也可以。我们再三表示感谢，并及时通知了负责总统安保的特工处。只有真正的朋友才会无所畏惧。

我们自身也是不错的伙伴。当欧洲某盟国公民在南非遭到绑架向美国求助时，我们高度重视，全力投入人质的解救。事后表示感谢时，该盟国说根据我们当时拼命的程度，解救的应该是美国公民。

我觉得我们可以做到更多。我的某个前任将北约核心国组织起来，针对苏联形成更紧密的信号情报合作关系。如今苏联解体，合作关系仍在继续。每年由各成员国轮流举办会议，一年比一年隆重，各国都乐于参加。但军事作战方面却毫无进展，有人打趣说进展的速度以“北约时间单位”衡量。

国安局局长是集团的常任主席。2001 年 12 月初，尽管还没轮到美国举办，我召开了非常规会议。考虑到安全问题和出行费用，会议地点没有设在美国，而是国安局在欧洲的某个军事基地。既然在欧洲本土举办，欧洲盟国全部出席。恐怖袭击事件发生后，千里迢迢来到美国提供帮助的并非只有英国。

这次会议没有宏大的典礼、精美的食物以及醉人的美酒。会上，大家交流了各自的反恐战术、行动要领和反恐进展。我们也将自己掌握的情况坦诚相告，包括那些出入各盟国境内与恐怖活动有关的通信细节。要强调的是，我们告诉这些盟友他们国内的某某号码与国安局疑似的某恐怖分子有过联系，当时他们的反应是提笔记下这些号码。当美国中情局前雇员爱德华·斯诺登后来披露美国监听项目时，他们则勃然大怒。

我们还谈到本国对情报工作的认识，哪些领域自己可以搞定，哪些领域需要盟国的协助。我们不奢望他们能竭尽全力；毕竟，他们也要受到本国法律和政治局势的影响。但无论如何，我们还是不虚此行：大家随时可以伸出援助之手。

早在阿富汗战争时期，在美国的提议下，我们就形成了所谓的中区，将这些松散的信号情报盟国整合成统一行动的战略网络。美国为他们提供了笔记本电脑和安全通信，换来的是各国齐心合力，在搜集跨国情报时降低了摩擦。

选择战略伙伴时，我们打破常规，坚决果断。9 · 11 恐怖袭击之前，我们与某些中亚国家建立了合作关系。苏联曾在乌兹别克斯坦东南部城市铁尔梅兹设立情报基地，扼住马扎里沙里夫的要害部位。马扎里沙里夫位于乌兹别克斯坦和阿富汗边境，是兵家必争的军事重镇。苏联解体后，铁尔梅兹的情报基地绝大部分都被划分到俄罗斯的信号情报系统，但考虑到其重要的地理位置，余下的那部分也不容小觑。

2001 年秋，美国联合北约发动阿富汗战争，首次突破了“欧洲和北美”这一传统防区。此次联盟援引了《北大西洋公约》第五条的规定，即袭击任何成员国相当于和整个北约为敌。此外，我们还在北美部署了北约机载预警与控制系统。如何将军事力量引往别的方向？ 30 年来，我一直在思考如何突破单国军事行动的界限。如今欧洲盟国抛出橄榄枝，实现共同防御，将理想变为现实，不由得让人称奇。

情报工作危险系数高，国安局自身也是防御目标。信号情报飞机曾经在执行任务时被苏联和朝鲜击落；信号情报收集船在 1967 年被以色列空军击沉。但我们总觉得此类事件只会发生在卫戍区，像米德堡这样的观测基地非常安全。9 · 11 恐怖袭击彻底颠覆了我们这种错误的认识。

9 · 11 事件当天，当我下令那些国安局非必要人员撤退时引发了交通大堵塞，这也充分说明我们的防御工作并不到位，而且，国安局的某些办公大楼和公用土地与高速公路的间距太小。

很多员工都意识到这一点，他们的家人更是如此。为了让他们放心，我试着给所有员工家属写信。“请您务必放心，”我在信中写道，“我们将竭尽全力保证员工的人身安全。我们会好好保护自己，更会好好保卫我们国家。”

庆幸的是，我们的反恐边界安全项目（PSAT）已经启动。9 · 11 事件过后，我们加速了这一进程。此前，国安局的办公楼各自独立，从国安局外的公共道路皆可进入。如今它正在像中情局那样变得牢不可破。首先，我们在国安局总部四周安置了巨石路障，汽车炸弹休想靠近。我们还征募了当地预备役部队，将配备武器的装甲运兵车停靠在各大路口，对那些蠢蠢欲动的恐怖分子构成绝对的威吓。有趣的是，我的小儿子当时正在追求一个姑娘（也就是他现在的妻子）。由于整个米德堡戒备森严，儿子带着姑娘通过重重关卡才见到我和珍妮。

国安局是马里兰州的重点保护对象，尤其是那几栋靠近 50 号国道的办公大楼。经过调整，50 号国道最终被迫改道。此外，我们还日夜赶工，建立了认证系统，可以保留进出国安局大楼所有人员的刷卡记录。如今，记录范围扩展到国安局大门。一旦发生灾难，我们至少知道哪些人还滞留在办公大楼，哪些人已经离开。

不仅硬件设施与人身安危需要保障，我们还要保护数字化基础设施和国安局的知识产权。如果我们的计算装置或源代码丢失，此时恐怖分子来袭，美国拿什么应对？

那一幕谁都不想看到，所以我们抓紧时间对数据进行备份。国会议员戴维 · 欧贝给国安局拨专款购买了超级计算机，解了我们的燃眉之急。欧贝是威斯康星州议员，国安局新配备的超级计算机由克雷公司研制，而克雷公司的生产基地恰巧就在威斯康星州。这当然不是纯属巧合，对国安局而言却是好事。但仅仅对计算机数据进行备份还远远不够，我们需要将国安局的所有资产原封不动进行保存。问题是如何保存，还要在最短的时间内。

我们立即着手备用基地的建设。备用基地和国安局的办公楼群相隔甚远，面积只有原来的五分之一，却要保障原来 80% 的办公功能。这样的效果并不理想，但它至少可以保证国安局在极端情况下不会全军覆灭。

2003 年 9 月，新建好的办公楼正式启用。对我们而言，这种感觉就像 1869 年在犹他州普罗蒙特里高地敲下最后一颗金道钉，横贯美国的交通大动脉贯通那般自豪。我们终于能缓口气了。

为保证国安局的工作正常运转，我们还留有后手。随着假日季节的来临，恐怖分子愈发活跃，监听任务成倍增加。我致电英国政府通信总部部长戴维 · 佩珀，告诉他有朝一日如果米德堡惨遭轰炸，美国的信号情报指挥权将由他和国安局驻伦敦代表共同承担。电话那头沉默好久，最终他表示接受委托，为我挑起大梁。

当我们正忙着为当下努力，为将来未雨绸缪时，国会却把目光投向过去，质问 9 · 11 事件为何会发生。众议院情报委员会和参议院情报委员会自发组成所谓的联合调查委员会，并举办公开与闭门听证会。这开启了日后多家机构重重调查的序幕，包括 9 · 11 事件调查委员会、大规模杀伤性武器委员会以及中情局的多次质询。国安局业务尖子的大量宝贵时间就这样被消耗殆尽。

2002 年 10 月，联合调查委员会举办大型听证会。中情局局长乔治 · 特尼特、联邦调查局局长罗伯特 · 穆勒和身为国安局局长的我共同坐到证人席上。听证会持续了一整天，《时代周刊》对此进行全程报道，刊登了我们三个宣誓就职那般举起右手的照片。

事情没有预想的那般糟糕。众议院情报委员会主席波特 · 戈斯和参议员鲍勃 · 格雷厄姆掌控整个听证会的节奏。面对他们的质疑，我不无伤感地承认国安局对 9 · 11 恐怖袭击事先并不知情，它要面对世界范围内通信革命的挑战。我们成功战胜了苏联人。“如今我们得紧跟全球通信革命，在人类通信史上这或许是自古腾堡发明活字印刷术以来最激烈的变革”，遗憾的是，时代一直走在我们前面。

我还强调 10 年来国安局的人力财力被削减近三分之一。可这 10 年期间，“手机用户从1600万激增到7.41亿，增加了近50倍……互联网用户从400万增加到3.61亿，增加了90倍。20世纪90年代最后6年，全球铺设的通信电缆数量总数的二分之一就超过人类有史以来铺设的电缆总量。也正是在这10年，国际通话分钟数从380亿分钟激增到1000多亿。仅2002年一年，全球范围内国际通话分钟数就超过1800亿。”

我承认我在反恐方面没有投入足够的人力财力，语言学家与情报分析专家急缺。但我指出：“如果这次听证会是朝鲜半岛发生战争或者台海危机，如果我们对南亚的冲突感到震惊，如果我们在伊拉克的飞机被击落，如果美军在波黑或科索沃地区伤亡严重，上述任何一种情况发生，我在此告诉你们，我没有足够的语言学家和情报分析专家来应对这些难题。”

最后，我对委员会推进此次全国对话表示祝贺。在安全和自由之间该如何权衡，这也是国安局在公开场合隐晦地提及日后“星风”监视计划可能带来的挑战，虽然当时座无虚席的听证现场知道这个秘密项目（见第五章）的不超过十个人。“你们不用提醒我，国安局需要更多的阿拉伯语专家；或者事后放马后炮，说什么截获的情报里其实提到了这次恐怖袭击。我需要你们去说服各自的选民，搞清楚美国人民如何权衡安全和自由的底线。”

在那次听证会上，也就是2002年10月，我先见性地总结出美国情报机构10年后将要面临的问题：“考虑到国安局承担的任务，既要为政府提供美国境内恐怖分子的情报，又要保护美国境内所有人士的个人信息不受侵害，这可如何划线？”

爱德华·斯诺登在2013年爆料（第二十一章）时，国安局一度被指责无视并蓄意侵犯美国人民的个人隐私。两项指控没一项能站得住脚。顺便说一下，我在2002年向国会提出的这个问题始终没有上报，最后不了了之。

我竭力为自己辩解；毕竟，这种质疑的潜台词显而易见——你们这些家伙怎么能让这样的事情发生？实际上我要回答这个问题的机会并不多，他们大都将矛头指向乔治·特尼特。

他们提到9·11事件中有两名劫机者曾在吉隆坡参加会议，然后北上到了加州圣迭戈。他们在圣迭戈并没有隐姓埋名，用的都是真名实姓。谁都没有料到他们后来竟然劫持了美国航空公司的航班并撞向五角大楼。中情局提交的报告中没有显示哪些人员掌握了这两个恐怖分子的情报，也没有提到中情局向联邦调查局提交情报的时间和具体内容。部分议员开始向乔治施压，逼他说出负责这则情报的主要分析人员，遭到了乔治的断然拒绝。他甚至装作弯腰去捡地上的文件夹，低声对我说："我不会把她供出来。我不可能把她供出来。"

听证会持续了整整一天，没有中场休息，我、乔治和穆勒也陈述了整整一天。参会人员进进出出，有人从附近的咖啡馆买来三明治，在会场匆匆吃上两口。接近下午 2 点，乔治向身边负责法律事务的首席联络官抱怨："他们准备饿死我们吗？"

他们当然不会。议长让参议院咖啡馆送来了鸡蛋沙拉三明治。他拿过来时，我们三个仍然坐在证人席上做证。突然间，似乎全华盛顿的摄影师都冒了出来，挤在证人席和法官席之间，高举相机，时刻准备抓拍我们三个狼吞虎咽的经典镜头。没办法，我们只好原封不动地放下三明治，继续饿着肚子做证。

听证会终于结束，我走出会议室，却被 9 · 11 恐怖袭击的一个遇难者家属拦在路上。她看上去依然悲痛欲绝，我们的证词并没有让她心里感到好受点。我安慰她，告诉她我们已尽了最大努力。除此之外，我也不知道自己还能说些什么。

相比之下，后来举行的闭门听证会则多少有些怪异。地点在众议院会议室，主席台上位置不多，很多参议员被安排坐在律师席旁的小桌前。他们看上去更像参加小学生家长会的家长。

听证会上，亚拉巴马州共和党联邦参议员理查德 · 谢尔比控告国安局在 9 月 10 日截获两条情报，但没有进行后续处理，直到 9 月 12 日才汇报给中情局。其中有条情报提到"比赛即将开始"，另一条提到"明天开始进攻"。

传递情报者是基地组织成员，但不是核心成员。情报的措辞很隐晦；

此外，整个冗长的对话还涉及大量其他信息。

显然，他们没有预测将会发生恐怖袭击，没有提到袭击的时间、地点和方式，没有提到纽约和华盛顿，也没有提到以飞机为武器。这两条情报越看越像和艾哈迈德·沙阿·马苏德遇刺有关。马苏德是阿富汗反塔利班力量北方联盟领导人，于2001年9月9日遇刺身亡，比9·11恐怖袭击早两天。

无论如何，2001年夏我们截获类似的警告足足有20多条，都预测将有大事发生。我们如实进行上报，但从未发生过袭击事件。

或许，这其中也有我们上报的缘故。7月份，我们窃听到有个阿富汗人和沙特人在通话中谈到足球比赛。当问到比赛时间和地点时，阿富汗人说："在你的地盘上。"我们随即通知沙特境内的美国特工，国防部相关部门也采取了相应的预防措施。后来我们再次监听这两个人的通信，当谈到比赛是否如期举行时，沙特人予以否定，因为没有观众。

我尝试向联合调查委员会解释信号情报的工作原理。"每天，我们的一线员工要回答几千个刁钻的问题——通信人是谁？他们是否已经知情？对话中何时出现关键词？他们反应如何？什么世界事件或文化活动会影响这些关键词？"

我告诉他们国安局极少能够监听到已经发动的恐怖活动。截获的通信要经过搜集、储存、分类才能送到语言学家手里，而语言学家需要处理的此类文件很多，要依次逐个完成。9月10日截获的那两条情报也是如此。9·11恐怖袭击过后，国安局的工作重心转向反恐，处理情报时才有轻重缓急，与恐怖活动相关的情报会优先处理。

说到这里，你或许认为联合调查委员会应该能够体会国安局工作的难处。怎么可能，他们对我的解释并不买账。

这有点把我惹怒了。我当场抽出那两条情报的原文。对，不是报告，而是原文。当着所有人的面，我将情报从头读到尾，包括开始的打招呼、问候以及后来关于电池的长时间讨论。"他们在这里说的是真的电池，"

我补充说，“不是代码。”

读完之后，我放下手中的文稿，看向审判席。“请告诉我，这是战略性警报，还是两个老友在 7-11 便利店门口加油时的闲聊？”

这次听证在午餐时间短暂休息。当众人散去，我们急匆匆地啃了几口三明治。下午听证继续，我们再次讨论了“明天开始进攻”这则情报。就在这时，乔治和我从下属递来的便条得知早上的听证会细节已经在美国有线电视新闻网（CNN）上播出，包括 9 月 10 日那两条隐晦的情报。要知道，这可是闭门庭审，不对新闻媒体开放。

幸运的是，在国会议员简 · 哈曼正在痛斥美国的保密情报泄露事件时，我和乔治中止做证，把美国有线电视新闻网的报道告诉了主持听证会的波特 · 戈斯。波特 · 戈斯当场发飙，痛斥一番。

听证会期间，我们接触不到新闻媒体。但国安局总部的电话铃声响个不停，电话那头的记者们在寻找一切机会进行提问。考虑到目前仍属绝对机密，面对提问我们只能无可奉告。上午的哪个环节出现问题导致的泄密，联合调查委员会没有给出官方解释。但是有个打进电话的记者提出一个相当有趣的问题：“谢尔比（早上拿两条情报说事的那位议员）手上有什么证据对你们不利？”

两次听证会固然占用了不少精力，我们正在全力以赴地与基地组织进行对抗战。说实话，进展还算顺利。2002 年 3 月，中情局携手巴基斯坦三军情报局抓获了阿布 · 祖贝达。这是我们计划抓获的首个基地组织高层。当哈立德 · 谢赫 · 穆罕默德随后落网时，乔治 · 特尼特特意从家里给我打来电话，既表示感谢，也提醒我切莫大意。

此时，伊拉克战争依然是当务之急。我必须承认，有时我扪心自问，我们这么做意义何在？萨达姆是很危险，但仅仅在伊拉克而已。我不是议员，不能影响政策的制定，我只能做好自己的工作，尽快结束战争。

第四章

奔向战事……接二连三

马里兰州米德堡，2002—2005 年

忙着与国会周旋 9 · 11 事件的同时，我们的目光一直放在伊拉克战场。

无论如何，国安局在伊拉克战争中派上大用场。显然有人会认为打击萨达姆政权只是政府对伊宣战的借口。为了支持这一论点，他们时不时地要求政府提供伊拉克政府与基地组织勾结的证据，偶尔也会要求国安局提供详尽的情报分析。

这样的要求接二连三，我担心会影响大家的工作状态，做情报分析时误导他们断章取义。因此我命令他们无论何时遇到此类要求，都要在分析报告上写上这样一句：“整体来看，信号情报没有证明也没有否认伊拉克政府与基地组织存在合作关系。”

情报工作，尤其和萨达姆 · 侯赛因有关的情报工作，涉及人员众多。这些联系无法构成他们存在勾结、联手或上下级关系的表面证据。我的意思是，臆想某种假设并寻找证据有失公平或道德。直到战争结束，我们也没找到这样的证据。

但我们一直以为伊拉克拥有大规模杀伤性武器。当初在乔治 · 特尼特的会议室为伊拉克的《国家情报评估》投票时，我投了支持票。那时我对自己的判断相当自信，和国务卿康多莉扎 · 赖斯私下交谈时，我还大言不惭地说自己有大把大把的证据，可以证明萨达姆 · 侯赛因拥有大规模杀伤性武器。“大把大把的证据，”我郑重其事地说，“不过都是旁证，不能直接证明。”

这就是信号情报工作的特性，也是许多情报工作的特性。多年之后，当中情局副局长迈克尔·莫雷尔向奥巴马总统汇报奥萨马·本·拉登有可能藏匿在阿伯塔巴德时，部分中情局员工认为可能性不超过50%，部分员工则认为可能性高达90%。当奥巴马总统问到为何两者相差这么多，迈克尔的回答是伊拉克《国家情报评估》的员工最为保守，而从事反恐和打击基地组织的员工最乐观。迈克尔还说，这两种可能性判断都只是间接证据，我们掌握了很多伊拉克拥有大规模杀伤性武器的间接证据。

如果告诉决策者他们想听的，那么情报人员的处境实际上非常危险。毫无疑问，萨达姆与大规模杀伤性武器之间的关联成为布什政府最强有力的证据。当时的国防部副部长保罗·沃尔福威茨也持有相同观点。这非常有说服力，但这并不正确。

多年之后，旧事重提，国安局的历史学家竟然将它与美国历史上最血腥的安提塔姆战役进行比较。南北战争时，北方联邦军司令乔治·麦克莱伦很谨慎，始终认为己方士兵人数不敌罗伯特·李率领的南部联盟军。其实在安提塔姆战役中，北军人数超过南军人数的两倍，一度将北弗吉尼亚军团逼到波托马克河。

但麦克莱伦过于小心，再加上他的情报主管艾伦·平克顿报告称，据说罗伯特·李率领大批军团渡河，让他愈发谨慎。但无论是麦克莱伦还是平克顿，谁都没有撒谎，只是两个人互相影响，从而判断失误。究竟是谁误导了谁，我们不得而知。但无论如何，麦克莱伦心生怯意，只调遣了部分军队对抗南军，让李以少胜多，日后卷土重来。

故事中的教训一目了然：如果情报让决策者心花怒放，情报人员应该加以质疑；如果决策者对情报感到不满，情报汇报者要成立红队，检视自己的结论是否站得住脚。

如果情报不乐观，情报官反而要坚持，真正地坚持，就像2002年年末，在争论萨达姆的铝管与核项目时，国务院的卡尔·福特所做的那样（尽管没成功）。当时，卡尔的固执令人反感。他据理力争的理由是国务院情报官不同意《国家情报评估》的某些结论。

更严重的是，我们在《国家情报评估》中给出的结论过于绝对。由于人力资源短缺，这些信号情报充其量只能作为旁证。但读完我们的情报分析，所有人都会得出同样的结论，因为我们书写报告的口气过于肯定。

民间流传的说法是我们遭到白宫的重重压力，尤其是当时的副总统迪克·切尼要我们书写提交开战的证据。在职业生涯中，我从来没有经受过这样的压力，但当我前往中情局通知那些一线的情报工作人员时，他们也从来没有感到类似压力，是我们的判断出了问题。

离任前，我和中情局新任局长莱昂·帕内塔聊天。我告诉帕内塔，我读过他私下里关于伊拉克战争的某些评论。“莱昂，”我说，“错的不是白宫，而是我们。我们把事情搞错了。一拳打到棉花上，劲儿使错了地方。”第一次海湾战争前夕，调查委员会低估了伊拉克的大规模杀伤性武器的影响范围。如今，我们则有些矫枉过正。

2003年2月，国务卿科林·鲍威尔在联合国号召对伊拉克发动战争的错误决定，国安局也有责任。那次发言，鲍威尔展示了国安局截获的三条证据，证明伊拉克拥有大规模杀伤性武器。我不得不批准出示这三条情报，也敢百分之百保证他们属实，翻译得也很准确，真的很准确。

但其实还有第四条情报。与前三条相比，第四条情报在某些方面表达得更细致，意图更清晰。呈送纽约将是更强有力的证据，但也可能会误导他人。虽然它多处提到大规模杀伤性武器，也的确是在伊拉克境内截获，但情报所在地不是伊拉克政府管辖的区域，没有任何证据表明这与巴格达有关。

我特地派国安局水平最高的语言学家到中情局做情况说明。他去了，但没有下文，这段小插曲就这样不了了之。

后来，2003年年末2004年初，我们之前对伊拉克拥有大规模杀伤性武器的判断明显失误。我们立即进行深刻的自我反省。判断失误怎么办？应该审核自己的谍报技术哪里出现问题，我们也不例外。

我们反省得更多。2003 年圣诞节前夕，国安局的一位历史学家对另一起基于错误情报通过的国家决议《东京湾决议案》进行了案例分析，这导致了美国在东南亚事态的升级。这个案例和我们当前的处境相仿，简直就是历史的再次上演。

这位历史学家在邮件中道出他的担心："尽管证据确凿，人们或许担心会遭到指责，从而对情报失误瞒而不报。或许有人认为它与当前伊拉克大规模杀伤性武器的情报工作有相同之处。鉴于此，我们想说服你本次使用这个案例。"

第二天，我在邮件中表明自己的意见。"完全同意。以史为鉴，解决当前的问题，是个好办法。"我们也那么做了。

1964 年 8 月 2 日，美国"马多克斯"号驱逐舰在公海遭到越南鱼雷艇的攻击。由于提前截获了攻击的信号情报，越南鱼雷艇被击退。信号情报干得漂亮!

然而，两天后，在约翰逊政府警告北越不要轻举妄动过程中，信号情报误判了北越——有关他们从第一个夜晚持续的支援行动的情报被解读为第二次进攻，并且发表了评论（一种全球警告）。随后美国海军的规避行动以及一些虚假的雷达信号被在北越的岸基通信基站及时地捕捉到，这些转而被国安局记录在案，并被错误地作为正在发动第二次进攻的进一步证据。约翰逊总统下令空袭鱼雷艇基地，国会通过了《东京湾决议案》，授权总统"采取一切必要措施"，阻止共产主义在东南亚的行动。

事后，国安局坚持认为北越发动了第二次进攻。国安局的后续调查是否粗心大意、被误导还是故意忽视证据，我们并不清楚。但可以肯定的是，8 月 4 日的情报是错误的。

无论是《东京湾决议案》，还是伊拉克的杀伤性武器，这两个案例对国安局都是惨痛的教训。

伊拉克战争迫在眉睫，国安局该如何备战？奇怪的是，我作为国安局局长竟然没有收到任何官方指导。这对我们而言也不是什么难事。首先，我们准备了约4亿美元的活动资金。信号情报局副局长是个参加过海湾战争的老兵，他指导这个新成立的战事小组研读国安局在第一次海湾战争中的那段历史。然后，他开展了部队里那种特有的“演习”，考察各战略部门和国家级信号情报机构同时协作的能力。

即使没有爆发伊拉克战争，国安局也急缺语言学家，这已经成为历史问题。一年前，也就是2000年，随着基地组织防御的加强，可截获的情报数量越来越少。中情局在早期型号的“捕食者”无人机上安装了光电和红外相机，派无人机搜索阿富汗境内基地组织的踪迹。国安局找的是本·拉登以及他的亲信、训练营，还有任何与大规模杀伤性武器有关的证据。无人机可以为我们传送视频和照片，但这些视频数据的处理需要大量的人力与设备。

无人机最初没有加装信号情报载荷，但这仍不足以让国安局摆脱困境。阿富汗的空军力量不强，塔利班的雷达覆盖范围也不大，米格-21战斗机力量有限，美军无人机如果在阿富汗境内被击落，可真要贻笑大方。为保万无一失，只要发觉敌方勘测到“捕食者”的行踪，行动就会取消。因此，无人机执行任务的同时，国安局必须对阿方的空军防御网进行监听。监听离不开语言学家，但国安局精通普什图语的专家只有一个。于是，只要无人机在阿富汗上空盘旋，这位专家就得立即进入工作状态。

国安局曾捕捉到一次通话：阿富汗人的确尝试过拦截，但“捕食者”体积小，速度慢，米格-21飞行员很不幸，没能发现目标。其实，信息说得很隐晦，类似“飞鸟发现一只鸽子，但目标丢失”。由此得到的教训是，不要在电话里“闲扯”机密数据。

干得不错，但我们要在即将全面展开的美阿冲突中表现得更好。随着局势的变化，基地组织与伊拉克也被卷了进来，成为我们的监听目标。我们开始对阿拉伯语专家进行伊拉克方言的培训。这些语言专家监听到的内容五花八门，据说就差没有监听反恐报告了。

情报工作没有捷径。优秀的语言分析专家要掌握很多技能，能达到如此标准的寥寥无几。

首先，他们得过语言文化关。他们还要对目标非常敏感：通话者什么关系？他们在说什么？使用了什么暗语？谁在电话里欺骗对方？最后，他们还要熟悉信号情报系统。情报不会站在原地静止不动，你得主动去“搜寻”，而不是“收集”。

之外，说话人使用的语言不是你的母语、说话人也不是你的同胞，他们生活的世界超出了你认知的范畴（基地组织常常认为自己是救世主）。面对上述挑战，将监听到的内容转化成可操作性的情报确实是门高深的艺术与科学。

记得有一次，情报分析团队对某个恐怖组织进行监听时，发现他们多次提到某个家庭用品。有位语言学家决定周末继续监听，希望从中发现有价值的线索。情报分析人员一般会通读监听记录，找出最可疑的信息；否则，手头上堆积如山的分析工作永远做不完。牺牲了一个周末，这个分析专家记下听到的所有内容，发现对话中的家庭用品和其他五颜六色的装饰品都另有所指。到了星期日晚上，他终于分析成功。那个家庭用品暗指护照，装饰品指签证，不同的颜色代表不同的国家。搞定！

国安局上次捕捉到本·拉登的信号是在1997年，但不是最后一次捕捉到。2000年，本·拉登颇为信任的某个基地组织成员跟别人通话时音调高昂，听上去像是咆哮着下达命令，这引起了语言分析专家的注意。为什么语气这么刺耳？他把音量调得很大，听到背景音中隐约还有人在电话那头说话，那声音竟然是本·拉登！

9·11恐怖袭击过后不久，俄罗斯情报机构给国安局发了一份他们截获的通信。电话中两个恐怖分子提到基地组织或许会启动“大家伙”。我们的第一反应是核武器，立即对我们的系统进行搜索，寻找完整的音频。幸运的是，我们找到了，通话质量也很高，听得很清楚。中情局局长乔治·特尼特要求我们尽快上交分析报告，我抽调了国安局最出色的语言学家。听了20多分钟，他告诉我，监听目标的确是恐怖团伙成员，但他们可能在密谋对美国发动核武器进攻，也有可能是在分析我们会采取怎样的反恐行动。事后证明，他们是在揣测我们会采取哪些行动。虚惊一场。

由此可见，语言技能排在第一位。我对国安局那些军方语言学家提出更高的业务要求。我们之前的监听对象使用的大多是一定格式的军事术语，目标语言基本流畅即可。毕竟，听懂地面管制员指挥战斗机左转右转，或者升到某个固定的高度其实不难，但基地组织成员不会说得这么直白。他们说话隐晦、擅用隐喻，不直截了当，还很狡猾。我们要变得更强。

9·11事件之后的4年，我们从社会上招收了500多个语言学家，大幅度提高他们的待遇，薪水涨了好几倍。

新招收的语言学家有的自幼就在目标语言环境中长大。他们很年轻，对技术很在行。那些年长些的语言学家迫不及待地想要为国服务，但明确表示学不会信号情报系统那些复杂的技术。这些新人使国安局情报的翻译质量大大提高。

情报工作人员对他们的工作怀有特殊的情感。语言分析专家要对某个监听目标进行长期追踪，对目标的熟悉程度有时会胜过自己家人。慢慢地，他们成为监听目标虚拟生活的一部分。像过山车那样，他们的情绪会随着监听目标的情绪变化而变化。当时机成熟，对监听目标采取直接行动后，他们还要确认目标是否已经死亡。还是同一部监听电话，此刻传来的是监听目标家人的号啕痛哭。

有些情报人员在采取行动前对目标身份确认时犹豫再三。有人甚至无法完成身份确认。无论战争正义与否，他们的良知会下意识地进行抵抗，抵抗杀戮或直接参与杀戮。某情报界资深人士跟我闲聊时提到一个故事。执行任务时，和他坐在同一辆车上的下属突然没有缘由地哭了起来。问到原因，这个姑娘称是因为“工作”。回到办公室，她才讲了实话。原来姑娘是个语言学家，她长期监听的目标刚刚被击毙，她心里非常难过。

语言学家是个特殊的人群，非常特殊。有次我去中情局参加会议回来，恰好碰到很多员工从国安局总部大楼蜂拥而出，我们乘坐的 SUV 在人流中缓慢移动。安保人员有些着急，我开玩笑说：“千万当心！他们没准是语言学家。”

伊拉克战争打响之前，我决定和所有员工通通气。是否对伊拉克发动战争？国会分为两派，投赞成票和反对票的人数基本持平，我相信国安局内部的意见也不统一。通常那些重要的情况说明会，我会在国安局的弗里德曼礼堂召开，然后将会议精神向下级部门传达，并以电邮的形式发到米德堡和全球各地的情报基地。

但这次不同，这次实在太重要了，我想更个性化一点。我对米德堡和巴尔的摩华盛顿国际机场附近的员工进行了情况说明。参会人员很多，但仅仅是国安局的部分员工，毕竟为国安局工作的军方和文职雇员多达 35000 人。因为有员工和位于坦帕市的中央司令部有工作交叉，我们得知司令汤米 · 弗兰克斯准备采用“震慑与敬畏”的战术理念以及他对作战方案的宏观规划。

我带着全体员工示范演练了国安局的工作职责。随着先头突击部队进入不同的阶段，我们的工作重心将如何改变：

阶段一：部署；

阶段二：形成作战空间；

阶段三：大规模的实兵交战；

阶段四：战后维稳。

我知道国会关于是否对伊拉克开战意见不一，参议院甚至要为此展开辩论。我承认听众席上肯定有人持反对态度。于是，我再次提醒他们的职责所在。只要国会授权开战，我们就得往前冲。随后我补充说：“如果世界上的国家都觉得与美利坚合众国为敌没什么大不了，这确实不是什么好事，相信大家对此不会有异议。”

有员工问我这场战争持续多久才会结束。参观意大利北部的阿维亚诺空军基地时，我问过国防部部长唐纳德·拉姆斯菲尔德同样的问题。他回答说：“这场战争会持续多久无法预测，可能是六天、六周，我的估计是六个月。”

我给出的答案略有不同。我认为民众口中的伊拉克战争，也就是阶段三，会在几周之内结束，不会长达数月。此外，阶段四，即战后维稳也不会太久，很快就会结束。我在大规模杀伤性武器上栽了跟头，但这次的判断绝对准确。

没等到司令官弗兰克斯下达出征命令，国安局已开始着手战事准备。当我看到国安局大楼内部的传统口号被换成“我们是作战人员的后盾”，不由得吓了一跳，有些员工对我的反应感到不解。

“不能那么说，”我纠正道，“我们不是作战人员的后盾，我们是这场战争的参与者。我们不仅要负责提供情报，还要为最终的结果负责。”

我之前说过，我们的工作会随着战事部署的改变进行调整。只要战斗编成中有你，你就在战斗。战斗编成中没有你，你就只是个收件箱，战争期间收件箱里的信件人们不会读取。

对我们而言，最显著的变化是角色转变，从信号情报的加工厂成为提供咨询的情报公司。过去，我们只负责把情报交给他们，和军方是情报报告的交易伙伴。如今，我们要和这些过去被我们称为客户的军人同呼吸，共命运，生死与共。我们要充分发挥自己的知识、技能和能力，为先头部队开道。有个老员工总结得好，他说我们为这场战争提供了最终成品，而不只是原料。

在我看来，国安局在伊拉克战争中的表现可圈可点。直到有一天，国安局首席研究员，就是前面提到从华特迪士尼幻想工程跳槽过来的那位高管，通过对战事进行深入剖析，汇报说国安局的重新定位在某种程度上进展顺利。“驻伊多国部队与海军陆战队总部对国安局评价很高。师级单位觉得我们表现得还行，但更低级别的单位根本不知道我们是谁。”身为美国国家安全局局长，原则上我要辅助国家领导人、国防部的各级部门以及海军陆战队。但在现实世界，低级别的军事单位根本享受不到国安局的服务（也没有渠道获得高价值的可操作性信号情报）。

我们开始试着接触更低级别的军事单位，并在师级单位安插了国安局五人组，从而使海军陆战队的团级单位和美军的旅级单位能够连接国安局内部网络终端。他们经过培训，通过接触机密情报的审核，这些团级和旅级单位的美国大兵终于能够访问宝贵的国安局数据库，随时得到国安局专业人员的建议。

以下是米德堡某情报分析员的真实经历。“在前线作战的海军陆战队某枪炮士官长通过安全线路打来电话。他想知道伊拉克军事重镇纳西里耶市区中央交换机的具体型号。他们在筹划开展行动，准备以电话交换机作为突破点。碰巧的是，国安局数据库里还真有纳西里耶中央交换机的信息——阿尔卡特 E-10 系列。当时，我眼前浮现出那位士官坐在装甲车后部，拿着笔记本电脑连接国安局内网的场景。”

随着我们的配合愈发默契，一线的信号情报工作人员和海军陆战队使用通信卫星瞄准身边的目标；而米德堡和戈登堡的国安局员工在我的亲自指挥下，将行军中的战术车辆变成一根根接收信号的天线。

为保证各部门行动一致，我们每两天召开一次视频会议，伊拉克战场和美国总部的相关信号情报部门都要参加。我们交流情报，布置任务，减少行动冲突。此时，我会议室的显示屏上会有十几处位置同时亮个不停。国会要求我们“集中规划，分散运作，信息共享，深化合作”。

说得直白些，我们不想扮演马克·吐温笔下精灵古怪的小男孩汤姆·索亚，不会把周围的人骗过来帮他粉刷篱笆。我们要做的恰恰相反，我们欢迎大家来帮忙，但不会把刷子轻易交给你。

信号情报是个苦差事，但很多人都认为自己可以胜任。当客户认为国安局对他们不够用心，或者即使用心，但汇报的内容和他们的预期有出入，他们偶尔会要求国安局提供“原始数据”。提出这样的要求只能表明他们对情报工作知之甚少。

“你们需要什么阶段的原始数据？没经过后期处理，还带有那种嗞嗞啦啦杂音的那种？”

“不，我们要后期处理过的。”

“没问题。”

“但情报中使用的是乌尔都语、普什图语或其他语种。”

“我当然知道。”

“我需要你们翻译成英文。”

“但我们从不全篇翻译，只有重要信息才会被译为英文。”

“好，把那些重要信息给我。”

“我们给你的就是重要信息，用我们这行的术语叫作情报汇报。”

极少数情况下，有些客户仍会坚持己见，要求我们交出原始数据。可我们一旦把最原始的监听音频打开，至多几小时，他们就会乖乖地把请我们关掉，因为里面的内容实在太多了。

从信仰的角度，我们的做法没有问题（也符合国安局的纲领），那就是将信号情报的产业链牢牢抓在手里。但需要处理的数据真的太多，我们永远不能确保可以准确理解队友的要求。坦白讲，以往那些自己无法参与、只能求助别人的工作如今越来越受我们的欢迎，譬如取款自助机、自助订机票和自费出版图书。

我们要化圆为方，变不可能为可能。我们想出了信号情报生产河流的理念，航道口流出的是我们的例行汇报，源头流出的是那些未经处理的原始数据。只要那些之前被称为客户的人群和机构能够对看到的一切保密，并能助情报工作一臂之力，我们就会准许他们逆流而上。要同时满足以上两个条件，那些无理取闹或考虑不周的人只能望而却步。

越想逆流而上，身上的压力就会越大。“对数据保密”意味着安全的空间、安全的通信以及安全的人（必须通过测谎测试）。这是笔不小的投资。“增加价值”意味着他们不能瞎折腾，也得有所回报。获取的情报物有所值，带来实际的好处。这需要对他们进行训练（比如保护国家隐私）与技巧（比如语言技能）。

实现情报共享，并不是让大众享受“信号情报”拉洋片的乐趣，但我也对国安局员工再三强调，不能以专业的标准衡量这些客户带来的情报价值。只要他们认为劳有所得，我们就应该表示支持。毕竟，等待我们的工作有很多。

总体而言，我们表现得还不错。战争刚刚爆发，我们的情报显示伊拉克的通信系统出现故障，部分设备被撤离，电力供应被切断，许多地空导弹基地遭到破坏。

尽管如此，我们预料中的大批量通信情报却迟迟没有出现。第一次海湾战争过后，外国通信公司在伊拉克铺设了大面积的光缆。目前，伊拉克依靠这些光缆进行通信。监听列表上的部分目标居住在人口密集区及附近周边，我们向中央司令部施压，要求对监听目标安装电缆终端盒。如此，那些空气中的信号会被加强，有利于我们进行拦截。

这招“诱敌出洞”大获成功。战争进行一周，通信信号激增，连正在休假的语言学家都被紧急召回。这为伊拉克要害部门的定位和歼灭立下汗马功劳。两周过后，我们向中情局提交的报告中称伊拉克南部和巴格达地区的监听目标“基本不复存在”。

美军最初计划使用激光制导导弹，但伊拉克军方的 GPS 干扰器严重干扰了导弹的精准度。信号情报系统曾经试着对这些干扰器进行定位，并把它们列入目标清单。我们还对相关技术人员进行监听，以便国务院对干扰设备的供应国施加压力。

我们没有办法让“巴格达的萨哈夫”闭嘴。他是萨达姆的英语发言人，他总是使用小型化通信卫星对全世界进行英语播报。美国记者也在使用这种小型卫星对战争前沿进行报道。萨哈夫每次播报的时间不长，开始的时间也毫无规律可循，对他定位的概率为零。我们努力过多次，但至多让巴格达电视台瘫痪一段时间。但没过多久，他开始在播报中信口胡诌，称美军装甲车在巴格达四处横行，荒谬至极。我们感到气愤，但也束手无策。

就在我们一筹莫展之际，“定位房”（第三章）大发神威。“定位房”是国安局在9·11恐怖袭击过后不久启动的新项目。工作人员与客户直接进行对话交流。为满足不同客户的多重需求，我们对情报的处理流程进行了不同程度的修改。

有个客户竟然要求我们从打印机上拆除某个设备，并将该设备送上直升机。

还有一次，“定位房”与一架空中待命的AC-130攻击机实时连线，使得机组人员根据亲眼所见、信号情报以及“掠食者”无人机传送的画面进行综合判断。

2006年年初，4000名军方人员通过“定位房”的培训考核，得以访问国安局内网数据库，及时获取最新情报。举例来说，停靠在波斯湾的第五舰队可以通过国安局的数据库，从经过波斯湾的上百艘三角帆船中找到载有恐怖分子的可疑船只。

参加伊拉克的重大军事行动，我们还提高了信号情报评估的产出效率。信号情报的获取途径通常是对某个特定通信或多个相关通信进行总结。但总结之前，还有大量的基础工作需要中情局或国防情报局的情报分析员完成。在我看来，这和把小孩和脏水一起倒掉毫无区别，许多宝贵的衍生情报在这个过程中遭到过滤。因此，我要求国安局的情报分析员留有后手，用概括性的语言评估他们看到和听到的内容。伊拉克战争期间，出现了两个典型的情报标题“巴格达氛围”以及“伊拉克非正规军或许会长期存在”。的确他们存在了很长一段时间。

有战争就有伤亡。宣战前夕的某次规划会上，我提了个问题，这个问题让大多数文职雇员猝不及防。问题很简单：“国安局的人员伤亡通知程序有哪些？”话音落后，台下一片沉默，因为“我不知道”。这个问题令人深思。

到目前为止，国安局在伊拉克战争损失的密码破译学家多达21位。据说，越南战争中牺牲的第一个美国士兵詹姆斯·戴维斯就是一位信号情报人员。确切地讲，戴维斯是测向专家，任职于颇具神秘色彩的第三无线电研究所。

国安局隶属国防部，对那些奋斗在前线的军人全力配合，对他们的家人却无暇顾及。如何保护前线军人的家属？国安局的那些文职雇员根本没有这方面的经验，不知从何入手。2001年夏，我的妻子珍妮就开始关注那些军属。如今，她成立了“家庭与战场同步”的项目。在许可范围之内，我们会跟那些军属聊聊我们的工作、处理工作压力的小窍门以及如何结交有共同遭遇的新朋友。

但这个项目并不适用于国安局某些特殊人群的家庭。国安局有很多被我们称为“时空错位”的员工，他们晚上或许会在马里兰州和佐治亚州入睡，但白天12小时的工作时间他们戴着耳机，监听伊拉克和阿富汗的情报。人在美国，工作在伊拉克和阿富汗战场。在这种新型的工作压力面前，他们白天绷紧神经，置身于生死险境，晚上再带着绷紧的神经拼车去看球赛。

人要爱护自己，我也不例外。自从我站到一沓相片前辨认美籍目标，只要走出基地，我的保镖便形影不离。我没有专车，也没有专职司机，但国安局确实为我配备了安保车辆。虽然不能随心所欲地出行，但这些安保人员非常友好，也很专业。

事实上，好几次我都很高兴有他们在我身边。2004年9月，我和家人到巴尔的摩观看匹兹堡钢人队的橄榄球比赛。比赛当天套上钢人队金黑相间的球衣，你会发现巴尔的摩是个疯狂的城市。钢人队在那天比赛中获胜，成群结队的球迷更加疯狂。当护送我的车队准备离开体育馆停车场时，几个尖叫的球迷把脸贴到我的车玻璃上。直到后面那辆SUV上的安保人员通过扩音器大喊：“不要靠近车队！”他们才罢休。

我试着控制自己的家庭与工作同步。我会把大量的工作带回家，但绝不在周末加班。因为只要我走进国安局，后面会有一堆人围着我转，会连累他们也不能休息。

我坚持跑步，甚至在2003年5月跑完匹兹堡马拉松。多亏了我的保镖皮特，他不仅陪我训练，还佩带手枪陪我跑完全程。

伊拉克战争是残酷的，比我们的预期更加残酷，耗时更长。但在战术层面，信号情报表现不俗。2005年4月，美国海军陆战队第一远征军指挥官约翰·萨特勒中将即将卸任离开安巴尔省时，向国安局致电表示感谢。他强调最近的三次成功抓捕得益于我们提供的情报，称赞我们“乐意与信号情报的客户合作，最重要的是，能够将信号情报以机密渠道交到行动指挥官的手里”。

还不错。我们用自己的行动告诉敌人：胆敢踏足美国的战场，你的下场只有死路一条。

但仍不确定的是，我们是否能够承担重大政策的通知工作，比如第一时间内通知是否进军伊拉克。

还有个棘手的问题，那就是如何才能揪出那些已经潜伏到美国境内的恐怖分子。

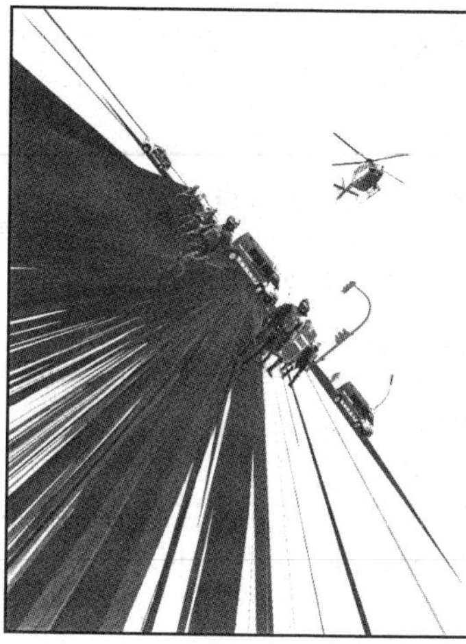

第五章

“星风”

马里兰州米德堡，2001—2003 年

9 · 11 事件过去的第三天，我走进国安局局长会议室。偌大的会议室只有国安局的公共事务官朱蒂 · 埃梅尔和几个技术人员。半圆形会议桌四周的椅子和后面几排阶梯座位都空无一人。

今天，我要在这里对国安局全体员工进行远程通话。自两天前下达撤退命令，直到今天我才抽出空来。

讲话的大致内容不难猜测。我告诉他们这段时间国安局要打防守战，我们必须搞清楚“整个袭击的来龙去脉”并“密切观察，对可能存在的危险要提前预测”。

我鼓励大家要有耐心。“尽管我们需要时刻保持警戒，我们的工作重心会有所改变。你们也都明白，美国人民不会一直防守。”虽然还没接到上级部门的进一步指示，但可以预见，我们肯定会进行反攻。

我知道，很多员工家属担心国安局遭到恐怖袭击，劝他们今天别来上班。我鼓励他们看向积极的一面：“此时此刻，美国 3 亿多同胞都希望能做你们的工作，将幕后黑手绳之以法。”

最后，我让大家思考一个问题，那就是如何维护美国人民的自由？自 9 · 11 恐怖袭击以来，这个问题一直困扰着我。国安局的各位同仁包括我本人来自相同的政治文化，崇尚自由的美国文化（但每逢公民安全与自由的辩论，这个现实情况通常会被意识形态纯化论者自动忽略），但接受的通识教育让我明白自由是多么脆弱。

我提醒大家："如今美国人民的安全不仅受到威胁，他们自由的人格也岌岌可危。任何国家都必须认真权衡安全需求和自由需求的关系。感谢总统詹姆斯·麦迪逊和他的朋友，为美国人民在这个难题面前坚定不移地选择了自由。但当国家受到威胁，人民的安全无法保障，它肯定会将安全放在第一位。经历了9·11恐怖袭击，我们大家都不想第二天一大早刚爬起来，就看到新闻里报道美国再次受袭。我们大家要挑起重担，共同维护人民的安全不受侵犯，从而维护美国的自由。"

我将那次的讲稿保存下来，后来每当听到有人对我们严加指责，说情报部门置美国人民的自由而不顾，我总会想起那次讲话。

9·11事件过后，我在自己的权限之内做了很多工作。例如，我们之前对阿富汗打入美国的国际通话规定最低限度下解读美国公民的身份，袭击过后我立即做出调整。

被我们监听的外国目标有时会往美国境内拨打电话，有时接到来自美国的电话或者电话里聊到某个美国人，这种情况相当常见。国安局对这条情报可以继续收集和上报，但除非涉及的美国公民身份会严重影响情报的解读，否则都要模糊化处理，即所谓的"最小化"。例如，涉事人会命名为"美国公民一号"。

如果情报接收方认为身份信息对解读情报必不可少，可以申请复议，国安局为此还制定了一套烦琐的常规流程，判断能否通过申请。

我们刚刚经历了一场阿富汗境内策划、美国本土实施的恐怖袭击，我们有充分的理由相信这不会是最后一次。因此我指示那些分析员在"解读情报的关键程度上"降低门槛。如果有基地组织疑犯打电话到美国，我们要让联邦调查局第一时间内得知谁在跟那些恐怖分子通话，而不是等到联邦调查局提出要求再采取行动。

通常情况下我们只获取美国与阿富汗两国通话的基础数据，也就是元数据。通话内容不在我们的监听范围之内。其实很多阿富汗人打电话只是问候美国的家人。元数据只会告诉我们，他们之间存在联系，这个事实随后将会被呈报给联邦调查局。

后来，联邦调查局有人匿名举报国安局报上来的情报只是些“比萨订单”。对此我不否认，但国安局从没指望这些情报能明确指向恐怖分子。它们只是数据，进行情报分析时可以结合其他情报综合考虑的数据而已。不过，我们也有过错。我们不该理所当然地以为联邦调查局会对那些数据进行后续分析。

我向乔治·特尼特汇报了国安局目前的工作情况，再由他汇报给总统和副总统。总统先生的批示是：“不错，他们还能再做些什么？”乔治向我转达了这个问题，我的回答是：“其他事就会超出我的权限范围。”他反驳道：“我说的不是这个。”我大脑一片空白：“我尽快给您回复。”那是我当时能想到的最佳答复。

后来，联合调查委员会（见第三章）指责国安局在9·11恐怖袭击之前工作上存在疏漏。他们最有力的证据与美国境内的恐怖分子有关：

> 国安局在收集美国境内恐怖活动相关情报时过于谨慎。
>
> 国安局的外国通信监控和联邦调查局的国内通信监控存在缺漏。
>
> 国安局不希望让美国民众认为自己正沦为监听目标。
>
> （至于与美国有关的单方通信）从保护美国国土安全的角度，国安局对那些与恐怖分子相关的重要通信关注力度不够。

当然，联合调查委员会的这份报告过了段时间才公之于众。说心里话，我们不需要别人对我们的工作指手画脚。我只想说，面对如此严厉的指责，国安局随后启动的“星风”监视计划正是对这些问题合乎逻辑的应对，而不是像某些人后来声称的那样，是疯狂的密码学产物。按照国会的解读，我们做得还远远不够。当他们义正词严地指出国安局的问题所在，如果我们不启动“星风”监视计划，他们又能想出什么法子？

无论如何，结束和乔治的通话，我立即召集国安局的作战人员和法律团队，跟他们摊牌："好吧，新的问题：针对现在的局势，我们还能再做些什么？"我们研究出多个行动方案，譬如对美国境内的元数据进行汇总（那些打入美国、从美国呼出以及在美国境内的通话数据）。还有个方案提到那些从美国呼出或者呼出美国的国际通话，只要我们确定它们和基地组织有关，立即对通话内容进行拦截。

20世纪70年代中期，美国参议员弗兰克·丘奇披露国安局对国内诸多名流进行长期监视，1978年《涉外情报监控法》（FISA）出台。以当时对这个法案的解读和执行情况来看，这两种方案都不符合该法令条款。《涉外情报监控法》规定，监听之前应该经法院审批，拿到详细具体的搜查令。如此，要想执行我们的行动方案，要么对《涉外情报监控法》进行修改，要么获得其他权威部门的支持。

乔治每天都要到总统办公室为总统和副总统做例行汇报。他邀请我同去，让我为总统先生阐述这些方案能给情报活动带来哪些助力。基本上，根据已经掌握的恐怖分子电话号码，如果能够查到和这些号码有联系的通话元数据，我们可以迅速锁定可疑号码，增大发现美国境内恐怖分子的概率，从而避免类似9·11悲剧的发生。和总统会谈后，我觉得这件事会进展神速。

不出所料，乔治给我打电话，告诉我方案已经得到总统先生的认可，让我再去一趟。乔治是我的上司，更是我的好友。我曾在美国公共事务有线电视网的采访中说过，我爱他如兄长。因此我在电话里提醒他，自从丘奇调查委员会的揭秘事件，国安局一直谨慎行事。"我们从不打擦边球，"我提醒他，"这次更要小心。"

乔治向总统先生明确转达了我的担心，总统表示理解。第二天，我在总统办公室还没坐定，总统就向我保证，不会让国安局再次陷入那样的麻烦。他对我的顾虑表示理解，但那些要做的事就得放手去做。

会后，我沿着巴尔的摩—华盛顿大道返回米德堡。路上，我让助理安排约见国安局的高级律师鲍勃·迪萊。

鲍勃刚走进办公室，我告诉他：“总统先生决定以他自己的方式做这件事。《美国宪法》第二条规定，由最高统帅下令。不重新立法，但这可能会耗时很久，也可能会让基地组织听到风声。司法部最终会通过审批，不过我还是想听听你的意见。总统先生可以这样做吗？他是否拥有这样的权限？国安局会不会因此惹上麻烦？”

“另外，此次行动由总统全程掌控。我可以向你透露相关信息，但你必须保密，仅限你本人知晓。”

这个担子很重，鲍勃说他要回去想想再给我回复。他一夜未眠，反复研究了《美国宪法》和《第四修正案》。次日清晨，他告诉我这是根难啃的骨头，但他已经找到能够合理解释该行动方案合法性的依据：

> 按照他的解读，只要我们能够证明通话双方有一方在境外，且有一方是恐怖分子，和《第四修正案》就不会矛盾；
>
> 元数据的问题可以参照1979年史密斯诉马里兰州案。联邦最高法院以5比3裁定此类信息不受宪法保护；
>
> 至于《涉外情报监控法》，元数据的确应该受到保护，但却让我们束手束脚，无法迅速灵活地进行应对特殊情况；
>
> 最后，《涉外情报监控法》绝对要有特殊条款，非常时刻可以采取特别手段。否则，就是违背宪法精神。

我们又讨论了法律法规。当我问他联邦最高法院会做何反应，他拒绝预测结果，只是强调他的理论健全，论证有力。鲍勃曾担任过斯图尔特大法官、道格拉斯大法官和怀特大法官的秘书，对司法圈的事无所不知。后来他向我吐露，当时他认为我们的胜算大概是6比3。

鲍勃自己也有问题问我。为了明确我们的意见是否一致，他问我如果计划泄漏，我到国会接受质询时会怎么说（计划迟早都会泄露，只是时间问题）。他认为我们必须对国会实话实说，我向他保证自己永远不会向国会撒谎。他还建议我设法向国会、高级领导人和涉外情报监控法庭汇报，我对此表示同意。

鲍勃对自己的判断很有信心，但问题在于总统要求保密，他不能跟国安局的律师团透露太多。因此，他和国安局的那些顶级律师讨论我提出的问题时，严格遵循国安局的保密原则，说得相当隐晦。当然，他使用的是假设的口吻，表达得也比较抽象。当这些律师对他的见解纷纷表示赞同，他的自信也大大增加。此后一周，我们又安排了几个律师参与讨论。要保证这么高风险的行动不会有差错，大量的法律咨询必不可少。顺便说下，后来加入的几位律师对我们的提案很有信心。

即便对自己的推理感到满意，鲍勃还想了解司法部法律顾问办公室认定项目合法所遵循的理论，再和他自己提出的进行比较。随后几周，他在安全线路上向副总统迪克·切尼的律师戴维·阿丁顿咨询，遭到阿丁顿的拒绝，但他还是在电话里讲了些行动合法的法律法规。鲍勃认为柳约翰的做法事实证明有些过分，不应该那么宽泛，让人觉得“《宪法》第二条高于一切”。但凡总统认为有利于维护整个国家，无论什么事，都能去做。迪茨说他在哈佛的法律学习沿袭了习惯法的传统，高度尊重事实，具体情况具体处理，从而使法律日益完善。而柳更广义的理论是典型的耶鲁风格。两者没有可比性。

司法部随后公示了它对这个计划的意见。为打击恐怖分子，司法部允许国会通过《授权使用武力决议案》，赋予总统的权限显然超越了《宪法》第二条中的“最高统帅”。这个意见本身颇具争议，因为没有明确提到拦截通信，政府之前也没有提出过这方面的要求。在2004年那起错综复杂的哈姆迪诉拉姆斯菲尔德案中，联邦最高法院认定即使《授权使用武力决议案》中没有规定，政府有权对美国公民以“非法敌方战斗人员”的身份予以羁押。如果不经审判就能羁押敌人，那么拦截通信就更算不上触犯法律。

究竟是不受限制的行政权力，还是和特定法规中的隐含含义打个擦边球，国安局持折中意见。他们相信总统的权威，建议总统作为最高统帅可以授权“星风”计划。如果国会提出异议，相当于违宪。至今，这个话题仍然引发诸多争议，但受理《涉外情报监控法》的上诉法院曾两次做出以下裁定：“我们认定，以收集外国情报为目的的通信监控，总统无须法院授权即可实施，这是《宪法》赋予总统的固有权力。”我认为国安局律师团的解读没有问题。

除此之外，我还需要确认一件事。从白宫回来的那个下午，我心里清楚“星风”计划可以继续开展（我和鲍勃·迪茨碰头讨论的那天）。我提前下班，邀请妻子珍妮一同到米德堡的树林里散步。趁散步的工夫，我告诉珍妮我准备做件大事，可能会引发他人的争议，但我问心无愧，因为这是一件正确的事。问题是，这件事或许会有很高的政治风险和声誉风险，甚至不排除法律风险。

珍妮聚精会神地听着，只是问我觉得这样做对不对。我告诉她对此我毫不动摇，她说既然如此，那就放手去做吧。

珍妮给出这样的答复需要很大的勇气，这意味着我们达成了默契。我的决定日后或许会带来风险，这些风险将由珍妮、我们长大成人的孩子、孙子和我共同承担。她并不知道我的大事是什么，只是跟我聊了很多她自己和军属需要承担的责任。

当我结束了总统办公室的汇报，副总统迪克·切尼让戴维·阿丁顿根据刚才探讨的内容起草许可令。这份许可令将首先通过司法部部长审核，总统授权，国防部部长签字，直到走完所有流程，“星风”计划才具备可执行性和相关性。司法部的柳约翰坚持认为，因为涉及战争，这个计划还得获得国防部部长和指挥系统的认可。当“星空”计划曝光后，国防部的认可确实有所帮助，有些国防部人员甚至以它是“白宫计划”为由拒绝承认。

计划的审批流程设计得如此复杂，是为了确信整个计划得到了总统的授意、支持和直接指导。中情局的引渡、拘留和审讯项目（见第十二章、第二十章）也不例外，但我后来才得知那个项目的支撑材料少得可怜。

10 月 3 日，副总统迪克·切尼、阿丁顿和白宫法律顾问阿尔·冈萨雷斯在白宫官邸向总统提交了编号为1的命令草案。他们刚走进房间，总统就问：“准备好了？”这份草案他已烂熟于心，但签署之前还是忍不住问了一句：“戴维，会有什么后果？”阿丁顿一时不知说什么好，只是指出了一个显而易见的问题：“毫无疑问，总有一天我们会为今天的决定负责。”这个回答非常巧妙。无论总统那天晚上是否签署这个草案，都会有人向他兴师问罪。

随后，阿丁顿将总统签名的草案先送往中情局，由他们附加威胁评估，由中情局局长书写推荐意见书，使计划合法化；再送到司法部由司法部部长证明其合法性，然后送到国防部制订具体的实施计划，最后送回米德堡，由我开展行动。所有的这一切都由戴维亲自完成，没有使用快递、没有他人转达、没有电子签名。在这种时候，保密第一。按照规定，司法部部长每隔45天需要重新签署一份计划的授权书。毫不奇怪，戴维每次都能在45天之内游说成功，得到重新授权。

戴维在圈里小有名气，人称“咆哮的看门狗”。在这个计划周密的授权过程中，他时刻牢记中情局的利益、国安局的利益、总统的利益以及整个国家的利益。他不像（至少有时不像）人们说的那般冷酷无情。第一次授权到期后，他提醒我那些美国国内的通信，只要确定与基地组织有关，按照这份命令的字面意思我们可以实施拦截。我也提醒他，国安局负责收集分析外国信号情报，没有授权不会对国内通信下手，而且国安局也不具备相应的技术条件。戴维向来拥护“总统单一行政权理论”，认为总统对战争行为拥有绝对权威。此刻他点了点头，坐在转椅上转过身来，对电脑上的命令草案进行修改，和我们的计划保持绝对统一。

10月4日，周四，“星风”计划正式得到首次授权。我在办公室召集几个核心人员，讨论“如果准备扩大知情权，可以对哪些人透漏这个机密”。

经过精心筛选，我们选出66个人，通知他们周六早上在局长会议室开会。

会上，我首先要求他们集中注意力，然后向他们概括了国安局过去几周的工作情况、“星风”计划如何拿到授权，以及总统对我们的期望。那天，鲍勃 · 迪茨也在场。因为和一些不知情人士所想的恰恰相反，这些国安局专业人员在美国人民隐私问题上非常保守，对法律的认知惊人的一致，他们立刻发现即将推行的这个计划回避了《涉外情报监控法》。如果不是在座的局长、副局长以及那些法律顾问（多年来他们多次警告国安局员工“你不准”）明确表示对该计划无条件支持，他们根本不会执行。迪茨在后来出席的员工代表大会上再次传达了这次会议的精神，确保分析员相信计划是合法的，还向他们解释了具体原因。

行动人员和他们的上级继续留在会议室，做进一步的汇报，我准备离开。离开之前，我补充了一句，我们要做的工作虽然没有先例可循，但并不违法。然后我说：“我们只做总统先生授权之内的任务，不会多监视一个电话和一封电子邮件。”

会议结束后，他们在楼下找了间办公室，着手准备办公设备与计算机网络。周日，大家开始轮班。截至此时，我们启动了国安局有史以来最触及法律底线的一次计划。我们将之最终命名为“星风”监视计划。这个名字并没有什么特殊的含义，因为它没有特定指向的目标。

后来，我询问我离开房间后大家有何反应，答复是所有人都在忘我地工作。终于能做早就应该做的事，大家感到兴奋不已，心里想着“这个计划事关重大，绝对不能搞砸”。

首先，我们急需运算能力强大的电脑，我们将要面对真正的大数据。我立刻联系了以前考察过的某电脑制造商首席执行官。他们恰巧发现公司有一个 100 多台服务器的订单可以满足我们的运算需求，这个订单已经准备就绪，只是尚未发货。于是，这批货被送到了国安局，我们在 95 号州际公路靠近米德堡的服务区进行交接，带着司机将货运到我们的装卸坡道，在最新成立的“星风”计划办公室，自行组装好所有部件。

计划启动后第一个月，数百人围着“星风”计划忙前忙后，其中有“星风”计划办公室的工作人员，也不乏后来授权加入的新成员。

参加人数还在增长。2005 年 12 月，《纽约时报》披露“星风”计划时，被正式纳入计划的政府人员超过1000多名，其中大多数服务于国安局，也有不小的比例就职于联邦调查局和中情局。有些人起初并不积极，可一旦理解了，他们马上就上手了。

即使按照政府的标准，作为为期四年的计划，“星风”的隔离保密工作相当到位。“星风”计划被曝光后，英国政府通信总部部长戴维·佩珀前来拜访。当时我担任美国国家情报总监（DNI）。戴维走进我的办公室，笑着说：“干得好，迈克尔，我们一直都被蒙在鼓里。”这是业内人士对我们保密工作的最大肯定。

美国与海外的通信数量巨大。当计划全面启动后，从理论上讲我们可以凭借通信网络功能截取相当大部分的此类通信。当然，除非我们有证据表明某个通话与基地组织有关，我们才会对它进行拦截和收集。

判断监听目标时，国安局使用了“备选项”。具体而言，如果我们发现基地组织的某个号码正在与另一个号码进行通话，无论那个号码是主叫还是被叫，都会被认为与基地组织有关，也就是一个备选项。在“星风”计划中，绝大多数备选项实际上都是外国号码，并且随着计划的成熟而不断增多。

从2001年到2005年，“星风”计划披露的独家信号情报多达几百个。这些情报包括恐怖活动规划、财政、后勤、培训、出行以及与美国境内取得联系。

由于现代通信的特质，大多数包含通话内容的报告实际上都是以美国为中转的国际通话。仅2006年，“星风”独家拦截的过境电话（通话双方都在海外）就有100多个，作为主要参与方的信号情报汇报有1000多个。

和其他情报放到一起，“星风”计划提交的情报报告和正常渠道的信号情报没有明显区别。情报中的通信双方至少有一方是在海外，通信内容没有什么特别。特别之处在于这些情报的获取方式与途径。

我们还收集了大量元数据。“星风”启动的前6个月，我们建立了超大型数据库，储存了几十亿的国内通话和更大数量的国际通话。我们从恐怖分子的已知号码和可疑号码开始推导，排查那些和他们有过联系的号码，判断是否指向美国境内的恐怖分子。然后，我们将筛查结果转发给中情局和联邦调查局，由他们实施进一步的分析或行动。

情报机构需要覆盖范围广泛的三段式元数据报告。对那些我们已经确定和恐怖活动有关的号码，我们称之为“种子”号码。“种子”号码呼叫了A（第一段），A又呼叫了B（第二段），B又打给了C（第三段），至此构成三段式元数据。不可否认，从B到C的数据与最初的“种子”号码关联很弱，监听内容后发现很多是牙医预约或比萨订单。但当第三段的数据出现在别的“种子”号码联系链中时，好戏就会上演。根据和“种子”号码接触的频率、时间早晚以及直接程度，我们将它的可疑度分为高、中、低三等。截至12月份，我们每天都能发现十多个可疑数据，其中十分之一达到高度可疑等级。

按照规矩，联邦调查局要对接收的所有号码进行复核，“星风”无疑大大增加了他们的工作量。

“星风”意料之内地发展迅速。我们对包含威胁字眼的电话进行追踪、找出可疑通信、披露非法的融资网络、查明可疑出行、勘察航空学校关系网、揪出与恐怖活动相关的机场员工、打击非法买卖军火、追踪与哈立德·谢赫·穆罕默德联络的美国公民，还发现禁飞名单上的某可疑恐怖分子竟然已经到了美国境内。

我们都知道“星风”计划的秘密总有一天会公之于众。曝光之日，“星风”计划和其他反恐项目取得的成就越多，引发的风暴就会越猛烈。说得再具体些，如果“星风”计划和其他计划有效地确保了美国的国土安全，我们会被指责越权，侵犯了公民的隐私。本杰明·富兰克林曾说过：“任何牺牲基本自由以换取短暂安全的人，最后既得不到自由也得不到安全。”（请注意我这里强调的几个限定词。）到时会有很多人引用这句话对我们进行谴责。

美国情报人员对本国的间谍活动与政治精英之间的瓜葛大都了然于

胸。后者感到危险时会批评前者的工作不到位，感到安全时又会指责前者做得太过分。

2005年12月，“星风”计划首次遭到曝光，事态的发展就像按照剧本演的那样。我们知道自己根本无路可退，从一开始就做足了功课。

首先，我们要能证明这个计划的正确性。“星风”早期严格保密，监管权由为数不多的作战人员和法律顾问执行。到了2002年8月，尽管我们扩大监管权，涵盖了监察长办公室，但核心人员是多位专业审计师和监察长乔尔·布伦纳。布伦纳作为圈外人士，对“星风”持质疑态度。

审查“星风”计划成为他们的日常工作。“星风”计划从构思到启动历时短，很多文件做得比较草率，经过事无巨细的书面审核，书面文件得到补充，这个计划变得更加可信。这是他们做出的最大贡献。

他们发现这类报告中的一些常见问题，例如调换数字顺序。更重要的是，他们的报告指出，基于样本具备统计学上显著性特征，他们认为“星风”计划符合授权条款，任务执行过程通过合理的审查，记录到位，监听目标也在授权范围之内。

乔尔明确表示“星风”计划授权收集的情报非常重要，总统如果放任它不管不顾，和渎职没有区别。他还极力鼓动我们对涉外情报监控法庭和其他（立法）法律机构推进这个计划。我们确实做到了，不过那是多年以后的事。

早些时候，我们曾力劝白宫，请求行动之前让我们至少向国会汇报。那句空军格言说得好：“要想让人遭遇空难，先要保证他在机组的旅客名单上。”我们的要求遭到拒绝，虽然没说永久禁止，但意思是“不是现在”，“至于什么时候，静等通知”。

美国法律明文规定，重要的情报工作应保证国会“全面且及时知情”，“星风”在这点上没有问题。但行政部门具有酌情决定权，可以决定国会议员知情的人数。

“星风”启动几周过后，我们才获准向国会汇报计划进展。

10月25日上午，在白宫西翼的副总统办公室，我们见到了众议院和参议院的情报委员会主席和一些高级委员。副总统首先郑重地介绍了开展“星风”的必要性，随后由我开始进行汇报。

乔治·特尼特也出席了此次会议，他着重强调了美国目前面临的恐怖威胁。按规定，“星风”每隔45天就需要总统的重新授权以及中情局局长的最新备忘录，备忘录强调了基地组织不仅对美国政府构成威胁，还会危及联邦政府的存在。鉴于9·11当天华盛顿、纽约和尚克斯维尔遭遇的恐怖袭击，我们很清楚备忘录绝非小题大做，而且随着时间的推移，“星风”计划反而被部分知情人士称作“可怕的备忘录”。此次会议，乔治完美地为我们口述了传说中“可怕的备忘录”。

我打印了40多页幻灯片，简要介绍“星风”的进展，还准备了一些数据说明“星风”目前的规模。此前，在国安局筹备这些简报时，我告诉工作人员务必开诚布公，让那些议员认识到目前的局势事关存亡，而不是危机过后，当国人气势汹汹声讨国安局时，无力地为自己辩解——“其实，我当时准备汇报，只不过……”

在副总统办公室做简报的氛围有礼而专业，但说到“星风”的激进以及与众不同，我们直截了当，毫无隐瞒。我通报了“星风”计划中那些被监听的美国电话号码，多少通电话已经完成通话内容的截取，以及在此基础上生成多少份报告（包括美国公民在内）。最后，我们罗列了由于“星风”提供的情报那些未能得逞的恐怖袭击。我们将收集的原始数据（包括元数据和通话内容）编录成册。总之，当《纽约时报》独家“解密”[①]“星风”监视计划之前，我们同国会议员共进行了十多次会晤，通报议员共计15人。

首次会面时，国家安全事务助理康多莉扎·赖斯身旁坐着国会议员南希·佩洛西。南希是众议院情报委员会的高级民主党议员。这位未来的众议院议长的辖区就在斯坦福大学和州际公路之间，而康多莉扎近期恰好就任斯坦福大学教务长。以康多莉扎的了解，南希可能需要更有力的证据才会接

① 当然，《纽约时报》无权解密。他们所做的，只不过是揭密。

受这个计划。整个简报长达一小时，佩洛西和其他参会人员（包括波特·戈斯、鲍勃·格雷厄姆以及理查德·谢尔比）在长会议期间没有提出异议，但她希望随后能够得到其他方面的保证。当我和佩洛西站在西行政大道的遮阳篷下等汽车时，她突然转身问我：“你对这个计划有没有顾虑？”我没想到之前的简报并没有让她打消疑虑，连忙借机再次表态说我觉得没问题。

事实上，我当时真没想到各位议员会提出书面的反对意见。后来我才知道，参议员杰伊·洛克菲勒（他日后成为参议院情报委员会高层，直到2003年1月才有权获悉该计划）早在7月份的简报过后，就写信给副总统，表达了他对“星风”计划的担心。洛克菲勒抱怨说，自己当前做的工作根本不是提供法律咨询，也不能向他人透露，即使有疑虑或者诸多不满，也无法向人诉说。其实，他完全可以要求面见司法部部长（司法部部长对本计划知情并表示支持），但他没有。洛克菲勒议员显然自己保留有这封信件的副本，但“星风”计划曝光后，这个副本却找不到了，不得不向白宫求助拿到原件。

无可否认，国会议员们处境维艰。向他们汇报并非请求他们批准，而仅仅是告知。他们不能和白宫工作人员谈论“星风”，甚至也无法和其他议员讨论。洛克菲勒的那封投诉信，在我看来，如同给我们的行动上了份政治保险。如果“星风”日后曝光，他可以以此为据证明他当时持反对意见。换句话讲，如果“星风”计划在打击恐怖袭击中立了大功，他就可以改口，称自己向来支持采取必要手段保卫国家安全。

后来洛克菲勒再次提出异议，不过这次完全是针对我个人。汇报完“星风”的进展情况，洛克菲勒声称我提供的这些汇报既浅薄又不完整，按他的原话，不过就是草草地放了几十张幻灯片。我不知道他想要了解多少，或者说他能理解多少，对监察人员来说这些内容已经足够。

在“星风”监视计划后来的汇报会上，民主党国会议员简·哈曼提出和洛克菲勒同样的疑问。为了规避风险，她的自保措施是她根本不知道“星风”违反了《涉外情报监控法》的法律条款。因此，我们定期在副总统办公室举行的秘密会议是小范围的，只告诉那些严格挑选的国会议员，这和国安局在9·11恐怖袭击之前的做法一致，基本没有改变。

难怪，日后出任参议院情报委员会主席的帕特·罗伯茨在参加某个周日谈话节目时拿出一个药瓶，说要给他的同事吃这些“记忆药丸”。

当然，从实际情况来看，我们通知国会时确有失当之处。《宪法》上没有问题，问题出在政治层面。我们当时缩小知情圈只是出于保密的考虑，这本来无可厚非。但从政治角度来看，这样做不太合适；从战略角度分析，这会让我们失去国会的支持，甚至民众的支持。

缩小知情圈，这实际上让那些知情的议员进退两难。“星风”一旦曝光，他们必须展示出超常无畏的精神来抵制自己的政治根基。2005年12月，《纽约时报》部分披露，小布什总统实施了代号为“星风”的未经授权的监控项目，简·哈曼就展现了她的无畏，但大多数民主党人保持沉默。

此外，这在某种程度上刺激了那些对“星风”一无所知的人。他们反对开展“星风”，但也只能挑挑程序上的毛病（他们认为我们没有走正规程序）。

更好的做法是通知众议院和参议院情报委员会的所有委员以及参加行动的少数工作人员，如此，上述情况极有可能不会发生，将他们本能的谨慎转化为我们的优势，而不是阻止我们前进的绊脚石。

通俗点说，应该把更多的人拉下水，一旦事发，谁的手都不干净，谁都不能兴师问罪。

2002年初，我们向联邦政府的第三个分支——司法部，汇报了这个计划。向司法部门汇报并非因为我们认为总统需要法院的批准，而是因为我们知道司法部担心“星风”监视计划的数据会影响到《涉外情报监控法》的常规授权。他们担心，来源不明的情报可能会误导法院，要求联邦政府的首席大法官至少得知道这些情报的来源（并由首席大法官负责审核相关授权）。

华盛顿的1月阴冷刺骨。那天和往日没有什么不同，安保人员护送我乘坐雪佛兰萨博班SUV来到司法部部长约翰·阿什克罗夫特的办公室。在那里，我还见到了《涉外情报监控法》法庭的主审法官罗伊斯·兰伯斯。在司法部部长接待室，我和柳约翰坐在一起。此前司法部的意见书就是由柳约翰起草，白宫然后据此对“星风”监视计划进行了法律论证。

这是我和柳约翰的第一次会面。在此之前，他对“星风”的具体实施细节并不知情，只是看过阿丁顿的命令和特尼特的威胁备忘录。

柳约翰曾经担任哥伦比亚特区联邦巡回上诉法院和最高法院的书记官以及参议院司法委员会的总顾问，对兰伯斯比较了解。兰伯斯这次过来没有随从人员，还是那么乐于交际。司法部部长坐在他的办公桌前，我们三个围成一圈。阿什克罗夫特部长先是谈了对恐怖活动的普遍应对方案，还对“星风”计划进行了简单的介绍，然后示意我向兰伯斯法官做汇报。

这次汇报的内容和国会那次大同小异，区别就是这次我没有使用纸质幻灯片。因为兰伯斯自1995年一直担任涉外情报监控法庭的法官，深谙其中的法律条文，对技术问题也有一定的了解。

彻底了解“星风”计划始末后，他表示满意，看向身旁的柳约翰。我坐了下来，看着他们二人探讨法律问题，反复斟酌行政权力的范围和权限。柳约翰承认，若总统行使的权力和法案（如《涉外情报监控法》）中提到的国会意图一致，那么无论是从《宪法》角度还是政治角度，总统的授权都无可厚非。但他补充说，作为最高统帅，总统授权“星风”监视计划是在行使《宪法》赋予他的合法权力，根本不需要这样的避风港。他指出最高法院对这个问题保持了沉默。换而言之，在处理以往的监视授权时，最高法院对《第四修正案》的解读相当保守，希望情报收集的范围不要扩大到外国情报。

整个讨论异常激烈，但并没有任何敌对情绪。柳有点惊讶，因为去年夏天兰伯斯法官对司法部在《涉外情报监控法》执法过程中出现的屡屡失误大加指责。兰伯斯并不是在套取柳的辩词，他能提出问题就是表明他对于总统授权的支持。

其他参会人员显然持相同意见。仅仅几个月后，涉外情报监控法上诉法庭首次一致通过引用先前的判例：“我们认定，以收集外国情报为目的的通信监控，总统无须法院授权即可实施，这是《宪法》赋予总统……的固有权力。”

会议即将结束时，柳约翰提出交给兰伯斯法官一份自己的意见副本，遭到法官的拒绝，因为他对最高统帅的权限非常了解。两个人当时还预测了最高法院的最终裁决，他俩的推测结果是 6 比 3 和 7 比 2。

后来，“星风”监视计划曝光，许多评论家给它贴上违宪的标签。诚然，最高法院在处理哈姆迪诉拉姆斯菲尔德案（关塔那摩监狱囚犯）时曾对行政当局进行打压，但本计划有先例可循，前有古人，后有来者。（如果要举例的话，涉外情报监控法庭在随后几年赞同政府扩大监听范围。）

但对我们而言，“星风”监视计划在随后两年进展迅速。我们对它的价值越来越有信心，并定期向总统和国会高层汇报取得的战绩。

有天早晨，我在总统办公室正在讲解幻灯片，总统先生打断了我，问：“迈克尔，说了这么多你就是想告诉我这个计划是有效的，是吗？”

我回答说：“别急，总统先生，看完后面的三张幻灯片您就明白了。”

我们发现海外的恐怖分子团伙和境内某些人士进行联络。我们截获了部分通信内容，疑似境内或者正在入境的恐怖分子拨过来的电话。情报表明他们正在美国东北部和中西部进行谋划。

这些情报可靠吗？我认为可靠，但很难证明，因为可靠的情报通常有多个情报来源，把这些来源生硬地一分为二，评价其价值高低简直就是徒劳。但有一点可以确定，“星风”独家提供的情报占到情报总量的四分之一。

这也是它的错吗？

问题恰恰最早出现在行政部。2003 年 12 月，詹姆斯 · 科米出任司法部副部长。他刚一上任，我就主动到他办公室介绍“星风”监视计划。计划的开展需要他的参与，我们想尽快告诉他计划的详情。

我以为这次汇报没有什么特别，但现在回想起来，当时科米似乎另有想法。这次会面后来出现多个版本，应该都是科米的描述，因为我跟撰写报道的记者并无接触。

其中有个版本说我一开始开玩笑说可以为新人汇报我很高兴，因为这个计划终究会公之于众，我们早晚都会接受庭审。我在这里所说的庭审并非真正意义上的法律审判，而是说我们终将面临的政治审判不可避免。

科米显然更信任自己的法律判断。没过多久，他就派司法部法律顾问办公室的律师帕特里克·菲尔宾来全面审查"星风"监视计划。菲尔宾工作认真负责，深得大家喜爱。按照惯例，帕特里克有权接触国安局的律师和行动人员。在我们看来，这根本不算监察，而是定期的例行检查罢了。但没过多久，国安局就意识到科米或许并没有和我们达成共识。

2004年初，我有天在国安局局长办公室的走廊遇到帕特里克。我们彼此都很熟悉，就直截了当地问："帕特里克，计划现在是不是得停止啊？"

他的回答是"不必"，但事后我们发现他的意思是"目前不必"。

一场针对"星风"监视计划的风暴正在酝酿。但针对的不是整个计划（或者大部分计划），只是部分细节，譬如美国人元数据的收集（其中细节仍属机密）。元数据的采集并非不可，只是要在可控范围之内。而司法部如今认为国安局当前的技术水准无法保证这一点，从而导致过多的私人通信被卷入进来。面对这样的指控，我们自然表示抗议。

司法部正在经历法律的动荡，而遗憾的是我们对此竟然毫无察觉，直到2004年3月"星风"监视计划需要重新授权，这些风云变幻才尽皆显现。当时的司法部部长阿什克罗夫特因患急性胰腺炎住院治疗，代司法部部长科米拒不承认总统重新授权的合法性。支持他的除了联邦调查局局长罗伯特·穆勒，还有司法部法律顾问办公室主任杰克·戈德史密斯（菲尔宾的上级）。

对我们来说，这场风暴在3月7日登陆，那天是周日。当天中午，我召开紧急会议，召集"星风"监视计划负责人和反恐专家为下午的白宫密谈准备，届时出席的有副总统、中央情报总监乔治·特尼特、戴维·阿丁顿、阿尔韦托·冈萨雷斯以及白宫办公室主任安迪·卡德。我们当时决定由特尼特直接联系罗伯特·穆勒。乔治后来告诉我穆勒非常看重科米的意见，说他"是个严肃认真的人。他带着首席律师来跟我说他们无法通过这个计划”。此后乔治和我密切保持联系，我俩经常通话。但当时实在忙成一团，电话满天飞。我由此甚至因为要接副总统的电话不得不挂断他的电话。

上级命令我组织国安局的技术人员和中情局的情报分析专家于3月9日周二到白宫为科米再次汇报。到了才发现，基本还是周日那帮人，有代乔治出席的中情局副局长约翰·麦克劳林、科米、穆勒以及司法部部分代表。科米固执己见，很难被他人说服。他认为这是美国总统有史以来越权最严重的一次（果真如此？），还对柳约翰的法律分析大肆驳斥。他驳斥了国安局情报人员的观点，又将“星风”监视计划的成绩说成是联邦调查局传统手段的功劳，引起了大家的不满。这次会议没有取得任何进展，反而使形势更加紧张。出乎意料的是，科米在中途休会时竟然还特意过来和我握手。

我们探讨了法律补救的可能性。3月10日周四下午，来自两院两党的八名国会议员[①] 接到白宫的紧急电话齐聚白宫战情室。他们有的之前接触过“星风”计划，有的则一无所知。

副总统首先介绍了“星风”计划的概况，并对计划的实用性给予肯定，但也直言不讳地指出计划面临的某些法律危机。随后，他示意我对行动细节进行补充，特别是目前颇具争议的那些细节。我的发言侧重行动方面，而不是法律问题。我从米德堡带来了两位技术专家，他们在战情室会议桌上铺开一张复杂（但令人印象深刻）的“蛛网图”，为我们演示了“星风”计划如何识别和跟踪目标。中情局的两个情报分析专家结合当时的某个真实案例继而展示了如何利用这些数据进行分析，为我们抓捕恐怖分子提供助力。

参议员洛克菲勒此前参加过几次会议，对“星风”计划还算比较熟悉，因此只是针对尽职调查、不得超越权限和主动控制方面进行提问。副总统让我们提供了“星风”监视计划具体的记录清单。事实上，这个计划并非针对所有的恐怖分子（仅针对涉嫌9·11恐怖袭击）。因此，要想扩大监

---

① 来自参议院的共和党议员弗里斯特、民主党议员达施勒、共和党议员罗伯茨和参议院情报委员会主席洛克菲勒；众议院参会的有议长哈斯特、南希·佩洛西、波特·戈斯与简·哈曼。

听范围必须获得总统的权限修改。我本来可以把这个当趣事说出来，证明我们并没有越权，但一直没能找到机会。

随着汇报的深入，参会人员开始在小范围内展开讨论。某个讨论组里有众议院情报委员会主席波特·戈斯，他对计划比较熟悉，干脆为参议员汤姆·弗里斯特解答疑惑。

这次简报并不轻松，难度不大，但技术性很强，牵涉范围广，还得简洁不冗长。白宫战情室并不宽敞，挤了这么多人，当天天气闷热难当，部分议员昏昏欲睡。

我的汇报结束后，副总统继续讲话，我则坐回到背靠着外墙的椅子里。大家又开始了激烈的讨论。

当副总统再次提出司法部对"星风"的反对呼声很高，共和党的某智囊不无讽刺地建议："那就换一批律师！"

有位议员提出了法律补救的问题，但最终遭到否决。即使法律补救的方法可行，耗时不仅太长，国会的过多参与也会导致计划的过量泄露。（这就是国安局监察长乔尔·布伦纳这段时间大力举荐的行动方案。有趣的是，当2008年法律补救通过，辩论环节意料之内地耗时，但计划的秘密运作并没有因此曝光。）[①]

总而言之，我坐在那里无所事事，逐渐被这些议员固有的严肃认真和爱国情怀打动。他们没有因为政府面临的法律危机或即将发生的政治困境欢呼雀跃，也不希望这个计划被叫停。相反，他们希望计划能够继续（前提是在法律许可的范围）。某民主党领导人表示政府能举行这次会议本身就值得庆贺。会议接近尾声时，副总统进行总结发言，表示今天的讨论结果是"星风"计划将继续执行。对此，大家没有提出异议。

大家在战情室达成政治共识，认为监视计划继续执行，但需要进行修

① 在2013年爱德华·斯诺登泄露事件（第二十一章）后，这顿时成为争论的焦点。有时你怎么努力都无法成功。

订（修订方案至今还未成形）。安迪·卡德和阿尔韦托·冈萨雷斯备受鼓舞，连夜赶往乔治·华盛顿医院，争取阿什克罗夫特在授权文件上的签名。此中故事在他处确有记载（说法不一）。但国安局事先对此次拜访不得而知，事后也只是简单地告知了经过（戴维·阿丁顿直到第二天早晨给我打电话时才顺便提及）。

但如今我们必须做出决定，周日上午白宫方面（即阿丁顿本人）会直截了当地问我——如果只有白宫承认“星风”的合法性，代司法部部长仍然拒绝接受，我是否还会同意执行。

我想了一小会儿，回答说：“是的，我还会执行。”就这样，我们就又争取了 45 天的授权。希望这 45 天能让大家找到更稳妥的方式摆脱目前的困境。

做出这个决定，我当时并不后悔，至今也不曾反悔。国安局律师团可谓是法律领域的翘楚，他们对“星风”仍然信心十足。头天下午白宫战情室会议上的两党支持也让我深受鼓舞。在公众的争论声中我发现大家都忽略的一个事实，那就是“星风”监视计划的合法性得到多次承认，目前即使司法部也只是认为目前这个计划不合法，但没有明确指出计划违法。换句话说，到目前为止还没有人指控这个已经开展的计划是非法行为，并且征求司法部意见时，他们也给出了肯定的答复。甚至到后来，我们还获准保留计划前期收集的数据。如果数据的收集过程存在违法行为，司法部怎么可能允许我们保留这些非法数据呢？

我还有另外的考量。那个晚上，安迪·卡德和阿尔韦托·冈萨雷斯去乔治·华盛顿医院探望约翰·阿什克罗夫特。几小时后，在上班早高峰时期，西班牙首都马德里的通勤列车上发生多起背包炸弹袭击事件，导致 191 人丧生，近 3000 人受伤。在早间新闻里看到记者传来的画面，我愈发觉得减少情报收集的规模不能急在一时。

现实世界中的各种挑战纷至沓来。我们夜以继日地疯狂工作，希望能跟上进度，杜绝马德里恐怖袭击事件的再次发生；也花了不少时间配合情报部门的调查以及司法部的工作。国安局最出色的反恐情报分析员向我吐槽，连续工作几周好不容易回家休整，他家的电话却响个不停，司法部的多个办公室打来电话，需要他对自己提交的数据进行解释说明。

后来安迪·卡德通知国会领导层，白宫律师和总统已经认定计划合法，我们将继续执行“星风”。论述理由时，卡德着重强调了马德里的炸弹袭击。

但这个决定没能坚持多久。周五早上，科米和穆勒给总统先生下了最后通牒，如果“星风”监视计划执意不做调整，他们将选择辞职。因此，当阿尔韦托·冈萨雷斯致电，询问如果停止计划中有争议的行动会有什么影响，他要把握尺度。虽然不是情报分析的专家，我也能告诉他收集的情报总数将会减少20%。我还告诉白宫方面，全面停止存在争议的行动至少需要一周，同时我还需要指示如何处理那些已经收集到的海量数据。

总统的政府官员正在想方设法让罗伯特·穆勒满意；对总统而言，有些人反对不是什么大问题，但如果反对者是穆勒就问题大了，因为他深得总统的器重。

第二天是周六，我在家休息。那天我接到穆勒的来电。在电话里，穆勒表达了对我和国安局工作的敬意，但这次争议只是单纯的法律问题，并非针对我和国安局。他理解我们正在做正确的事。我明白他想表达善意，但没有必要。我从不认为这会有损我们的私交，但我深信国安局对法律的尊敬不言自明，无须赘述。

3月17日，周三，是我59岁的生日。这天，阿尔韦托·冈萨雷斯打来电话，通知我总统已决定修改“星风”监视计划的某些细节。我们要在3月下旬之前按要求完成修改工作。

此前，“星风”监视计划的各方面都得到总统的授权。在我们看来，这是《宪法》第二条赋予总统的权力；在司法部看来，这基于《授权使用武力决议案》。一直以来我们知道要想顺利地开展计划，减少争议，我们必须使它符合涉外情报监控法法庭的规定。现在我们正在加快这一进程。

白宫给出的最后期限是5月6日，之前的授权将在那天到期。

接下来的两周，国安局内部、白宫、司法部以及中情局局长为争取法庭的支持进行了多次会议和电话交流。总统给了我们足够的空间运作。冈萨雷斯私下里打电话告诉我，总统希望我能和大法官开诚布公地谈一谈。

杰克·戈德史密斯和帕特里克·菲尔宾（在司法部他曾对计划有所顾虑）和我们共同修改“星风”监视计划的某些细节，希望能在法律方面站得住脚，长期坚持下去，而不是应对危机的权宜之计。

司法部的律师忙着对付法律条文，我们要向涉外情报监控法庭主审法官科琳·科拉尔-科特里汇报“星风”监视计划的行动细节和技术细节。我们的汇报包括了计划中存在争议的部分，因为国安局的律师仍然坚信这些完全合乎宪法的合理标准，我们这部分行动能够重新启动。

2004年5月中旬，国安局的专家团队和律师团队同司法部的高级官员与白宫律师连续工作了两个周末，在涉外情报监控法庭的审判室内解释了“星风”取得的进展、开展缘由以及取得的成绩。至于那些引发争议的部分，我们正在停止收集，以降低数据中美国公民情报的比例。

7月，科拉尔-科特里授权国安局批量收集某些电子邮件的元数据。显然，此类数据的收集已经获得法院授权，而不是总统授权①。在核心问题上，包括偶尔收集到的美国人数据，法院同白宫（以及3月前的司法部）在大方向上保持一致。

所以，尽管后来涌出大量戏剧化报道，我们在去华盛顿医院的路上疲于奔命，政府最终还是找到了“星风”监视计划的平衡点。司法部的抗议声也逐渐平息。事实上，科米在随后的多次授权文件上都签了名字。

截至2004年夏末，“星风”监视计划进展顺利，运作周密，并且似乎找到了牢固的政治基础和法律基础。

我们感到很满意，至少目前如此。

---

① 随着时间的推移，法院对“星风”监视计划的其他行动也放开了授权，随后陆续通过的《保护美国法案》（2007）、《涉外情报监控法修正案》（2008）与《爱国者法案》第215条更为“星风”计划提供了法律基础。不过那时我已到中情局任职，和“星风”计划没有什么瓜葛了。

第六章

公之于众……别无选择

马里兰州米德堡和华盛顿哥伦比亚特区，2004—2008 年

2004 年 10 月初，《纽约时报》爆料说有关部门未经授权便对美国公民进行监视，当然这些记者爆料的并非“星风”计划的全部。撰稿的记者中有个叫詹姆斯·里森，是个和情报机构斗智斗勇的老手。里森曾经与中情局的情报官员米尔特·比尔登共同撰写出版了一本关于冷战期间谍报工作的书。他如今的搭档是《纽约时报》法务部的通信记者埃里克·里奇布劳。

情报界的新闻报道一般有个固定的模式。记者们通常从外向内圈定主题，先给他们认为知道风声的人士打电话，即便这些人一知半解也无所谓。只有先从他们嘴里套出信息，后期接触到通晓内情的官员时，他们才能说：“我得到消息说……”继而引导这些知情人士进行点评。里森和里奇布劳的情报圈正是以这些“我们听说”为圆心画出来的。

这些报道使白宫、中情局、司法部和国安局如临大敌，于是展开了多次对话。国家安全事务助理康多莉扎·赖斯也及时告知总统先生这件事的进展，虽然总统那时大多数时间都在路上。毕竟距大选只有几周。

大选过后，总统问我对此次泄密事件的放料人可有对象。我告诉总统，《纽约时报》爆料的内容并不全面，应该不是参加汇报的那些人，更像是“小道消息和闲聊来的，而小道消息最多的地方就是司法部”。

事后证明我猜对了一部分。2008 年 12 月，司法部律师托马斯·塔姆在《新闻周刊》的封面故事中透露，他是当年里森和里奇布劳爆料的主要线人。塔姆不是“星风”的直接参与人，司法部对他的泄密没有进行后续调查，里森和里奇布劳还有什么其他消息渠道我们无从得知。

里森对我步步缩小包围圈。他先是给白宫发了电邮，又与中情局的公共事务官马克·曼斯菲尔德就此事交流。总之，官方点头同意他对我采访，但我还是拖了他大概一周，直到10月中旬才安排和他通话。

电话刚接通，他就开门见山地问我是否能就此事私下面谈。

“那得看你想谈什么。”

他先是大概讲了下自己掌握的情况：总统未获法庭授权以及新法令的支持，私自授权情报机构访问电信的交换机。如此是否合法，令不少人心生疑虑。他问我能否向他提供内情？

我一口回绝了他，理由是我不能向他透露计划细节，只是再三强调我们所做的一切合法、有效而且正当。我特意强调“有效”二字，暗示他这个计划一旦泄密，我们的国家将面对更大的威胁。

随后，里森把自己掌握的内情一五一十全说了出来，包括政策的根本性转变、重大机密、大量通信情报的截获、恐怖主义威胁的应对措施、美国电信企业的后门设置以及摇摆不定的法律意见。

我意识到他掌握了部分内情，虽然有点断章取义，但我没有心情也没有义务指出其中的错误。他对“星风”监视计划收集通信内容有所察觉，但有些夸大其词。显然，他并不知道我们对元数据的收集。

我再次表示无可奉告，只是像念祷告那样一再重复“合法、有效而且正当”。

见此，里森提议我们私下谈谈，保证不会写入报道。

“我为什么要和你私下谈谈？”

里森的答复是他只想理清事情的始末，想要“公平和公正”，他无意间引用了福克斯新闻频道的这个人尽皆知的口号，引得我俩会心一笑。他再次提出想和我私下聊聊。

我告诉里森能讲的我已经全部兜底。后来我私下跟他说，按照美国律法，国安局的职责是想尽一切办法收集情报。“否则把这么多天线放着不用当摆设，就是浪费纳税人的钱。”

里森随后加倍地软磨硬泡。他说，我始终在向公众面前展示国安局的正面形象，努力消除人们对国安局的某些误解。所以，我们更应该坐下来谈谈，因为他在情报圈混了这么多年，这次情况最为严重。

他没有明说“你们快撑不下去”之类的话，但我意会到他类似的暗示。

我问他新闻何时发布（他答复说“时机成熟之时”）并对他的来电和提供的情报表示感谢。

自此，我和里森再也没有打过交道。但后来接受《纽约时报》华盛顿分部负责人菲尔·陶布曼采访时，我反而透露了更多内情。陶布曼担任过莫斯科分部负责人，在国防和情报工作上浸淫多年，经验丰富。他的一生都在寻找新闻透明度和国家安全的平衡，也是我们眼中最合适的对话人选。（2008年，菲尔回到母校斯坦福大学任教，讲授新闻自由和国家安全关系课程。康多莉扎和我都曾受邀到他的课上担任客座嘉宾，都使用了《纽约时报》对“星风”监视计划报道的案例。）

康多莉扎安排中情局代理局长约翰·麦克劳林与陶布曼和里森约见。约见之前，我们与约翰进行视频通话，确定了此次会见的主题。“如果你们报道了‘星风’监视计划，短时间内会引发大乱，让我们失去反恐工作中保护美国最有效的武器。”

10月的某天，约翰·麦克劳林、中情局办公室主任约翰·莫瑟曼、陶布曼和里森在白宫西翼对面老行政楼里的中情局局长办公室进行了会谈。约翰记得他当时把那些椅子按照扇形摆放在硕大的办公桌前，这是讨论，而不是演讲。

约翰不得不谨言慎语，因为他无法证实计划的存在。“即使这样的行动真的存在，也必须严格遵守某些协议规定，譬如……”他自始至终都没有提到或证实“星风”的存在，只是不断强调计划的合法和适当。加上提问回答环节，此次会议持续了半个多小时。陶布曼一直表现得非常体贴，考虑得也很全面。里森则看起来争强好胜，令人生厌，只是拿公众的“知情权”做文章。

会议记录表明，陶布曼明白问题的严重性，而里森则“什么都不在意”。

我之前一直以为，和责任心强的记者交流的最佳手段是将自己知道的内情尽量全盘托出，即便（尤其）你的目的是阻止那些危害国家安全的新闻报道的流出。我们揣测陶布曼有他自己的衡量，他知道得越多，帮助我们守护这些机密的可能性就越大。总统似乎也认同这个观点，他下达的指示是“尽量对他知无不言”。

因此我们对陶布曼坦诚相待。《纽约时报》的报道主要针对“星风”计划对通话内容的截获，我们就围绕这个中心谈。我们不受任何道德、伦理或法律条文的约束，没有必要透露他们并不知道的信息。

我再次强调，当我们对通话内容实施监听，绝对有证据通话双方至少一方和基地组织有关。我们以已经实施的《涉外情报监控法》（监听通话要经过复杂冗长的授权程序，且不能批量办理）为例，导致我们追踪监听目标时贻误战机。

10月下旬的某个傍晚，在白宫西翼康多莉扎的办公室里举行了大型会议。参会人员围坐在咖啡桌周围的沙发和椅子上。我依稀记得（因为会议记录和印象都很模糊）《纽约时报》的执行总编比尔·凯勒也出席了这次会议。这个新闻是否发行的最终决定权在他手上，陶布曼一同出席。白宫方面出席会议的是我、康多莉扎以及冈萨雷斯。我们都秉承着同样的原则：把更多的人拉下水，从而彻底让他们闭嘴。

这次会议没有针锋相对，而是和谐有礼。我在面前的咖啡桌上展开一张素有“情报分析员笔记本”美誉的图表。图上标注了基地组织通信网络的各个节点。虽然这张图数据精确，展示的也是最新的情报分析，但它并不能为当下的讨论提供任何依据（此次会议的关注点是拦截通话内容）。但它确实揭示了通话之间错综复杂的内在联系，每个通话并非孤立，至少能给出席的各位发出暗示：如果有人（比如凯勒先生）阻止我们获取这样的信息，就有可能引发真正的危机。

我们从没想过要暗示他们“你们的双手将沾满恐怖袭击受害者的鲜血”，但现在看来，我们当时的确暗示他们9·11事件刚刚过去三年，还不是感到庆幸的时候，这样的论断可谓合情合理。

同样重要的是，总统的授权之下我们截获的大多数通话实际上是在境外拨打境外接听（这个事实让随后的新闻记者甚至美国政府的评估员都感到吃惊，一时间难以理解和接受）。

《涉外情报监控法》特定要求我们监听目标号码之前必须取得单独授权。这个法案起草时的通信环境与我们那时的环境大相径庭，导致我们现在必须面对意想不到的结果。20世纪70年代，远距离通信系统主要借助通信卫星，国安局可以随意对某个特定的国外号码进行拦截。因为1979年的《涉外情报监控法》允许在美国本土拦截国际卫星的通话。但随后爆发的电信革命使通信的主要手段从卫星转移到了电缆。想从美国本土的电缆上截获疑似恐怖分子的外国号码都需要获得授权。每个号码都需要授权，也就是说每天需要授权的号码成千上万，并且以数以百计的速度更新，这简直就是无法完成的行政任务。“星风”监视计划截获的号码有些的确与恐怖分子有关，但大多数情况下并非如此。

2004年迎来了四年一次的总统大选，布什总统继续当选。《纽约时报》在大选之前没有刊登“星风”的相关报道，但大选过后是否会选择披露我们并不清楚。我们知道陶布曼最关注美国公民的隐私。我需要让他知道，我们对公民的隐私非常尊重，没有任何轻视之意，而且我们的行动人员也在严肃认真地执行。11月中旬，我邀请菲尔到米德堡国安局局长办公室。我请他入座，并为他介绍了国安局的法律顾问鲍勃·迪茨和两名资深情报分析员，其中有位分析员3月份和我参加了白宫战情室的汇报会。

我再次向陶布曼解释了这个计划的重要性，也指出美国公民的隐私仍然是我们优先考虑的问题。会议室的天花板上挂着一个黑色和金色为主色的大型标志，上面写着“何谓美国人”，问题下方罗列了四条，符合条件的个人和组织将接受美国政府的保护。虽然我们截获通信的手段有些激进，但对美国公民的身份信息我们向来“最小化”处理（模糊化），除非这个身份对情报的破解至关重要。

然后，我毫无征兆地站起身，对面带惊色的两位分析员和菲尔·陶布曼说：“菲尔，我想你或许有具体的问题想请教在场的各位，我先回避几分钟。”

我边说边向门口走去：“只管回答他的提问，不要有任何顾忌。”

我当时就这么自然而然地做了，实在谈不上勇敢。我的下属都很聪明，发自内心地相信他们所做的一切都是正确的。

后来有个分析员告诉我，会议结束之后，他立即从我的办公室冲到鲍勃·迪莰办公室，像个犯错的教徒急着去忏悔，他告诉迪莰他担心下次无法通过测谎，因为他刚刚向记者透露了美国隐藏最深的国家秘密。迪莰安慰他说：“不要担心，这次谈话得到批准，不算是泄密。”显然这句话让他安定不少，成功地通过了后来的测谎。

等他们谈完，我回到办公室跟陶布曼道别。在他就要离开时，我问：“可有什么发现？您已经接触到同行都不知道的机密。”

他开玩笑说：“是啊，我估计自己还没出停车场就会被人干掉。”

我们还留有后手，让陶布曼和简·哈曼保持联系。简·哈曼非常乐意和陶布曼聊聊她对这个计划的信心。

12 月 8 日，康多莉扎打来电话，向我转达《纽约时报》决定暂不发表新闻的消息。陶布曼在电话里传达了同样的决定，并且提醒我们如果有人打探这个计划的情况务必通知他。我同意了，并补充说目前《华盛顿邮报》曾经有过试探，但最后不了了之。

2004 年年末，“星风”计划遭到泄露，《纽约时报》主编比尔·凯勒不得不向公众解释《纽约时报》当时为何选择不公开这条新闻。我个人倾向的解释是美国的国家安全论影响了他的决定，虽然我和陶布曼从未当面探讨这个问题，但我相信他绝对是《纽约时报》那个能够提出威胁国家安全警告的声音。

总统大选或许是另一个影响因素。大选期间，刊登对选举结果有巨大影响甚至颠覆性（不可预测）影响的新闻很难。即使对自称“档案记录报”的《纽约时报》来说，这也是个无法承担的责任。大选之后进行报道明显是跟总统对着干，而这位总统正是凭借反恐行动（至少有部分原因）才获得全国大多数选民的信任。

2005 年 11 月，总统大选过去整整一年，菲尔 · 陶布曼亲自打电话给我，说《纽约时报》在重新考虑披露“星风”计划。他补充说：“其他人感到忧虑。”

司法部中更多的律师成为里奇布劳的线人，我没有作声，陷入沉思。

菲尔当时没有提，但我们很快发现里森拿住了《纽约时报》的七寸。他把即将出版的新书《战争状态》的终稿发给他的出版商，书中重点讲述“星风”监视计划的故事。《纽约时报》面临要么爆料要么放弃的困境。他们非常希望能够对“星风”监视计划进行报道。

虽然陶布曼给我打了电话，但我那时已经离开国安局，担任美国国家情报总监办公室副总监，顶头上司是约翰 · 内格罗蓬特（第九章）。我不得不跟进此事，并在随后一周同国安局进行多次视频会议。当然，最了解情况的人还是我，因为阿尔韦托 · 冈萨雷斯现在是司法部部长，哈里特 · 迈尔斯接替了他在白宫法律顾问的位置。康多莉扎则由现任的国家安全事务助理斯蒂芬 · 哈德利代替，哈德利之前是康多莉扎的副手。我提醒新入行的各位小心应对当前危机，并许诺我会和菲尔谈谈。

陶布曼还是一如既往的不偏不倚，但他再三强调“其他人感到忧虑”，表明政府内部对这个计划的意见并不统一。我安慰他，到目前为止大家对开展“星风”并不存在争议。对 2004 年 3 月的那场危机我无法过多评论，毕竟事情已经解决（在我们看来还算圆满），说得太多会牵扯出《纽约时报》并未报道的那部分。

为了确保国会议员和我们脚踏一只船，菲尔坚持要求和他们面谈，事情开始变得棘手。让我或行政部门配合他的工作不难，但让那些一板一眼的国会议员做同样的事则难比登天。我告诉菲尔："我会安排的。"

2005 年 11 月下旬，我们在国家安全事务助理办公室重演了 2004 年的那一幕。会议由国家安全事务助理哈德利主持，参会的有我、国务卿康多莉扎、白宫法律顾问哈里特 · 迈尔斯以及国家情报总监约翰 · 内格罗蓬特。《纽约时报》方面的参会代表有比尔 · 凯勒、菲尔 · 陶布曼以及埃里克 · 里奇布劳。这次会议与 2004 年相比措辞更尖锐，气氛更紧张，不像新闻发布的讨论会，更像给政府下最后通牒。

《纽约时报》的代表总是回到内部分歧这个话题，加上里森的新书即将出版，他们越来越倾向将报道公开。即使他们不公开，"星风"迟早也会被公之于众。他们目前担心的是这能否会为他们赢得赞誉。

那时我心里也怀疑《纽约时报》和国内公众经历了相似的情绪变化，深思熟虑之后它如今试着引导民众的情绪。四年来，公众和政界精英都在嚷嚷让我们"不惜一切代价"反恐，而如今责任全都落到我们的肩上，我们得证明自己的所作所为是合法的，非做不可。我们得稳扎稳打，不能冒任何风险。

尽管"星风"获得前所未有的总统授权，但国会和司法部都是知情者（很多秘密计划尚无法做到这一点）。国安局执行计划时小心谨慎，绝不越权，我们相信"星风"可以让我们的国家更安全。

如果我们无法证明以上言论无懈可击，会立刻淹没在《纽约时报》以及看到报道的各界人士的滚滚怒潮中。知会国会这块也站不住脚：知情的议员太少。透露的细节太少，而且没有参谋人员。如果他们的记者不停接到这样的质询电话，我们怎么敢说他们已经达成共识？绝不越权的说法怎么可能得到认可？

计划是否有效，衡量标准最难制定。有效的情报如美丽的织锦，各式各样的多个线条构成美丽的整体。而现在我们却要说明这根线何时何地完成了这一切（类同于日后中情局审讯有效性的辩论）。此外，现有讨论的具体案例大都正在进行、调查或公开审理，不可能公开所有信息。

譬如，我们通过“星风”截获的情报抓捕了一名伏在屋顶的狙击手。他们抓住这个案子不放，但我们不可能提供更多的信息，因此任何辩解都不足以令人信服。

我们无法赢得他们的理解和支持，只好上报到总统办公室。

政府方出席的有总统布什、白宫办公室主任安迪·卡德、白宫法律顾问哈里特·迈尔斯和担任国家情报副总监的我。《纽约时报》派出了陶布曼、凯勒以及《纽约时报》的发行人小阿瑟·苏兹伯格。总统像往常那样坐在壁炉前，右侧是副总统的位子，但他没有出席。简短的问候过后，总统安排我们几个坐到左边的沙发上，那里是国家安全事务助理和白宫办公厅主任平日早上做《总统每日简报》坐的位置。

苏兹伯格试着打破僵局，开玩笑说他和总统先生的父亲当年也在这个办公室商谈重大新闻事件。这个笑话并不好笑，大家依然保持沉默。

然后，苏兹伯格说了《纽约时报》对待这则新闻的立场，大家还是沉默。总统打断他的介绍，称想借此机会说说为什么不让《纽约时报》报道“星风”监视计划。

总统说，如果此类恐怖袭击再次发生，他希望《纽约时报》的领导层会被请到国会山，与中情局、国安局的负责人共同接受国会的审讯，解释为何恐怖袭击会再次发生。

随后，总统让我像往常那样介绍“星风”计划。但我的座位和《纽约时报》的参会代表距离太远，汇报的效果并不理想。陶布曼和凯勒听过这个简报，唯一没有听过的小阿瑟·苏兹伯格认为这就是走走形式。

就这样，会议没有取得任何进展就宣布散会。《纽约时报》代表团再次提出要求与国会议员会面，确认他们是否认为该计划应该保密。他们还承诺公开报道之前会给白宫解释的机会。

会后，我们并未离开总统办公室。总统听到《纽约时报》代表的提议不以为然，但我建议总统认真考虑。我会安排陶布曼独自和他们会面，理由是“陶布曼值得信任”。

参议院情报委员会主席最终确定了这次会议的时间和参会人员。12月中旬的某个晚上，陶布曼会见了参议院情报委员会主席、共和党议员帕特·罗伯茨，参议院情报委员会主席、民主党议员杰伊·洛克菲勒以及众议院情报委员会主席、共和党议员彼特·霍克斯特拉与众议院情报委员会高级委员简·哈曼。这次会议我有意选择回避，没有参加。有人或许认为这样做有风险，但我相信我的出席会让那些议员对该计划的支持大打折扣。

后来我和参会人员就此事交流，得知会上所有人都强烈反对这个计划见光。有个议员说：“对计划的某些细节我们确实有异议，整个计划没有问题。”还有个议员解释为什么只有少数人才有计划的知情权，因为它是“皇冠上的珠宝”。陶布曼得到的答复是“美国公民的隐私需要保护，前提是他们能够生存”。有个议员后来绘声绘色地告诉我：“国会四骑士立场坚定。”

然而这些都已经没有意义。12月15日晚，《纽约时报》官方网站出现惊人标题：“布什总统授权对美国公民的通话实施非法监听。”选择这个时间发布或许和《爱国者法案》的修订有关，当时法案的更新时间被提上立法日程，正在进行激烈的辩论。《纽约时报》的爆炸性新闻使得该法案的更新拖到第二年3月。还有报道称，《纽约时报》曾担心政府会提前向法院申请阻止新闻的发行。

“星风”曝光的那个晚上，我和妻子珍妮正在波多马克河畔的波林空军基地的住所与客人共进晚餐。他们是彼特·霍克斯特拉和简·哈曼。然后只听见大家的手机铃声此起彼伏，我们这才得知《纽约时报》进行了报道。还好，霍克斯特拉与简·哈曼当时相处得不太融洽，被铃声打断的晚餐也没什么遗憾。

他们接到电话后起身告辞。“星风”监视计划秘密实施了4年，此刻终于被公众知晓。但他们看到的并非计划的全貌，某些细节并不准确。《纽约时报》掌握的只是计划的一部分，不是真正的事实。我们现在面临的问题是如何为自己辩护，在申辩时能公开多少信息。

第二天是周五。早上，布什总统开始反击。他下令取消已经录制完成的总统每周总统电台演讲，决定周六上午现场直播。届时他将为“星风”监视计划正名，谴责《纽约时报》的泄露事件并承诺计划将继续执行。

总统这样开始他的演讲：“为了打击恐怖主义，我正在行使国会赋予我的权力……作为最高统帅，我在行使宪法赋予我的权力。”

总统先是强调“星风”截获的国际通话至少有一方在美国境外，而且确定与基地组织有关。针对此次计划未经政府授权的指责，总统说：“前后共对这个计划授权30多次……并且，只要我们的国家面临基地组织和其他恐怖组织的威胁，我会一直授权下去。”

在知识分子圈，如果有人因为撰写的通信稿有望获得普利策奖（里森和里奇布劳确实获得过这个奖项，他们和揭露中情局海外黑狱的达娜·普里斯特共同获得当年的普利策奖。为此，普利策委员会不得不费心思对奖项分类进行全新的改动），其他人会屏息以待，观望那些鼓动他们曝光的政客是否会站出来并给予支持。周六上午，布什总统站了出来。（圣诞假期结束后，总统前往米德堡对国安局的工作人员进行慰问，并亲自向“星风”计划的团队成员表示感谢。）我们深深地呼出一口气，风波终于就此过去。

还是那个周六，我和妻子准备挤点时间到安纳波利斯购物中心购买圣诞礼物。我的手机突然响了。电话那头是简·哈曼，她是“星风”计划少数知情人之一，那时对这个计划很支持。哈曼希望我能向众议院情报委员会的其他议员介绍这个计划。她说其他议员理应知情，虽然没有明说，但我知道此举对她至关重要，会为她在众议院情报委员会提供高空掩护[①]。

挂了电话，我立即打给安迪·卡德，他在电话中表示支持，于是我提前结束自己的圣诞购物之旅。实际上，我实在不该自寻烦恼。因为还没来

① 空战中，高空掩护指战斗机在高空飞行，保护下方较弱的军事力量。哈曼之前对“星风”计划表示支持，如果不对她进行高空掩护，她会在党内付出巨大的代价。

得及离开商场，向众议院情报委员会通告的计划就被叫停，原因不详。

哈曼试着伸出援助之手，其他人则四处寻求掩护。随着“星风”的相关新闻报道越来越多，我接到国会议员南希·佩洛西的来电。佩洛西是众议院少数党领袖，此前曾经五次参加“星风”监视计划的简报。

考虑到佩洛西是情报委员会的民主党领袖，我曾在9·11事件后不久向她汇报过美国与阿富汗之间的通信监听。美国公民的通信能否出现在情报的分析报告里？我给情报分析员下达的标准是该通信是否具有情报价值。毕竟，我们有3000个同胞在恐怖分子组织并发起的袭击中丧生。我们不想再错过任何有价值的情报。听过简报后（当时“星风”监视计划尚不存在），佩洛西议员发信给国安局，表示担心普通美国公民的隐私问题，对此我们尽职尽责地进行了解答。

如今，佩洛西议员要求我尽快解密她在2001年10月发给我的那封信。我答应她会照办，但也明确告诉她，虽然信里的措辞比较模糊，似乎可以和《纽约时报》的报道联系起来，但这封信实际上和“星风”监视计划没有半点关联。

我指出：“女士，这就像苹果和橘子，毫不相关。”

她的回答道：“反正都是水果。”

《纽约时报》披露“星风”的第一个周日，参议院情报委员会主席帕特·罗伯茨邀请我、冈萨雷斯以及参议院司法委员会主席和副主席到会议室面谈。为了配合参议员返回华盛顿，会议时间安排得较晚。然而司法委员会副主席莱希没有出席。这充分说明了他的态度，但对于我们正在做的事情，其实他从未听过我们的准确描述。

因此，除了我们三个，还有宾夕法尼亚州共和党参议员（后加入民主党）阿伦·斯贝克特以及前费城地区检察官在场。冈萨雷斯法官先做了大概介绍，然后由我做详细说明。

进展并不理想。斯贝克特先前担任检察官，对监视形成了固有的执法观念，情报界的规则（甚至包括“星风”监视计划之前的情报规则）听上去都很陌生。不记得讲到什么，他突然提问：“你们如何保护公民的隐私？”我开始罗列国安局对符合保护条件的美国人的分类、保护措施、公民身份最小化处理等，但他再次打断说：“不，我说的是所有人的隐私，也包括外国人。”

顿时我惊呆了，这个问题大大出乎我的意料。我本能地想反驳说《第四修正案》不是国际条约，但很明智，我没有这样讲，只是含糊其词地说了几句我们所有行动都和计划有关。

这是个血淋淋的教训。很多人对国安局的工作缺乏基本的了解，解释“星风”比预期要难得多。毋庸置疑，“星风”监视计划和常规的情报活动不同。“星风”计划有哪些部分偏离了既定规则？这个问题合情合理。在并不了解计划的基本情况下，每个人都可能对它做出最坏的设想。

第二天一早（周一），我走出国家情报总监办公室的临时办公地点，从新行政办公大楼穿过拉斐特公园，步行一会儿便来到白宫。那时距圣诞节不到一周，圣诞饰物随处可见，呼吸着清新的空气，这样美好的早晨散步实在是种享受。

周末就听到很多人建议周一早上召开新闻见面会。幸好我过去看了下。刚到没几分钟，我就被带进白宫新闻发布厅，和阿尔韦托·冈萨雷斯一起对所谓的“恐怖主义监视计划”（“星风”计划被《纽约时报》曝光的那部分）做背景报告。

冈萨雷斯首先声明“星风”监听的是国际通话，而且是和基地组织有关的国际通话。这个计划获得了总统的授权，也符合《宪法》的相应条款，还符合《授权使用武力决议案》中对“战争性事件”的定义，虽然授权书中并未特别提到监视（和拘留）。

我指出：“在恐怖分子的威胁面前，情报机构的重中之重就是保卫自己的国家与人民，收集那些与基地组织有关的通信，尤其是那些通话一方在境外、另一方在境内的国际通话。”

当有记者质问我们为什么不能遵照《涉外情报监控法》，我的回复如下：

> 《涉外情报监控法》的重要性毋庸置疑，我们在充分利用这个法案。但不妨设想下，当初制定《涉外情报监控法》的初衷是什么？是为了执法和继续收集外国情报，是为了更好地为国家服务。我想大家对此已经达成共识，《涉外情报监控法》绝对不是那些武装敌对分子的保护伞，更别提他们正在密谋对美国发动攻击。
>
> 关键是灵活性……《涉外情报监控法》的制定是为了对已知敌对目标进行长期监控，侧重的是持久。法案有两方面的考虑，配合长期执法和情报的长期收集。
>
> 但“星风”监视计划并不符合以上任何一点。“星风”的目标是侦察和预防恐怖袭击，不看重持久性，更看重灵活性，反应要快速，影响范围小，神不知鬼不觉。至于说到侵犯隐私，和其他行动比起来其实是小巫见大巫，毕竟监听的只是国际通话，而且在大多数情况下，法院的许可还没申请下来，我们这边监听的通话已经结束，根本来不及。我们的目的很单纯，只有一个，那就是侦察和预防。
>
> 收集大量情报不是“星风”的目标……（如果）你们认为这个逻辑和推理不成立，我俩这就站起来走人。我们不会把资源浪费到根本没有价值的监听目标上……而且，“星风”计划评估目标是否有价值的标准，每周甚至每天都在不停地更新。

这是我迄今为止对“星风”计划披露最多的一次，却依然用处不大。新闻发布厅顿时乱成一锅粥。以问题尖锐著称的资深白宫记者海伦·托马斯在前排座位上冲着我咕哝哝地大声喊着什么，好像是在提问，但我没听清楚。

别的记者继续提问：“我想问您一个问题。您认为政府有权违反法律吗？”下一个问题是：“您似乎扩展了《涉外情报监控法》的权限，成为您为所欲为的尚方宝剑？”训导我们“国安局不应该监视美国人”，甚至有人指责我们“准备监听所有人”。

还有人问我《纽约时报》的曝光对“星风”的监听有何影响。“将军……难道您没想过对方知道我们在进行监听吗？毕竟，他们也不傻。”

我回答说，“星风”目前取得的成功足以回应你刚才提出的假设，但我也说过，“我们对监听计划披露得越多，和那些恐怖分子斗争的难度就越大，他们应对的手段越充分，从而使他们通信更难以监听，我们要加倍努力才能保护我们的国家和人民”。

当我说到监听目标的锁定由专业的情报人士决定时，有人对此表示质疑：“也就是说，现在国安局的当值情报主管正在代替《涉外情报监控法》法庭的法官做出决定，对吗？我这样理解有问题吗？您表达的是不是这个意思？”我回答说的确如此。我只想告诉你们，“为了打消你们的疑虑，这些决定由专业人士做出，和政治因素毫无关系”。

当见面会接近尾声，有人提出一个公正且重要的问题：“您能保证‘星风’截获的通信都是国际通信吗？任何时候都没有对国内通信进行监听？”

当然可以。“根据我们当前采用的截获技术和行动方案，我可以向你们保证，这些被监听的通信至少有一方在美利坚合众国的国境之外。”

32分钟的见面会显得格外漫长。无论是增进记者对“星风”的认识还是国民对计划的理解，都没有取得明显进展。

但我们没有放弃，继续坚持。2005年圣诞节那天，我们不是忙着回复电话，就是致电那些曾经接触过“星风”的新闻界人士，但收效甚微，很多人只是毫无理由的反对。譬如，《今日美国报》的记者约翰·戴蒙德对我们大发雷霆，认为我们背叛了他的信任，在他早期采访时我们的说法和如今前后不一。但我们并不这么认为，不过我们的想法似乎改变不了什么。

圣诞假期期间，我们想方设法搞到一本里森已经出版的著作《战争状态》。国家情报总监办公室的某个小职员在当地书店上架之前拿到一本，并把它带回办公室，然后给我们复印了好多本。书中“星风”监视计划的那部分内容我们基本清楚，但我们冒着一点违反版权的风险想知道书中还揭露了哪些国家机密。不得不说，看免费书的感觉就是爽。

圣诞过后，我们被指定向整个涉外情报监控法庭介绍“星风”监视计划。作为计划的创办人，汇报主要由我负责。我在米德堡花了两天时间做准备。

1月9日，我们向涉外情报监控法庭的主审法官科琳·科拉尔-科特里和8名陪审法官进行情况汇报。整个简报历时4小时，没有中场休息。司法部部长冈萨雷斯首先对法院提供这样的机会表示感谢，并向在座的各位介绍我——海登上校，会场顿时笑声一片，我在去年4月已经被授予四星上将的军衔。这个小失误倒是让会场的气氛活跃了许多。接下来，我们开诚布公地介绍“星风”计划，也回答了很多问题，不少提问者都持怀疑态度。涉外情报监控法庭法官詹姆斯·罗伯逊在《纽约时报》曝光后不久便宣布辞职以示抗议。但实际上，他只是听信了新闻报道的描述，并不了解计划完整的详情。然而，这次会议进行到2小时，讨论的重心开始发生转移，大家开始讨论为更好地应对新世纪的恐怖威胁和科技的日新月异，如何对《涉外情报监控法》进行修改。

会后，安保人员递给我一张便条，住在俄亥俄州斯托本维尔的姐姐黛比刚刚打来电话。显然，她看到媒体对我的报道，得知我到涉外情报监控法庭接受审讯。住在匹兹堡的那些老街坊老邻居以为我出了什么大事。我宽慰姐姐说自己没有犯罪，不是他们想的那样，至少现在还不是。

1月下旬，我再次进行公共演讲，地点在华盛顿国家记者俱乐部。我提醒听众“星风”的监听任务目标明确、重点突出。我们只“锁定那些与基地组织有关的通话人，在他们打入美国或从美国拨出时进行追踪……它并不是有些人想象的那样，在迪尔伯恩、拉克万纳或弗里蒙特这样的城市上空撒开大网，截获所有人的通话，然后凭借那些所谓专家口口声声的关键词搜索、数据挖掘工具或其他工具对通信进行分类”。

“‘星风’计划不会监视国内普通民众的通信。你和州立大学读书的女儿打电话，我们不会监听。女儿在海外学习阿拉伯语，你给她打电话发邮件，我们既不会监听，也不会截取。”

既然在记者俱乐部，我认为跟新闻记者们聊聊我对新闻的认识还算合适。“我知道给报道起标题很难，要简洁，要准确，还能吸人眼球，三个标准缺一不可。国内监控这个说法在我看来并不符合上述标准。首先，它不准确，‘星风’针对的通话至少有一方在美国境外……毫不夸张地讲，我乘坐的国内航班多达几百次，但没有一次是在美国登机，在巴基斯坦北瓦济里斯坦降落。同理……假设 2001 年 7 月，基地组织负责人哈立德 · 谢赫 · 穆罕默德在巴基斯坦卡拉奇跟马里兰州劳雷尔市的穆罕默德 · 阿塔打电话时，国安局截获了他们的通信。大家都知道，穆罕默德 · 阿塔在 2001 年 9 月 11 日那天劫持客机率先撞向世贸大厦南塔。假设国安局当时已经实施监听，并将监听到的内容公开。我相信，现在电视台一天 24 小时不停滚动播报的新闻标题绝对不是‘国安局对国内民众实施监听’。”

那天我只举了这一个例子，其实类似的例子还有很多。指责总是很简单，真相往往很复杂。正如镌刻在中情局大厅墙面上的那句话“你们必晓得真理，真理必叫你们得以自由”，让人获得自由的不是简单，而是真理。

在记者俱乐部，我对当时我说的那些话深信不疑，至今也是如此。“如果 9 · 11 恐怖袭击前这个计划已经启动，按照我多年的情报经验，我们肯定能察觉到基地组织在美国有所行动，并把隐藏在美国境内的策划者找出来。”

这次演讲很长，但它也是迄今为止我们针对国安局正在做什么、为什么这样做的最清楚最全面的公开阐述。当然，演讲内容只限于“星风”监视计划中总统已证实的那部分，即什么类型的国际通话才会被“星风”拦截。至于计划的其他方面，我没有提及，也不能提及，但我警告大家：“既要保护国家的情报来源，又要保护情报的获取方法，同时做到这两点有些难度。坦白讲，干我们这行的都不喜欢谈自己的工作，除非历史频道将它制成纪录片。

尽管如此，我继续说：“我更希望我今天站在这里，跟你们讲讲由于我们的努力，美国没有遭到恐怖袭击。这比我4年前做的那些演讲要简单得多，那时我不得不在你们这些记者面前自责，9·11事件之前我们对恐怖袭击的谋划根本毫无察觉。”

接下来，我开始接受记者提问，这确实需要勇气，因为记者俱乐部对“新闻界”的定义相当广泛，美国C-SPAN对整个简报进行同步直播。虽然无法和1977年电影《星球大战》中塔图因银河酒吧场景相提并论，但也不容小觑。不难看出，有些问题是真心实意想要读懂这个复杂的话题（如《涉外情报监控法》紧急授权的具体要求），但有些问题杀气腾腾（“您的意思是说固有的《宪法》权力……只要总统认为合适，就能违宪吗”）。还有的组织提出露骨的资讯式广告（譬如民间组织“世界不能等待”呼吁“让布什政权下台”）。

就像我们看到的那样，这次简报过后，新闻报道的基调（或准确性）没有任何改变。

两周过后，我和珍妮受邀到底特律观看匹兹堡钢人队和西雅图海鹰队在第40届超级碗的最终对决。邀请我们观看比赛的是钢人队老板丹·鲁尼，也是我读天主教初中时的橄榄球教练。我觉得，丹看到我在新闻里频频曝光或许感到同情。那天早上还要做两个周日访谈节目，但无论如何，坐在球队老板的包厢里看到球队获胜实在是件让人开心的事。比赛即将结束，钢人队以21比10领先，丹起身向我告辞，作为老板他必须提前到球场，准备接受超级碗的冠军奖杯。

我对他说：“丹，放心去吧，我为你高兴。”

观看比赛的钢人队球迷人山人海。第二天一早，俄亥俄州和宾夕法尼亚州收费站前的汽车排成长龙，但没有一个人抱怨。

那天早上我乘坐飞机飞回华盛顿，一头扎进国家情报副总监的日常工作。我们为“星风”计划尽了最大努力，没必要再被媒体牵着鼻子走。

就像总统说的那样，我们一如既往做该做的事。我们之所以坚持，因为这个计划合法、有效，有针对性，没有被滥用，符合美国《宪法》并适应实际危机的需求。

公众的议论声逐渐减少，白宫和司法部继续敦促相关立法，为总统的授权提供政治支持，并为执法部门解除法律方面的后顾之忧。毫无疑问，这需要时间，好在他们已经找到了方向。2006—2008年，布什总统通过“星风”监视计划授权的所有行动几乎都编入法案，包括更新《爱国者法案》《保护美国法》以及《涉外情报监控法增补法》等法案。新闻业的怒火我们已经见识太多，等待我们的一定还有更多。尽管让他们去挖掘吧。

第七章

公众的知情权与国家安全

马里兰州米德堡和弗吉尼亚州兰利，1999—2009 年

“星风”监视计划的报道并非毫无征兆，它体现了政府与媒体日益增长的矛盾。更准确地说，它体现了自由社会里透明和机密之间连续不断的碰撞和摩擦。

无论是中情局还是国安局，公共事务官都会跑进办公室，向我建议或要求致电某编辑或某出版商，要求他们不要公布某个报道，这早已成为我的家常便饭。电话里，我的第一句话通常是：“感谢您能接听我的电话，我知道我们都有保卫国家安全和公民自由的职责。但如果您发布了这个报道，会给我的工作带来很大麻烦。”

说实话，我打这些电话，只是请求他们拖延、制止或修改即将发布的报道。只要我能给出合理的解释，电话那头基本会接受我的建议。记得有个作者同意将报道中的信息来源从“根据截获的通信”改为“根据情报”，虽然只是几字之差，意思却差之千里，让他自己都大吃一惊。

还有个经验丰富且明辨是非的记者，出乎意料地来到我的新闻办公室并主动提出：“我知道这是信号情报，它不会在我的报道里出现。”

《华盛顿邮报》记者达娜 · 普里斯特（不太讨中情局的喜欢），在 2005 年末出版的普利策奖系列作品中并未提及中情局具体的监禁地点。中情局的说法是如果这些监禁地点曝光，会给所在国家的公民招致恐怖分子的威胁。她表示认可，并在文中隐去相关信息。

但我们知道并非所有人会对国家安全感到敏感。2008 年 1 月，12 位情报界首脑（包括我在内）将联名签署信交给参议员领导，反对即将出台的新闻来源保护法案，因为这将大大增加我们对泄密者追踪和起诉的难度。我们指出这项法令“会削弱我们保护情报来源和情报获取的能力”。

我们对《宪法第一修正案》并非熟视无睹，我们对新闻媒体在国家民主扮演的角色也并非置若罔闻，我们对安全与公开两者的微妙平衡和固有矛盾也绝非视而不见。我们只是认为，有些事只能成为合法的秘密。2006年10月，我在一次非正式记者聚会上表达了这个想法。我承认，当时我有些生气，因为国安局和中情局的多个敏感项目被新闻媒体大肆报道。

我在开场提出这样一个前提：世界上有种叫作合法的秘密，无论是家庭成员、特惠贸易协定、狮子会还是媒体圈，都存在这样的秘密。社会能够理解和承认这些秘密为何存在，并出台政策规定它们何时应该公开、何时享受特权、何时不应公开。我们承认婚姻特权、律师与当事人的特权以及牧师与告解人的特权，但为满足广大集体利益的需要，我们也规定这些特权应予以让步。

政府和其他公共实体都需要自己的秘密。联邦政府的立法、司法与执法三大部门都需要这个权利。法庭的审议和国会的审定会议是秘密召开的。为了不影响市场机制，美联储对隔夜拆借利率的讨论是秘密进行的。农作物价格支持力度在农业部公布之前也是秘密。

秘密的存在是不争的事实。2008年11月，《纽约时报》记者戴维·罗德在阿富汗被塔利班分子绑架，并由哈卡尼网络押送到巴基斯坦，这件事在当时闹得沸沸扬扬。但是直到罗德被成功解救，媒体对此没有任何报道。无论是罗德被塔利班绑架，《纽约时报》当时如何应对，还是我发动中情局的多个线人寻找他的下落（我曾私下里把中情局在其中扮演的角色透露给《纽约时报》），媒体统统没有报道。因为《纽约时报》觉得罗德的境况是合法的秘密。由此可见，合法的秘密的确存在。即使是媒体也承认有些秘密有必要保留（尤其为他们提供情报的那些线人，更应该值得保密）。

这些合法的秘密并不总是巧言令色，而是有着实际需求。2006年，我对媒体人讨论的焦点提出质疑：“媒体总是强调‘公众知情权’，让我们换个角度来看问题。”

“知情权”并不绝对。事实上，公众在某种程度上决定了他们想知道什么，不想知道什么。有的信息一旦泄露会危及国家安全，总统和执法人员有权对这类信息进行加密。最高法院多次承认了这样的授权。

新闻界也多少有所认同。《华盛顿邮报》记者戴维·布罗德说过，“政府有责任保守秘密”，但是他还说过，“我们媒体人的责任是追查并公布这些信息，让公众知道政府以他们的名义都做了什么”。换句话讲，公众依法选出的代表授权政府保守秘密，但如果有人把消息捅给媒体，他们就无法保持沉默。在没有出现混乱之前，你们实在没有必要揪着政府保密这个前提不放。

当然，这就导致了自相矛盾。一方面，媒体无权泄露合法的秘密；另一方面，决定该信息是否为合法秘密的仲裁者是媒体。即使媒体出于善意，再抛开法律权威不谈，能力依然存在问题。戴维·伊格内休斯并不认可情报机构的保密机制，他曾经说过：“我们记者总是这样为自己辩解，通过权衡利弊，我们认为披露真相对公众更加有利。问题是我们其实没有资格做出这样的判断。”

在2006年那次同媒体的非正式会面上，我向记者逐项列举他们泄密带来的具体伤害，并痛斥了这些自以为是的记者。当然，我在会上透露的那些秘密行动已经事先和国安局的行动人员进行沟通，确定可以公开。

我告诉那些记者，由于近日的系列报道，我们损失了5位优秀的反恐与反核扩散特工。他们担心自身安全无法得到保障，拒绝为我们继续工作，尽管他们大多数人负责监控的岗位报道根本没有提及。2002年8月，某个岗位敏感的情报人员和案件负责人接头时被记者曝光。随着媒体披露某禁区的中情局隐蔽据点，该地区的2名情报人员被拘捕并被处决。中情局在当地的负责人这样写道：“有人为此丧生，但我们无法对那个向媒体泄露任务的内鬼追究责任，我感到很遗憾。”

还有一次，因为大规模杀伤性武器相关情报遭到泄密，我们的情报人员因涉嫌间谍活动被外国政府逮捕；后续报道披露的种种细节让外国政府更加肯定他们没有抓错人，这位情报人员最终被定罪并被判刑。另外一篇报道导致他的家庭财产被封，为保护他的家人我们不得不把他们转移到了国外。

最后我指出，9 · 11 事件之前几年，某情报站站长汇报说，新闻媒体对情报联络员的曝光迫使“我们停止对本 · 拉登情报工作的报告”。自此，这个情报站两年再未提供恐怖活动的相关情报。

这样的例子还有更多。说得好听点，排除有些记者或许是判断错误，媒体最大的问题就是歪曲事实。谁都想给这个风头正旺的故事加点料。“星风”监视计划曝光后，美国广播公司的记者布莱恩 · 罗斯（自从认识就很尊重他）在主持晚间新闻时，在摄像机前挥动一份国安局备忘录，称因为众议院情报委员会尚未得到相关授权，“告密者”拉斯 · 泰斯事先得到警告，不得向该委员会透露计划中的某些活动。麻烦缠身，愤怒的罗斯显然没有注意到泰斯对于指控应该向军事委员会申辩，而不是情报委员会。他有权谈论国防部而不是国安局的特殊权限计划。

随后我反问这些到场的记者，你们的报道是否提及泰斯最终将接受国会的质询，质询的结果如何，你们是否进行后续报道，国会是否对他的行为表示愤慨？（据我所知，没有任何报道提到上述问题。）还有，泰斯当时在国安局任职多久（时间并不长，当时国防情报局不要他了，才把他甩给了我们），他来到国安局后，获准接触这些秘密的时间又有多久（更短，大部分时间他负责的是外围工作）？这些才是记者们应该重点报道的新闻，但全国人民在黄金时段的新闻中看到的却是罗斯和泰斯气势汹汹地走出阴影的画面。

2006 年 6 月，《纽约时报》以近似的方式发布了一则富有戏剧性的类似报道。当时，埃里克 · 里奇布劳和詹姆斯 · 里森（他们共同披露了国安局的系列行动）在报道中说美国政府能够访问环球银行金融电信协会(SWIFT)的金融交易数据库。政府和情报界对此次消息泄露予以了反击，因为我们知道这会妨碍反恐工作的开展。跟踪资金流向是追踪各种犯罪活动的有效工具。

《纽约时报》后来争辩说他们的报道受到《宪法第一修正案》的保护（对此我们无可否认），还说他们提供了“公众需要了解的正确信息”（对此我们并不认同）。《纽约时报》又搬出那些陈词滥调，说恐怖分子显然知道自己正处于监视之下，监视不会有多大用处。然后他们标榜自己的爱国主义，称这种监视“和安全漏洞不同，它和位置信息泄露同样会威胁到个人安全”。

里奇布劳对此的辩解是“自9 · 11事件以来，政府为防止再次发生恐怖袭击做出诸多努力。他们只是将此作为奇闻逸闻”来报道。仅仅是趣闻吗?

2006年10月，原文发表几个月后，《纽约时报》公众版编辑的态度出现180度大转弯，一改之前的说法。之前他坚持这种重大事件不该隐瞒，如今却说这件事不该公开报道。真是滑天下之大稽。

时光回溯到2009年12月，《纽约时报》编辑委员会抱怨说9 · 11事件已经过去9年，“竟然仍然有源源不断的资金流向恐怖组织”。随后他们发表了社论文章《金钱追踪》。这个主意真不错，此种小人行径也只有虚伪到极点才能做得出来。

还在中情局任职那会儿，我在接受《纽约时报》总部两位执行总编比尔 · 凯勒与吉尔 · 艾布拉姆森采访时，主动提起环球银行金融电信协会的相关报道。我承认“星风”监视计划的报道中有公民自由权的考量。“但你们为什么要发布金融电信协会的报道呢？”我问，“你们认为‘星风’监视计划需要公开的所有理由，什么没有法院授权、没有外部监督、没有国会人员的参与以及知情的国会议员过少啦，这些问题在环球银行金融电信协会计划中并不存在。”

凯勒稍稍犹豫后回答说：“总统那时的权威大不如前。”

当时，我没有作声。但当我们回到拉瓜迪亚机场登上政府专机，我问随行的其他成员："他原话是这么说的吧，我没听错？"

"是的。"[①]

记者义正词严地声称公众的知情权是国家民主所在。我承认身为情报人员，我们更习惯将秘密埋在心底。许多人指责美国政府对大量档案过度保密。他们说得没错。多年来，我一直在犹豫是否向公众透露计算机网络攻击。直到今天，美国政府的发言人（甚至像我这样的退休人员）还不得不使用被动语态或概括性的语言，以防不小心说出政府的某某部门是否在采用无人机进行有针对性的猎杀。

即使我们有正当理由对情报进行加密和隔离，我们也付出了一定的代价。哈罗德·威林斯基对中情局有史以来最黑暗的猪湾事件分析过后，得出结论"保密度越高，情报受众就越少，分类和调查索引就越不系统，作者的身份匿名程度就越高，人们对这些反常规的观点就越不能容忍"。

情报人员需要和更多的人交流，让更多的人知道真相，与新闻界和公众展开对话，在受到指责时应该如此，平时更应如此。2007 年还在中情局任职时，我们决定在纽约的外交关系协会发表演说纪念 9 · 11 事件。

我的目的不是道歉。相反，在详细说明引渡、拘留和审问的具体内容和原因之前，我先解释了自己出席的原因。"有些事大家应该知道……中情局只能在美国公众给我们划定的空间范围内行动。"接下来我简单地描述了这个空间的概况以及我们的想法，"美国公众希望中情局充分利用每一寸空间，履行保护人民的义务。"

2008 年春，我接受国家广播公司节目主持人蒂姆 · 拉瑟特的采访，成为首个在《与媒体见面》节目露面的中情局局长。拉瑟特的提问面面俱到，包括伊拉克的稳定、伊拉克的现任总理努里 · 马利基、伊拉克和伊朗

---

① 毫不奇怪，《纽约时报》对此的回忆却是不同的，他们观察到当时政府的公信力很低，导致他们对危及情报和手段的严厉警告没有重视。我怀疑只有我们支持我们的说法。

的大规模杀伤性武器、基地组织的命运、中情局的情报分析人员、中情局的审讯、巴基斯坦的未来以及中情局的责任保险政策。

访谈中，拉瑟特播放了 9 · 11 事件 5 天后副总统的一段录音讲话，他当时预测美国“今后一段时间将在阴影中度过”。

我回答说：“中情局员工，无论男女，都扮演着独特的角色。他们是守法的好公民，是你们值得信赖的朋友和邻居，但在情报工作中确实会像副总统描述的那样。”

“在暗处，在阴影里。”

“在阴影里。”

拉瑟特的采访持续很长一段时间，我们双方皆大欢喜。2008 年 6 月 13 日，拉瑟特在工作时因心脏病突发去世，终年 58 岁。就在他去世前几天，他还寄给我一封私人短笺，感谢我接受访谈，自己的节目收视率为此飙升不少。而这次访谈，我们谁都没有泄露任何机密。

接受访谈之前，我将这个决定告诉斯蒂芬 · 哈德利，他对此表示支持。我告诉斯蒂芬并非要征求他的同意，只是想知道白宫方面是否有异议，结果白宫表示默许。莱昂 · 帕内塔在 2014 年出版的回忆录《值得战斗》中透露，他因为受到奥巴马政府的种种限制无法开展情报而感到苦恼。相比之下，布什政府给了我充分的行动空间，对此我表示万分感激，并充分加以利用。

在中情局工作将近一年时，我出席了美国对外关系史学家学会会议并发表讲话，趁机向公众自爆中情局的一些丑闻。中情局局长詹姆斯 · 施莱辛格下令对 20 世纪六七十年代中情局的“非法”活动进行汇编，1973 年汇编完成，共计 700 多页，称为“传家宝”。

直到施莱辛格离任，也没能对这些活动做出解释，但他的继任威廉 · 科尔比做到了。他在国会面前异乎寻常地平静，并且知无不言，这激怒了白宫，最终遭到罢免。

时间回到 2007 年，我们现在认为这些丑闻之所以作为机密受到保护，并非因为他们是丑闻，而是因为它们是合法的秘密。随着时间的推移，当它们不再是秘密，即使解密会让大家感到尴尬，我们仍会将它们公之于众（当然，只能公开大部分，部分敏感内容得继续保密）。

我告诉在场的历史学家，中情局与美国人民达成社会契约。作为契约的一部分，为保护公众利益，我们在工作中必须平衡“两个关键义务：一、为了行使保护人民的义务，我们需要保护某些信息；二、（尽量）让公众知道我们为他们做了哪些工作”。民主制的保密机制“授予的不是权力，而是信任”。

我认为这不只是义务，也符合我们自身的利益。因为它帮助公众、国会和执法部门更好地理解中情局官员的勇气和诚信，它也帮助民众了解中情局能力的极限。

其实这次演讲吸引了多家新闻媒体，人数甚至有点多。第二天，我出席众议院情报委员会闭门会议，正在讨论其他话题时，几个委员却向我提起这次演讲。“同美国人民的社会契约，这是什么意思？”当时他们提问的语气在我看来并不友好。他们有些人似乎不希望我们和美国人民直接交谈，应该只同他们交流。

我们从来没有想到自己的行为会跟削弱国会监督联系起来，这显然不是我们的本意。我本想解释，但有时要解释清楚那些你眼中显而易见的事反而并不容易。

对于这点，不管是当时还是其他场合我们的立场都不会改变。在中情局任职的最初几年，我告诉过出版物审查委员会（现任或前任的中情局官员要想出版文字作品，必须通过出版物审查委员会的审批），对那些真正需要保护的秘密，我们要慎之再慎，同时还警告他们，如果不听劝告相当于作茧自缚。如果我们自己都不愿意或者不能保守秘密，有什么理由谴责那些记者对我们的报道进行歪曲？

出现这样的情况也有组织结构的原因。出版物审查委员会从相关办公室搜出手稿。大家对这些手稿能否通过一一进行表决，大家各持己见，不能统一，经过冗长的讨论，做出的决定令人费解。因此，最终意见无足轻重，连在收件箱里置顶的级别都不够，对那些驳回的文章他们也不必给出任何解释，无须承担任何风险，但如果通过就另当别论。

我决定由各部门集中参与解密审查。每个部门都可以充当专家，但最终的仲裁大权交给出版物审查委员会。此前我从未想过这样的方式，但这种做法后来被某些情报机构称为“海登主义”。这是我的某个继任被叫到国会对某些出版物做解释时才了解到的。这些出版物包括乔斯·罗德里格斯的《酷刑》以及亨利·克伦普顿的《国家威胁》。这两本书出版前通过了出版物审查委员会的核查，详细讲述了中情局的某些行动过程与动机。为了转移国会的批评，我的继任者显然把责任推到我身上。

这是我给出版物审查委员会做出的唯一指示。我真心希望自己或任何领导人别在文本审批时施加影响。我的前任特尼特曾经试图让出版物审查委员会通过自己的回忆录《身处暴风眼》，对此我铭记在心并引以为戒。

瓦莱丽·普莱姆的著作《公平游戏》也面临同样的遭遇。瓦莱丽·普莱姆供职于中情局，是个身份隐秘的特工，主要负责武器不扩散方面的调查。她的丈夫约瑟夫·威尔逊是名外交官，负责寻找尼日尔与伊拉克萨达姆政权浓缩铀交易的证据，但他前往当地调查后却没有找到明确的相关证据。布什政府无视他的结论，依然发动了第二次海湾战争。政府的行为激起了他的愤怒，他向《纽约时报》撰文揭示真相，引起轰动。紧接着，他的妻子瓦莱丽·普莱姆的真实身份被人揭露，这顿时成为惊天丑闻。威尔逊指责当局说谎，中情局提交了犯罪报告，抗议媒体对普莱姆身份的披露。副总统的幕僚长斯库特·利比被控以伪证罪。普莱姆随后辞职，离开了中情局。

瓦莱丽后来撰写《公平游戏》一书，但出版前必须经过出版物审查委员会审查。

审查的核心问题是确定她在中情局的经历哪些可以写进书里。她想申请的这些信息从未有过解密授权的先例，出版物审查委员会决定按原则办事。

我没有插手此事。即使众多参议员和办公室开始给中情局打电话抗议，指责中情局对普莱姆女士的不懈努力进行了带有政治目的的阻挠，我还是置身事外。参议员肯尼迪的工作人员礼貌地听取了我的解释，没有发表任何评论。虽然我已经说明这件事由中情局全权负责，副总统甚至都不清楚手稿是否存在，但参议员费恩斯坦执意认为副总统是幕后主使。

我当时应该补充说明：无论别人如何评论，我们都不在乎。2008 年 6 月，《纽约时报》记者斯科特·肖恩披露中情局的某情报分析员转职为审讯人员后，在哈立德·谢赫·穆罕默德的审讯案中大获成功。这个故事很有意思，但《纽约时报》坚持使用这位官员的真实姓名。虽然这位官员不是密探，但我们认为使用真实姓名或许会侵犯他的隐私并危及他的人身安全，而且他此前拒绝接受相关采访，新闻媒体的态度看似“要么跟我们谈谈，要么让我们谈谈你”的小说情节。

距报道发布还有两天，我接到国防部部长罗伯特·盖茨的通知，为空军服役 39 年的我可以退役。于是，我召集各地的海登派成员到我家后院的大帐篷里聚会。他们从匹兹堡、芝加哥和其他地方赶到波林空军基地。聚会期间，我给《纽约时报》的执行总编比尔·凯勒打了电话。受雇于那名中情局官员的华盛顿著名律师罗伯特·贝内特当时也在打着类似的电话。

我告诉凯勒：“斯科特·肖恩是个出色的作家，我相信他无须指名道姓也能完美地塑造人物。你们没必要曝光那位官员的身份。”我想我当时的措辞或许不够强硬。凯勒后来回忆此事，竟然说我“出于对该官员的尊重，对他家人的顾虑，而没有从中情局的角度考虑”。

或许吧，但即便如此他们也不应该对我的劝说置若罔闻。后来，《纽约时报》公众版编辑说和那些被曝光参与反恐行动的人相比，这位官员身份的曝光并不会让他置于险地。这句话说得难听点就是：我们一直都在这么做，多一个又能怎样，选择何种方式又会如何？

我们有时在报道公开后会进行回应。当然，对书中那些不实叙述我们连发言谴责都不屑为之。2007 年，《纽约时报》记者蒂姆·韦纳推出《监听大国：首度揭开中情局情报霸权的惊世内幕》，他自己对这本书的评价相当中肯，说它是中情局历史的权威再现。其实这本书写得相当糟糕，我们不得不让历史学家在中情局官网上贴出书评，以此为中情局历史正名。

对他自称为权威历史的说法，我们的历史学家这样评论："所谓学术，需要作者以诚实严谨的态度对待资料，否则就不能称为学术，即使他为《纽约时报》赢得普利策奖也不例外。这本书从标题开始就对事实严重歪曲，整整 600 页的内容被伪装成严肃的历史作品；打着学术的幌子，鼓吹黑暗的观点。韦纳以政治目标为导向进行研究和写作，这显然早已过时……韦纳对事件背景的描述多有讹言，对情报机构的行事动机不屑一顾，对情报重要性的理解片面幼稚，书中的绝大部分内容并不可靠。"这仅仅是 6000 字评论的开始。

即使我们愿意提供材料，问题是拿到材料的会是谁。令人失望的是，有些作家以政治目标为导向，譬如韦纳、格伦·格林沃尔德以及劳拉·珀特阿斯。其他人则遵循美国间谍活动报道的一贯风格，习惯加入黑暗的解读，而且总有非政府组织美国公民自由协会的官员以及对机构心怀不满的前中情局官员急于给这些人"指点迷津"。

此外还有措辞问题。他们总是将行动或文件贴上"酷刑"航班或"酷刑"备忘录的标签。从这些随意且具有结论导向的形容词中不难看出作者隐藏的立场。他们完全可以采用"国内监视"或"暗杀"的词汇。"酷刑"虽然是流行的常用短语，但并不准确，将那些其实很复杂的问题简单化处理。同理，这些报道看似在简单地陈述事实，实为作者心中偏见的伪装。

有些所谓的新闻报道，目的并不在于告知大众实情，而是娱乐大众。只要有人想看，他们甚至会提供间谍色情文学也未可知。

当情报官员看到那些绝密情报硬生生地出现在新闻媒体，显然有人未经授权泄露了机密，此时我们需要提交所谓的犯罪报告。在中情局这一美国最高级别的情报机构工作了十年，经我指导、参与或经手的犯罪报告不在少数。在此期间，我只看到一个案件最终诉诸法庭，那就是瓦莱丽·普莱姆中情局官员身份泄漏案，但这个案子的焦点是伪证，而不是未经授权的泄密。

自从我离开政府部门，针对泄密的诉讼变得越发粗鲁，粗鲁到我都觉得不太舒服。不是说真正的秘密没有泄露，的确泄露了，线人因此受到牵连，人们尤其是记者应该更能理解保护线人的重要。

但这些调查委实有些咄咄逼人，获取记者通信记录时显得毫不客气，在他们不知情的情况下侵犯了他们的大量隐私，甚至有人怀疑这样做是否真有必要。

布什政府时期的几位同僚在接受快速调查时给出的说法证实了我的猜想——他们 30 秒内就可以提议扫荡美联社的电话记录或福克斯记者的电子邮件，当局也是如此。

他们会判定目标（泄密事件与泄密者）是合法的，但因此带来的损害（违背了《宪法第一修正案》，不得打击合法的新闻活动）应该严令禁止。

政府或许想对执法方式有所调整。目前涌现的泄密诉讼热潮多以《1917 年间谍法》为依据，这条法令在第一次世界大战期间开始实施，旨在惩罚泄露机密信息的通敌行为。然而，这条法令于目前有些不合时宜。2011 年，前国安局员工托马斯·德雷克的泄密案（第二章）就因超过法令范围而无法以间谍罪对其提起诉讼，最后定了个越权使用政府计算机的罪行，他对此供认不讳，并被判处社区服务。

后来，前中情局案件负责人杰夫瑞·斯特林被指控泄露中情局对伊朗核计划秘密行动的相关细节。当陪审团做出有罪裁决时，我已经离开政府多年，但我任中情局局长时，司法部部长曾经问我："给斯特林定罪，你准备在审判中下多大本，曝光多少机密信息？"

当时未经授权的泄密事件变得司空见惯，我决定打破常规（中情局向来谨慎为先），告诉司法部："不惜任何代价，告诉我你们需要什么信息。"过去为了防止审判时进一步泄密，我们一直小心谨慎，此举看似正确，但长此以往形成了对泄密者有罪不罚的坏风气。好像这种最终失败、不得当、愚蠢的泄密活动根本算不上犯罪。斯特林最终的裁决是违反间谍法，判处三年六个月的监禁。

直到 2015 年我接受 CBS 电台新闻节目《60 分钟》采访时，这宗案件仍然争议不断。当时，如果《纽约时报》的记者詹姆斯 · 里森不把线人斯特林供出来，似乎就要面临牢狱之灾。对此，我感慨良多。作为国家安全事务助理，康多莉扎 · 赖斯说服《纽约时报》不再公布这篇报道，但里森在 2006 年出版的《战争状态》中还是还原了故事的经过。

鉴于此，我对里森的言行和著作简直没有半分好感。正如我在节目中所说，他不负责任，对国家安全造成难以弥补的伤害。但我也说过，如果为弥补里森造成的伤害，迫使他供出线人，会对美国的自由造成更进一步的伤害，会让宣称言论自由的新闻媒体感到心寒。如果一定要选，我宁愿牺牲秘密，也不愿破坏《宪法第一修正案》。

因为即使被滥用，它依然神圣而不可侵犯。

这让我陷入两难境地，放弃了心中的执念。我认识到合法的自由媒体与合法的政府机密应该达成平衡，这应该是我们努力的目标，而不是需要解决的问题。

第八章

网络领域的生活

得克萨斯州圣安东尼奥、马里兰州米德堡和弗吉尼亚州兰利，1996—2010 年

我绝非网络领域的先驱，甚至算不上技术专家。看电视时只要孙子孙女在身边，我习惯把遥控器交给他们代为操作。

“丹尼尔，快点收藏这个节目！”

数十年前，电脑意味着冰冷黑暗的房间、一条条穿孔卡片以及无数个活动地板。为了逃避那种枯燥的生活，我甚至故意在空军技术学校读书时考砸了一门。

没想到，1996 年，一纸调令让我来到得州圣安东尼奥执掌美国空军空中情报署，不得不开始学习和应对网络领域的问题。

履职得州之前，我原本负责美军驻欧集团军司令部的情报工作。在 20 世纪第三次巴尔干战争期间，我们负责为联合国维和部队提供支援。身为驻巴尔干的使馆随员，我会说保加利亚语，对这场战争背后盘根错节的历史矛盾略知一二。

温斯顿·丘吉尔曾经说过：“巴尔干人创造的历史连他们自己都消化不了。”对此，我深有同感。

1996 年，我告别欧洲集团军司令部前往得克萨斯，告别了自己熟悉的中世纪战火硝烟的战场，告别了辉煌繁复的拜占庭帝国文化起源地。等待我的是全新的尖端领域与战场。

感谢上帝赐给我如此优秀的员工！他们热情地给我这个“菜鸟”进行入门知识的传授。

他们给我上的第一节课——“网络是个领域”。

“将军，您要知道，我们有陆、海、空、太空以及网络五大战场。”

其实，只要你能让美国大兵认识到某个概念是个“领域”，他们就会立马明白，你所说的网络和网络连接、带宽等概念无关。这是个“领域”，是个操作环境，和其他领域一样拥有自己的特点。它作战速度快、操作性强，有利于攻击，从本质上讲全球化且战略意义重大。

“此外，”这些下属还告诉我，“我们对网络领域要像其他领域那样同等重视。政府期待我们在这个全新的领域能像天空那样收放自如，一切尽在掌控之中。”

这至少也是我们的使命。很快，空军飞行员张口就来的“空中支配权”和“空中优势”在我们这里成为“信息主导权”和“信息优势”。

我们不能仅仅纸上谈兵，我们要说服的第一批观众就是空军自己。1997年9月，我们终于逮到机会在大批空军三星和四星将领面前一展风采。应时任参谋长罗纳德·福格尔曼将军的邀请，我前往伊利诺伊州斯科特空军基地参加“日冕之上”的半年度会议。在会上，我负责向大家展示新技术、新型武器以及未来战争的新模式。会议日程上，福格尔曼将军给我预留了整整两小时，重视程度前所未有。

届时，我要上台介绍网络领域的应对背景以及和传统准则的相悖之处。此外，我还要和圣安东尼奥空中情报总署的总部及国家安全作战中心进行视频连线，实时展示某些还处于研发阶段的工具。

就在视频连线即将接通之际，得州南部出现雷暴天气，安防山总部受袭，顿时乱成一团。通过英勇抢救，我们最终及时联网，圆满完成所有技术的展示任务。我们展示了如何通过远程操作使某些工作站的计算机网络陷于瘫痪；还展示了如何瞒天过海地愚弄战斗机追踪雷达。

展示效果非常理想。上层领导印象深刻，尽管他们没从手头的战斗机项目或轰炸机项目里给我们划拨资金，但我知道他们心里并不平静。这次展示至少让我们有了些许盼头。

回到圣安东尼奥，我们把原有的传统行动中心改为信息作战中心。在这里，下属向我汇报广泛的行动指标、空军计算机网络的建设现状以及我们面对的潜在袭击具有哪些特征。为促进空军战术分队对信息战的了解与应对，我们还定期为他们派遣支持团队。

在空军空中情报署的这些想法和行动对我而言意义巨大。十多年后，鲍勃·巴特勒上校，当年这个负责信息作战中心的小伙子被提拔为负责网络政策的国防部部长副助理。圣安东尼奥当年那些新生的概念成为美军信奉的宗旨。巴特勒在国防部副部长比尔·林恩手下供职，2010年秋比尔·林恩在《外交》杂志上发表了一篇别开生面的文章。“网络领域”和“网络控制权”的概念开始出现在公众视野。

“作为纲要性文件，”比尔·林恩说，“五角大楼认识到了网络领域将是全新的战场。尽管这是一个人造的战场，但它的军事重要性丝毫不亚于陆地、海洋、空中和太空。就这一点而言，美军必须有能力防卫并掌控这个战场。”他的这些话就像抄袭了我们1996年在得州的会议记录，几乎相差无几。

我们的想法实施起来苦难重重。但回想起来，美国文化独一无二，在美国文化中成长的新一代对网络领域有自己的想法。在他们看来，这是全球公域，是原生态的操场，不是大国逐鹿、龙争虎斗的战场。

固然提出“网络是全新的战场”这个概念，美国和其他国家一样，并未对这个战场采取军事化行动，但确实投入了大量的人力物力。而美国特有的公开透明以及措辞不当导致政府面临多方指控。

回到比尔·林恩的文章。全文最具说服力的话出现在第一页末尾，“威廉·林恩三世是美国国防部副部长”。请注意，这篇网络领域开篇之作的执笔人不是司法部副部长，也不是副国务卿或商务部副部长，甚至也不是白宫的科学顾问。它的作者是国防部副部长，这引起了世界各国人民的注意。

美国人民也不例外。林恩2010年发表的这篇大作对华盛顿跨部门协作反响不大，和“网络安全沙皇”霍华德·施密特讨论网络安全的次数一样屈指可数，仅此而已。但美国国土安全部和国务院看到林恩的文章，与外国的一些读者的反应一样大吃一惊。

他们对林恩的想法并不认可。林恩的文章发表不到6个月，国土安全部副部长简·霍尔·卢特与他人在《连线》杂志联合发表文章，认为“网络空间不是作战区域，是个彻头彻尾的民用空间，类同邻里、图书馆、市场、学校操场以及工作室，是人类经历、探索与发展的新纪元”。

国务院网络事务副协调员米歇尔·马尔科夫恨不得告诉所有人，我们强调的网络领域和具体的网络设施其实可以割裂开来（譬如说，服务器就不得不放在某个物理空间内），从而使她的工作难以开展。

马尔科夫向来以建立网络行为的国际规范为己任。为减缓传统规则条条框框的限制，国防部试图让网络领域另起门户，但收效甚微。在马尔科夫看来，国防部关注的只是实体，比如马来西亚军事基地的某电脑服务器，而不是虚构世界中那些抽象的结点。

读过林恩文章的朋友还会注意到，在“杠杆优势”这部分，他以优美的文笔暗示了他所谓的“主动防御”：“（这个体系）可以看作传感器，可以看作岗哨，还可以看作狙击手。”不难想象，其他国家的领导人读到“狙击手”三个字会是什么反应。

时至今日，辩论仍在继续。不久前，我在科罗拉多州和《连线》杂志编辑吉姆·班福德通过视频电话进行辩论。班福德写过不少披露国安局的书，而且不经授权，销路倒还不错。早在1982年班福德的首部作品《迷宫》出版时，我的老前辈林肯·福勒局长就想将他逮捕。

20年后的今天，身为国安局局长的我尝试各种办法来感化班福德。我邀请他共进晚餐，甚至允许他在国安局的国家密码逻辑博物馆里举办签名售书会，但班福德丝毫不为所动。2005年末，当“恐怖分子监听计划”遭到曝光（见第五章），班福德立即加入美国公民自由协会的行列，对国安局提起诉讼[①]。

---

① 后来因为班福德与另一位原告的理由站不住脚，这起诉讼最终被撤回。

我和班福德的这次辩论特地为比弗利山庄的电视行业观众举行，他们代表了美国公共广播公司（PBS）的《新星》栏目组，为即将推出的国安局主题特别节目重度宣传。身为节目制片人之一，班福德认为美国借助“震网”病毒入侵伊朗纳坦兹核电站的计算机系统，网络领域沦为国安局大发神威的战场。他宣称，鉴于美国肆意的行动，伊朗抵抗石油巨头沙特阿美石油公司以及美国银行也在情理之中。互联网如今成为自由开火地带，罪魁祸首就是美国。

我以“陆地、海洋、领空、太空与网络”的构建给予回应。“全球公域并非单指网络领域，”我反驳说，“海洋是公认的全球公域，但没有哪个国家反对建立海军，海军反而在维护公域稳定上功不可没。”

其实我当时应该告诉他们，网络领域并非数字化的乐土，而是像索马里首都摩加迪沙那样危机四伏。爱沙尼亚总统托马斯·亨里克·伊尔维斯对此深有体会。2007年，爱沙尼亚政府下令拆除首都塔林市中心的解放塔林纪念碑，引发了全城骚动，接踵而至的是俄罗斯黑客长达3周的网络攻击。爱沙尼亚总统和议会的官方网站、政府各大部门网站、政党网站的访问量突然增加，服务器由于过于“拥挤”而陷入瘫痪。

伊尔维斯总统对网络领域形成了自己的独到见解。他说网络领域不是洛克社会契约论下的世界，是霍布斯宇宙观的真实写照，人们不受公共权力的约束，按照自己的本性去生活和劳动，“贫穷、肮脏、粗暴也很短暂”。这句话说得很切合实际，网络领域丝毫没有法制可言。

我时常把如今网络空间的发展历程比作人类史上最后一次全球化大时代。再往前几百年，欧洲发现了美洲新大陆。那个时代是前所未有的泥沙俱下、鱼龙混杂的时代。欧洲得到了领土、财富、烟草还有梅毒，而欧洲之外的那些人民则遭受了种族剥削、海盗抢掠和全球奴隶贸易的罪孽。我们现在的处境和当时惊人的相似，不同之处在于当时人们传递消息的媒介是风向和船速，如今我们依靠网络，传播速度将近30万公里/秒。网络领域之所以成为危机四处的战场，除了“震网”病毒，还有这每秒将近

30 万公里 / 秒的网速。

1999 年 3 月我来到国安局，以上辩论尚未发生。虽然只在圣安东尼奥待了 18 个月，空军空中情报署的那些同事是当之无愧的行业先锋，他们教给我的知识在米德堡大显身手。

工作第一天就发挥了威力。我们知道，国安局是情报机构，负责收集和分析外国与本国的通信，整日与千变万化的电子数据打交道，包括全球范围内的高频通信、通过光缆传播的短程微波信号、光子和电子。

中情局之类的情报机构负责处理人力情报、文档失窃、代码被盗等基本静止不动的电子数据。

这样的分工非常明确。动态的电子数据交给国安局，静态的物理数据由中情局负责。但随着数字领域的到来，出现了全新的特质状态，那就是静态的电子数据。

人们很容易忘记这个新事物是多么不同寻常。自从意大利物理学家伽利尔摩 · 马可尼发明了无线电通信以来，那些实实在在的物理数据可以转化为无线电信号，实现了远距离的信息传递。还记得 20 世纪 80 年代我在驻韩空军战术战斗机联队服役时，为了传递情报，我们需要借助光符识别技术打字机把文字信息打出来，然后送到马路对面的通信中心，由通信中心进行扫描，转换为电子信息再发往美国。美国收到后再转换为纸质的信息，最后由专人从信报箱中收集管理。

这些老掉牙的故事，估计跟我们的孩子怎么也讲不明白。到了 90 年代晚期，我们工作中使用电子通信（类似电子邮件）开始成为常态，那些不能进行电子传输的文件开始以电子的形式保存，譬如文档、表格、文件以及便笺。

前者显然可以看作通信的一种，但后者却还是新鲜玩意。对国安局而言，因为是电子类，因此还是他们的猎物。但中情局却抓住静态这个特点，不愿放手。

虽然政府的两大部门最终没有为此争得你死我活。9 · 11 事件过后，布什总统宣布这部分电子数据归属国安局和中情局共同所有，国安局按通信情报处理，中情局按人力情报处理。

举这个例子不是揭露美国情报机构的官僚主义，而是想告诉你们数字化时代下的美国情报工作多么混乱。

在国安局，我们必须开发全新的语言。我们接触主动的信号情报，与监视目标取得联络并提取有用情报，而不是以往那样对被动的信号情报进行拦截。关键之处在于通信终端，也就是目标网络，而不是信号通信或网络通信的中段。

随着时代的进步，越来越多的人开始使用数字数据进行通信和信息存储。只要能够提取半数的情报，就意味着信号情报黄金时代的到来。

这无疑是个好消息，于是处于世纪之交的我们开始想尽办法更新已有的基础设施。但面临的困难很多，首当其冲的就是资金紧缺。

我试着从现有的项目拨款中每年挪出 2 亿美元，用于通信终端的建设，顿时华盛顿满城风雨。没人愿意为将来而放弃眼下的利益。甚至有人听到要缩减尼日利亚犯罪集团监控面而立刻据理力争，我的老天哪!

我们尽了最大努力。2000 年末，国安局的组织平面图进行大调整（见第二章），我们在新成立的信号情报部门内成立了获取特定情报行动办公室，任务是截听电缆通信。此前我们有过几次不太认真的尝试，这次则不同，我们网络领域的优势将大大增强。其实我们把信号情报分为终端和中段两类，为了更好地衡量和测量终端情报的发展，我们甚至愿意付出牺牲中段类情报的代价。

结果却并非如此。改组后不到 9 个月爆发了 9 · 11 恐怖袭击，国安局的各个部门一时间高速运转。在那段时间，获取特定情报行动办公室在9·11事件后国安局所有部门中发展的速度最快。

获取特定情报行动办公室的飞速发展也得益于互联网泡沫与 9 · 11 事

件后的爱国浪潮。令人欣喜的是，一批年轻有为、技术出众、勇于创新、甘愿冒险的年轻血液加入国安局的信号情报队伍。9 · 11 恐怖袭击过后，我们招收了数千名员工，平均年龄只有 31 岁，远远低于当时国安局员工的平均年龄。这些新人心里清楚，他们在国安局的工作内容在外人看来随便拿出来一项都是重罪加身。短短几年时间，在我们的影响下，国安局的新一代完美地完成蜕变。

这些新员工的工作态度极其认真。有位老员工私下聊天时告诉我，在这帮年轻人眼里，“没有不能攻克的目标”，他们一心只想攻克高难度的任务，低难度的根本不入眼。

可难关的攻克往往需要耗费数年。尤里西斯 · 辛普森 · 格兰特攻克维克斯堡战依然作为军事院校教师在课堂上津津乐道的经典案例。既然不能直接夺取密西西比河畔的维克斯堡，格兰特就将维克斯堡团团围住，维克斯堡的南方守军坚守 7 个月后终于投降。所以，在向军校学生介绍获取特定情报行动办公室如何独辟蹊径时，在某种程度上可以同格兰特的战斗策略相提并论，要耐心、迂回作战并坚持不懈。

虽然也有别的安全机构正在攻克终端难题，但在处理信号情报方面没有具备国安局全球化的眼光。传统意义上被动接收的信号情报往往是主动拦截信号情报成功的关键，包括映射网络、通信路径以及提供重要的细节信息。

我们还得到时任中情局局长乔治 · 特尼特的大力支持。他不厌其烦地叮嘱我们：“信号情报推动人力情报，人力情报反过来推动信号情报。”有些监视目标以为只要拒绝网络我们就寻不到他们的踪迹，但别忘了还有人力情报，无论他们躲到哪里都无所遁形。

当然，我们还通过各种技术手段创建了国安局自己的远程接入，例如诱使监控目标点击看似安全的电邮链接。在家上网时大家都会抱怨网上群发的垃圾邮件，但在实际工作中，我们更乐意躲在大量垃圾邮件背后，对目标人物实施监控。

游戏开始的确是件好事。结果表明我们之前低估了基地组织对网络的依赖程度。成立获取特定情报行动办公室之前，我们对基地组织了解不多，理所当然地以为他们使用网络的频率不高，可事实恰恰相反。从美军在阿富汗境内的基地组织窝点搜出的大量硬盘，以及我们在全球范围内从拘留的基地组织成员身上或附近搜出的可疑“小物件”，获取了大量的网址和用户信息，从而成功地把基地组织的网络应用转化为我们锋利的反恐武器。

获取特定情报行动办公室成为我们获取情报与其他资源的重要途径。

肯·米尼汉是我前任国安局局长，他也曾在得州美国空军空中情报署任职。我在圣安东尼奥学到的经验大多是由他提出或继而完善的。也就是说，我是米尼汉的门生，也正是他改变了我很多想法。

虽然我和米尼汉都是职业的情报官员，都曾大力研发数据的终端采集，但我们都没有把目光局限在间谍活动。我们认为网络领域的冲突真实存在，我们坚信国安局还可以增强美国网络领域的力量，但国安局却只能把劲儿使在谍报工作上。我们可以合法地对目标进行追踪或破解他们的密码，但仅此而已，任何别的行动都不允许，这可真是亟待修改的地方。

美国法律对间谍活动和战争冲突做了详细的区分。间谍活动按照《美国法典》第50卷的相关条文处理，由国会的情报委员会负责监管。战争则依照《美国法典》第10卷，由武装部队委员会监管。如此分工在其他领域确实责任明确，但中情局的秘密行动与辅助军事的行动难免会叠加在一起。

如此分工在网络领域全然行不通。拿军事侦察来说，在实际军事作战时，侦察通常（或应该）先行，然后采取行动。美国南北内战时期，南方联盟总司令罗伯特·李经常派南军骑兵名将詹姆斯·斯图亚特去敌营摸清敌情，根据他的汇报再制定行动，由此斯图亚特享有“李将军之眼”的美誉。如今我们部队在翻越山头之前，都会派巡逻队使用简易小型无人机对前方道路进行侦察。

实际作战时，侦察比作战要容易得多。要了解波多马克军团的行踪或许并不容易，还有些危险，但永远无法与战场厮杀相比。同理，派无人机先行侦察与消灭山那边藏身在壕沟里的敌军分队相比不值一提。

在虚拟的网络领域，侦察也要放在首位。为准确打击行动目标，最大限度地降低附带伤害，你如何判断何时何地以何种方式打击哪个目标呢？

但网络领域的侦察又不尽相同。在这里，侦察往往要比后续行动的难度更大。渗透目标网络并在不被对方察觉的情况下盗取大量数据，可比破门而入和破坏电路设备难得多。

不妨再多说几句。与监视网站相比，对网站发动攻击或删减网站内容在技术层面和操作技能层面并不难。

我来到国安局的前一年，局长米尼汉别出心裁地想出解决问题的好办法。他成立了信息作战技术中心。信息作战技术中心位于国安局总部大楼，由国安局提供人事和行动资金，但名义上不归属国安局，由国防部和情报界共同所有。

“信息作战”范围广泛，故而信息作战技术中心得到的授权权限很广，对敌方几乎可以采取任何情报行动，包括实施监视、破坏敌方的网络与网站信息、利用敌方电脑实施物理破坏等。国安局只能依法监视，但既然这是个技术中心而不是作战中心，可以为其他部门研发作战工具。这为我们提供了多个网络反恐的得力工具。

米尼汉局长的这个灵感源于 1997 年约翰 · 希恩将军赞助的“合格接收器”演习。约翰 · 希恩将军为爱尔兰裔，出生在波士顿，时任美国大西洋司令部司令。希恩将军让国安局充当“红队”，代表不愿与美国进行直接军事对抗的国家，目标是“改变美国政策并拖延它做出军事响应的能力来避免侦察和追捕”。结果，国安局没有借助任何特殊情报和特殊工具，轻而易举地对国防部的计算机网络发动真实有效的攻击，国防部的计算机网络在国安局的进攻面前不堪一击。

演习过后，米尼汉局长希望自己能够主持国防部网络领域的后期改进工作。但由于国防部地位特殊，重任在身，这个提议最终没有通过。他们觉得国防部的发展应该是财政预算的重中之重。国防部副部长约翰·哈姆雷最后找了外援中情局局长乔治·特尼特，轻描淡写地驳回了国防部要求自身整改的异议。

1999年，我来到国安局，信息作战技术中心当时的负责人是比尔·马歇尔。从外表来看，马歇尔像个文质彬彬的教授，但他其实是个经验丰富、能力出众的国安局老员工。

人们都说最让比尔感到头疼的合作伙伴不是军事单位，而是国安局总部大楼七层以下的那些中层（国安局局长办公室位于八楼）。很多人都想处理传统的信号情报工作，略显另类的信息作战只会让原本繁重的工作更加复杂，甚至有人担心信息作战技术中心的工具落到旁人手里会影响国安局还没站稳脚跟的终端作战。

比尔·布莱克（后来我接管国安局时邀请他担任副局长，见第二章）是信息作战的忠实拥护者，他坚持认为信息作战技术中心应该作为信号情报部门的延展部门，设在国安局。他甚至毛遂自荐，向米尼汉局长主动请缨，要求担任信息作战中心的副主管。但国安局的本职工作其实和信息作战关系不大，布莱克的岗位空有虚职，但他依旧四处奔走，不轻言放弃。后来由于国安局内部反对的声音过于强烈，布莱克不得不愤然退出。

梦想破灭的布莱克心灰意冷，他告诉马歇尔，不管怎么努力，这个行动注定会失败。如果获得成功，国安局的领导会恨你恨得咬牙切齿。如果失败，人们最多觉得你能力不够。

招揽马歇尔时，米尼汉告诉他，大家觉得信息作战技术中心只会做做幻灯片。他希望马歇尔能够做出实实在在的成绩，使国防部和信息作战中心紧密合作，拿到需要的资源。米尼汉则向马歇尔做出承诺，会帮他解决反对国安局的声音和那些企图使计划夭折的反对者。

马歇尔为人严肃专注，但在别人眼中他重视合作且善于沟通。随着时间的推移，他不断攻克一个又一个障碍。短短三年，信息作战技术中心从最初的几十个人增加到几百个。他们坚持不懈地对那些有利于国防部计算机网络的信息进行开发、收集、评估、修改、编录和储存，对敌方实施监视，并对敌方网络或情报进行恶化、瓦解和摧毁。

随着手段越来越多，马歇尔不可避免地开始面对那些来自法律、教条以及组织上的问题。马歇尔开发网络工具没有征求国防部律师和国会的建议和许可，由此引发了这两个部门的争论、争议以及人们对未来的思考。每当回忆这段往事，马歇尔总是心平气和地说这是信息作战技术中心最突出的成绩。

信息作战技术中心成为网络汇聚地，人们对各种网络概念试图定义、开展讨论、勇于挑战、为之争辩并进行测试。马歇尔手里的网络工具不断增加，更重要的是，他和信息作战中心将网络作战的火苗越烧越旺。

如果交通顺畅（譬如周日），从华盛顿市区到米德堡开车大约需要40分钟。相对隔离对我们来说反而是好事，至少无须为华府政界的明争暗斗而徒自烦恼。

凡事皆有利弊，这也意味着米德堡鲜有访客。每天数以万计的人怀着不同的目的沿着巴尔的摩—华盛顿大道来到华盛顿特区。

我们争取邀请更多的思想领袖来到米德堡。我们希望能让他们了解我们对网络领域的想法、行动计划以及对未来的展望。

为了让讨论的思路更清晰，我们先从计算机网络对抗（CNO）讲起。计算机网络对抗可分为三部分，计算机网络防御（CND）、计算机网络开发（CNE）以及计算机网络攻击（CNA），分别保护己方网络安全、盗取对方的网络数据以及摧毁对方的数据、网络与实体[1]。

---

① 在国安局，因为我和前任肯·米尼汉都是空军将领，还兼任了美国空军空中情报署的指导工作。我们的功能分类和美国空军的组织模式惊人地相似，计算机网络开发负责侦察，计算机网络攻击负责轰炸机，计算机网络防御负责战斗机。

接下来，我们通常会从计算机网络防御着手。因为防御对他人没有任何威胁，也不是什么新奇概念，大家多半不会对此产生争议。

国安局的职责的确规定要长期确保美国政府的通信安全。老一代的保密电话机 STU-3 就出自国安局。我们还保留一张布什总统 9 · 11 事件当天上午在佛罗里达州教室使用这个电话的照片。

因此，计算机网络防御最容易得到政府部门的认可。国安局在这块倾注了近五分之一的财政预算和人力。面临的多是技术层面和运作方面的挑战，譬如当我们单刀直入侵入对方网络，如何确保我们自己网络的安全？

要做到这一点很难。在 2005 年我离开国安局前几周，由于比尔 · 布莱克的再三坚持，我们成立了国安局威胁应对中心（NTOC）。要想攻击对方的网络领域，自己的网络务必牢不可破。我再次任命比尔 · 马歇尔担任中心负责人，拨给他 10 个员工，没有专门的办公室，没有任何多余的预算。三年过后，威胁应对中心发展势头良好，员工人数增至上千人。

如果当年威胁应对中心没有设在国安局，它极有可能成为第二个计算机事件响应组（CRIT），通过保障技术、网络传感器以及内部通信数据来勘察网络问题。

因为隶属国安局，应对中心可以接入广阔的全球信号情报系统，在敌人的袭击尚未到达防火墙之前，及早进行数字侦察，并确认应对方案。应对中心的国家安全作战中心一天 24 小时每周 7 天不间断地密切关注全美的网络领域，当国家网络受到威胁时及早发出安全警报。

信号情报的特殊性再加上国安局特有的权限、专家与资源，信息行动中心如同服用兴奋剂一般发展迅猛，不由得让华盛顿疑心顿起。顿时，威胁应对中心需要顶住国防部、国会以及管理和预算办公室怀疑的目光，证明开展的工作合理合法。幸运的是，我们全数通过。

但要做的工作还有很多，网络防御依然面临众多挑战。国安局的职责是守护美国政府的机密，并不包括其他公开的政府网络或私营部门，但这些网络和私营部门往往涉及大量的美国知识产权、贸易信息以及核心的基础设施信息。直到现在，这些网络的防御建设并非固若金汤，倘若敌方来袭随时可能崩溃。塔吉特公司与家得宝公司用户的信用卡数据被盗，以及美国军方承包商的 F-35 战斗机设计图纸被盗的事件早已屡见不鲜。

计算机网络对抗下的另一个分支是计算机网络开发。网络开发是终端操作、主动搜集信息情报，在获取特定情报行动办公室开展的行动中已有描述。获得了法律和政策的支持，网络开发的前途光明一片。

其实，当时很少有人注意到（或引起他们的重视）我们貌似轻而易举地引入了新型管理模式。大家都知道，过去我们竖着天线误打误撞地捕捉无线电波，今天我们却能破坏或闯入对方的数字领域。手段虽然不同，但对我们而言，两者区别不大，还是那套规则。但毋庸置疑，这个过渡是个伟大的进步。2013 年“棱镜门”事件成为公众热议的焦点后（第二十一章），当年自然而然的过渡遭到人们的指责，称国防部动机不纯。

计算机网络对抗还包括计算机网络攻击。网络攻击，顾名思义，旨在破坏敌方网络，或对敌方网络进行劫持与破坏，当然这是最为极端的手段。国安局至今也没获得劫持网络的授权，只负责保护美国政府的信息以及盗取敌方的信息。但我们知道，无论是网络防御、网络攻击还是网络开发，三者在技术层面和操作层面密不可分。虽然分属三个不同的部门、资金来源不同、监管部门不同，但无异于旧瓶装新酒，换汤不换药。正如美国空军有的负责侦察、有的负责战斗机、有的负责轰炸机一样，这三个分支对威胁应对中心同等重要，缺一不可。

詹姆斯 · 卡特赖特将军成为米德堡的常客。卡特赖特将军思想自由开放，早年是位海军飞行员，2004 年曾经担任位于奥马哈的美国战略司令部司令。由于战略司令部的使命是保持核威慑，但随着美国从海外撤回大量核武器，其重要性逐渐减弱，开始分派给他们一些乱七八糟的附加任务。卡特赖特将军扮演着全球侦察、导弹防卫、反扩散、太空和全球打击的多个角色。

此外，他还要负责实施网络攻击。网络攻击本应是国安局的工作范畴，但我们没能得到相关授权。

单凭一己之力很难应付战略司令部的多个职能，于是卡特赖特萌生了征募大型防御机构加入司令部的想法。这些部门其实已经被指定为战斗支援部门，负责人以部队军官为主，卡特赖特用起来可谓得心应手。

我和卡特赖特经常当面交流。最终我俩一致认为，卡特赖特将计算机网络攻击领域的权责下放给国安局，并招纳我加入网络战联合功能构成司令部，充当他的左膀右臂。

信息作战技术中心必须进行扩充和重组，并由司令卡特赖特授权作战。强强联合之后，国安局部门可以由我授权开展侦察，并由卡特赖特将军下放给我的授权对目标网络进行操控和破坏。

最初我们的工作异常顺利。网络战争是个热门话题，加强合作、更好地应对网络领域的挑战是大家的一致共识。

虽然卡特赖特没有担任联合美军参谋长联席会议副主席时那般热情，但他为国安局提供了必需的资源，从而使我们以最低的成本增强了国防部的网络作战能力。和他们在1997—1998年的反对意见不同，这次他们非常乐意接受我们的建议。

参谋长联席会议主席理查德·迈尔斯上将对此表示支持，但需要我亲口保证。我跟迈尔斯将军相识多年，尤其在他领导美国太平洋空军司令部（USAF）和美国空军航天司令部时，我们的工作多有交集。因此，向他解释我们即将进行的工作没有什么难度。

这是典型的美军桌面情况通报会。几张图，几张幻灯片，位于五角大楼E座偌大的主席办公室里只有我跟迈尔斯两个人。通报结束后，迈尔斯突然问我："迈克尔，这能搞定一切吗？"

"怎么可能，"但我告诉他目前这么做肯定没错，还告诉他，"若干年后，我们还会卷土重来，那时绝对可以做得更好。"

这话说得相当自负，但也暗示"网络战联合功能构成司令部"不过是我们获得网络领域绝对掌控之前的跳板。

此次行动属国防部部长的管辖范围，无须国会审批。首先我们要得到国防部部长拉姆斯菲尔德的认可，2004 年圣诞假期在得州牧场度假的布什总统在授权书上签了字。

虽然不需要立法部门审核，我和卡特赖特还是通报了国会。我们不是第一次向国会汇报，也不是笨口拙舌之人，应该不会有反对者拍案而起。

我们的窍门是获得国会议员充分的信任。在跟他们解释这些纸质的条款之前（当时很多尚未成文），我们“请求”他们再多给《美国法典》第 10 卷（战争）和第 50 卷（间谍）的融合一点点时间和空间。

这么做并不合乎国会监管的规定，其中缘由极为复杂，以往那些由传统情报委员会监管以及武装部队委员会监管的计划现在并无明确划分。当然，立法仍由国会负责，这个事实谁也如法撼动。

其实，参谋长联席会议看重的是依靠国安局大量资源进行的战斗，而不是情报活动，这多少让众议院和参议院情报委员会的众多议员始料不及。在国会眼里，对资金流的保护不亚于立法。

这也是我们不辞辛苦向国会解释的原因。我和卡特赖特出席了参议院的非正式会议，共同做出解释。卡特赖特则单独面对众议院武装部队委员会议员，两次论证的内容一模一样。

由于准备充分，国会一致通过。2005 年 1 月，网络战联合功能构成司令部（即美国国家计算机网络攻击部队）正式成立。

身为开山掌门，我在这个位置子上没坐多久。一个月后，总统命我担任美国国家情报总监办公室首席副主任。4 月下旬获得参议院认证后，我正式走马上任。

如今的组织结构基本符合预期。防御方面，我们有国安局威胁应对中心；进攻方面，我们有网络战联合功能构成司令部；谍报方面，我们有获取特定情报行动办公室。

成立不到 10 年的光景，上述三个部门如今拥有庞大的组织规模，众多的员工人数，发展势头良好。在联邦政府看来，这简直是以光速发展。

我们还获得参谋长联席会议的支持，他们承诺说国会对这个的指挥关系不会有异议。

我们需要货真价实的武器。

尽管网络领域倾向进攻，但实际操作起来很难（并不像我们平时满怀激情宣传的那样）。要想对目标发起攻击，首先你得渗透目标网络。这个过程短则几个月，长则几年。同时，目标网络随便一次系统升级，譬如管理系统从 2.0 升到 3.0，都会让你所有的努力付诸东流。

要想达到理想的效果，你还需要量身定制的工具，这些工具往往由我们自主研发。研发工具并不容易，不像给 227 公斤重的炸弹装个摇柄，或者把它们放到激光制导装置的架子上那么简单。

信息作战技术中心的很多武器源于网络。有过注册历史的工具会给我们带来困扰：它们到底有没有被使用过？很多网上搜来的工具相当垃圾，根本无法达到我们行动层面和法律层面的要求，必须经过再次调整。

我们需要的武器必须符合武装冲突的法律规定，还要满足必要性、区别对待和伤害程度与预期相符原则。首先，它们要能达到预期效果，即可预测且应对真实的军事需要（必要性）。大家或许会想到让敌人的空中防御系统陷于瘫痪（2008 年，据称以色列摧毁了叙利亚某个核反应堆）。通过对重要银行的网站进行大范围、分散式拒绝服务的攻击，导致普通民众无法正常办理业务（2012 年伊朗对美国银行曾发起拒绝服务的攻击，导致客户付款信息大量泄漏）。

即使这些攻击手段的效果可以预见，也合乎法律制约，决策者们还会让你保证严格控制攻击范围（区别对待），为达预期如果产生了附带伤害，他们还会规定可以承受的最高限（伤害程度与预期相符）。

这些规则历史悠久，但凡有良知的决策者都会采纳，但在实际作战中，我们往往会借鉴 100 多年前的历史经验。譬如，“爆炸威力极大的弹头从这个角度对既定目标发动袭击能造成多大范围的杀伤力”。我们甚至自创速记法，用不同颜色的点展示系统的初始化失败，红点表示伤亡，黄点表示待定，绿点表示安全。

然而，无论是从未投入使用的网络武器，还是针对某个未知网络研发的网络武器，网络崩溃会是怎样的情景呢？

说得再具体点，在白宫战情室，国家安全顾问通常会这样问你：

“也就是说，你们可以切断这个军事装置的能源供应？”

“是的，先生。我们可以进行持续攻击，直到能源切断为止。”

“好的。会有什么后果？”

“嗯，先生。我们认为可以把受波及的区域控制在小范围内。”

“多小？”

“大约 78—104 平方千米。”

“最坏的情况，那个地区有几家医院？”

“最坏的情况，4 家，也有可能 5 家。”

“这些医院停电时是否有自动供电的设备？”

“目前仍在调查。”

说到这里，国家安全顾问不再发问，似乎陷入沉思，片刻过后他说：“今天先到这里，回头再来找我，我们下次再谈。”

下次再谈，下次再谈，然后再下次再谈，永远都有下次。

这种会议在白宫战情室已是常态，但在五角大楼（国防部总部）、兰利市（中情局总部）以及其他战争指挥部中心并不常见。从一开始，他们就将网络武器视为“特别武器”，和早期对待核装置的态度毫无二致。

但白宫西翼的那些政界精英对这种武器却不甚了解。直到现在，网络领域也没能出现赫尔曼·卡恩（1960 年出版了《论热核战争》）那样的人物，对网络战进行深入的剖析。

首先，要解决技术上的挑战。向这些高级官员介绍网络领域时，往往汇报人还没说上几句，他们就把我们和电影《雨人》中企图骗取傻哥哥钱财的查理联系在一起。等我们再说几句，他们更加肯定了自己的猜想。

我记得我在任时某次网络行动出了岔子，至少在我看来如此，事后回顾时，有两位官员中途离开战情室，他们认为他们批准了相同的行动。

除了事态复杂，网络战的政策制定还会受到保密机制的影响（从事情报工作多年的某个情报人员如是说）。看看网络武器的历史吧，我在谍报活动中实在找不出什么曾经促进它的发展(无人机除外)。而情报部门一贯的保密政策却已渗透到网络行动的每个角落，严重阻滞了数字化武器的发展，至少在政策方面如此。对自己不了解、保密度高以及只有少数人参与讨论的计划，大家很难达成共识。

从政府退休后，我受邀来到华盛顿特区的乔治城大学，加入校园网络安全组，组内还有其他几位外聘的优秀网络专家。虽然事先没有通气，我们一致认为网络保密政策是导致网络领域法规制定滞后的罪魁祸首。此前曾大肆指责“开拓者”项目的《巴尔迪摩太阳报》记者西沃恩·戈尔曼也在专家行列。他认为在各种网络信息中，政府部门的反恐数据最容易遭到窃取。

尽管面临技术和政策模糊的挑战，我们这些网络狂热者如同第二次世界大战前那些叫嚣着“轰炸机能够突破一切防御”的空军狂热分子那样，热血沸腾得忘记一切。和他们一样，很长一段时期我们长于理论、疏于实践。

2004—2005年，我会爽快地承认，当时我们所做的只是隔皮搔痒，没有接触到问题实质。我们可以造成干扰，但一直犹豫不决。发动伊拉克战争前夕，我们给伊拉克政府发送电子邮件，提醒他们开战的后果，建议别的解决方案，也仅仅让他们感到心烦意乱而已。还有一次，我们让南斯拉夫总统斯洛博丹·米洛舍维奇的手机响个不停，但这对巴尔干冲突似乎没有造成什么影响。

1921年，被缴获的德国战舰“奥斯特弗里斯兰”号作为靶舰被美国海军飞行员米切尔炸沉，成为美国空军史上最具戏剧性的事件。当时，这艘战舰没有进行还击，也不在航行状态，是个死靶。经过长达两天的多轮轰炸，“奥斯特弗里斯兰”号最终葬身海底。这次轰炸从严格意义上讲称不上演练，但却被美国空军视为空军未来的海上作战新时代的到来。

我提醒大家，“奥斯特弗里斯兰”号之所以被击沉，威廉·米切尔将军的“马丁 MB-2”双翼轰炸机功不可没，网络领域目前还没有如此威力，远没有达到击沉“奥斯特弗里斯兰”号的战绩。

虽然举步维艰，但我们一直没有放弃。

随着伊拉克战争、阿富汗战争相继爆发以及全球范围内反恐热潮的高涨，美国参谋长联席会议发布一项长期命令，可以限制敌方网络的应用（CAUI）。这项授权看似权力很大，其实受限颇多。任何行动都要先获得特定高层的批准，因此战略性不强，成效也有限。

某年的 9 · 11 事件纪念日前夕，我们获悉基地组织头目奥萨马·本·拉登将在当天播放视频，旨在嘲笑美国政府对此无计可施，有人建议我们全面封锁基地组织的网络。我们决定打破他的计划，使他无法准时上传视频。此举虽然战略意义不大，但对白宫助理委员会而言，已经达到获得审批的条件。

我们的计划是破坏基地组织的网络通信渠道，有些网址可以通过合作得到控制，有些则必须摧毁。

必须摧毁的网址中有个网站被我们中东的盟友牢牢掌控。这个网站卑鄙无耻，很是吸引圣战者。是否拿下这个网站？我们为此争论许久，这反映了我们长期面临的一个问题。是在网络领域和这些圣战者针锋相对，还是在网络上只是监控，在实际行动中给予打击？常规的做法，我们应该选择后者，但我们这次选择了前者。

这次行动异常顺利，整个网站彻底崩溃。那年的 9 · 11 事件纪念日，本·拉登的阴谋未能得逞。区域专家们非但没有为我们的成功庆贺，反而纷纷向我抱怨此举对我们的盟友造成不良影响。他们清楚他们正在遭到攻击，也知道袭击者是谁，却不得不重建网站，被我们摧毁后再建，如此反复。

至于本·拉登的那个视频，他们觉得我们挡得了一时，挡不了一世。

可供他利用的网站多如牛毛，不能再像以往那样坐以待毙，必须主动出击。

尽管遭到很多人反对，但我们的攻击还在持续。我联系了卡特赖特，他如今担任美国参谋长联席会议副主席。卡特赖特似乎能够理解我们的困境：我们获得了战略优势，却不得不面对重要战略伙伴的不满。

卡特赖特批准我联系盟国相关负责人，向他们承诺我们将在24小时内停止攻击。周六早上，我做出以上承诺，自信满满地认为周日就能结束一切。

不料直到周日攻击仍在继续，直到现在我也说不出个所以然来。威廉·比利·米切尔将军违反事先约定的基本法则，为展示空军的威力私自对“奥斯特弗里斯兰”号实施轰炸，使海军高层恼怒不已。这和我们目前的处境如出一辙，不同的是此举破坏了盟友对我们的信任，他们会感到心寒、愤怒，觉得遭到背叛。我跳出自己的圈子，向盟友坦言我们没有发起后续进攻，但局面已经失控，我们怎么都停不下来。

不久，在我的要求下，卡特赖特亲自在我的办公室向他们致歉。

另一方面，我要求和国家安全顾问斯蒂芬·哈德利单独会谈。我说：“斯蒂芬，中情局日后没有必要参加网络行动的相关会议。我们要对网络战联合功能构成司令部的组织结构进行优化，使它更加复杂敏感。这种‘发后即忘’的模式必须摒弃，我们行动后会发邮件通知你们。随便你们怎么想。”

斯蒂芬大吃一惊，他很少看到我这样大发脾气。然后他或许明白了什么，我还是网络战联合功能构成司令部的一把手。我们这些网络黑客就是这么疯狂。

说得再明白点，中情局在意识形态上并不反对网络行动。恰恰相反，我们甚至拥有自己的网络大军，即信息作战中心，负责全方位网络作战、增强网络谍报技术、防卫中情局的网络系统以及加强中情局网络分析。乔治·特尼特成立的信息作战中心，在乔治、我和波特·戈斯的率领下，持续稳定发展。

按照中情局的构思，新机构绝对不会成为国安局或网络战联合功能构成司令部的复制品，也从没想过要和这两个机构一决高下。每当问及这个问题，我都会以美国空军和海军陆战队关系的例子，来解释信息作战中心和国安局的关系。

海军陆战队的空军力量是海军空对地队伍中不可分割的组成部分。他们不需要配合美国空军，只是为执行任务的海军提供支援。同理，信息作战中心要在国安局执行传统任务时提供网络支持。

重要的是，海军和空军要接到相同的空中任务指令，否则有可能敌我不分，发生误伤事件。

在网络领域，信息作战中心和国安局的关系也是如此。他们需要时刻掌握对方的动态，保证彼此的行动毫不冲突。他们的合作相当完美，共同完成了多项任务。

2009 年 2 月，我从国安局局长的位子退了下来。几个月后，国防部部长指定战略司令部筹建新的网络指挥中心。2010 年 5 月，网络战联合功能构成司令部走了信息作战中心当年的老路，在米德堡国安局总部内成立了美军网络司令部。至此，我、米尼汉以及很多人十几年前的构想终于成为现实。国安局局长基思 · 亚历山大被授予四星上将军衔，担任网络司令部司令。

亚历山大在国安局任职 8 年，我在国安局供职 6 年。在这将近 15 年的时间里，我们从来没有放弃网络作战的构想，这在联邦政府内部实为罕见。

亚历山大干的还是老本行，积极进行网络任务的宣传。在外人看来，他的表现完全超出预期，敢于为国安局身先士卒。时常可以看到这样的报道，网络司令部司令亚历山大被白宫的网络安全总指挥霍华德 · 施密特喊去会谈，甚至国土安全顾问兼反恐顾问约翰 · 布伦南都对他看不上眼。

2010 年年中，我离开政府一年后，网络武器明显发展成熟。某单一民族国家（有时确认目标真的存在难度）使用所谓的“震网”蠕虫病毒让伊朗纳坦兹核设施的约 1000 台铀浓缩离心机一度瘫痪。

对我而言，这简直是个天大的好消息。据估计，此次攻击至少延缓伊朗的核计划 6—12 个月。

请允许我从另外的角度描述下这次战绩。有人在和平时代使用网络武器摧毁了另一个国家的关键性基础设施。

随着此次攻击事件的真相被公之于众，我觉得尽管网络武器无法和传统的毁灭性武器相比，但这让我想起 1945 年 8 月美军向日本广岛和长崎投掷的两颗原子弹。人类迎来了新型武器。网络黑客军团孤注一掷，誓与网络阵地共存亡。

如今的时代是新型的军事时代。20 年前我们在得州异想天开的构想与期待如今成为现实。

我也参与其中，推动了它的进程，见证了某些重要里程碑事件和重大决策。

走到今天这一步，我们已经无路可退，无论结果如何，都只能勇敢面对。

第九章

真的别无选择？

美国国家情报总监办公室，2005—2006年及以后

1941年，日本政府偷袭了美国太平洋海军舰队基地，这就是第二次世界大战期间著名的珍珠港事件。从此，美国现代情报工作诞生，美国政府把预防战略突袭列为情报工作的重中之重。但还是发生了9·11事件，人们想知道究竟发生了什么。

大家的解释莫衷一是。以前印第安纳州国会议员李·汉密尔顿和前新泽西州州长汤姆·基恩为首的委员会更是如此。早在2002年11月，他们受国会委托就开始调查，但等到2004年7月总统大选全面铺开，他们才抛出筹备已久的调查报告和具体建议。

这些建议相当于对美国情报界进行重组。那年夏天，美国的情报部门在全球范围内向基地组织毫不留情地进行打击，效果颇为显著。美国情报人士分析伊拉克战后局势根基不稳，这个判断事后证明相当准确。中情局官员史蒂芬·卡佩斯当时正在负责反向信道项目，最终劝说利比亚政府放弃了核武器和化学武器项目。

当时情报界并不看好重组，包括我在内。作战节奏过快，会消耗大量的时间和精力。但同时我们知道自己没能力阻止9·11恐怖袭击的发生。美国人民或许已经在心里原谅了我们，但他们和国会议员希望看到我们能有所进步。

9·11事件调查委员会刚刚公布调查报告，民主党总统候选人约翰·克里很快表示认同，显然连读都没读。布什总统的反馈则合理得多，过了几天方才表态。

随着总统大选拉下帷幕，国会再次向白宫提出情报机构改组的问题。

在很多情报界人士看来，国会几乎在一夜间召集了535位情报专家。在讨论法案时中情局代局长约翰·麦克劳林喜欢把白宫和国会的讨论比作医院里推动病人的轮床。一大群身穿白大褂的人在你身上戳来戳去，很多人甚至都不具备医学学历。

对国会而言，想要进行更好的立法分析、更为积极的收集或更为保险的秘密行动难度很高，可供选择的余地不大。他们可以选择注入资金（已经给我们投入很多）、招募员工（我们当前的招聘速度已经破了纪录）、重构组织机构以及加强政府权力。

基恩和汉密尔顿向国会递交了《2004年情报机构与预防恐怖主义改革法》。国会采纳了大多数建议，决定重建情报部门并加强部门权力。跳过那些空洞而义正词严的指责，譬如“冷战思维”“烟囱管[①]”以及“官僚主义的拉帮结派”，有一点可以确定，国会正在努力寻求任何大型机构都要面临的平衡，各个部门的自由行动与协调工作的平衡。自由度低会导致部门无所作为、工作死板、拖泥带水从而错失良机，但如果部门之间缺乏协调则意味着大家各自为政、行动失调、无法充分利用资源从而发挥最大的威力。

国会开始着手加强情报中心的建设，剔除那些闲散的部门，加强部门间的合作。他们还打算将情报中心迁址并重新命名。中情局局长改名为国家情报总监，无论怎么改，他都不会执掌中情局，甚至不会在中情局设置办公室。

我们需要更多“胶水”的论断并非百分之百准确。谈到整合和同步，我们总是挨批，翻来覆去就那几句“你们这些人只会把事情搞砸”。从来没有提醒我们“你们应该向某某学习”。因为我们的改革在世界范围内尚

① 指情报像烟囱那样在组织内部上下级之间纵向传播，而不是同级部门间的横向传播。

属首例，没有先例可循。即使需要进一步整合，我们也已完成。2011 年 9 月 10 日那天，美国的情报中心已经是全球整合度最高的情报机构。

中情局局长乔治·特尼特是个实打实的厉害角色。身为国安局局长，我和乔治的合作远远超过国防部和任何其他政府工作部门的总和。乔治和总统每周会面 6 次，深得总统信任。他个性张扬，工作方式不拘一格。身为中央情报局负责人，他服务的对象还是“中央”。

只要给我打电话，乔治第一句通常是“迈克尔，我的下属刚告诉我”，讲话结束前通常会说“这就是我想让你做的”。乔治口中的“下属”不是中情局的管理中层，而是中情局基层所有的作战人员、分析人员还有技术人员。也就是说，为了加强部门间的协调和行动聚合力，乔治名义上是国家情报总监，暗地里又负责中情局的相关行动，把我们牢牢地粘在一起

乔治并非孤军作战。查理·艾伦在中情局工作了近半个世纪。在将近 50 年的时间里，他接触了中情局所有的敏感行动。据我观察，查理根本没有时间休息，他受乔治委托为全美情报界搜集情报，是情报采集的灵魂人物。

我向国安局安全作战中心（NSOC）下达了一项长期指令，要求他们无条件执行乔治的命令。“如果他打电话说因为伊朗试射导弹，我们在波斯湾的卫星情报采集组需要从伊拉克防空迁移到伊朗的导弹射程之内，请执行他的命令，上午打电话向我汇报即可。一般情况下不要给我打电话，除非打电话找我诉苦。”

在有些人看来，中央情报总监是个软柿子，这种看法可以说大错特错。尽管贵为中情局一把手，乔治也会受到诸多限制。这种观点倒是更接近事实。

我接管中情局后（情报机构刚刚经历改革，中情局局长无须兼任中央情报总监），会经常提醒手下的员工，国家情报总监办公室单独成立的好处在于我可以把自己的所有心思放在中情局。的确，来到中情局第一天，我就特想知道自己的那些前任如何做到身兼两职。

约翰·内格罗蓬特和约翰·麦康奈尔是第一任和第二任国家情报总监。

他们每天早上 5 点起床，与负责向总统做每日简报的发言人乘坐全副武装的雪佛兰萨博班先到老行政办公大楼。他们需要准备和总统会谈时的资料、阅读当天的电文和纸质报告、对《总统每日简报》的文章进行审核并按要求进行增减。国家情报总监和汇报人要穿过西行政大道，在早上 8 点之前到总统的椭圆办公室。会谈通常持续 30—45 分钟。会谈结束后，通常还要和国家安全顾问进行正式或非正式的会面。然后，他们才能钻进萨博班，在 9 点 30 分之前赶回办公室（路况不好或许要更晚）。那时，我已经坐在中情局局长办公室专注地处理工作，这至少得 3 小时。仅仅中情局局长的工作就如此繁重，如何做到身兼两职？哪里还有精力处理更繁重的情报工作呢？

既担任中央情报总监又担任中情局局长的感觉很微妙。一直以来，人们认为中情局局长在情报工作中必然会倾向于中情局。国家人力情报的直接负责人在和其他负责信号情报的部门交换情报时，能否做到公正无私、无所偏袒呢？我和乔治·特尼特共事多年，我相信他可以做到。但这么问并不公平。

我经常想布什总统如何看待国家情报总监。从政治层面考虑，他别无选择，只能选择支持。大选期间，他只能选择沉默，如果和 9·11 事件调查委员会反目，他会一败涂地，而且情报机构改组的法案通过国会的审核及大选结束以后，他本人对改组工作的进程关注颇多。

他的父亲乔治·赫伯特·沃克·布什曾经担任中央情报总监。根据我对老布什的了解，他对这份工作相当喜爱。中情局对这份厚爱给予了回报。2007 年，为庆祝中情局成立 60 周年，我们在中情局老总部大楼前的草坪上举办了得州风味的烧烤晚宴。当我和老布什出现在大堂时，现场爆发出阵阵热烈的掌声，久久没有停息。

我们都知道 2000 年小布什当选总统时，老布什建议他保留乔治·特尼特中央情报总监的职务。老布什曾在福特总统在职期间担任中央情报总监，但只干了短短不到一年，就被后来当选的卡特总统指定了新人代替。

老布什其实并不想离开，他觉得这个职位不该受国内政治形势的影响，不能随着总统的更换而调整，但他的工作还是被斯坦斯菲尔德·特纳接管。

2006 年 6 月，那时我还未履行正式的宣誓就职手续，我和家人陪小布什总统来到中情局总部局长办公室。他开玩笑地说：“这就是我父亲曾经办公的地方。”

我的妻子不由得问了一句：“那您以前来这儿看过您父亲吗？”

小布什一本正经地回答：“没有，那时我要是过来可能会构成安全威胁。”

他环视四周，看到空荡荡的书架（我还没来得及把书摆上去），开玩笑说：“常言说，从一个人藏书的数量可以判断此人见识的多寡。”

无论小布什总统从他和父亲的交谈中有何体会，2004 年我们知道《2004 年情报机构与预防恐怖主义改革法》颁布后，中情局便不再接受美国最高情报机构的掌控，成为独立部门。这就意味着国会必须为新成立的部门发副大牌，并给出正式而明确的指示。那年夏天，我与这个法案的牵头人参议员苏珊·柯林斯和乔·李伯曼会面时告诉他们以上提议。这解释了 2004 年夏末我和吉姆·克拉珀向众议院武装部队委员会发出警告：无能的中央情报总监只会让目前的局面变得更糟。

会议在马里兰州东海岸的怀依河种植园举行，在这些情报机构高管面前，我和克拉珀的发言都提到这一点。因为是个非正式的内部会议，研讨班的性质，不会被记录在案，大家感觉放得更开，发言时也更加大胆。

晚饭过后，我们的计划是前往旧金山—奥克兰海湾大桥观光，然后回家。这时，研讨班上的某个学员向分管情报的国防部副部长斯蒂芬·坎博内做了电话汇报，还递交了在会人员发言的完整报告，颇有些斯塔西的风范。

因为这份报告，我们被留了下来，和国防部部长唐纳德·拉姆斯菲尔德、副部长保罗·沃尔福威茨、参谋长联席会议副主席彼得·佩斯将军以及坎博内副部长共进午餐。我与克拉珀并排坐在国防部首脑对面，开始回答他们的提问。这不禁让我想起了我在板门店同朝鲜方面谈判时的场景，不同的是当时桌上摆放着小国旗，如今我们面前摆着墨西哥餐。

午餐期间，拉姆斯菲尔德看上去神色冷峻，倒不怎么生气。这也难怪，他向来倚重的左膀右臂（我是国安局局长，克拉珀是国家地理空间情报局局长）在四处奔走，呼吁国会立法，而国防部恰恰反对这个法案。那时我的想法是我们应该事先向他汇报，一开始就找他汇报。

拉姆斯菲尔德的立场不言自明。2002 年，前国家安全顾问布伦特·斯考克罗夫特担任总统情报顾问委员会主席时，在白宫内部四处游说议员，企图成立类似国家情报总监办公室的部门。拉姆斯菲尔德那时就曾表态，说这是史上最蠢的主意。

拉姆斯菲尔德和乔治·特尼特的关系维持得不错。早在 2001 年被再次任命为国防部部长之前，拉姆斯菲尔德就公开表示中情局是国防部不可或缺的合作伙伴。像往常那样，他和特尼特在周五的午餐会议上解决了那些不可避免的问题。拉姆斯菲尔德最不希望看到的就是有别人或别的部门插手国防部与中情局的工作。此外，他还说如果总统先生下令采取行动，有什么是国家情报总监能做但中央情报总监做不了的呢？

这话说得固然没错，但并不冲突。我们准备成立国家情报总监，最担心的是国会对国家情报总监权限的设定还没有中央情报总监实权大。若果真如此，我们提醒拉姆斯菲尔德后果将不堪设想，国会赋予国家情报总监的权限应该高于国防部那些重量级部门，例如国安局、国家地理空间情报局、国家侦察局等。克拉珀甚至提议日后这些部门将从国防部划分出去，由国家情报总监直接管理。

随着午餐接近尾声，拉姆斯菲尔德和他的国防要员先行离开，对我们的解释并不满意。我心情有些失落，这次除非国防部实打实地“慷慨”接受，否则我们真的是在自寻死路。

拉姆斯菲尔德深知情报工作的重要。早在 9·11 事件之前，他就明确告诉过我。那是 2001 年春，重返国防部的他邀请我到办公室“认识认识”。办公室当时只有我俩，他穿着特有的毛线背心坐在小桌子前。我还事先准备了好些国安局工作内容的纸卡，根本没有派上用场。我正在一本正经地介绍，拉姆斯菲尔德迅速打断我：“国安局为谁工作？”

“您和乔治·特尼特，部长先生。”

“那你觉得谁的工作比较重要，谁的比较次要？”

“都很重要，”我回答说，“你们随便动动手指头，就能给我带来不少麻烦。”

我继续解释说刚才我跟部长打招呼，说了句“早上好，部长先生”，这可是我任国安局局长两年来第一次跟国防部部长见面。

拉姆斯菲尔德填补了以往的空白，他对国安局给予了足够的关注。

时间来到2004年，9·11事件已经过去3年，政府在全球范围的反恐战也持续了3年之久。3年来，国安局、国家地理空间情报局以及国家侦察局三大国防部干将被人们唠叨得越来越多。不过，工作任务以国内为主，毕竟“国”字当头，和国际机构不同。

拉姆斯菲尔德不想冒险，加强“中心”的文件迟迟不发。国内情报部门的当前运作以及日后发展的方向，国家情报总监被赋予更多的发言权。

国会的武装部队委员会对此表示默许。2003年，他们甚至以拉姆斯菲尔德的名义设立了分管情报的国防部副部长。这个职位可谓一人之下，万人之上，仅次于国家高级情报官员（中央情报总监与国家情报总监），下面一大批分管情报的部门都要听它调遣。此举让中情局局长乔治·特尼特心生怨言。在众议院武装部队委员会缺席的情况下，国会竟然将其纳入《国防授权法案》。乔治私下向我透露这只是为了更好地达到均衡权限。

因此，《2004年情报机构与预防恐怖主义改革法》没能通过国会审核也在意料之中。众议院武装部队委员会主席邓肯·亨特在法案第1018条特别声明该法案不具有废除内阁秘书长特权及职权的法律效应。也就是说，美国情报界的四大巨头国安局、国家地理空间情报局、国家侦察局以及国防部情报局都是国防部部长说了算。

事情走到这一步，我们必须重新进行谋划，权限尚不如乔治的这位国家情报总监估计不会坐得太稳。

我当时寻思，这家伙知名度肯定很高。起码当总统向大家介绍他时，民众不会在下面嘀咕："布什总统边上的那个家伙是谁？"

2005 年 2 月中旬，总统小布什提名约翰 · 内格罗蓬特担任国家情报总监。约翰 · 内格罗蓬特对大多数美国民众并不陌生。他是位受人尊敬的职业外交官，曾在 2001—2004 年担任美国常驻联合国代表，2004—2005 年担任首位美国驻伊大使。他对情报工作了解不多，此前只是情报机构服务的对象。但他政治洞察力高，在政府部门如鱼得水。他为人低调，不装腔作势，正是我们急需的难得品质。他的到来让我们对情报总监这个职位肃然起敬。情报机构和国会对他都很满意。

根据《2004 年情报机构与预防恐怖主义改革法》规定，国会要为国家情报总监批准任命副职，且正职和副职之间必须有一个拥有军事经验。我恰好满足条件，因此在内格罗蓬特的那场介绍会上，我以国家情报副总监的身份出现在美国人民面前。《纽约时报》对此事进行了全程报道，提到我时只说了一句，"海登自 1999 年担任国安局局长，如今被任命为国家情报副总监，充分说明总统对这个新部门何等重视"。

能够出任副总监让我倍感荣幸。当时，我在米德堡担任国安局局长已经 6 年，是国安局历史上任期最长的局长。中情局局长波特 · 戈斯向我抛出橄榄枝，有意让我出任他的副手。但这个提议对我没什么吸引力，国安局是全美最大的情报结构，我不必眼巴巴地从局长之位退下来，去当个副局长，哪怕是中情局。国家情报总监首席副总监则不同。我会被授予四星上将的军衔，也会面对巨大挑战。国家情报总监的机构设置存在硬伤，要使它高效运转，必须采用强硬手段。

此前，我对约翰 · 内格罗蓬特只知其名，未见其人。工作起来我才发现我们相当合拍。当我工作中出现纰漏，他从不揪着不放，相当容忍，很快我们成为挚友。

对我而言，这实属幸事。虽然中情局不在我们的管辖范围，国家情报总监有两大重任：担任总统高级情报顾问并保障美国情报系统的顺利运转。这两个任务可谓千斤之担，凭一己之力做到高效处理很难。每天上午，前往白宫向总统做每日简报，然后参加其他相关政策会议，已经让国家情报总监约翰·内格罗蓬特忙得连轴转。没有办法，首席副总监只好充当“贤内助”的角色，于是总监办公室工作的一干杂事全都落到我的肩上。

我倒是乐在其中。我经常在新成立的国家情报总监办公室大楼来回巡视，到各个办公室里会问：“你们这个办公室负责什么工作？”有些答案相当有趣。每当工作中出现关系紧张，我会和办公室主任及时进行沟通。

幸运的是，我和内格罗蓬特手下的那些高层能力强大。国家情报总监吸引了不少优秀的员工。人事部主管戴维·谢德在情报部门工作多年，还在国家安全委员会任职时他便赞同成立国家情报总监办公室。早年，谢德被派往海外，先后在美国驻哥斯达黎加和墨西哥使馆工作；内格罗蓬特任美国驻墨西哥大使时，二人曾经共事。后来，他先后被提拔为国防情报局副局长与代理局长。他的副手迈克尔·莱特曾经参加对伊发动战争的《国家情报评估》事件调查，后来出任国家反恐中心主任。监督处主管帕特·肯尼迪在国务院工作多年，早在内格罗蓬特任美国驻伊大使时，肯尼迪就曾担任类似行政主管的职位。后来，他先后为两届政府担任分管行政事务的副国务卿。分析部副主管汤姆·芬格曾经担任国务院情报研究局局长。公共关系办公室主任罗纳德·伯吉斯将军后来出任国防部情报局局长。情报搜集主管玛丽·玛格丽特·格雷汉姆在中情局从事情报工作多年。

国家情报总监的管理高层可谓人才济济。我们还利用自己的关系网罗了大批人才，把他们安插在核心部门，例如人力资源、情报研究等。

内格罗蓬特还招募了驻伊大使时曾经共事的一批年轻人。有一天，看着这些源源不断的新员工，我对办公室主任拉里·法伊弗说：“除了完成我交代的任务，你能不能让这些年轻人少给我惹麻烦？”但事后我们发现，这些年轻人个个才华横溢，对国家情报总监办公室忠心不二，工作上极为勤勉。

但我们还是出了岔子。问题出在其他员工的任命。因为时间紧迫，我们要把原中央情报总监的全体管理人员安置到国家情报总监办公室的相应部门。这些管理人员之前在特尼特手下规模相对较小，在管理层面发挥的作用相当有限。其实他们中间不乏才华横溢之辈，但他们习惯了老体制里从事协调工作，为国安局、国家地理空间情报局与国家侦察局提供情报，缺乏行动冲击力。我们本应该极力扩充些新鲜血液，请来的大佛却是老套的保守派，真是自己打自己的脸。

在人事任命上，我们可以说一错再错。担任国家情报副总监仅仅 13 个月，我就被调任中情局，此后 10 个月这个职位一直空缺。直到 2011 年，参议院才通过中情局资深官员斯蒂芬尼·奥沙利文的任命，这个职位竟然空了整整 3 年。

这个错误极其致命。即使内格罗蓬特能够抽出时间，就算他三头六臂也应付不来正副总监两个人的工作。

要做的事情太多，说白了我们才刚刚起步。甚至连个正经的组织结构图都没有，只是在老行政办公楼的临时办公室贴了张纸，在上面标注了部门负责人的名字。我们还得考虑国家情报总监的盾牌标识该选用何种蓝色，外圈有多少颗星星，以及最终的办公地点，能否接受和白宫有一河之隔。

国家情报总监刚刚成立，我就新官上任三把火，制订了第一年的工作目标。那段时间，我总会时常想起伏尔泰杀死海军上将的相关论述——“杀一儆百”。我的任务目标中包括敢于叫停某个项目，地点不限；在不同的户头之间转账，小额转账；质疑（质疑而已，不必抗命）国防部的人事任命。这些目标无疑是在挑战法律文字的极限，但我想的是弓只有拉得足够开，箭才能射得足够远；开好了头，日后需要支持时才能如愿。内格罗蓬特骨子里是个外交家，他轻描淡写地说：“你的意思我明白，迈克尔，但我到这儿不是找事儿的。”

那一年，我们还的确叫停了“未来成像系统”的一小部分，虽然几乎没人注意到，这个项目本身问题多多，我们只是剔除了有问题的部分。

除此之外，我们的成绩还包括在联邦调查局下设了国家安全分部，制定了情报纪律，成立了情报分部。9 · 11 事件为我们敲响警钟，国会在 2004 年的立法会议上明确指示将国内情报作为重点，但国内情报的发展并不顺利。没错，其他英语国家拥有独立的国内情报机构，例如英国的军情五处、加拿大安全情报局、澳大利亚秘密情报局以及新西兰的国家安全情报局。但我们和他们不同，我们的情报机构设在联邦政府之内。

2005 年要做到这一点很难，直到现在也不容易。我们一直希望联邦调查局的特工能在办案期间搜集情报、在不使用犯罪预防时获得数据，但直到布什总统任期结束前几个月，司法部部长才颁布了相应的指导细则。

《总统每日简报》与国家情报总监之间的信息传递向来干脆利落。这是内格罗蓬特的长项，在实际工作中很多部门都提供了情报，中情局只是其中之一。不过它提供的情报最多，其他部门提供些漏网之鱼。

这显然是个进步，但中情局问题不断，耗费我们不少精力。虽然大家初衷都是好意，但协调中情局和国家情报总监办公室的关系极具挑战。根据《2004 年情报机构与预防恐怖主义改革法》，国家情报总监是美国情报体系的龙头老大；但美国情报的历史和传统甚至当前的很多行动都是以中情局为核心，而且中情局对其他机构向来不怎么买账。

波特 · 戈斯被“降职”为中情局局长前，曾经担任 7 个月的中央情报主任。我和其他几位情报部门首脑开会，他本人并不到场，只是以视频会议的形式参加。会后，我平静地给他打了电话，嘱咐他派副手参加日后的会议。他的这种专断让我打心眼里不舒服，跟他犯不着讲什么道理。

当然还有其他问题。有些家伙发起一场卑鄙的后卫行动，不仅违抗命令，还对国家情报总监办公室的功劳和工作进行诋毁。大多数人跟 4 岁的孩子一样，动不动就发脾气，小题大做。这不禁让我们怀疑中情局的人到底有没有读《2004 年情报机构与预防恐怖主义改革法》。内格罗蓬特和戈斯是耶鲁大学的同学，他们在这个问题的处理上也是使出浑身解数，针锋相对，互不相让。

这个问题最终交给我解决。没有办法，我来到中情局总部和他们的高层进行会谈。通过援引军事案例，我将中情局和国家情报总监两个部门比作坐标位置临近或相同的两个点，要想划清界限只能在纵坐标上做文章。国家情报总监办公室负责纵坐标高的任务，譬如制定政策、全局指挥以及解决冲突和矛盾。中情局则负责协调、执行、实施等纵坐标低些的工作。矛盾似乎有所减缓，但中情局还是感到不满。

这和中情局内部的矛盾也有关系。2005 年 9 月，我们正在费尽心思进行调整，中情局行动处二把手罗伯特·里彻突然公开提出辞职。里彻海军军官出身，性格耿直刚硬，在中情局工作长达 35 年，深受众人爱戴。他不加掩饰地告诉同事（这位同事后来告诉了媒体）他之所以离开是因为对中情局高层失去信心。大半年前，国防部某部门的一把手和二把手相继离开时，给出的也是同样的理由。

在全球反恐的浪潮中出现这么两个小插曲，国家情报总监办公室在这乱世中稳如泰山。

里彻辞职的消息在新闻中播报后，我立刻通过安全线路致电国家秘密行动处处长乔斯·罗德里格斯。乔斯是里彻的顶头上司，此前担任中情局反恐部门主管，是个硬角色。他负责拉美地区事务多年，积累了大量法制薄弱的环境下治理腐败的经验，他将这些经验悉数用在反恐中心，从而在拉美部和非洲部涌出大量的反恐英雄。

“乔斯，”我问道，“你今天该不会要大开杀戒吧？”乔斯向我保证他不会，我心里的石头才落地，毕竟我们流失了大量人才。

中情局的问题越来越严重，可说实话我对这些问题的理解也有问题。第一次向国家情报总监约翰·内格罗蓬特汇报美国的情报系统时，我把 16 个部门分成三级。最底层的 5 个部门为海陆空三军方以及海岸警卫队提供情报，无须过多关注，他们的情报系统自成一体，和其他部门少有交集。我开玩笑地说：“圣诞节时邀请他们参加圣诞派对足矣，他们应该就挺知足。”

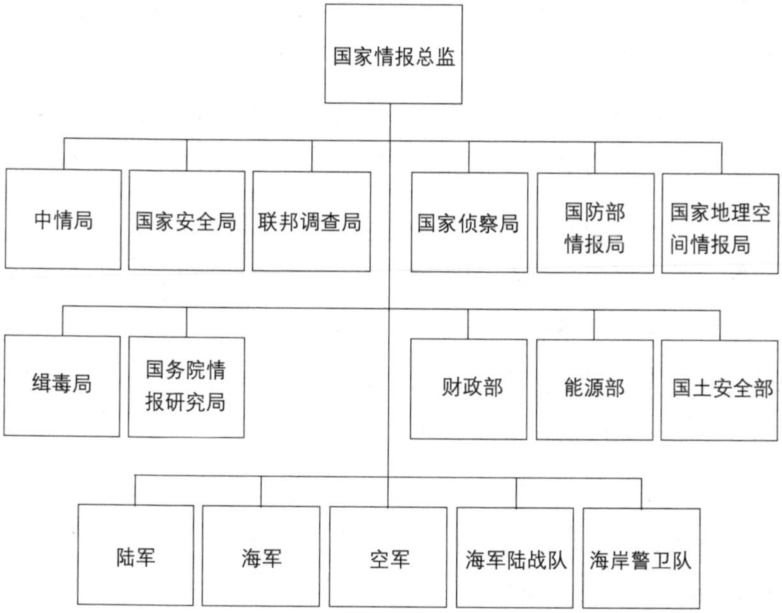

美国情报系统示意图

和最底层的部门相比，第二级的情报部门截然不同。他们规模虽小，但负责的工作却必不可缺。譬如，国务院情报研究局的情报分析深思熟虑，能源部的核专家无人可及，缉毒局的人力情报技术令人望其项背，毒品和其他情报目标的关联越来越紧密。虽然国土安全部对国土安全情报工作的界定尚不明确，但它牢牢掌控着移民、习俗、边境管制等具有重大情报价值的国土安全信息宝库。财政部的情报部门可以对情报目标宣布经济制裁，这是 21 世纪精确制导的武器。

“这 5 个部门不会花费您太多时间，请时常对它们保持关注。”

接下来，我告诉内格罗蓬特，图上第一级的六个部门情报搜集的重心不同：中央情报局（人力情报）、国家安全局（信号情报）、国家侦察局（航天飞机和卫星搜集）、联邦调查局（国内情报）、国家地理空间情报局（卫星影像）以及国防部情报局（军事情报）。

“这6个部门至关重要，”我诚恳地说，“每件事都得落到实处。一旦弄砸了，做什么都将于事无补。”

根据我的理解，中情局的核心地位减弱，应该和其他5个部门并列位于第一级。可惜我错了。身为国家情报副总监，我足足花了6个月时间才认识到中情局地位不可撼动，仍然是独一无二的核心部门。

中情局从事秘密行动以及极为敏感的人力情报收集。他们的情报分析独立稳定，无须顾及各位内阁部长的喜恶。此外，中情局是迄今为止政府内部情报人员人数最多、流动最少的部门。中情局遍布世界各地的情报站点负责人是世界各国情报机构学习的对象。

中情局的成功与否会对其他情报部门的表现造成冲击。中情局顺顺利利，则万事大吉；中情局搞砸了，无论其他部门怎么努力也将于事无补。中情局只许成功，不能失败。

得出上述结论时，我并不知道几个月后自己即将前往兰利市出任中情局局长。

其实，《2004年情报机构与预防恐怖主义改革法》明确了美国情报机构的核心部门，国家情报总监办公室与中央情报局。重要到什么程度呢？法案规定国家情报总监可以向总统提名中情局局长候选人，众多情报机构负责人中，只有中情局享有如此特权。

但纵观历史，由当任国家情报总监提名中情局局长仅有一例。约翰·内格罗蓬特向布什总统推荐了我，但我在这位前外交官的上司手下才干了6个月，他就调任美国副国务卿，他多年的夙愿终于如愿以偿。2008年，候任的国家情报总监丹尼斯·布莱尔并未向总统推荐人选，后来还是奥巴马总统指定莱昂·帕内塔担此重任。2011年9月，戴维·彼得雷乌斯将军能够出任第20任中情局局长归功于白宫的努力。约翰·布伦南与奥巴马总统私交甚好，只要他开口，中情局局长手到擒来。果不其然，2013年他接替彼得雷乌斯成为中情局第21任局长。

国家情报总监办公室的组织工作向来让人感到棘手，如此违背常规的运作无疑使其难上加难。

我们一直在孤军作战，没有任何部门援助。国家情报总监成立的前14个月，发生了三起美国情报史上最具争议的情报泄露事件。2005年11月，记者达娜·普里斯特对中情局在关塔那摩监狱的虐囚事件进行曝光，称其为“黑狱”，还因此荣获“普利策奖”，揭开了普利策奖得主对中情局曝光浪潮的序幕。一个多月后，另外两位普利策奖得主埃里克·里奇布劳和詹姆斯·里森在《纽约时报》上撰写文章，披露了国安局的“星风”监视计划。当年6月，三大报纸争相报道美国情报部门通过监控环球银行金融电信协会的国际金融交易数据库，确定恐怖团伙的资金动向。

这些报道对民众而言耸人听闻，国家情报总监办公室高层不得不腾出大量时间和精力来应对处理。同时，还要忙着组建国家情报体系，可以说是雪上加霜。

令人欣慰的是，总统指定成立不久的国家情报总监来处理这些危机。内格罗蓬特成为布什政府名副其实的排头兵，在工作上随时可以请求总统的接见。

国家情报总监的权限问题始终悬而未决，如今得到妥善处理。2008年1月，国家安全委员会委员建议对中情局收集、分析和储存美国公民信息的总统行政命令12333号进行升级，增强国家情报总监的权限。行政命令12333号由前总统里根1981年签署颁布，规定了情报部门的角色、责任、权限以及限制。如今，这个命令早已过时，完全不能适应新法案和国家情报总监的工作。

其实白宫也在打赌，赌国防部部长罗伯特·盖茨、国家情报总监约翰·麦康奈尔、国防部负责情报事务的副部长詹姆斯·克拉珀和我的情谊能否胜过我们各自的组织利益。

我们进行尝试，但结果不尽如人意。行政命令的重新制定程序烦琐，关键是《2004年情报机构与预防恐怖主义改革法》第1018条规定国防部部长拥有否决权（对情报机构的所有内阁官员适用）。但这条法案规定由总统发布指导原则，似乎又是在限制该法案的效应提供解决之道。可惜总统始终没有制定该方案的具体实施细则，如今重新制定行政命令倒是个好机会。在新任国家情报总监约翰·麦康奈尔提交的初稿中，他大胆提议国家情报总监将遵照《2004 年情报机构与预防恐怖主义改革法》及总统行政命令的约束下行使职责；国家情报总监无权擅自废除各情报部门的领导权。如此一来，国家情报总监将不得不面对那些棘手的问题。如果国家情报总监执意大刀阔斧(和他人无法达成共识)，内阁官员势必会向白宫抱怨。

对这个提议我举双手赞成，它巩固了情报界领导的权限，完全契合法案的初衷。身为一局之长，我不得不为自己的中情局考虑。我们是唯一不看内阁成员脸色的部门，假设没有这个提议，国家情报总监，尤其是总监办公室的那些工作人员会以各种各样的理由来找中情局的麻烦，因为法律规定他们有权这样做。此外，这个提议还将削弱国家情报总监对中情局的直接掌控，但会加强其对其他部门的管理。

我为此据理力争，但除了麦康奈尔，没人表示赞同，毕竟在座的都是各个情报部门的首脑，都是内阁成员。

总统行政命令的最终定稿包括了国家情报总监的某些提议，但没有涵盖这个核心问题。它尖锐地指出在总统行政命令与情报结构法案下行使职责时，国家情报总监应该尊重且无权罢免其他部门领导人的职权。于是，《2004 年情报机构与预防恐怖主义改革法》第 1018 条的法律效果不仅没有削弱，反而变本加厉。

除了行政命令的重新修订，很多问题仍然悬而未决，其中有个问题简直就是无关紧要，甚至可以说愚蠢。但在华盛顿，有时不讨论这些问题还真的办不成事。

早年担任内格罗蓬特副手时，我让下属起草了一条信息，建议国家情报总监在世界各国的情报代表由当地的中情局分站站长担任。这貌似只是职能调整，让海外的美国情报代表与国家情报总监办公室保持一致（在先前的情报体系中，中情局分站站长代表的是中央情报总监）。

中情局率先跳出来，质疑国家情报总监是否有此能力。然后，各大情报部门的抱怨声蜂拥而至。为什么不是我们？我们怎么不能成为国家情报总监在各地的代表?

坦白讲，我们安插不了这么多职位。中情局情报站站长向来是美国驻外大使的高级情报顾问。为什么还要设置别的职位把自己和盟国搞得糊里糊涂呢?

此外，《2004年情报机构与预防恐怖主义改革法》尤其明确了中情局与外国情报机构的关系。讨论法案时，当时的代中央情报总监麦克劳林绞尽脑汁，说服国会让中情局局长（而不是国家情报总监）负责“协调各大情报部门以及与外国政府情报或安全部门间的关系”。

亨利·基辛格经常因观察敏锐而饱受好评，“因为无须面对过多风险，学术政治尤为险恶”。情报界也是如此。以中情局为首的各大情报部门，对国家情报总监的代表权虎视眈眈。

这种事其实根本不需要成为规定。在理论上，谁能质疑国家情报总监任命代表的权限呢？即使他们有人并非来自中情局。内格罗蓬特和我都没有那样做，当然这并非是因为我们权力有限。

基于以上原因，我觉得任命中情局分站站长的主意实施起来困难重重。但唱反调的那些人曲高和寡，不成气候。这个问题完全可以打个电话，通知各驻外大使和当地的情报机构负责人就好了。

反之，将这个权限正式编入法案反倒让大家疑心重重，尤其是中情局，他们会觉得自己的传统地位在新的法案下不断受到威胁。甚至我的副手，向来考虑问题全面的史蒂芬·卡佩斯在某次国家情报总监办公室的例会上，振振有词地将它比作“核武器红线”。

刚到中情局时，某些高层官员就督促我把这个难题扔给白宫西翼。虽然他们没有挑明，我也知道他们的想法。我和斯蒂芬·哈德利（曾任国家安全顾问）与乔希·博尔顿（曾任白宫幕僚长）交好，他们肯定会看在我的面子上为中情局争取。我立即打消了他们的这个念头，告诉他们若果真走到那一步，我们就输定了。即使我们罗列再多的好处，在国家情报总监的权威面前都不值一提。

私下里，我曾告诉这位新任国家情报总监约翰·麦康奈尔我会在这个问题上和他血拼到底。但我承认，最终的决定大权在他手里。但如有必要，我不介意为中情局的利益奋斗到底，甚至慷慨就义。麦康奈尔只是笑笑。他理解我的处境，知道我的言外之意。

这个问题后来差点得以解决。在国家情报总监召开的那次会议上，各大情报部门的领导人全部出席。我们轮流更换会议地点，讨论这个问题时恰好在米德堡的国安局局长办公室举行。我们围坐在硕大的会议桌旁，简直就是电影《奇爱博士》中的翻版。

考虑到我们讨论的是国家情报总监理论层面的权力，我已经做好让步的准备。我坐在U型会议桌中间，坐在我右侧桌子尽头的麦康奈尔主持会议。国安局局长基思·亚历山大率先发言，他主张由国安局官员充当驻外大使的高级情报官，越快越好。国家地理空间情报局局长罗伯特·穆雷特上将也表达了同样的意思，建议给空间情报局官员安排些类似的工作。

突然我意识到我们讨论的根本不是同一个点。如果我对他们的提议没有异议，那么接下来我们还要讨论如何分配这些职位。正如我之前所说，我觉得这个提议糟透了。我不想在接下来几个月里跟他们在职位分配上争得面红耳赤。因此，当麦康奈尔向我示意，我对这项提议表示坚决反对。我指出根据《2004年情报机构与预防恐怖主义改革法》，和外国情报部门打交道属于中情局局长的工作范畴。我没再说什么废话。

麦康奈尔反驳说，法案还规定中情局要听从国家情报总监办公室的指挥，然后他就对此事闭口不提。

那次会议，这个问题几乎就要得以解决，我们（确切地说，我）本应该做得更好。麦克·麦康奈尔和我是相知多年的老友，但横在我们之间的是情报机构75年来难以逾越的鸿沟。我们应该填补这个鸿沟，但我们没有。

虽然问题依然没有解决，但麦康奈尔也没有强行执行。我们就像孩子那样，把棒球不断传给其他队友，只要球不落地，就无法分出胜负。就这样，直到2009年1月我们离任，这个难题还没解决，被传到我们的继任者手上。

我知道，这件事听起来或许无关紧要，我之前就告诉你们，但就是这件小事最终导致了美国历史上首位被总统罢免的国家情报总监。

离任前，小布什总统借鉴了他父亲的做法，向奥巴马建议我和麦康奈尔留任，但奥巴马总统没有这么做。

奥巴马总统为国家情报总监指定的人选是丹尼斯·布莱尔。新官上任的布莱尔精神抖擞，踌躇满志，大有一番作为之势。他没有任命自己的亲信，而是任命戴维·冈珀特副总监。冈珀特从政经验丰富，可以应付大多数的白宫高级会议，从而布莱尔可以抽出大量时间来处理那些级别较低、单调乏味、吃力不讨好的工作。

但布莱尔还是给自己惹下了麻烦。他选择傅立民担任美国国家情报委员会主席。傅立民是一位职业外交家，思想异于常人，对什么事都喜欢抬杠，尤其是他对以色列、中国和沙特阿拉伯的观点让众人对他颇有争议。傅立民的任命在情报分析界掀起一番风雨，先是少数几个游说团体，然后是白宫。

布莱尔引发的另一场骚乱源于他那相当精准的情报体系备忘录。无论他个人如何反感“强化审讯技术”，他依然对某些基地组织领导人施加了这些技术并获得重要情报。他向国会提供的证词中提到，“高价值囚犯审讯组”应该审讯2009年12月底特律“内裤炸弹”事件的疑犯，迫使总统的公关团队手忙脚乱地解释新政府尚未成立该审讯组。

布莱尔之所以和总统奥巴马及白宫幕僚的步调不一致，不仅因为布莱尔并不怎么受组织约束(顺便说一句，这对情报官员而言不见得就是恶习)，而且他和总统先生并不熟悉，见得也少。我和奥巴马政府的某位工作人员闲聊时说过布莱尔貌似有点跟不上趟，就像总统早就参加竞选，他是后来才到。那位朋友纠正我说：“布莱尔的确跟不上趟，最多在州内参加竞选，没法走向全国。”布莱尔永远上不了台面。

无论和总统与白宫幕僚的关系疏远是否出自他的本意，身为国家情报总监，布莱尔需要和重量级部门负责人莱昂·帕内塔局长建立工作关系。帕内塔在国会多年，精通政治手腕，和白宫幕僚长拉姆·伊曼纽尔在克林顿政府时期曾经共事，私交甚密。

在参议院情报委员会讨论帕内塔的提名时，帕内塔被问及如何看待中情局局长与国家情报总监的关系。这个问题很难回答，因为《2004年情报机构与预防恐怖主义改革法》虽然规定中情局要向国家情报总监"报告"，但并没有提及"权威""指示"以及"控制"的字眼。通过对先前问题进行总结，帕内塔给出的答案令委员会感到满意，他说："国家情报总监是我的上司。"

但事实似乎并非如此。一年后，当国家情报总监再次提到驻外大使的情报代表时，帕内塔吩咐中情局分站站长对日前下达的指令视而不见。布莱尔希望从其他情报部门挑选代表，他直接下达了这个命令，没有事先对帕内塔给出预警。

这引发了美国情报部门最高级别领导人（非职业情报官员）之间的口水仗，最终白宫不得不出面解决。我之前说过只要事情闹到政府的层面，中情局准输，可结果并非如此。白宫选择了帕内塔，布莱尔输了，在全美民众输得颜面无存。

从这件事可以看出白宫对布莱尔的支持率下降，而2009年圣诞节当天的底特律炸机未遂案更是让白宫完全失去了对布莱尔的信任。恐怖袭击过后，各情报机构像往常那样互相推卸责任，反倒忽视了那些真正的问题。

袭击事件的调查没有问题，问题在于调查人身上。按照法律，这次调查应由情报机构的最高负责人国家情报总监负责，但实际负责人却是前中情局局长约翰·布伦南，时任国土安全顾问。国家情报总监和其他相关部门刚刚得知布伦南的调查结果，奥巴马总统就准备将其公之于众，后来因为他们对某些结论的强烈反对（更多的是愤怒），不得不推迟发布。随后数周，布伦南始终以白宫情报工作代表的身份出现在公众面前。

尽管布莱尔曾下令对底特律炸机未遂案进行彻查，但这次却完全看不到国家情报总监办公室的身影。

看来，布莱尔迟早要下台。总统情报顾问委员会在找国家情报总监办公室的麻烦，这已经成为公开的秘密。为此，委员会主席查克·哈格尔曾经找我商量该怎么办。我建议让白宫记者给总统和布莱尔拍张照片，然后发布在各大媒体。照片中只能看到他俩，紧紧靠在一起研究地图或文件。言外之意，总统和他的情报顾问正在洽谈机密并交换意见。只有这样的图片，还有相应的事实，才能让公众相信布莱尔还是国家情报总监。

然而，我们一直没有看到这样的照片。

布莱尔的离任相当不体面，媒体事先没有得到通知，只说了几句对他工作表示感谢的场面话。

国家情报总监的代表事件对此事也有一定的影响。因为当初没能和麦康奈尔达成一致，把这个难题推给了布莱尔，造成今天的这个局面，我的心里很是愧疚。但我能做的只是让那些兴高采烈的中情局老朋友们冷静下来，我提到了由赫尔曼·沃克小说《叛舰“凯恩”号》改编的同名电影，在电影最后，喝醉的何塞·费勒（军事法庭审判中船员的辩护律师）告诫那些庆贺的“凯恩”号军官，他们的职责不是打败舰长，而是在他需要的时候提供帮助，共同管理好“凯恩”号。

继内格罗蓬特、麦康奈尔和布莱尔之后，詹姆斯·克拉珀成为第四位国家情报总监。但随着2010年春国家情报总监人选的交替，白宫对情报总监职责认定进行了调整。提名克拉珀时，奥巴马总统表示国防部下属共16个情报部门，克拉珀作为国防部情报负责人，“成功地完成了大多数部门的军方情报人员和文职情报人员的监管工作及财政预算”。那可都是国防部的龙头老大，但奥巴马的言外之意似乎在暗示克拉珀今后不应该再为这些事务操心。

第二天，《华盛顿邮报》刊登专题报道，消息来源明显是白宫官员。这篇报道提到总统身边的那位“信息达人”在情报处理上的关键作用。这里，他们说的不是刚获得国家情报总监提名的詹姆斯·克拉珀，而是约翰·布伦南。布伦南虽然不是名义上的国家情报总监，但他情报经验丰富，经常在不通知情报部门负责人的情况下发号施令或者质问某个情报官员，对国家情报总监更是如此。

9·11调查委员会曾经考虑将国家情报总监办公室设在白宫，但最终没能通过。布伦南深得总统信任，动不动就往白宫跑，向奥巴马汇报工作。他本人又不是国家情报总监，没有得到国会的确认，不受国会监管，却天天待在白宫西翼，和那些决策者打成一片，简直和国家情报总监设在白宫毫无区别。

最终，在那个周日版的《华盛顿邮报》上，国防部部长罗伯特·盖茨（盖茨曾考虑克拉珀能为己用）向记者详细地分析了“国家情报总监的工作职责”。盖茨显然是有备而来，他多次提到“性情”“人与人的情投意合”“相处融洽”，通过“协调多方利益”将各大情报部门团结在一起，让他们“心甘情愿地进行合作”等。盖茨表示，与首席执行官的角色相比，国家情报总监“更像是手握重权的国会委员会主席”。

身为职业中情局官员和前中央情报总监，盖茨对他们的纠葛一清二楚。布什总统曾有意提名他担任国家情报总监，被他拒绝，因为他觉得这个职位权力有限。在为《2004年情报机构与预防恐怖主义改革法》争辩时，盖茨写了专栏文章，表示支持设立获得授权的情报主管。现在他呼吁克拉珀领导自愿发起的同盟，表明这在他看来已经是最理想的情况。

毫无疑问，《2004年情报机构与预防恐怖主义改革法》与国家情报总监并非一无是处。譬如，国家情报总监办公室国家反恐中心[①] 就是极大的成功。每天，国内外的情报数据、情报、执法情报以及各情报部门的消息在此融合，这放在以前简直无法想象。如果没有国家情报总监，美国的

---

① 国家反恐中心，中情局也设有反恐中心。两个反恐中心的工作肯定会有重叠，但国家反恐中心主要关注恐怖威胁，中情局反恐中心负责对敌实施恐怖打击。

对外间谍工作就没有专门负责人，同时还要接收国内的执法信息和一线的国际情报简直就是痴人说梦。

如果没有麦克·麦康奈尔的付出，这些改变也不可能发生。麦康奈尔顶住重重压力，面对某些国会议员的强烈指责，坚持底线，差点说服国会在2008年修改《涉外情报监控法》。这是曾任国安局局长的我以及曾任国安局局长的基思·亚历山大当年应该做的事。麦康奈尔还成功地说服布什总统，网络威胁一触即发，公布了《国家网络安全综合计划》。后来这个计划改了名字，由奥巴马政府实施。

由于中情局大力支持和参与，麦康奈尔还启动了多个信息共享和责任共担的项目，从长期来看这些项目让我们受益匪浅。

詹姆斯·克拉珀希望将各大情报部门的信号情报系统进行整合。他特意设置了任务主管，负责协调处理情报的搜集、分析以及敌方的反间谍活动，而不是以往那样对这些情报机构进行管理。如今，国内的情报项目和军事情报项目的预算指导也得以加强。

上述多项改革大都没有形成条文，只是随着时间的推移不断做出调整，进行更高程度的整合。

深得大家共识的改革在延续，这是我们最为期盼的目标，每个人真心期待的目标。至少，要解决我们之前的难题，要在各部门的行动自由和部门间的工作协调之间达成平衡，没有固定的答案，只能随时代而变。

情报界都不希望国会再次打开引擎盖，拔掉汽化器电线进行大修。回顾过去，我们很多人觉得庆幸在《2004年情报机构与预防恐怖主义改革法》中躲过一劫。事情原本可能变得更糟。

改革后的情报结构能否成功取决于情报人员和各情报部门的关系，而并不在于职责的划分以及颁布的法案。

首先是总统，在新体制内，他不再给国家情报总监撑腰。拉姆斯菲尔德说得对。和中情局局长一样，只要总统一声令下，国家情报总监就得立即执行。当总统不仅关注他们提供的那些情报，还关注整个情报体系的健康运转，我们的工作就进展得格外顺利。布什总统曾经出席我和内格罗蓬特的就职典礼。斯蒂芬·哈德利要求国家情报总监每周开会，讨论情报部门事务，因此我每两周参加一次。

其次是国家情报总监。身为美国情报机构之首，国家情报总监务必才华出众，擅长管理，能够妥善处理各部门之间的矛盾。无论是提名前还是任职后，他和总统都得保持密切联系。

国家情报总监还要和中情局局长搞好关系。因为国家情报总监的成立，中情局局长的权限严重缩水。两个部门要想更好协调，国家情报总监的行动要足够透明。这需要他们对彼此的信任超越体制的界限。

卓越之士在问题百出的体制下同样可以如鱼得水。这不仅是那些管理大师提倡的成功之道，在复杂的现实世界同样需要如此。

第十章

“我希望你接管中情局”

华盛顿哥伦比亚特区，2006 年 5 月至 9 月

2006 年 5 月初，我的顶头上司约翰 · 内格罗蓬特从纽约给我打来电话：“迈克尔，总统先生明早想和你谈谈。他准备在中情局做些人事调整。”

职业外交家内格罗蓬特之前告诉过我，他认为我会是位出色的中情局局长。没想到，这一天竟然真的提前到来，而且比我们的预期早了许多。中情局此前的经历甚是波折，如今正被这些麻烦事折磨得痛不欲生。

没过几天，中情局的三号人物凯尔 · 福戈因涉嫌受贿丑闻，他的住所和办公室均被联邦调查局查封。

政府的高级官员以福戈的合同受贿案为契机，开始大肆列举中情局的诸多罪状。《华盛顿邮报》披露了中情局在世界各地设置的秘密监狱，详实地报道了中情局官员审讯恐怖嫌疑人使用的水刑和其他 5 种极端手段。

中情局早年对伊拉克拥有大规模杀伤武器的情报误判也遭到曝光。

中情局整体士气低迷，人才开始流失。后来，留下来的那些官员告诉我，这次真的是中情局生死存亡的紧急关头。

有人甚至感谢我及时力挽狂澜。我时常在想，如果我当时没有接管，中情局能否熬过这次危机，会不会由此解散。当时情况危急，很多部门为此感到焦虑，尤其是中情局的上级单位国家情报总监办公室。中情局已经丧失了美国情报界龙头老大的地位。

身为内格罗蓬特的副手，我的到来让他们感到不爽。幸运的是，我身为空军四星上将以及职业情报官员的身份在中情局内还算有些分量。任国安局局长的那6年，我每月至少来中情局总部三四次，而且当年我们的合作还算愉快。我了解中情局，很多官员也了解我。问题是，我来自风头正盛的国家情报总监办公室，这在中情局官员眼中仅次于俄罗斯联邦安全局，也就是苏联解体前的克格勃。

其中缘由不难看出。1999年执掌国安局时，我把国安局搞得天翻地覆；如今接管中情局，我知道我要让中情局风平浪静。挂断内格罗蓬特的电话，我抓紧时间跟办公室主任拉里·法伊弗交代好工作，便动身前往波多马克河畔的波林空军基地的局长办公室。办公室只有两位女员工：玛丽·珍·沙伊特和玛丽·叶夫曼。她们是前中情局局长波特·戈斯的直接下属，被中情局其他官员划为戈斯派。

"给我接史蒂芬·卡佩斯。"听到我的指令，她俩先是对视了一眼，看看我，再互相对视，脸上不由得露出微笑。卡佩斯曾在中情局工作25年，是位值得尊敬的老牌情报官员。2004年因为拒绝辞退某位下属与局长戈斯发生冲突，随后主动提出辞职。很快，我们在伦敦滑铁卢火车站站台上找到了卡佩斯。他当时在伦敦从事金融类工作。他接听了我的电话。

"史蒂芬，我是迈克尔·海登。"

"你好吗，迈克尔？"

"我还行。"

"找我有什么事？"

"你有没有想过重回中情局，任副局长一职？"

"没有。"

"哦，为什么？"

"迈克尔，这取决于中情局局长是谁。"

"史蒂芬，就不跟你兜圈子了，现在我是以中情局局长的身份征求你的意见。"

"那我待会儿给你回话。"

两小时过后，史蒂芬回电。和他妻子凯思琳商量后，他给出以下答复。

“如果你是局长，迈克尔，那我愿意当副局长。”

当我出任中情局局长的消息出现在新闻媒体上时，我更关注海登—卡佩斯这个正副局长的组合。在很多人看来，我能接管中情局，代表的是国家情报总监、军方或别的什么部门。这种背景让他们感到反感，从而使我和中情局的处境岌岌可危。总统对我的举荐表示同意，他还记得卡佩斯曾经成功说服利比亚放弃大规模杀伤性武器。于是，最后白宫出台的名单就是海登和卡佩斯。得到白宫的认可非常关键。

第二天早上，我到白宫的总统办公室与布什总统会谈。布什总统对我相当了解，在过去一年我们陆陆续续在总统办公室和战情室见过几次。此前我任国安局局长时曾因“星风”监视计划和他有所接触。

但那时我的身份是信号情报部门的首脑，中情局则不同。中情局负责的是人力情报和秘密行动。一方面出于对我的信任，另一方面因为手上实在没有合适的人选，总统先生选择了我。他说希望我能出任中情局局长，把中情局的担子挑起来。我知道这副担子有多重，没有接着这个话茬说下去，只是简单地说了句“总统先生，今天我很高兴自己能来到这里”。

“迈克尔，我希望你接管中情局。”总统重复了一遍。

此时，我完全相信总统的确别无选择，我还相信中情局的烂摊子让他感到心烦。在他心里，中情局是深受自己器重的宠儿。据校友会的小道消息，小布什总统的父亲老布什听到风声后开始介入，毕竟老布什当年曾经担任中央情报总监。于是，小布什命令戈斯交出中情局局长的位置，还撤除了他众议院情报委员会主席的职务。

波特 · 戈斯是我来华盛顿任国安局局长时结交的第一批朋友。他默默地接受了这样的安排，但他后来只和他从众议院情报委员会带来的那些议员亲近，无形中疏远了他和中情局其他员工的距离。波特 · 戈斯工作勤勉，为人和善，待人诚恳，走到这一步简直让人难以置信。然后，他的行动主管深陷贿赂丑闻，迫使总统不得不重新洗牌，迫于政治压力，他只能如此，别无选择。

后来我入职中情局，波特·戈斯延续了一贯的绅士风度，在空荡荡的办公桌最中间的抽屉里给我留了张字条，上面写着“祝你好运”。（在此期间，我还收到澳大利亚大使留给我的另一张字条。这位前澳大利亚安全情报组织负责人兴高采烈地宽慰我“中情局没有看上去那么糟”。）

我将成为中情局局长。我有充分的理由相信我能够通过国会的任命听证。但这位任期即将结束的共和党总统，面对一群摩拳擦掌准备在11月总统大选中赢得两院支持的民主党议员，大可选择让民主党议员皆大欢喜的人士，然后给他们留下一堆问题自行处理。

在白宫立法事务办公室迈克尔·艾伦的安排下，我在中情局与参议院之间来回奔波。这种架势我从来没有经历过。当年任命国家情报总监首席副总监时，我感觉我跟获胜游行一样，大家都眼巴巴地想要结交刚由国会批准的这位情报界大腕。记得当我途经参议院办公楼时，参议员约瑟夫·拜登不得不停止讲话，抛开身边的诸位下属，特地赶到我面前跟我握手表示祝贺。

如今，我要想走进参议院办公室，首先得突破狗仔队的重重包围。这次的确难度极高，每次会谈重心不同。资深联邦参议员莱文是位机智而刁钻的提问者，他向我透露他会问到杰伊·拜比签署的酷刑备忘录，然后又给我列出几条有用的建议帮助我回答这个问题。

有人提醒我有些参议员是黑色直升机阴谋论者。其实他们没有那么糟糕，只是提问的角度非常刁钻，甚至有位议员说起问题跟机枪似的，根本不给我时间准备和思考。

我在澳大利亚大使住处参加社交活动时偶遇佛蒙特州的资深参议员帕特里克·莱希。我早年恰巧在佛蒙特州担任了4年的预备役军官训练营教官。我后来在莱希就读的大学任教；我们两家的孩子曾在同一所天主教中学读书。可以说，我俩颇有渊源。欢迎会上，莱希特地提醒我担任局长后务必要仁慈博爱。他说话的语气非常诚恳，但话听起来有些刺耳。

还有位民主党高级议员送我离开办公室时，当着众多记者的面说了我不少好话。然后他问我下一站去哪儿，我告诉他随后要去找参议员罗恩·怀登。这位议员建议我说话时“慢一点”，事后证明很有帮助。

怀登迎接我的架势有些夸张，双脚醒目地翘在我面前的咖啡桌上。这个姿势并非表明他当时的状态非常放松，反而暗示我要提高警惕，因为接下来他的提问肯定不好对付。

问题不是没有。首先，波特·戈斯前脚刚走，就立马放出我要出任的消息，显然没有与国会商讨研究。民主党议员觉得必须给我点颜色看看。

有人反对提名军官担任中情局局长，担心会在国防部格格不入。众议院情报委员会主席彼特·霍克斯特拉叫得最起劲：“我真心觉得他不合适，简直就是在错误的时间、错误的地点，接受了错误的任命。我们不能让个五大三粗的军人来领导中情局这个文职机构。”显然，他站在众议院那边，不会给我投赞成票。但我和国防部部长拉姆斯菲尔德虽然没有过硬的交往，但彼此也是心存敬意。但凡知道这一点的人，都不会质疑我和国防部相处不来。

或许国会只是让我走走形式，根本不打算让我通过，但我别无选择，只能勇于面对。甚至在举行确认听证会前，总统还特意向我提起此事：“迈克尔，你或许真的要从空军退休啦，这次任命阻力不小，不一定能成。”结果呢，我成功了。

最有争议的问题是我在恐怖分子监听计划中扮演的角色。没错，这个计划是我任国安局局长时负责启动，所以这个问题很有针对性，专门针对我。毋庸置疑，我是项目负责人，现在就看大家如何看待这个问题，我的前途掌握在他们手里。

最起码，国会得抓住这个机会从白宫口中套出这个计划的更多信息。事实证明，果真如此。当迈克尔·艾伦和我坐在参议院情报委员会主席帕特·罗伯茨的办公室里，副总统给罗伯茨打来电话，告诉他总统决定对两院情报委员会全体议员进行“星风”监视计划的情况说明。于是，罗伯茨起草新闻发布草案，艾伦忙着通知众议院情报委员会主席。

在我的闭门确认听证会上，参议员提问大多与“星风”监视计划有关。

参议院确认听证会结束后，我又赶到众议院特别情报委员会把自己掌握的“星风”监视计划原原本本地再讲一遍。

在参议院举办的公开确认听证会上，以俄勒冈州民主党人怀登为首的批评家们反复强调我此前没有公开“星风”监视计划的所有信息。事实上，自从这个项目启动，我至少做过十几次闭门简报，从来没有谁表示反对或给我提出建议。如今，怀登咄咄逼人：“如果你通过确认并出任中情局局长，我们不同意你启动这个项目怎么办？”

怀登还问到国安局的“开拓者”项目（第二章）。他引用了我前年说过的原话，说我承认国安局在那个项目上“过于理想化”。没错，我当时确实说过这几个字。当时讲到“开拓者”项目令人失望，我提议把整个项目外包给其他公司。然而，我们在这点上“过于理想化”，因为外包公司的表现也差强人意，不比我们好多少。我其实是在指责这种做法不可取，但参议院对我的解释置之不理。

拿这些文字做文章简直没有意义，我不耐烦地合上面前的简报手册，不准备再进行任何解释。至少在我看来，今天的简报已经结束。“各位参议员，接下来是你们对我的人品进行评判的时间。”

听证会后，负责我安保工作的主管邀请我到波士顿参加他儿子的结婚典礼。到了波士顿，我得到消息，知道参议院通过了我的任命确认。给我投反对票的都是民主党人，有巴拉克·奥巴马、希拉里·克林顿、泰德·肯尼迪、埃文·贝赫以及任何有意竞选总统的议员。

婚礼仪式过后，我正要走出教堂，主持婚礼的牧师认出了我，把一个小十字架放在我的手心，这个十字架我至今还在珍藏，然后对我进行祷告。我和安保人员刚爬进雪佛兰萨博班，就接到参议员贝赫的电话。

“将军，您知道我怎么投票的吗？”

“知道，先生，我知道。”我回答说。

“那就好。你将会成为出色的中情局局长，我对你的工作表示大力支持。你的确是个很棒的选择。”

参议员贝赫和我关系很近，但那通电话我们之后再也没有联系过。我觉得他能想起给我打个电话，安慰我不要在意最后的投票结果，这就足够了。最终，我以 79 票赞成 15 票反对的绝对优势通过了参议院的确认。那张计票单被我镶上镜框挂在办公室里。

2006 年 5 月 30 日，我在白宫西翼宣誓就职，就职仪式由副总统主持。（后来，总统到中情局总部主持了更加正式的就职典礼。）

随即，我沿着巴尔的摩—华盛顿大道赶到中情局参加自己上任后的第一次会议。中情局的“泡泡礼堂”座无虚席。我试着给自己打气：“首先，我到中情局不是闹事的，你们的情报技能在世界范围内无人可及。现在我们要做的就是舒展舒展筋骨，深呼一口气，开工！一切都过去了。大家以前怎么干，现在还怎么干。我会保证你们的安全，这也是我的工作。我们会成为新闻报纸的焦点……或许是我们提供的情报，也或许是我们自己。”

然后，我开始回答提问。问答环节即将结束时，有个坐在礼堂后面的年轻雇员举手示意。他的问题是：“我们该怎么称呼你？”当时我身着深蓝色海军军装，左右肩膀各顶着四颗星。我自己从未考虑过这个问题，但我知道，中情局的文化是人人平等。

最终，我给出的答案是：“只要你自己觉得舒服，怎么叫都可以。”事后，我才知道这短短的 45 秒竟然是整个发言最关键的部分。直到一年之后，有人告诉我，那个答复竟是我这位新任局长能否被中情局员工接受的关键。

几周过后的反恐计划汇报会上，我碰到了更棘手的难题。汇报人是一位曾经参加本 · 拉登追捕工作的“娘子军”。她在我面前展开一张密密麻麻的蛛网图，开始讲解得出结论的那些模糊联系。我恰巧对此事略知一二，就提出一连串问题，最后问得她嘴角微微上扬，脸上露出笑容。事后我才得知，当时参加会议的一屋子人都对我持怀疑态度，我再次用我的表现让他们对我刮目相看。在他们看来，我比一般的局长更务实，更注重配合。每个人都会在工作中展现自己的长处，我的长处就是务实和注重配合。

中情局总部七楼的局长会议室举行第一次正式的员工会议时，我走进会议室，大家都坐在那里，纹丝不动。我心想，真有意思，中情局和国安局的文化太不一样。

我入座后开始讲话："你们都不是我挑选的，我不知道你们想不想在我手下工作。你们有48小时的时间考虑。48小时后还留下来的我就认为愿意跟我一起干。"这是"我到中情局不是闹事的"的第二层解读。结果，有三个人找我谈话，最后只有一个人离开（因为个人原因）。

但我对戈斯派就没那么宽容。戈斯派是波特·戈斯从国会带过来的那帮亲信。他们必须走人，并不是因为我认为他们的工作存在失误。坦白讲，我根本不在乎，也没有精力去调查。他们必须要走，因为我不想和前任局长的亲信搅在一起。

我下令保留他们的工资待遇，但不需要到中情局总部上班，而是把他们派到中情局的某个外围机构。随后，我叮嘱法律总顾问和人事主管动用我的职权，务必保证他们安全地空降到那些部门。他们拿到了丰厚的离职补偿金。如此大规模的人事变动理由很充分，没有哪个局长希望那些知道众多机密的员工离开时满腹牢骚。

当然，我费了不少心思确定那些离职的员工名单。很多人都为前任局长波特·戈斯效力。这本就无可厚非，毕竟老员工自然会跟局长走得近些。因此，我决定那些跟戈斯空降过来的员工必须离开；老员工可以留下。

戈斯派的代表人物是麦克·考斯蒂。考斯蒂20年前曾在中情局工作，后来因为在当地超市拿了半公斤培根，也不知道他是否准备付账，总之这件事后他就不在中情局工作了。考斯蒂对我当前的决定表示理解，后来还时常到我办公室聊聊生活，聊聊工作。

考斯蒂身后的大靠山参议员约翰·麦凯恩就不能想得这么透彻。他跟我在电话里长篇大论，把麦克·考斯蒂的问题全部推到史蒂芬·卡佩斯身上。没有办法，我只好打断他，告诉这件事和史蒂芬·卡佩斯无关，因为他还没上任，“这是我的决定，参议员先生”。到此为止。

入职后，没过多久，我就发现中情局面临最紧要的问题是对基地组织成员的关押和审讯。正如《华盛顿邮报》记者达娜·普里斯特去年秋天报道的那样，我们在世界各地的秘密监狱关押了不少基地组织领导人，这在国内外引起公愤。不久，《纽约时报》记者披露中情局总监察长发布的绝密报告，建议对这些囚犯采用强化审讯手段，包括掌嘴、把囚犯往墙上撞、击打腹部、剥夺睡眠、把囚犯扒光以及最臭名昭著的水刑，严重违反了国际《禁止酷刑公约》。这些问题急需解决，耽搁不得。

对我而言，这些再也不是布什政府的项目或者中情局的项目。我们要和各方达成共识，跟他们解释我们的关押对象、关押地点、关押时间以及采用的审讯技巧。总统只是基于自己的权力签署行政命令，至于项目如何长期执行则需要广泛的共识。很快我就发现为了达成共识，我们可以撤回某些不太重要的项目。

在某种意义上，总统办公室的大门我随时都可以推开。虽然总统从来没跟我强调这一点，但他已经在为继任者铺路，达成政治上的一致，彼此互相帮助。

我们的疑犯抓捕仍会继续，或许有些疑犯需要引渡到第三方国家，但我们希望能对某些人实施拘捕，并把他们关押在合适的地方。我们还需要对之前授权的 13 种审讯方式进行法律说明，因为我们希望日后能继续使用。2005 年年末，当《拘留人员待遇法》颁布后，波特明智地暂停这个计划。我知道，有人肯定想借这个机会让它永远搁浅，但我仍想保留一部分。

自从巴格达附近的阿布格莱布监狱发生了美国士兵虐囚事件，国防部正在修改《陆军战地手册》中审讯的相关规定，希望让民众不再如此反感。我们知道军方即将出台的文件会很保守，保守到无法对付那群穷凶极恶的恐怖分子。

在我的局长办公室摆放着很多三孔活页夹，每个活页夹有 10—12 厘米厚。这些就是《囚犯百科》，所有和囚犯相关的信息都能在这里找到解释，从法律意见书到针对具体人群采用何种审讯技巧，再到每个囚犯提交了几份审讯报告等。我周末把它们搬回家，仔细阅读，掌握所有的细节。

我还把负责审讯的员工叫到办公室，向他们了解当时的审讯详情。我这种细致的工作作风赢得了他们的尊敬。有位官员曾经审讯过 9 · 11 恐怖袭击的主要策划者哈立德 · 谢赫 · 穆罕默德。哈立德出生在科威特，有巴基斯坦和波斯尼亚血统，2003 年在巴基斯坦被捕。这位官员的身份目前还没有解密，请允许我在这里不能说出他的名字。他和哈立德关系很好，哈立德尊称他为埃米尔，这是只有阿拉伯国家的贵族才能使用的头衔。然而，正是哈立德的这位埃米尔对他使用水刑，一次又一次让他感受窒息的恐惧。后来剥夺睡眠的审讯技巧彻底让哈立德由反抗走向合作，有问必答，配合默契得就像是在面试。用这种方法，我们从他们身上得到了珍贵的情报。

随着我对这个案件越挖越深，我发现这些审讯者之所以采取极端的审讯手段，并非出于他们对审讯本身抱有热情，而是因为责任。无论何时，不会有人反对在敌人身上使用水刑或其他残酷的刑法。我们不会对所有囚犯使用这些审讯手段，只在特定的时期针对特定的人群，只针对那些狂热的基地组织成员，那些劫持飞机撞向世贸中心和五角大楼导致上千人丧生的恐怖分子，那些可能会再次发动袭击的恐怖分子。

基地组织头目阿布 · 祖贝达在沙特出生，2002 年在巴基斯坦落网。他是中情局使用水刑的第一个恐怖分子。他招供后说过，我们应该对所有被捕的基地组织“兄弟”使用水刑。他认为与我们合作罪不可赦，他宁愿选择去死。但真主阿拉告诉他我们已经拿他没有办法，他不该成为我们的负担。于是，他选择听从真主的召唤，配合我们的审讯，日后仍然能上天堂。

7 月底，我足足花了近 2 个月的时间来吸收审讯案的相关信息。就像海绵那样，我不停阅读资料，向审讯者了解信息，权衡多方观点。其实，我完全可以撒手不管，向总统建议终止这个项目。但我必须做出选择，这个选择对还是错，值不值得？

启动“星风”监视计划之初，我曾考虑类似的问题，如今又面临同样的处境。我知道继续执行计划会有风险，也会给我们惹来非议。

既然中情局的审讯项目正在精心修改，如果适当解密，积极向国会汇报，并获得足够的公众支持，我觉得这个审讯项目值得继续下去。只要我们开诚布公，告诉盟友我们的底线在哪里。

首先，我要解决行政部门的麻烦。我还记得我坐在中情局七楼的局长办公室，望着窗外弗吉尼亚州北部特有的树林，再坐着转椅转向电脑，起草了那份长达两页的备忘录，上面写着我8月初和国家安全顾问斯蒂芬·哈德利会谈的要点。

关于中情局的这些黑狱，我准备跟斯蒂芬谈五点。“第一，也是最重要的一点，我们不是国家监狱的看守，”我解释说，“这些囚犯有办法离开监狱。”当然我们还在这些监狱拘留了部分囚犯。“这并不是说这些家伙丝毫没有情报价值，而是因为他们的情报价值过低，关不关押意义不大。”事实上，这些囚犯的供词已经开始大量缩减，因为最近一年没有新的犯人送来关押。“强化审讯技巧”已经暂停使用，只有极少数顽固分子（譬如阿布·祖贝达和哈立德·谢赫·穆罕默德）据判断仍有较高的情报价值。2006年上半年，这些囚犯提供的报告只占报告总数的5%。

我们打算把部分囚犯移交关塔那摩湾的国防部监狱，部分囚犯移交其他国家继续监禁。我告诉斯蒂芬·哈德利，区分的界限在于我们是否有“相信的理由”对他们提起公诉。如果证据充分，他们将会被送往关塔那摩的监狱。反之，他们会被送到面对法律纠纷的国家。

“第二，斯蒂芬，我们将继续对这些恐怖分子实行监禁和审讯，尤其是五角大楼正在重新修订《陆军战地手册》中的审讯部分，计划在关塔那摩监狱及其他国防部监狱禁止使用某些审讯技巧，例如剥夺睡眠。”

“第三，日后我们肯定还会拘禁恐怖分子，我们考虑对他们每次最多拘禁60天，所有的囚犯都不会进行无期限拘禁。”如果我们认为他们仍然具备较高的情报价值，可以继续对他们拘禁60天，结束后再拘禁60天，然后再拘禁60天，如此延续。当然，前提是我们掌握了足够的证据。倘若不采用这种方法，很多囚犯的拘禁将会遥遥无期，部分囚犯已经被关押了42个月。此外，我们发现通常30—60天就会满足移交给中情局拘禁的条件，时间越长，技术情报的价值就越低。

“第四，对那些我们觉得仍有必要采用的审讯技巧，我们希望它们能得到法律的承认。”我说。负责审讯的官员希望能使用7种。除了4种最基本的技巧，包括2种抓刑、2种掌嘴，还有控制饮食和睡眠剥夺，来击溃囚犯的心理防线，但对他们的身体不会造成永久性伤害。最后就是强迫裸体，以上是中情局审讯人员最希望保留的审讯技巧，因为效果实在显著。

上述7种刑法没有一种会让人感到舒服。做客某电视访谈时，主持人曾经问我批准使用13种刑法时有何考虑。我会允许对犯人使用水刑吗？我当时的回答是感谢上帝，这些问题不是我考虑的范围，因为已经有人替我做出决定。当年他们真应该考虑清楚，再在批准书上签字，才不会陷入今天的尴尬局面。

最后，我向哈德利解释：“我打算向众议院情报委员会和参议院情报委员会的全体成员汇报我们掌握的情况，但这些秘密站点的地理位置仍需保密。我想告诉他们中情局希望这些调整后的审讯技巧能继续执行。”

直到此时，我们只是向两院情报委员会主席与高级议员在内的八人领导班子进行汇报。要想获得更多的政治支持，必须向更多的议员通报。这就是我的计划。

最终，这件事通过视频会议得以讨论解决。那时是8月底，我正在基韦斯特岛度假，入住国防部的杜鲁门度假行宫。我走进缉毒办的加密视频会议室，把跟哈德利说的那番话原封不动地跟总统和副总统又说了一遍。视频画面中的我身着佛罗里达度假休闲装，画面那头的总统、副总统以及国家安全顾问穿着笔挺的西服，打着领带，端端正正地坐在白宫的战情室。

我再次重申了审讯计划继续执行的必要性。从执行任务的角度，我无法忍受审讯技巧与拘禁程序随着领导班子的换血每两年变一次。中情局需要稳定。为此，我宁愿放弃某些合法的权益，比如那些只要我们愿意就可以放手去做的行动，来换取大家对我们将来行动的支持。

我明白，总统先生想在白宫演说中将整个计划公之于众，包括我们已经采取的行动、得到的情报以及我们下一步的计划。

“总统先生，目前在您的影响下，我们的行动没有问题。我们在您发表演说前会清空所有的黑狱。您无须向公众道歉，可以把责任推到我们身上，不妨告诉他们我们之前的作为，以及我们希望能够继续使用这些审讯技巧。是的，您无须道歉。”

副总统向来以谨慎出名，他表示那些已经产生价值情报的审讯手段估计无法撤除。他还预计跟国会摊牌不会获得多少支持，事实证明他的预计非常准确。但总统已经下定决心。他最后大致说了些“不，迈克尔说得对”之类的话，“如果他觉得需要继续，他对政治协商的判断不会有错。最终我们能达到自己的目的”。

总统的演说安排在五一劳动节后的周二。我们将哈立德·谢赫·穆罕默德、阿布·祖贝达、拉姆齐·本·希布赫以及其他 11 名恐怖分子从黑狱转移到关塔那摩监狱，还有的被移交到第三方国家。

这件事写起来只是只言片语，实际操作起来困难重重。转移过程的时间要短，效率得高，还不能被别人发现。如今盯着中情局执行任务航班不放的眼线越来越多。我们不得不下了大功夫，将这些囚犯分不同航班多次押送，并限制中途的加油次数，保密保密再保密，最终圆满完成任务。事后我还特地对他们当面表示感谢。

2006 年 9 月 6 日，总统在白宫东厅发表演说。他完整叙述了自 9·11 事件以来中情局为反恐战争付出的努力，还对中情局的行动进行辩解。“抓捕恐怖分子让我们清楚了恐怖团伙如何运作，”总统说，“恐怖行动在哪里部署以及哪些恐怖活动仍在继续。这些情报无法通过别的渠道获得，它们保证了我们的安全。要打赢反恐战，我们必须实行拘禁和审讯，如有必要，可以对在美国境内甚至世界各地抓捕的恐怖分子进行诉讼。”

他还解释说某些恐怖分子疑犯和恐怖分子首脑被关押在秘密监狱，接受中情局的审讯。凭借这些疑犯在审讯期间招认的供词，美国乃至世界躲过一次又一次恐怖袭击。他还说中情局在审讯期间使用的“替代程序”安全合法。“我要告诉美国人民乃至世界人民，面对恐怖分子的威胁，美国不能再容忍下去。这有悖于我们的法律，有悖于我们的价值观。我不会同意停止审讯，将来也不会。”

总统还说，中情局的秘密监狱如今已经没有囚犯，但中情局对恐怖分子的拘禁与审讯项目仍会继续。

“我们会和国会领导人进行商议，希望中情局的项目能够合法合理，符合国家安全的标准，为那些为拯救无辜生命而甘愿冒险的勇士提供庇护。”

总统看着演讲稿，整整讲了一小时。讲完之后，掌声久久没有停息，然后他跟恐怖袭击中遇难者的家属进行了握手。

整整一个暑假，我一直在考虑如何处理这个让中情局与布什政府头疼的难题。如今，终于有了解决方案，总统的解释充满自信，令人信服。虽然还不知道国会会做何反应，当我那天站在东厅后部，看着台上悲伤的遇难者家属，我不由潸然泪下。

第十一章

三个“小”麻烦

巴格达、伊斯兰堡和喀布尔，2006 年

尽管黑狱事件和审讯技术带来的舆论压力让中情局焦头烂额，但全局上下仍然处于战备状态。在七楼局长办公室对面的大会议室，我们每周有 3 天都要召开行动例会，时间定在下午 5 点 30 分。30 多名参会者围坐在会议室中间的长条桌前。周一和周三，我们围绕反恐详细审查全球范围内正在开展的反恐行动。

周五，我们专门讨论伊拉克和阿富汗问题，这是美国在后 9 · 11 时代发起的两场地面战争。2006 年 7 月下旬，在某次周五例会上，两位年轻的女分析师煞有介事地认为伊拉克的形势异常严峻。这两位均为 9 · 11 恐怖袭击后入职，有 5 年左右的工作经验。她们在提交的书面报告中指出：伊拉克陷入内战。不过这份和《纽约客》文章长度相仿的报告当时没有引起我们的重视，被当作“广告传单”扔掉了。

后来我才得知，2006 年 2 月，伊拉克什叶派圣地、萨马拉的金顶清真寺在袭击中被毁。自那时起，伊拉克问题分析师就开始关注这个问题。随后伊拉克什叶派穆斯林对此事极为愤慨，并对巴格达的逊尼派清真寺发起报复，多处逊尼派清真寺遭到袭击并造成人员伤亡。暴力事件升级，教派冲突加剧，这些都是典型的内战信号。

还是这两位分析师经过分析，判断伊拉克的暴力事件不是前政权残余分子的困兽之斗，属叛乱行为。这样的论调在当时并不受高层的欢迎，也得不到什么支持，但斯蒂芬 · 哈德利后来称赞她们尽职尽责，为总统提供了更准确直观的实情分析。

内战问题在中情局内部依旧争论不休，但到了2006年8月，大多数（但不是全部）分析人员都接受了内战的说法，因为除此之外他们找不到更合适的描述。

听到这个说法，我立刻警觉起来，知道这将在国内引起轰动。

“你们是分析师。”我说，“但允许我提个问题，这个问题至关重要。你们对内战如何定义？”她们欣然承认目前学术界对内战的界定说法不一，于是我们讨论了伊拉克当前复杂的局势。

宗派杀戮愈演愈烈，学者和部分官员甚至考虑将整个伊拉克一分为三，分别交给什叶派、逊尼派和库尔德人管理。巴格达及其他城市中，民兵和敢死队的数量与日俱增。逊尼派指责由什叶派执掌的内政部不作为，什叶派则宣称这样的指责是对方放出的烟幕弹，旨在遮掩逊尼派敢死队的暴行。双方互不相让，导致伊拉克局势每况愈下。据联合国报告，仅6月份，平均每天就有上百平民无辜丧生。

我们还讨论了如果将伊拉克局势定性为内战，对总统的决策有何帮助？“仔细想想，好像这场冲突应该由我们来定性吧？”她们问。况且，新的定义将有助于我们调整行动策略，以平定叛乱为名，借机壮大伊拉克的警察力量。但如果伊拉克警察企图趁着内战的浑水捞点好处，借机壮大自己，只会让局势变得更糟。

安排好去伊拉克的行程，我邀请这两位分析师与我同往，好让她们有机会接触当地情报站的同事，并亲身感受下伊拉克的形势，然后再完成报告。如此安排让她们多有不快，因为在她们看来，我这么做明显是在质疑她们的专业性。

尽管心里有所抵触，她们还是和我的安保人员、直属工作人员以及因为各种事由需要前往伊拉克的工作人员登上了C-17大型运输机。

抵达伊拉克后，我们立即召集当地的分析师开会。会议时间很长，地点就在“绿区”内美军占据的某个萨达姆宫殿。我们就伊拉克局势进行了深入的探讨和剖析，他们对当前局势的判断和两位女分析师大致相同，这样的结果着实令人不安。大多情况下，两位女分析师认真倾听巴格达同事的陈述，时不时地点头表示同意。

会议结束后，我召集情报站的全体工作人员开会。头顶是宫殿的穹顶，身后的楼梯以及二楼的阳台全都挤满了人。按照惯例，我先做自我介绍，告诉他们我是中情局新任局长，这次前来协助他们开展工作。然后，我忍不住脱口而出：“这里到底是什么情况？”那次会议，我问了很多问题，讨论持续了很久。

庆幸的是，情报站的工作人员没有因为我这新官上任就刻意隐瞒，对他们掌握的情况毫无保留地进行汇报。我觉得他们中间肯定有人对我这个新局长，尤其是军队出身的情报负责人缺乏信心，觉得我回国之后不会愿意或没有能力为他们说句公道话。但站长已经表态他将知无不言，言无不尽，也希望他们能够这样做。当前的局势有多危急，大家都看在眼里，他们不愿错过这个可以向美国国内传达意见的好机会。

我的问题和之前大同小异，我问到伊拉克的政治领导人，譬如什叶派总理努里 · 马利基、库尔德领导人和伊拉克总统贾拉勒 · 塔拉巴尼以及逊尼派副总统塔里克 · 哈希米。

根据中情局掌握的情报，马利基显得有些神秘。事实的确如此。马利基 1968 年加入达瓦党，因参加达瓦党活动被萨达姆政权判处死刑。为躲避萨达姆政权的暗杀，马利基常年流亡叙利亚和伊朗。我走进他在“绿区”的办公室，才发现负责安保工作的是达瓦党什叶派民兵，而不是政府的安保人员。马利基看上去有些心神不定，担心灌木丛中随时会蹿出逊尼派复兴党伤害他。回顾他之前的遇刺经历，这种担心不无道理。情报站站长告诉我，每当别人提到“萨拉菲派”或“恐怖分子”，马利基的脸部会不由自主地抽搐，咬牙切齿地小声说“复兴党”。我和马利基会面时，他承认伊拉克的暴力活动大有愈演愈烈之势，但却不愿过多评论，认为那只是“偶然”的暴力事件。

情报站站长认为马利基的亲伊朗倾向明显（持有同样看法的人不在少数）。他欣赏这位总理的强硬坦率以及阿拉伯人的做事风格。马利基后来甚至向巴士拉以及巴格达萨德尔城贫民窟的什叶派穆斯林开战。

但马利基实在令人难以琢磨。他性格古怪，似乎有某种人格缺陷，缺乏魅力，毫无幽默感。情报显示，伊朗对他阴郁的性格有些摸不着头脑。

显然，我们对伊拉克逊尼派邻邦施加的压力远远不够。他们对这个什叶派总理并不认可和支持。约旦虽然抱着不信任的态度，但至少他们努力过；而其他国家，比如沙特和海湾各国，则全然没有任何表示。沙特国王甚至直白地表示他对马利基的蔑视。除了德黑兰，马利基在伊拉克陷入孤立无援的境地。我认为这是中情局的失职。

伊拉克总统塔拉巴尼是库尔德人，和马利基的沉默寡言不同，他风趣幽默，魅力四射。我们在安保人员的护送下从“绿区”出发，赶往底格里斯河畔他的宅邸参加午宴。赴宴人员包括多名内阁成员，基本是权力部门，有国防部、内政部、外交部和财政部，还有塔拉巴尼的安全事务顾问瓦菲克·萨马莱及国家安全顾问莫瓦法克·鲁巴伊。塔拉巴尼的号召力可见一斑，至少在请客吃饭方面如此。

午餐非常丰盛，我们围坐在大餐桌前。桌上摆满了各式各样的美味，其中最醒目的就是以当地的某种鲜鱼做成的一道菜。在座的美国人都希望这些鱼不是从底格里斯河捕捞上来的，因为这条河已经被污染得不成样子。

在我们看来，塔拉巴尼有些过于“亲伊朗”。他曾经向我致歉，表示人应该为自己选择朋友（我们），而非邻居（伊朗）。

来自总部的两位分析师也参加了这次聚餐。为了帮助她们获得第一手资料，我特地邀请了伊拉克总统和其他要员就伊拉克的当前局势各自发表看法。我对当前局势的判断相当悲观，着重强调了宗派暴力和恐怖袭击的泛滥程度。

伊拉克国家安全顾问鲁巴伊把椅子往后一推，严正指出内战一说实为无稽之谈，甚至连能否定义为恐怖主义都有待商榷。实际上，他把大部分责任都推到了我们头上，指责我们对逊尼派太过温和，表示他们目前依然有实力向什叶派发动报复性攻击。所谓的什叶派敢死队是人们在危急形势下的自发反应，是合法的，一旦我们（美国）解决了逊尼派的武装力量和基地组织，他们自然会解散。“你们没有对症下药。”他最后进行总结道。

其他人纷纷补充说伊拉克境内的逊尼派和什叶派已经共存了数个世纪，部落间早有通婚的传统。按照伊拉克人的性格，持续内战绝无可能。餐桌上的这些伊拉克高官都刻意回避当前的暴力局面，似乎并没有把它放在心上。

塔拉巴尼的分析冗长而不着边际，丝毫没有认识到当前问题的严重性。“如果你们认为如今伊拉克的局势混乱，那你们真应该看看那个家伙（萨达姆）当政时这里是什么样子。”这位伊拉克总统虽然没有如此明说，但当我穿上防弹衣，钻进装甲 SUV 返回“绿区”时，回想他的发言，我的脑海里概括起来就是这句话。

塔拉巴尼为人和蔼慈祥。我们之前见过多次，每次见面他都会送我一套手工打造的库尔德棋具，我那些较大的孙子孙女几乎人手一套。

在伊拉克政府担任高官的另一位库尔德人是副总理巴哈姆·萨利赫。和塔拉巴尼一样，萨利赫也很平易近人，但更具学者风度。我曾称赞他为西南亚最智慧的政治家。为逃避萨达姆政权的迫害，他年轻时便逃离伊拉克，在英国接受教育。巴哈姆是我最欣赏的伊拉克官员。他和家人住在“绿区”，我便时常拜访他们。有次，我们在他家室外的草坪上共进晚餐，席间我们谈笑风生，加深了彼此的了解。

后来他来到美国，我把他请到家里尽地主之谊。通常这类晚宴我会安排空军乐团前来演奏客人所在国家的音乐。比如，有次我们为意大利客人表演了歌剧。但乐队对库尔德的民族音乐知之甚少，考虑到巴哈姆在威尔士加的夫接受大学教育，我们当晚便以凯尔特音乐代之。

晚宴结束之际，应我的要求，乐队开始演奏《再见，阿育王》。这首婉转动人的小提琴独奏曲曾被肯·伯恩斯在讲述美国内战的某电视剧中充当背景音乐。我向巴哈姆介绍这首曲子的背景，并告诉他美国内战期间的人口与伊拉克如今的人口总数大致相当。

他随即问道："内战期间死了多少人？"

"大约60万。"我回答。

"但愿我们国家不会走到那一步。"

经过2006年8月的伊拉克之行，我觉得现实或许会让他失望。和伊拉克领导人会谈期间，我拜访了副总统塔里克·哈希米。哈希米不像塔拉巴尼那般平易近人，也不像马利基那般脾气古怪。与萨利赫相比，他明显缺乏政治家的睿智，见面不久就开始罗列逊尼派在新伊拉克的种种恶行。他当时情绪激动，肢体语言极为丰富，给人的感觉是时刻攥紧双拳，振臂高呼，像极了国内的工会官员、卡车司机甚至码头工人。当时，马利基和哈希米几乎闹到针锋相对的地步。5年后，最后一批美国士兵撤离伊拉克，马利基立即签署了对哈希米的逮捕令。随后伊拉克法庭宣布，以恐怖主义罪名缺席判处流亡在外的逊尼派副总统哈希米死刑。

第一次访问伊拉克期间，我见到的那些伊拉克高官并不在"绿区"工作和生活。穆罕默德·沙瓦尼是伊拉克国家情报局局长。伊拉克国家情报局总部位于哈克区，我曾到总部拜会他。他的家安置在那里，家里养了只瞪羚做宠物，还养了只可爱的小狗，叫沙拉比，借以表达他对艾哈迈德·沙拉比的轻蔑。沙拉比常年流亡海外，后来回归伊拉克政界，是个让中情局又爱又恨的人物。

我对这次会面充满期待，沙瓦尼是我的朋友。2004年，联盟驻伊拉克临时管理当局创立伊拉克国家情报局时，我们与临时总理伊亚德·阿拉维合力将他推上局长的位置。当然，沙瓦尼本人拥有骄人的履历。他是伊拉克的英雄，在对伊朗战争中执行过多次特别行动。年轻时，他获得过撑竿跳冠军；1960年罗马奥运会开幕式上，他是伊拉克国家代表团的国旗手。

因为才华横溢且胆识过人，沙瓦尼为前任领导人萨达姆·侯赛因所不容。第一次海湾战争尚未爆发，他便逃离伊拉克，流亡约旦期间他加入伊拉克反对派阵营，负责搜集伊拉克情报，正是在那时他引起了中情局的注意。他的三个儿子全是军官，他们并未随父亲一同逃亡，而是留在伊拉克。20 世纪 90 年代中期，沙瓦尼领导策划了中情局发动的反萨达姆军事政变。但萨达姆的秘密警察提前得到消息，挫败了此次政变。沙瓦尼侥幸逃脱，但参与军事政变的沙瓦尼三个儿子则没有那么幸运，他们被关押起来，并最终被萨达姆以反政府的罪名下令处死。总理马利基向来不善表达情感，他和沙瓦尼首次会面时激动地对他说：“我知道你都经历了什么，我知道你付出的牺牲。”

儿子死后，沙瓦尼远走美国，在弗吉尼亚北部过起了平静的郊区生活，但这种生活很快就宣告结束。2002 年，我们把他拉进我们的阵营，准备发动第二次海湾战争。

沙瓦尼是伊拉克国家情报局局长的不二人选。2006 年我和他会面时，他曾经与我进行专业的交谈，并彻底赢得了我的支持。值得一提的是，他当时召集手下的高级官员，为我简要介绍了伊拉克国家情报局在他领导下的工作情况。

我曾在底格里斯河对岸的拉希德空军基地见过伊拉克国家情报局的特种战术小组。沙瓦尼的这支准军事打击力量为我们进行了精彩专业的战术表演，让我印象最为深刻的是这支战术小组的成员（逊尼派和什叶派各占 50%）以及他们的目标（两派同样各占 50%）。据中情局驻伊拉克情报站站长估计，在特种战术小组的打击任务中，可能只有 5% 左右的任务会发生大规模枪战。他们的任务布置周密，执行果断干脆，毫不拖泥带水，任务成功率非常高。由于伊拉克国家情报局没有逮捕权，他们所有的抓捕对象都要经过伊拉克司法机关的预先批准。

伊拉克国家情报局战果累累，但也付出了沉重的代价。上百名官员被害，为安全起见，高级官员的家人只能生活在约旦安曼。总之，它可以说是伊拉克政府内部最专业且不具有宗派属性的机构。

然而，伊拉克总理马利基却不承认国家情报局是政府的组成部分。我们多次告诉马利基，国家情报局将接受他的领导，沙瓦尼是他的情报局局长。我亲口对他说，“沙瓦尼乐于为你效力”，但马利基始终不为所动。中情局情报站站长为此安排会议，让沙瓦尼在斯坦利·麦克里斯特尔的陪同下向马利基介绍情报局的工作内容和成效，但效果并不理想。

显然，马利基并不信任沙瓦尼。沙瓦尼信奉逊尼派，是土库曼人。他杀害过许多伊朗人，因此无法获得伊朗政府的认同和支持，况且有中情局在他背后撑腰。但马利基不打算排斥他，即便我们后来允许他这样做。他只是不想和沙瓦尼扯上关系。马利基只给沙瓦尼下达过一次任务，要求沙瓦尼搜集他政敌的情报，但遭到沙瓦尼的拒绝。

什叶派掌权后，立刻对沙瓦尼展开调查，在证据不足的情况下指控他涉嫌以不正当手段倒卖巴格达飞行俱乐部的飞机。当时的巴格达犹如但丁《神曲》的地狱，腐败盛行，政客从美国的援助中趁机捞取了上千万美元的好处。倒卖飞机这样的轻罪，根本不值一提。趁沙瓦尼出国之际，伊拉克警方突击搜查了他的办公室和住宅。我们把他安置在安曼，同时向伊拉克政府施压，敦促他们妥善处理此事。这件事虽然拖了很久，但最终我们如愿以偿。沙瓦尼搭乘中情局的飞机返回巴格达，被迎进中情局情报站。我特地打电话给他，欢迎他的回归。站长后来说，我的关心让这位伊拉克国家情报局局长深为感动。

沙瓦尼回来了，但他的权力已经不同往昔。马利基不顾伊拉克律法，执意另组情报机构。在伊朗可接受的范围内，他正在一步步将所有的安全部门纳入什叶派（而非国家）的掌控，并完全效忠于他个人（而非政府）。伊拉克国家情报局被边缘化，遭到清洗，并逐渐淡出政治舞台。沙瓦尼最终于2009年辞职。

然而在2006年8月，上述的这些还只是遥不可测的未来。那次访问对我而言收获颇丰。我掌握了伊拉克形势的第一手资料，接触了多位伊拉克政府官员，还借机了解中情局官员在伊拉克的困境。

伊拉克情报站入口放置了温度计。我走出情报站踏上柏油路面，温度计的读数显示为47℃，接近爆表。

在这样的环境中，我们依旧要正常开展工作。周六傍晚，我们一行数人徒步前往“绿区”教堂。所谓的教堂，是用几辆加宽拖车临时组建。除了弥撒和圣餐仪式与世界其他地区的天主教一样，这里再无相同之处。大家身穿沙漠迷彩服，个个全副武装，我也不例外。领圣餐时，感恩祭者或许认出了我身上的名牌，说：“迈克尔，基督的身体。”

周日上午，我们在安保人员和黑水公司私人保镖的护卫下乘坐直升机前往巴格达机场。“绿区”距机场虽然只有16公里，中情局和美国军方每天都有车辆在这两地往返运送人员和物资，但汽车并不安全，大使馆的装甲汽车经常遭到袭击。

伊拉克已经乱成一锅粥。那次访问使我深感忧虑和不安，不知这个国家的外交政策将会朝着怎样的方向发展。

在巴基斯坦首都伊斯兰堡，我和乔斯·罗德里格斯会见了巴基斯坦三军情报局局长阿什法克·帕尔韦兹·卡亚尼。这是我和卡亚尼的首次会面，后来我们又见过多次。卡亚尼军人出身，曾在武装部队担任指挥官。他是一位出色的专业情报人员，说起话来轻声细语，犹如喃喃自语，而且烟不离口，是个名副其实的老烟枪。每次与他会晤，我都不得身体前倾，在烟雾缭绕中听这位情报局局长在说什么。

卡亚尼后来升任巴基斯坦陆军总参谋长，成为巴基斯坦数一数二的实权人物。美国参谋长联席会议主席迈克尔·马伦将军数次乘坐飞机往返于伊斯兰堡和华盛顿，力图将卡亚尼纳入麾下。但在2006年，身为三军情报局局长的卡亚尼是不折不扣的重要人物，深得穆沙拉夫的信任。

作为军人，卡亚尼令我们肃然起敬；但身为巴基斯坦人，尤其是三军情报局局长，我们要想和他共事难度很高。巴基斯坦和美国在阿富汗及周边地区有着不同的利益关系。这种分歧并非出于恶意，而是源自不同的世界观。我很想搞清楚其中原因，所以经常扪心自问，巴基斯坦最看重什么？有些国家（比如德国）格外看重民族血统；其余的国家（比如我们）则比较注重意识形态。巴基斯坦人呢?

由此我想到了两个问题。第一，巴基斯坦不是印度。第二，伊斯兰教。很快我就发现，我对三军情报局的同行提出什么问题都无关紧要。因为从本质上讲，我希望卡亚尼对印度少些关注（他当然不会答应），与我们合作对抗伊斯兰教中的少数仇恨势力（他会发现这么做困难重重）。

三军情报局本身非常复杂。在反恐领域我们有着令人满意的合作，但我们明白，自始至终，三军情报局的其他单位与普什图人及其他激进分子暗地里保持联络。他们以此作为应对印度包围的反制措施。对我们来说，阿富汗战争的目的是消灭塔利班和基地组织；对巴基斯坦而言，这只是他们对抗印度的战略纵深的组成部分。

尽管马伦上将在拉拢卡亚尼方面耗费了大量的时间和精力，但 2011 年 9 月卸任参谋长联席会议主席之际，他忽然指控三军情报局是恐怖组织哈卡尼网络袭击美国驻喀布尔大使馆的幕后黑手。他说：“哈卡尼网络实际是巴基斯坦情报局的左膀右臂。”

某些不知情的观察者认为，2011 年 5 月美国为抓捕本 · 拉登而对阿伯塔巴德发动的突袭行动导致美巴关系恶化。实则不然，那次事件只不过是双方公然撕破脸皮。

美军发动突袭前不久，《时代周刊》还将卡亚尼的继任者艾哈迈德 · 舒亚 · 帕夏（见第十八章）列为 2011 年度全球 100 位最具影响力的人物。应《时代周刊》之邀，我要为帕夏写个短评。为此我致电多个美国政府官员（在任和卸任的都有），在如何评价才能有利于两国关系上征求他们的意见。甚至如何描述帕夏和三军情报局，我请他们给出具体的字眼。有位较温和的同僚建议我用“两面派”这个词。

他们的建议显然帮助不大，我只能自己想办法解决。于是我最后这样写道，“巴基斯坦近年来的‘变化’，包括宗教激进主义、民族主义和反美主义的高涨，压缩了三军情报局历任领导人和美国合作的空间。帕夏，既是巴基斯坦爱国者，又是美国的合作伙伴，如今他的这两个身份已经越来越难以调和，而美国的反恐事业比任何时候都更需要他保持这两个身份。”

9·11 事件过后，巴基斯坦起初是美国忠实的盟友。穆沙拉夫同意向阿拉伯和乌兹别克的恐怖分子施加压力。这两股力量在巴基斯坦境内的定居区内行动猖獗，无所畏惧。实际上，与其他情报组织合作相比，中情局与三军情报局合作抓捕的恐怖分子明显要多些。当恐怖分子在巴基斯坦城市内部及周边出没，他们不仅对巴基斯坦政府构成威胁，对我们同样构成威胁。当基地组织转移至偏远的部落地区，对巴基斯坦政府的威胁甚微时，就不再是政府关注的对象了；坦白讲，巴基斯坦在协助我们时并不像之前那么上心。

其次是暴力报复的威胁。巴基斯坦再三声明，即便他们发现本·拉登和扎瓦赫里的下落，考虑到潜在的暴力报复，他们也许不会采取行动。

2006年与卡亚尼的会晤在我个人看来还算融洽。我们来自不同的国家，而且说实话，我们美国对美巴之间的战略疏远也有不可推卸的责任。有一次，我和卡亚尼乘机一起飞回美国。临降落时，我望着窗外渐渐清晰的风景，转身向这位将军说：“每当抵达别的国家，我会首先观察这个国家的风光，并努力从中读出这个国家的文化。将军，此刻望向窗外，您会想到什么呢？”

卡亚尼和我分享了 20 世纪 80 年代末他在堪萨斯州美国陆军指挥参谋学院学习的往事。那时每逢周末他都习惯和妻子外出旅行。他们往往朝某个方向一口气开上四五个小时，边开车边看沿途的风景。等到开得足够远，他们会把车停在某座立交桥下，就近找家汽车旅馆，问问老板有没有空房间可以过夜。卡亚尼转身看着我，带着几分得意地说：“每次，汽车旅馆的前台都会把我当作美国人。”

卡亚尼是最后一批留学美国军事院校的巴基斯坦留学生。1990 年，因为巴基斯坦执意推行核武器计划，美国终止了巴基斯坦的留学生项目。此后，美巴双方在军事和安全方面的交流中断了十多年。不同领域的行为互相影响，美国反对巴基斯坦核扩散直接影响了两国在反恐领域的合作。

我把乔斯 · 罗德里格斯留在伊斯兰堡，独自飞往阿富汗首都喀布尔。那是个不安分的夏天，我刚离开没几天，巴基斯坦就逮捕了一个名叫拉希德 · 拉乌夫的巴基斯坦裔英国人。巴方安全部门挫败一起基地组织的阴谋，目标是对伦敦飞往美国的宽体航班发动炸弹袭击，而拉乌夫则被怀疑是这起阴谋的策划者。

拉乌夫的落网迫使英国当局迅速逮捕了他在伦敦的 20 多个同谋（这些人早在英国情报部门的监视之下）。为此，英国对巴基斯坦与美国都颇有微词。他们原本打算搜集更多证据来给这些策划者定罪，但巴方不经商议便采取行动，打乱了他们的整个计划。最终，他们只能以策划谋杀的罪名对部分人进行定罪。整个审判由于缺乏确凿的证据变得漫长而艰难，往往不了了之。

巴方之所以雷霆行动，是因为他们偶然间截获了拉乌夫密谋发动袭击的情报。他们不愿拿任何一架飞机的安全去冒险，只能当机立断，阻止袭击的发生。

但如果没有美国的支持和掩护，三军情报局不会对拉乌夫下手。乔斯 · 罗德里格斯说巴基斯坦知道拉乌夫将通过他们的某个检查站。“我们要逮捕他吗？”他们征求乔斯的意见。乔斯必须做出决定，而他当时正由三军情报局护送去参加某个晚宴。他知道巴基斯坦动的什么脑筋，就回答说：“可以。”随后第一时间致电华盛顿，因为美国政府刚刚向伦敦保证，美国不会急于逮捕拉乌夫。中情局总部顿时忙得乱作一团。我很高兴重新踏入交战地带。

次月，我和罗德里格斯一同前往纽约。路上我们提到了拉希德 · 拉乌夫的事。我很同情乔斯的境遇，但事情既然已经发生，再后悔也于事无补。“你当时别无选择。”我安慰他说。

无论如何，成功挫败阴谋都是件高兴事。为了抓捕拉乌夫的同党，我们向英国政府提供了大量背景资料。最终英美两国情报部门密切合作，将那些余党一网打尽。不得不说，这是自 9 · 11 事件以来最严重的阴谋袭击事件。我们洞悉先机，却在何时抓捕的问题上犹豫不决。最终，巴基斯坦替我们做出了抉择。

这次阴谋被挫败后不久，有位中情局官员指明要见我。他准备送我一架客机模型。这种客机正是中情局在伦敦希思罗机场与美国东海岸之间往返执行任务的飞机。他有个弟弟在这种客机上担任机长，他弟弟托他转送给我。“我不知道你们具体采取了什么行动，但我只想对你们说声谢谢。”这是他弟弟的原话。

喀布尔是我 2006 年 8 月访问的第三站。借此机会，我去了中情局驻喀布尔的情报站。和巴格达战区的情报站相仿，这里规模庞大，从事着至关重要的情报工作。

那次我还有幸前往阿富汗总统官邸，与哈米德 · 卡尔扎伊总统愉快地共进晚餐。卡尔扎伊心思复杂，在毫无准备的情况下被历史推到了总统之位。但那时，阿富汗的局势还没有动荡到今天这个地步，卡尔扎伊和美国的关系还算友好，没有疏远美国。当晚，卡尔扎伊心情放松，兴致勃勃，比平日更加健谈和平易近人。整个晚餐洋溢着浓浓的家庭氛围，当我往自己的盘子里装满阿富汗美食，总统还善意地提醒我不要吃沙拉，“除非你想在喀布尔多待一晚”。很少有国家元首对客人这般提醒。

看到我对阿富汗美食并不排斥，他很高兴，聊起华盛顿有不少地道的阿富汗餐厅。“但是，总统先生，最好的阿富汗餐厅在巴尔的摩。”我反驳道。卡尔扎伊会心一笑，他显然看出我提前做足了功课，知道他哥哥在巴尔的摩开餐厅的事。

严肃来讲，我后来发现卡尔扎伊为人随和，对我们也很友善。这或许因为我们讨论的话题并不准备公开。按照此次访问的宗旨，我尽量不提那些可能会令双方尴尬的话题。单独交谈时，我会向他提议一些行动方案，他总是认真考虑并表示给予支持。即便他与华盛顿开始出现分歧，他和中情局仍然继续保持着联络。

随后的小插曲更是轰动一时。2008年2月，在某次晚宴上，卡尔扎伊否认阿富汗存在腐败，美国参议员约瑟夫·拜登扔掉餐巾，气冲冲地宣布："晚餐结束了。"据媒体报道，当时和拜登参加晚宴的还有另外两位参议员，显然那也是一次家庭式晚宴，就像我和卡尔扎伊的那样。在我看来，没有什么比丢餐巾更让卡尔扎伊感到羞辱。

在喀布尔，我还见到阿富汗情报部门国安局局长阿姆拉·萨利赫。阿姆拉年纪不大，至多35岁，精力充沛，善于学习。阿姆拉精通英语，但基本是通过阅读自学，单词发音不甚标准。不过，偶尔的发音错误倒给他一本正经的严肃样子增添了几分可爱。

卡尔扎伊总统是普什图族人，但阿姆拉来自潘杰希尔谷地，是塔吉克族，也是北方联盟领导人艾哈迈德·沙阿·马苏德的信徒，后者在2001年9月9日基地组织的自杀式炸弹袭击中不幸身亡（第三章）。阿姆拉是个爱国者，狂热地反对塔利班，最重要的是，他为人耿直。与他开展合作有助于推动阿富汗国安局的专业化，提升阿富汗对人权的尊重程度，同时减少吃空饷的现象。

阿姆拉对巴基斯坦极端不信任，这使我们在杜兰德线上寻求跨国合作的目标困难重重。英国外交大臣杜兰德爵士1893年划定的这条巴阿分界线从普什图族聚居区中间穿过，该线以南的2900万普什图族人被划入巴基斯坦，该线以北的1300万人被划入阿富汗。被划归阿富汗的这1300万与以南的2900万相比虽然不多，但在阿富汗却占全国总人口的40%以上，使其成为阿富汗人数最多的民族。

对巴基斯坦而言，普什图族为他们提供了干涉阿富汗的绝好借口，那就是这些普什图人不愿屈服于阿富汗当局；而巴方并不在意他们到底忠于哪个国家。这也是巴基斯坦三军情报局与塔利班、哈卡尼网络及其他恐怖组织暗中拉扯不清的原因。穆沙拉夫总统对我说过，普什图人的划分仅限于边界线南北两侧。他没有提到交战，也没有把交战作为界定的标志。

但对阿富汗而言，杜兰德线南北两侧的宗教激进主义普什图人对国家的安全稳定构成了巨大的威胁。卡尔扎伊总统直截了当地告诉我，普什图人的划分主要表现在温和派与极端分子，而不在于地理位置。

因此阿姆拉对三军情报局意见很大，但有时私人关系能够战胜组织上乃至国家之间的敌意，我们决定抱着侥幸心理试上一试。我们把阿姆拉和卡亚尼同时请到中情局控制的乡间某地，那里地处偏僻，配套完善还很安全。在两天的时间里，三家情报机关，包括美国中情局、巴基斯坦三军情报局以及阿富汗国安局，就东亚局势交换了看法。会议期间没有发生实质性的争执，我们特意留出许多自由时间吃饭，或者进行非正式会谈。

这次会谈的结果并不理想。阿姆拉坚持己见，卡亚尼在这个比他整整小了一辈的巴基斯坦军官面前，则尽量克制着自己的怒火。

但那里的田园风光至少没有让我们失望。会议期间，阿姆拉曾望着那片田野，动情地说它就像《古兰经》中描述的天堂。

2006 年的那次阿富汗之行，我趁机访问了霍斯特省。3 年后，7 名中情局官员和承包商在那里遇难。霍斯特省与巴基斯坦接壤，具有重要的战略意义。在我们之前，这里一度是苏联的地盘。机场跑道尽头，随处可见废弃的俄军飞机。它们破破烂烂地躺在那里，向人们诉说着苏军在阿富汗的痛苦岁月。

负责接待工作的是霍斯特省的地方武装力量，这是该地区反抗塔利班的准军事单位。我还见到一位当地传道者，人称“战斗毛拉”。他声如洪钟，掌管了一座具有一定影响力的电台。心之所向、武装力量与及时的情报，所有的一切看似天衣无缝。

2006 年，阿富汗境内只有 2 万美军，我们依然把它称为正义的反恐战争。相比之下，伊拉克才是当时最让我们头疼的问题。

回到华盛顿，我问自己的办公室主任：“那两个伊拉克问题分析师怎么样了？”我和乔斯飞往伊斯兰堡时，把她们留在了伊拉克。办公室主任立刻和她们通了电话，然后向我报告，两位分析师听闻我的询问，感到万分惊讶，没想到我居然还没忘记她们。于是她们立刻完成了报告，详细描述了伊拉克的实际情况。读完之后，我表示满意，“写得很好，我会亲自向总统报告”。

此时，中情局不再负责递交《总统每日简报》。这份工作落到国家情报总监内格罗蓬特的肩上，但中情局每次都会派人和他一同到总统办公室。总统花了大量时间听取汇报，向汇报者提的问题多得令人难以置信，不得不说，总统知识渊博。记得有次正在听巴基斯坦的简报，他忽然冲办公室外大喊：“给我接穆沙拉夫。”

有时恰巧赶上总统外出。白宫外的草坪上，“海军陆战队一号”的螺旋桨旋转轰鸣，办公室工作人员急匆匆跑向直升机，但总统却纹丝不动，直到汇报结束。奥巴马总统上台后结束了这种每日简报的惯例，但布什总统却乐此不疲。他会亲自听简报，每周至少6天。

《总统每日简报》无须我负责，但布什总统坚持每周听取各项秘密行动与其他敏感情报搜集情况的工作汇报。因此每周四上午，在30分钟的《总统每日简报》结束后，我还有30分钟时间向总统汇报。

借此机会，我向布什总统汇报了自己此次伊拉克之行的收获。我没有给谁乱扣帽子，只是依据报告和我个人的观察给出最客观公正的叙述。“总统先生，如果没有大量武装人员保护，我们连‘绿区’都走不出去。”我说。那里的局面异常混乱，我相信我的话会让总统多少有所触动。他了解我，我是他钦点的中情局局长，深得他的信任。所以我便如实相告：您推行的外交政策在那里困难重重，凭我们手里的底牌几乎没有赢的可能。

总统应该不是第一次听到如此直接的评论，但听我这么讲还是第一次。他陷入了沉默，许久没有说话。与往常你问我答的情景不同，这样的场面让人感到失落。

回到中情局，我把伊拉克问题分析师叫到局长办公室，问她们：“我们是不是真的问心无愧？”但随后我想这种事在总统办公室讨论总比让媒体知道要强，于是又补充说：“今天上午，我们向总统传达了不利的消息，但这是我的职责所在，希望你们能帮我撑住局面。”

2个月后，在白宫西翼的罗斯福厅，我又经历了相似的场面。受国会委托，伊拉克研究小组正在重新审视这场战争。小组负责人是两位杰出的美国人，一个是前国务卿詹姆斯·贝克，另一个是前国会议员李·汉密尔顿。小组成员则包括前最高法院法官桑德拉·戴·奥康纳、前副国务卿拉里·伊格尔伯格、前国防部部长比尔·佩里、前参议员查克·罗伯和艾伦·辛普森、前司法部部长埃德·米斯、前国会议员和前白宫办公厅主任莱昂·帕内塔以及民权领导人克林顿的密友弗农·乔丹。

罗伯特·盖茨原本也在小组之列，但因一周前被任命为国防部部长，只好退出。后来我得知，在伊拉克问题上我和他观点一致。

参会之前，我事先致电巴格达情报站，向情报站站长确认自己的发言。结果，我俩意见完全一致。巴格达的安全局势每况愈下，而且没有任何迹象表明我们将来能够扭转这个局面。但我们依然不能放弃，当务之急是拿出应对之策。

在小组会上，我一针见血地指出如果不及时调整对伊政策，最终将会出现这样的局面：“撤军，伊拉克的混乱将雪上加霜；不撤军，对伊拉克的现状起不到任何改善。”

在战术上，我们取得了成功，但在战略上，我们没有达到理想效果。我们支持成立了民选政府，并在民族和宗教上达到平衡，但这个政府却发挥不出应有的职能，形同虚设。“（巴格达的）权力杠杆伸不到任何地方”，至少从短期来看，这种局面难以逆转。

8月份的伊拉克之行让我意识到，当地的混乱程度到了非常严重的地步，但让我惊讶的是伊拉克人竟对此不以为然，甚至欣然接受现状。根据我在巴尔干的经验，在我们的调解取得实质性进展之前，伊拉克各派的纷争可能会持续到双方精疲力竭。目前，伊拉克按照民族和宗教分为多个派系，大家互不相让，因此我们加强伊拉克安全力量的做法很有可能会好心办坏事，他们只会将重心放在宗派方面，并非国家层面。

我以匹兹堡马拉松赛为例，告诉他们如果某个选手跑到35公里时，遇到1.5公里下坡，那么最后的5公里就会像礼拜天去教堂那样轻松惬意。“可我至今都看不到任何转折点，能告诉我接下来的工作会变得简单。”我说。

这次会议前一周，国防部部长拉姆斯菲尔德向总统提出辞呈。这显然被列入重大战略评估的信号。

那次评估占用了我和史蒂芬·卡佩斯2006年剩下的几个月时间，也耗费了中情局大量的人力资源。大多数情况下，我们在斯蒂芬·哈德利的主持下，每天上午和下午都要在老行政办公楼的大会议室里开会。那时兰利的日常工作就是每天上午和下午的会议结束之后，由我或者史蒂芬带领分析师到华盛顿汇报。

我们在这些会议上开诚布公，探索各种可能。情报的作用就是为逻辑论证提供界限。我们强调，伊拉克的许多安全力量已经对普通民众构成威胁，如果一味加强而不进行适当整顿，只会让这个国家更加混乱。

我们对后来的增兵计划进行探讨，最终达成一致。我们认为在巴格达及周边地区增派5个旅的战斗部队，这些部队不服务于任何宗派，暴力事件将会有所减少。这个做法虽然达到了预期效果，但在战略上却算不得一步好棋。我们希望尽快稳住混乱局面，为马利基政府尽量争取更多的时间和空间，让他们尽快建立全国性的统一政府。无论从哪个方面而言，马利基政府缺乏政府应有的特征。它没有得到全国的认可，没有实现国家统一，也不具备有效力的政府职能。

我们还强调马利基很可能没有能力改变当前局面。从他的性格和个人经历判断，他成功的概率微乎其微。

我们的评估引起了国会的注意。6位重量级参议员（全部来自民主党）6月和9月先后两次致信国家情报总监，索要关于伊拉克的《国家情报评估》，包括评估伊拉克是否已经或正在陷入内战的局面。他们还要求将《国家情报评估》的重大结论予以公布，确保我们的结论能起到关键性的政治作用。

国家情报总监内格罗蓬特同意了，于是工作人员上下忙作一团。不出所料，为了证明伊拉克是否陷入内战耗费了他们大量资源。基于伊拉克的现状，大家鲜有争论，只是表述的准确程度不同，或坦白说，在效用上有所分歧，毕竟我们的结论很快就会反映在政治上。（的确，政府用《国家情报评估》的结果来支持他们的“增兵计划”，而民主党参议员则用它反对政府的增兵计划。）

国务院情报人员不赞成用内战描述伊拉克现状，他们觉得目前伊拉克的形势尚未明朗，下此结论为时过早。国防部代表中央司令部也对此表示反对，理由是国防部对内战并没有公认的定义。

回想我当年在伊拉克，多国部队认为伊拉克的现状与刚果相仿，与贝鲁特不同。伊拉克人民投入战斗并非为了反抗政府的统治，因为伊拉克政府根本没有什么统治的实权。很多小型武装力量在小范围内为了争权夺利爆发了许多武装冲突，这些武装冲突多半没有目的性，仅仅是浑水摸鱼的偶发性举动。

但中情局代表坚持内战一说，我明确表示我会对这个结论力挺到底。除了我的据理力争，中情局分析师们纷纷从侧面对我进行支持。伊拉克情报站站长给国家情报总监的首席分析师发送电子邮件，表示即便这个说法被删除，但如果国会问起，伊拉克情报站的工作人员不得不坚持提供原有证词。我们都知道，国会肯定会过问此事。

最终，《国家情报评估》中保留了内战的说法，并特别指出：“内战一词准确描述了伊拉克冲突中的关键因素，包括日益强化的种族与宗教身份、暴力性质的转变、种族—宗教动员以及大规模人口的流离失所。”

但实际情况比这更糟，我们还进行了补充。伊拉克问题错综复杂，什叶派的内斗、暴乱，基地组织的恐怖袭击以及无处不在的犯罪行为，都让人感到头疼。

我们对未来并不乐观。“据估计，未来 12 个月到 18 个月，伊拉克领导人想要维持政治和解将困难重重。”

我们担心形势会不断恶化。我们认为有些事件“将把伊拉克从逐渐恶化拖向迅速恶化的轨道，并由此造成严重的人道主义、政治层面以与安全层面的后果”。

最后我们指出，美国正在扮演瓶塞的角色。“联合政府应在伊拉克继续担任稳定局面的力量，包括军事力量、各种资源以及具体行动。”

在政府宣布增兵计划后，《国家情报评估》于2007年2月初公布，但斯蒂芬·哈德利立即指出情报机关在这次政策变动中起到关键作用，全程参与了这次政策审议。

他说得没错。

后来，我们听闻马利基的消息。总统增派了5个旅的兵力，但他让人安排与伊拉克总理进行视频会议，敦促引导后者朝积极的方向努力。记得有次国家安全委员会的会议还没结束，因为他和伊拉克总理约定的私人会谈时间马上就要到了，总统将我们无关人等赶出战情室，我们对此早已习以为常。参加那次秘密会谈除了美国总统和伊拉克总理，只有双方的翻译人员。

当然，总统的咨询对象还包括两位才华横溢的驻伊大使。他们就是扎勒迈·哈利勒扎德和赖安·克罗克，两位大使常年驻守巴格达。总统利用他的个人信用与政治资本，保证了部队地位协定（SOFA）能够有效遵守，伊拉克方面同意驻伊美军至少可以保留到2011年。

我们取得巨大进展，甚至远远超出预期。但2009年1月，美国总统换届，两国政府领导人并未就部队地位协定是否延期进行谈判。因此2011年底，美军撤出伊拉克，马利基又走上老路。非常遗憾，我们的判断一直没错。

第十二章

独特的视角

弗吉尼亚州兰利，2007—2008 年

2006 年 9 月，布什总统在白宫东厅的讲话没能解决多少实际问题，反而为美国划出清晰的战线。

这意味着将来很长一段时间，引渡、关押和审讯的政策与政治争斗将成为兰利的工作重心。

我花了大量时间探讨和解释中情局的审讯记录，试着为它申辩并寻找出路。

有些自我辩解的言辞，并不是为了我自己，而是为了整个中情局。尽管这些事大多发生在我上任之前，但我觉得我有责任维护这些忠于职守的同事。站在兰利的角度，人们相信他们做了正确的事，合乎道德，合乎法律，合乎程序。

偏偏历史记录就摆在那里。但凡对这个项目有所了解的人都不会心生疑虑，它提供的情报无法通过别的渠道获得，也能直接依托采取行动。但我深信人们的有些看法肯定会随着时间的推移而改变。

有时，兰利难免要陷入孤立无援的境地。中情局所服务的联邦政府，对这场冲突的定义远远超出其他国家能接受的程度。在政府内部，就如何引导这场冲突的问题上，中情局提出的观点比其他司法部门更为大胆；而在行政部门，兰利又游离在其他政府机构行政特权的外缘。

随着公共话语的重心发生改变，兰利的处境更加举步维艰。9 · 11 事件后最初几年，公众指责中情局过于谨慎；而 2006 年后，他们又指责它过于嚣张。

这种舆论变化引起了我的关注。我告诉人们，在中情局总部的反恐办公室，有块牌子已经被挂起多年，但始终没有钉到墙上。牌子上写着这么几个字，“今天是 2001 年 9 月 12 日”。每当乘车离开戒备森严的中情局总部，没多久我就会觉得那天仿佛就是 2011 年 9 月 10 日。在此，我并不是说新的恐怖袭击迫在眉睫。我只是想说，对广大国民而言，9 · 11 恐怖袭击的阴影正在逐渐淡去。这有力地证明了我们的反恐工作卓有成效，但全局上下未有丝毫懈怠。

然而，有人担心一旦政府高层的态度左右摇摆，中情局官员受到的冲击首当其冲。此举在神学家看来颇为神圣，因为其目的兼具受难标记和物质两个特征。我决定中情局将为所有提交申请的工作人员提供职业责任保险补贴。这项支出花费不高，不会让预算严重超支；一旦情报人员因为履行职责而遭到起诉，可以在法律费用和损害索赔上得到一定援助。

物质部分也说得一清二楚：我们不希望情报人员在执行合法命令前，还得担心他们会不会把孩子将来的教育基金搭进去。至于受难标记，我们希望能让公众明白，与美剧《24 小时》中特工杰克 · 鲍尔不同，中情局的工作人员是有血有肉有家人的普通人。遗憾的是，这项举措在公众中反响不大。

不难发现，中情局过去的多项行动如今被我们公之于众。这只不过是 9 · 11 事件后为了规范应急措施而做出的大量努力。总统 2006 年 9 月 6 日发表讲话，宣布中情局黑狱中关押的所有犯人将被移至关塔那摩监狱。此前我和斯蒂芬 · 哈德利参加记者招待会时，斯蒂芬曾经说过，“总统希望在国会支持和公众理解的基础上，将反恐战争中某些存在争议的程序和手段放在可持续、长效的机制中去考量”。我们和总统都知道，如果不这么做，他的继任者将很难开展工作。

为此，我首次以中情局局长的身份出现在外交关系委员会。我们认为此次会面是在释放打击基地组织的重要信号，因此特意安排在 9 · 11 事件六周年纪念日前几天。那天，见面会吸引了数百位消息灵通的外交政策热衷者，观众席上座无虚席。他们对中情局有所怀疑，但本着严谨的态度，他们要来现场一探究竟。

我首先解释了我出席的原因。“有些事必须明明白白地讲出来，而公众有时希望中情局直接负责人能够亲自讲出来。”然后我说若论工作处境，我们已然处于战争状态，“不管是五角大楼还是兰利，都对此确信无疑。”敌人在暗处虎视眈眈，蛰伏在巴基斯坦偏远的部落地区，随时可能向美国发动大规模恐怖袭击。我们只知道基地组织蠢蠢欲动，却不知道他们将采用何种手段“在美国境内安插基地组织恐怖分子”。

我不容置疑地说起中情局的引渡、关押和审讯项目，公开了项目的规模：不到 100 名的高价值疑犯和另外 50 名左右的犯人需要引渡。“这些项目所涉及的疑犯需要满足特定的目标和某些选择条件，只包括那些最危险的恐怖分子或者掌握高价值情报的疑犯（比如恐怖袭击的相关细节）。”

我承认这个项目将会引发一系列重要问题。我引用德国内政部部长沃尔夫冈·朔伊布勒近来关于当前处境的看法：“过去的分类已经不再适用当今的情况。警方的传统手法不能满足当今打击国际恐怖主义的需要。我们必须明确宪政国家是否有能力应对这种新型威胁。”

我们开始关注“纵深作战问题：削弱圣战者对幻想破灭的穆斯林青年的蛊惑，包括越来越多的穆斯林女青年。纵深作战需要揭露和摧毁圣战者激发仇恨和暴力的思想根源。本质上这是场意识形态领域的战争”。

我还承认，“短兵相接有时会让纵深作战变得更加复杂”。任何行动都会产生二阶和三阶效应，那些合法和必要的行动也不例外。“但在现实中，无论从法律层面还是道德层面，静观其变都难以令人接受。责任不是空谈，需要采取行动；在直接威胁面前，如何应对才是我们的首要任务。”

这是场严肃的讨论，在随后的记者会上，有人不断提出许多尖锐的问题（甚至有人指责中情局 1953 年推翻伊朗首相摩萨台）。这次纽约之行收获满满，我们很快把发言讨论的文字记录发布到中情局官网。

2007年春，我在德国驻华盛顿大使馆向欧盟各国驻美大使发表过类似的演讲。当时德国是欧盟轮值主席国，而沙里奥斯大使喜欢宴请欧洲同僚，偶尔还会邀请某个特别嘉宾。我猜测他大概觉得我的发言会相当有趣。

中情局局长拥有出色的参谋人员，他们拟出的讲稿无可挑剔，但这次我决定亲自动笔，向我们的欧洲盟友亮出底牌。

“请允许我申明一点，”我说，“我的同胞、政府、中情局以及我本人都相信美国正处于战争状态。我们和基地组织及其党羽发生了正面的武装冲突。我们相信，这场与基地组织的战争将在全球范围内开展。我们还相信，要想赢得这场反恐战，必须不惜一切代价对敌人进行打击，无论他们躲在世界的哪个角落。”

后来我们得知，我的坦率确实让某些大使颇为赞赏，但除了美国大使，再也没有谁认同我的观点。他们不接受我们的主张，也不承认其合法性。

在这样的环境下，要想开展国际合作困难重重。坦白讲，在场的所有国家都同意接受中情局提供的威胁情报，而且不会问及情报来源。但当他们向我们提供情报时，却格外小心谨慎。因为此举会被视为授权美国行动，而他们本国的法律或政策并不允许这样做，譬如在国际公认的冲突地区外击毙某个恐怖分子。

萨利赫·阿里·萨利赫·纳布汉是索马里青年党领导人，该组织是基地组织在索马里的分支。据媒体报道，纳布汉在2009年9月被美国海豹突击队击毙。那次突袭本就无意活捉纳布汉，海豹突击队进入战场只是为了采集足够的DNA样本确认他被击毙。那次军事行动圆满完成目标，而且完全合乎相关法律和程序。但欧洲各国的情报机构没有提供情报支援，尤其是西欧。根据西欧的法律，向我们提供情报等同于教唆犯罪。当然，纳布汉被击毙对很多人来说都是好消息，但他们是何态度我们并不在意。

纳布汉事件严重影响了美国与盟友的关系。埃塞俄比亚人宾亚姆·穆罕默德曾经接受基地组织的训练，在巴基斯坦被抓获，随后被中情局专机送往阿富汗关押，后来转押至摩洛哥，如今被囚禁在关塔那摩监狱。宾亚姆声称他在阿富汗和摩洛哥惨遭虐待。由于宾亚姆自1994年以难民身份居住在英国，因此他向英国法庭提起诉讼，并在2008年8月的法庭审判中胜诉。英国政府不得不将所有的情报文件（大部分由美军提供）移交给他的律师团[①]。

我们对此恼怒之极，立即向军情六处发了份措辞强烈的备忘录，声称若女王陛下政府执意公开美方情报，今后美方将拒绝与英方进行任何情报合作。这份备忘录态度强硬，我随后立即致电自己的英国同行约翰·斯卡利特。他是军情六处局长，与我私交甚好，在我看来他是出色的情报官。我告诉约翰备忘录的事，提醒他："约翰，你得理解，这次我们是认真的。"

我们也有让约翰失望的时候。2008年2月，我飞往伦敦通知他，2002年两架运送囚犯的中情局引渡飞机曾在印度洋中的英属迪戈加西亚岛降落加油，违反了英美两国早前的协定。

但那纯属无心之过。对中情局以往的记录例行审查时，我们发现了这件事的原始数据，至于飞机当时是否载有囚犯说法不一，但多数证据表明确实运载有囚犯，于是我飞往伦敦告知约翰。一名囚犯要押运至关塔那摩，另一名则被遣送回国，都不是中情局的高价值在押人员。

关于此事，我和约翰共同商定了协调公布时间表，把这件事解释清楚，但约翰无力掌控英国的政治动态。英国外交大臣戴维·米利班德和他的工党最担心的就是公众指责他们在引渡和审讯犯人的问题上与美国勾结。此前他们曾公开表示美国押送囚犯的飞机不得使用他们在迪戈加西亚岛的基地。多年之后，这条消息对他们依然具有难以想象的杀伤力。米利班德得知消息后立刻赶往议会，但他的速度与坦诚没能使他逃脱与美方串通的指责。

这件事表明，即使和最好的盟友英国，我们在这类问题上也存在分歧。

---

① 穆哈默德后来收到英国政府的100万英镑赔偿金，前提是不得向英国政府再次提起诉讼，也不能要求公布更多的情报资料。

随后在德国大使馆的那次宴会上，沙里奥斯大使努力跨越这条鸿沟。他强调欧洲和美国拥有相同的文化传承，提醒我，“我们都是启蒙运动的孩子”。对此我深表赞同，但随即补充说，欧洲人似乎更崇信约翰·洛克，重视人的自然权利；而我们美国人更拥护托马斯·霍布斯，推崇国家权力。

即便在2006年9月总统东厅讲话之后，我们与国会的争论从来没有上升到优雅的哲学层面。随后，我们出席了一系列其他活动，提供了高价值在押人员的名单，包括他们经受的审讯手段，我们从中得到的情报数量等。

我告诉国会当年之所以启动高价值在押人员的审讯项目，是因为当时在阿富汗战场，中情局对捕获的俘虏进行审讯时缺乏审讯经验和相关指导，多次出现虐囚事件。

我试着向他们解释这段历史。关押的高价值犯人近百名，我们只对三分之一采用了强化审讯技术。目的不是为了获取情报，而是要让他们陷入孤立无助的境地，从而态度发生转变，停止抵抗并开始配合。这个过程需要的时间因人而异，但平均在一周左右。随后，审讯的难度将明显降低，像汇报或对话那样轻松。据我估计，基地组织的相关情报至少有50%是通过这个渠道从在押人员身上获得的。

在我们看来，这些手段非常重要，但它们绝对不是中情局的撒手锏。我们依赖的依然是知识，包括对恐怖主义的了解、对恐怖分子的了解以及蛊惑他们的哲学形态。在9月份和斯蒂芬·哈德利召开的记者招待会上，我着重强调“参加这些审讯的人员对基地组织研究多年，或者追踪多年，是中情局基地组织领域的专家”。

后来我和其中某位专家进行交流。那是位年轻的女士，总部临时派她来协助审讯阿布·祖贝达。接到派遣令不到24小时，她就在某个黑狱坐在祖贝达对面，对其进行审讯。她告诉我那是她这辈子最难以置信的经历，“那里根本不是人待的地方”。

她还说，因为担心第二波恐怖袭击即将到来，“于情于理我们都不能把审讯工作交给第三方。我们怎么知道他们能不能问到点子上，得到的情报可不可信”？对个别犯人，这么做没有问题，但像祖贝达以及后来的哈立德·谢赫·穆罕默德这类重要犯人，我们必须亲自审问。

这位专家对基地组织知之甚多，但和其他审讯人员一样，她也只能摸着石头过河。她先是试探性地问了祖贝达一些问题，判断他掌握的情报和坦白程度。然后，她要在小组会议上提交自己的评估。她对我说，审讯人员执意要她断言祖贝达存在撒谎或故意隐瞒，然后他们就会使用强化审讯技术，这让她感到震惊。

不出所料，他们下手了，直到祖贝达乖乖顺从，像竹筒倒豆子那样把他知道的情报全盘托出。在某些会议上，她对祖贝达招供的描述是“就像睡衣派对上的青春期少女那样”和他们无所不谈。但即便如此，知识依然发挥着超乎想象的力量。中情局掌握的基地组织情报已经超出祖贝达的预料，她用提问的方式诱导他说出他的观点。祖贝达的回答确认了我们掌握的部分情报，填补了部分空白，但也对部分情报的真实度提出质疑。她有时甚至会用近日截获的敏感情报去诱导他（没必要对他保密，反正他也跑不掉）。他（和其他犯人一样）提供的只是零星琐碎的表面信息，比如他们使用什么型号的汽车，有哪些人参加了哪些会议，某人和某人有不正当关系，某个电子邮箱地址等。但对这些信息进行汇总分析，我们最终就能利用它们抓捕或击毙恐怖分子，从而挫败他们的阴谋。

我和她交流时是2015年，但她说即便在那时，她也不愿去检查烦琐的数据或跟进某个犯人的某个问题。（当然，她无权这么做）。她不无怀念地说起曾经的日子，中情局可以随时审讯在押人员，用新截获的情报试探他们，或利用矛盾挑拨犯人之间的关系，使他们互相攻击，互相揭发。

她的话让我想起抓捕本·拉登的经历。当时我们能够发现某个关键线索，就是因为我们把本·拉登信使的消息透露给哈立德·谢赫·穆罕默德和阿布·法拉杰时，他俩显然在撒谎。这个线索就像纹理复杂织物上的一根线，我们顺藤摸瓜，发现了更多线索。

我之前说过，中情局采用的审讯技术共有13种，包括水刑、狭窄拘禁、大负荷重压和冰水浴等。2006年至2007年，我们提议削减一半，包括上面提到的4种，只剩下揪衣领、扇巴掌（反手抽脸和侮辱打耳光）、控制饮食和剥夺睡眠。强制裸体在我们的修改列表上时有时无。我说过，审讯人员希望保留这种技术，因为它直接有效，但国务卿赖斯和斯蒂芬·哈德利则表示忧虑。

我想他们担心的无非是图片曝光。我敢保证，斯蒂芬肯定后悔自己没有更多了解水刑的历史，不知道它和日本战犯以及菲律宾叛乱中采用的同名手段有何关联。这次我们彻底谈个痛快，然后我删除了强制裸体。我非常尊重中情局审讯人员的建议，但这次我们的目标是达成共识。即便做出如此退让，中情局依然不断遭到质疑，副总统时常提醒我：这些技术是否真的有效？

我总是谨慎地再三强调，以往中情局采用的那些手段，我们无意评价。乔治·特尼特和波特·戈斯有他们的考虑，我有我的考虑。2006年年底，我们对基地组织有了更多了解，包括基地组织网络的渗透以及他们带来的威胁，这些在2002年或2004年根本无法做到。如今，为了能够达成政治上的共识，中情局有条件在工作中做出让步。

我希望我的让步能够得到国会的认同。那需要和他们进行严肃的讨论，可这种讨论压根没有发生。议员们一面忙着指责我们，一面互相攻击，根本无暇听我们解释。

众议院情报委员会尤其难缠，特别是11月中期选举过后，该委员会完全由民主党把持。新任主席西尔维斯特·雷耶斯是一名参加过越南战争的老兵，担任过边境巡逻官，可以说是国会中最正派的议员。有次我乘坐飞机前往他的故乡厄尔巴索，在当地一所大学发表演说。结果返回华盛顿时，我们的飞机上装满了墨西哥玉米饼，原来他交代他最喜爱的那家本地餐厅特意为我们准备的。即将接管众议院情报委员会时，雷耶斯曾经接受《国会季刊》国家安全编辑杰夫·斯坦的采访。当被问及基地组织成员是逊尼派还是什叶派时，他的回答出现失误。但在杰夫·斯坦看来，这纯属常识性问题，由此他质疑雷耶斯的能力，但我们并不在乎。那根本就是个圈套。斯坦作风强硬，知识渊博，但他在反恐和情报方面并不擅长。我们欣赏雷耶斯的坦诚，愿意和他进行深层次的沟通。

新任众议院议长南希·佩洛西选择雷耶斯担任委员会主席，而没有选择民主党议员兼加州同乡的简·哈曼，很大程度上是因为个人缘故，她和简·哈曼政见不和早已不是秘密。在安全问题上，哈曼是出名的中间派议员，对布什政府过于温和。佩洛西在情报委员会中安插了大量亲信，包括安娜·艾舒（加州）、拉什·霍尔特（新泽西州）、简·沙考斯基（伊利诺伊州）以及约翰·提尔内（马萨诸塞州）。他们是思想开明的自由派议员，向他们汇报难度很高。

听证会上，大家经常吵得不可开交。记得有次别人质问我是否会对自己的女儿使用水刑。然后又有人指责我在某次美国政治体制以及本院如何为“人民之院”为主题的长篇演讲中不够专心，脸上流露出不耐烦的表情。还有位议员坦率承认，只要是秘密行动，他都反对。有时（很多次）我甚至觉得有些议员反对的不是中情局的秘密行动，而是中情局本身。

有位中情局官员曾经愤然离场，不明白“他们为何如此同室操戈”。

共和党也不是善茬。密歇根州议员彼特·霍克斯特拉小心翼翼地捍卫着国会特权，时常愤怒地向我们抱怨行政部门提供的情报不够全面。

在某些方面，我们和他立场一致。毕竟中情局之前努力扩大黑狱事件的简报覆盖面时，包括了情报委员会的所有委员和行政人员。我们还主动要求向拨款委员会主席杰克·穆尔沙（宾夕法尼亚州民主党议员）和比尔·扬（佛罗里达州共和党议员）汇报。

那次简报并不理想。穆尔沙和我并不陌生，他来自宾州西部，和我同为匹兹堡钢人队的粉丝。在我出任国家情报办公室首席副总监的听证会上，是他介绍了我的履历。我还曾把谢尔比·富特解读葛底斯堡之战的磁带借给他，让他在华盛顿与约翰斯敦之间往返时边开车边听，以打发时光。所以当我走进简报室，看到穆尔沙劈头盖脸地对我大加指责，不由得大吃一惊。他发火是因为我迟到了（由于堵车，我迟到总共不到5分钟），但他如此反常的举动让我不禁怀疑这其中大有深意。随后，穆尔沙并没有听我们针对审讯技术的详细报告，而是借故离开，更加证实了我的怀疑。他不想知道，他甚至不想参加这个听证会。

参议院情报委员会要比众议院情报委员稍微客气点，但我们的对话也没有多大成效。参议员费恩斯坦曾公开痛斥中情局审讯人员按着犯人的头撞墙，那场面简直比世界摔跤联盟中的死亡竞赛还要火爆。

其实审讯过程中的“墙壁手段”目前已经淘汰，它的本质是将犯人的肩膀按到墙上，因为墙体是胶合板，所以撞击时会发出巨大的声响。尽管如此，出于职责，我还是和这位参议员约定了时间，向她和她的幕僚如实报告。听我解释的时候，她一直严肃地看着我，并不时做着笔记。可几天过后，她又开始以同样的理由公开对我们进行指责。

参议员杰伊·洛克菲勒是情报委员会的资深委员，于2007年担任委员会主席。我和他有过多次谋面，每次都是汇报情况。虽然我们并不亲近，但起码我们能互相尊重（我们经常因为匹兹堡和西弗吉尼亚橄榄球赛争论不休）。可后来我们的关系不可避免地日渐恶化。有次，我与他的幕僚长和我的法律事务顾问私下会谈时，他硬生生地打断对话，径直问我：“你根本不信监管这一套，对不对？”直到如今，我也不明白他为何有此疑问，因为当时我正在向他汇报某个敏感行动。后来，这位参议员越来越不满意我向他汇报那些无法向整个委员会公开的敏感情报，有次甚至问我：“你告诉我这些干什么？”

2006年9月和11月，我分别向两院监督委员会就关押和审讯事宜做证；2007年4月，我因为同样的原因再次出庭做证。这次与参议院特别情报委员会举行的会议最具典型性。共有14名参议员和21名参谋人员全程出席或部分出席了此次听证会。对于敏感的秘密活动，这个数字足够庞大。

除了平时的后座议员，我还叫来其他人与我共同做证，有我的法律总顾问约翰·里索、司法部的史蒂夫·布拉德伯里以及哈立德·谢赫·穆罕默德的主审人，被哈立德叫作阿米尔的那位中情局官员。我的很多细节情报都源于他们。

我们还带了许多证明文件。我们向每位参议员递交了份矩阵图：左侧是 30 多个囚犯姓名，顶部是之前通过授权的 13 种审讯技术。方框里的字母 X 代表某个犯人曾经受过哪种刑讯技术的审讯。此外，我们还讨论了从犯人口中获得的情报数量，约计 8000 份。

所谓情报，有时就像玩拼图游戏，把大量琐碎的信息拼凑在一起，不同之处在于无法提前看到完整的拼图。中情局在押犯人为我们提供了多个未知的信息碎片，更重要的是他们供出自己在基地组织中的地位。通常情况下，他们是那些知道完整拼图的人。

2007 年夏，国家情报委员会公布报告，对基地组织可能给美国本土造成的威胁进行评估。情报评估的结论正是以我们从囚犯身上获得的情报为基础的。那份评估中 70% 以上的情报都来自在押犯人。

我曾以此说服国会。审讯人员的平均年龄在 43 岁。一旦被选中，他们先要接受 250 小时以上的专业培训，才有资格与恐怖分子面对面。成为主审人员之前，他们要由经验丰富的审讯人员监督指导，完成一系列现场审讯工作以积累经验。

我一直努力争取国会的支持。我的国会事务主管克里斯·沃克经验老到。加入中情局之前，他在议长丹尼·哈斯特手下任职。克里斯严格遵照我的指示，及时全面地将中情局的所有活动对委员会进行汇报。诸如国会通知、正式听证会以及吹风会之类的活动，我们都有内部记录，并形成惯例。

一年之内，中情局官员在国会听证会上做证 57 场，提交报告 29 份，回答提问 1140 次（这个数字还不包括那些没有记录的提问），回复信件和质询多达 254 封。

中情局专家针对国会议员及其幕僚开过 500 多次吹风会。（第 110 届国会在会期有349天都在举行会议。可以说，每个会议日至少举行一次吹风会。）

我本人因引渡、关押和审讯事宜亲自向议会做过9次报告。

监督委员会总是要求我们提供最详尽的信息，比如犯人在中情局拘押期间灯光强度的流明数以及声音的分贝数等。有位国会议员甚至质疑中情局的海外黑狱是否遵照法律购买了“美国制造”的建筑材料。

我们对这些问题一一进行解答，整个过程异常痛苦。我们背后的靠山——总统先生的权力在日益削弱——谈论的话题又颇有争议，反对派牢牢控制参众两院，还有一大拨人对总统的位子虎视眈眈。这样的环境并不理想。伊拉克问题的简报会愈发变得剑拔弩张，我跟克里斯打了预防针，如果议员们的指责过于苛刻，分析师有权选择离开。

受到如此对待的不仅是中情局。2008年3月，国家情报总监约翰·麦康奈尔为众议院情报委员会在弗吉尼亚州中情局外部安排了长达两天的会议。我们原计划是周日用过晚餐后，简单地进行一番介绍，周一好好工作，然后返回华盛顿。

当然，情报委员会的大多数领导周一早上天亮之前就会来到通信中心查看电报和新闻剪报。有个报道引起了我们的注意。曾经供职《巴尔的摩太阳报》的记者西沃恩·戈尔曼在《华尔街日报》撰写报道，披露了国安局一项骇人听闻的数据采集计划。除了国安局的三任局长——我、麦康奈尔和现任局长基思·亚历山大，其他人都一头雾水。这有点匪夷所思。一般而言，当媒体对某个事件进行曝光，即便报道得不甚完整和肯定，根据标题我们往往就能猜出他们指的是哪件事。可这次不同，我们三个局长也如同云里雾里。

因此，国家情报总监麦康奈尔当机立断（我们对此大力支持），让人将文章复印，确保第二天早上开会时人手一份。他恳请每个与会人员认真阅读，并在讨论中语带恳求地说，一旦出现这样的报道，只有他们才有足够的公信力去捍卫情报委员会。对媒体而言，我们就像一本翻开的书，记者总是想方设法制造些谣言。我觉得他的话不无道理。

可委员会并不买账。率先发言的委员直截了当地表明他不敢苟同，因为他无法确定媒体的这篇报道是否在造谣。然后，形势陡转直下。有位委员断然指责基思·亚历山大在撒谎。另一位议员突然将矛头指向国家侦察局，说他们在“秘密布置太空武器”，这样无中生有的指责让我们勃然大怒，我们甚至担心接下来他们会说我们在太空窝藏外星人。第三位议员稍微改变了话题的方向，他说问题的实质在于，他们被迫要把情报安全这样的要务寄托到白人身上，提高美国情报机构的种族多样性和性别多样性将会大大改善工作成效。就这样，我们绕了很大的弯子才回到最初的议题，然而此时双方互信的基础已经荡然无存。

关于引渡、关押和审讯的对话也面临同样的结局。在审讯程序上，国会与中情局坚持已见，无法达成共识。国会勇气不足，内部意见不统一，没有能力阻止、认可或改善中情局的审讯策略。最后，我们表示会向司法部寻求法律授权使用 6 种审讯技术；没有转交计划（移送关塔那摩或第三方国家）之前，我们不会关押新的囚犯；对那些在押的犯人，我们只做短期关押（大约 2 个月）；如需延期，需要经过审批；每个犯人与他们的受审手段，我们都会及时向委员会报告。

讽刺的是，我们和国际红十字委员会就此问题的探讨比国会更富有成效。白宫虽然态度冷淡，但却不至于为难我们。国际红十字委员会的官员一时成为兰利的常客。国际红十字会对保密工作的热情与中情局相当。与我们一样，他们的工作多为机密，因此我们在这点上志同道合。

后来，中情局将犯人移至关塔那摩监狱前都会悄悄向国际红十字会打招呼。作为回报，我们会尽量提供国际红十字会需要的相关情报，确保他们全球范围内工作人员的人身安全。

在核心问题上，我们很难找到中间立场。我们觉得在不受外界干扰的情况下，从秘密关押的囚犯身上获取情报是最有效的手段。国际红十字会从不干预我们的审讯，但会要求知情权和探视权。我们相信《日内瓦公约》

不会提出类似要求，因为这些囚犯所涉及的斗争是非法行为，国际红十字会反对是因为国际惯例。2008年大选期间，我们对此进行讨论，探讨如何履行通知程序（例如，通知国际红十字会我们会逮捕某人）。

尽管我们和国际红十字会没有达成相互理解，但我们彼此之间更加尊重。某次会议上，他们指责中情局虽然经常拒绝回答他们的提问，可一旦进行解答，给出的答复必定真实。这种说法还算令人欣慰，至少有人相信我们。

当然，国际红十字会探视了2006年9月我们移交关塔那摩监狱的14名囚犯，并根据采访内容向中情局提交了一份报告。可想而知，报告披露了囚犯们遭受的酷刑以及各种残忍或侮辱性的虐待。按照国际红十字会的要求，我们在严格保密的前提下与监督委员会成员和少数行政部门分享了这篇报告。我们提醒他们，这份文件只是在押犯人的一面之词。当参议院决定为此举行闭门听证会时，国际红十字会只好无奈地接受这份报告已被公开的事实。最终，由于我们的及时干预，委员会将报告从其网站上删除。

随后在2009年4月，整篇报告被加州大学伯克利分校新闻系教授马克·丹纳——他还是位评论家，经常批评美国在反恐战争中的行为——原原本本公布在《纽约书评》杂志上。国际红十字会对此次泄密表示遗憾，而丹纳则解释说“把文件交给我的人认为这份文件应该公之于众”。

几周过后，政府决定解密司法部审讯备忘录（第二十章）。此次泄密事件恰巧被用来佐证，真是巧合!

有时，即便身为中情局局长，我也不免觉得中情局简直是个受诸多小小运作和解析元素制约的大型公共事务、法律和立法联络企业。当然，其实它恰恰相反。犯人抓不到，讨论犯人的待遇问题就毫无意义可言。如果继续目前的状态会带来政治上的阻挠，则我们有必要尝试跳出藩篱。

跳出则意味着行动，这势必给整个中情局，尤其是我这个局长带来巨大的道德压力和法律负担。毕竟我们的关押是直接绕过法庭剥夺了某些囚犯的人身自由，甚至是终生自由。有些人认为这种做法在任何情况下都必须反对；有些人反对只是为了避免冤假错案或权力滥用。我们偶尔会出现失误：比如抓错了人，或者抓对了人，却错误评估了他的价值和危险性。但我们不能因为顾及法庭程序而放任自己合理的怀疑。法庭审判的对象往往是犯罪行为已经发生的犯人，审判的目的在于惩罚，而不是阻止有可能发生的罪行。情报部门的宗旨是预防犯罪，哪怕只是怀疑，我们也要采取行动。当然，我们会谨慎对待每次行动。

基地组织资深指挥官阿卜杜勒·哈迪·伊拉基在 2006 年年末返回故里时被我们抓获。伊拉基在基地组织内部人称硬汉，冷血、强硬并很严肃。他通过只言片语的新闻报道对中情局的行动及工作方式形成了动感的认识。送往黑狱后，我们首先向他表明身份，然后绕过他使用过的一堆假名，直接道出了他的身份。

伊拉基的态度几乎立刻缓和下来，开始理性地与我们交流。“你们对我们了如指掌，我们对你们也了如指掌。结局怎样已经无关紧要。你们简直是在浪费时间，无论你们掌握多少情报，我们都会最终赢得胜利。”我们知道反恐战争是场持久战，“也许你们计划的是场为期 10 年的战争，但我们却甘愿打上 100 年。所以我在这里说什么都无关紧要。”

审讯工作进展顺利，审讯人员最大限度地保持了理性和克制。他们时而赞同他的观点，时而又礼貌地加以反驳。审讯能够以这种标准的程序向前推进，这让他们感到满意，但又警告伊拉基，一旦发现他撒谎，他们将彻底改变审问的方式。

中情局论题专家用截获的系列情报测试他的可信度，伊拉基的回答完全符合，随后我们的提问转向未知领域，专家们依然认为他的口供真实可信。他告诉采访者，中情局的提问和掌握的情报让他感到吃惊和敬佩。他说中情局掌握的情报真实可靠，就像有特工亲身经历一般。黑狱和总部的分析师都对他的配合感到满意。

2007 年年初，阿卜杜勒 · 哈迪的审讯人员把他的审讯情况向我汇报。第二天，我邀请他们到我的局长办公室与参议员费恩斯坦约见，目的是拉拢国会。

审讯人员把审讯情形原原本本向参议员描述一番。随后，参议员问他们是否知道之前的审讯报告挫败过哪些可能的袭击。他们回答说这样的问题最好去问分析师，他们的工作只是引导犯人诚实地回答审讯者的提问。当然，他们的确发现过疑似袭击并及时向上汇报，但具体数量他们没有统计。

阿卜杜勒 · 哈迪乖乖配合完全基于他对中情局自以为是的误解，而审讯人员正好将计就计，并在审讯过后提交了任务报告。听完解释，参议员问这种技术是否会成为日后审讯的标准做法。审讯人员回答说，这是他们开展审讯工作的常规做法。先采访，试探犯人是否愿意坦白，如果犯人提供了有价值的情报，则照此方法继续审讯下去。一旦犯人撒谎，捏造事实，拒绝合作，则立即请求执行强化审讯技术。

然后，参议员转身问我是否了解俄罗斯联邦安全局叛逃特工利特维年科在伦敦中毒事件（2 个月前，亚历山大 · 瓦尔杰洛维奇 · 利特维年科因钋中毒身亡）。审讯话题到此为止。

2007 年夏，穆罕默德 · 拉希姆 · 阿富汗尼被捕。拉希姆是个强硬老练的圣战主义者；2001 年 12 月，他在托拉博拉为本 · 拉登提供藏身之处。拉希姆对我们的审讯拒不配合，而且看起来毫无惧色。我们考虑使用强化审讯技术，使用前我们针对剩余的 6 种审讯技术征求司法部门的意见。意见下达之前，我们还要拿到《日内瓦公约》总则第三条所需的总统令。

整个过程非常复杂。要想说清楚，我得先讲些题外话。2006 年 6 月，最高法院继哈姆迪诉拉姆斯菲尔德做出裁定，对《日内瓦公约》总则第三条的保护面扩大到基地组织的非法战斗人员。我不是律师，并不精通律法，但这个决定让我感到诧异，因为总则第三条对冲突的认定没有划定国界。

对这条规定的传统解读通常限定在一国之内，比如内战。但最高法院（以5票赞成、3票反对）将总则第三条的效力扩大到与基地组织的冲突，理由是基地组织不是国家，全然不顾这场冲突具有无可辩驳的全球性特征。

因此我们需要立法援助。问题的关键不在于是否需要国会批准，而是美国法律如何进行解读。在批准诸如《日内瓦公约》的其他国际人道主义条约时，参议院立法程序的记录或特定声明有时会解释该条约在美国法律中的含义。比如，在批准《联合国反酷刑公约》时，参议院曾参考《宪法第五修正案》《宪法第八修正案》《宪法第十四修正案》对禁止酷刑和其他残忍、不人道或有辱人格的待遇或处罚的规定做出阐释。这样的先例还有很多。

然而，国会对总则第三条并未提出任何澄清的声明（也许他们和我一样，认为这种情况永远不会发生在美国）。总则第三条使用的语言措辞严格却又界限模糊，禁止“不人道或有辱人格的待遇或处罚”的规定就说得不甚明确。如此模糊的界定让情报人员束手束脚，我需要更清晰的解释和界定。

“解决方案”之一是参照《军事委员会法》。《军事委员会法》对许多犯罪行为进行细之又细的界定，只要中情局人员不违反这些规定，就不会遭到起诉。至于其他行为，则依然没有明确限定。

联邦政府、中情局以及我本人都反对这个方案。因为它让我们觉得有人直接告诉审讯人员：“我希望你对囚犯动用刑讯手段，我和司法部门不知道这样做是否违反《日内瓦公约》，因为公约中这部分的界定我们自己也不清楚。但我可以向你保证，你不会因此被告上法庭（或者至少在美国不会），你愿意冒险吗？”

说白了，这件事就是和共和党人吵架，在参议院内和他们争论不休。

后来规模大些的某次会议上，我道出了我的忧虑。我说，很多时候执行任务时，我们并不知道它是否合法，只能偷偷摸摸地对下属布置，这让我们的工作很难进行。

随后有位参议员质疑我“只是想发言而已”。我打断他的发言，告诉他我只不过想在发布指令时搞清楚它是否合法。

参议员约翰·麦凯恩有另一个办法干掉国会。他表示，在即将爆炸的定时炸弹或类似危急情况面前，总统只能做他该做的事，无须考虑是否合法，那就是他的职责所系。斯蒂芬·哈德利则反驳说，总统不会那么做，因为他是最高执法者。即使下达指令，在那种情况下他也只能亲自上阵。

最后，国会似乎难以做出定论，把这个解释权转交给总统。那些新法律和《拘留人员待遇法》中没有涉及的违法行为，将由总统定义总则第三条在美国如何执行，并将结果公布在《联邦公报》上。

2007 年 7 月，在我们的请求下，布什总统对总则第三条进行界定，继而促使司法部对《陆军战地手册》之外的 6 种审讯技术的合法性进行确认。据我所知，但凡看过手册中对刑讯的规定，谁都不会拍着胸脯保证它们符合《日内瓦公约》。《陆军战地手册》为美军训练提供法律依据，授权所有士兵在瞬息万变的战场上对临时抓捕的犯人展开盘问和审讯，以达到战术目的。但那类情况对中情局并不适用。

我曾经对拉希姆授权使用强化审讯技术，包括流质饮食和延长剥夺睡眠时间。我还记得我签字的时候，手里握着笔，盯着授权命令想了好久，始终犹豫要不要走出这一步。

就像阿布·祖贝达的审讯人员所说，谁都不愿意这么做。她曾经和有恃无恐的恐怖分子有过多次面对面的交锋，而我从来没有那样的机会。直到 2006 年 9 月，14 名高价值在押犯人被移交到国防部，我才探访了关塔那摩监狱的 7 号监区。不过犯人们都是隔离囚禁在单人牢房，我看都很难看上一眼，只能通过控制室的监控屏幕观察犯人的一举一动。他们有的在睡觉，有的在祷告，有的在踱步，还有的在祈祷。

整个监区整洁明亮，设有活动室。犯人可以通过牢门上的通气孔和隔壁牢房的犯人讲话。当然，这种交流受到严格的限制，全程在电子设备的监控之下。

此外，犯人还可以到图书室借阅书籍、听音乐和观看视频（尽管有人抱怨说那里的资源远不如黑狱）。据说“哈利·波特”系列很受犯人们的欢迎。

这是文明状态下的囚禁，但无可否认，这些人很可能将要在监牢度过余生。

正当我准备离开，监区工作人员向我展示了他们当天给阿布·祖贝达送午饭用的泡沫乙烯饭盒。祖贝达用铅笔在饭盒上画了个闪电符号，还有些在中学生笔记本上常见的复杂涂鸦。据说那是他的个人爱好。

祖贝达的涂鸦看着让人心酸。我突然发现，虽然出于职责，我很乐意把他囚禁起来，但从个人而言，这么做并没有让我感到快乐。我们只能远远地痛恨敌人，把他们想象成可怕的野兽，而一旦落到我们手里，你会发现他们和我们一样，只是普通人。

因为这件事在我脑海中格外清晰，所以我在对穆罕默德·拉希姆·阿富汗尼使用强化审讯技术的授权书上签了字。

事实证明，拉希姆是个骨头很硬的阿富汗人。（有位中情局官员曾经说过，阿富汗人要比阿拉伯人的骨头更硬。）拉希姆没有透露给我们任何有价值的情报，他对本·拉登可谓忠心耿耿[①]。

没有办法，我只好扩大了强化审讯技术的授权。我们尝试了不同的方法，但收效甚微。拉希姆一度表示自己曾经产生幻觉，萌生了自杀的念头。在场的心理学家中止了审讯，剥夺睡眠的处罚暂时取消，以便他有充足的时间恢复。

问题是我们还要容忍多久，我们到底能不能让他乖乖坦白。如果希望渺茫，使用合法的、经过授权的技术也与酷刑虐待毫无二致。

反恐中心为再次启动强化审讯技术准备了一揽子计划。当这些资料被

---

① 显然，忠诚依旧是他最看重的品质。他后来从关塔那摩监狱给俄亥俄州的律师写信，称阿克伦本土的篮球运动员勒布朗·詹姆斯后来离开之前效力的克利夫兰骑士队，是个不折不扣的“坏人”。

送到我的面前，国家秘密行动处主任和反恐委员会前主任乔斯·罗德里格斯还没有签字。因为乔斯始终支持强化审讯技术，这引起了我的注意。某个周末，我在家里通过安全线路和他进行通话。他认为继续使用当前授权的审讯技术很难让拉希姆开口。他觉得拉希姆或许已经知道我们审讯技术的底线，准备死扛到底。他不反对尝试别的办法，也愿意支持我们的决定，这就是他的态度。

2006 年夏，我们总算勉强达成一致，重新制订了一套审讯技术，在大多数案件中都行之有效，我至今还这么认为。托马斯·爱迪生说过："生活中的许多失败，是因为人们在放弃的时候，没有意识到他们距成功其实只有一步之遥。"

我们知道拉希姆在基地组织是个调停者和引导者。据可靠情报，阿富汗与巴基斯坦边境的基地组织高层在他被捕后已经迅速转移。显然，他们觉得拉希姆掌握了某些内部情报。我们面临艰难的抉择：中止审讯，可能会失去获得重要情报的机会；继续努力会面临道德上的两难处境，最终也有可能毫无收获。我决定再次放手一搏。

结果依然毫无进展。我们软硬兼施，但拉希姆就是不松口，最后我们只好在 2008 年初将他关进关塔那摩监狱。这次失败对我们具有重要意义，但我觉得这并不代表整体趋势。随后到 2009 年之前，我们继续维持原有策略，但因为没有抓捕新的犯人，我们无法获得更多的数据和信息。现场审讯人员和我们意见一致，建议停止对拉希姆使用强化审讯技术。我们确实听从了他们的建议。后来有人向我吐露说，如果能够使用之前的整套强化审讯技术，他有绝对把握让拉希姆开口。

我们向国会提交了阿卜杜勒·哈迪·伊拉基和拉希姆的详细更新资料，甚至在他们被转移至关塔那摩监狱时将他们被捕的消息公之于众。报告在国会得到了大面积认可，反对的声音很少，但我们和国会的关系依旧没有得到改善。

2007 年年底，就在我们以为和国会的关系已经僵到极点，《纽约时报》

的报道让我们的关系雪上加霜。

2007年11月，《纽约时报》记者马克·马泽蒂像发现腐肉的秃鹫那样，以为他发现了重磅新闻。我们得到消息，得知马泽蒂正在追查早期审讯视频被销毁一事。显然，在公开这则消息之前，他希望中情局能向他做出评论或解释。

2年前，乔斯·罗德里格斯曾下令销毁我们早期两个高价值在押犯人阿布·祖贝达和拉希姆的近百份审讯录影带。这些录影带大多是犯人在牢房里的监控画面，但也包含少量刑讯画面。

乔斯的理由是为了更好保护录影带中露脸的审讯人员。此举让他在中情局一度被视为英雄，但问题是他没有完全依据法律程序，遭到了某些人的反对，更重要的是他没有得到戈斯局长、国家情报总监内格罗蓬特以及白宫法律顾问的批准。他们对他的擅自主张感到愤怒。

这些影像从录制到销毁，我全不知情（我的公共事务主管马克·曼斯菲尔德参加记者会时指出了这一点），但这些录影带的泄密却是我的职责范围。为此我亲自向总统汇报，建议白宫为兰利掩护，转移公众的视线。这是我们惹的麻烦。总统证实没人向他报告过录影带的存在，更不知道销毁一事，但他很乐意派人替我们挡挡风头。

回到兰利，我决定先发制人，向马泽蒂发了封没有加密的邮件（希望他能够公开），说明了这些录影带的历史，想从开始就牢牢抓住主动权，况且，尽管马泽蒂是位专业记者，但这件事他一直把我们蒙在鼓里，所以我们不亏欠他什么。

曼斯菲尔德致电马泽蒂，告诉他说我们就那些录影带早就有过声明，我们会在适当的时候公开。随后，曼斯菲尔德给美联社负责情报方面的记者帕姆·赫斯发送了拷贝文件，让这件事得到最大程度的曝光。毕竟，美联社与《纽约时报》不同。

我在信中指出，2003年，两院情报委员会高层已经得知录影带的存在以及中情局销毁它们的计划。此外，那些录影带通过监察长的审核，内容与黑狱的报告完全符合。制作录影带是为了协助撰写报告，除此之外并无他用。它们的存在可有可无。

事件一经曝光（不幸的是，那天正好赶上中情局开圣诞派对，没有办法，我们得和《纽约时报》抢时间），舆论一片哗然。站在参议院的立场上，参议员肯尼迪立刻联想到"水门事件"。"自理查德·尼克松总统的录音带出现十八分钟半的空白之后，这种事我们还是第一次遇到。"他在演讲中义愤填膺地说。情报委员会为此召开多次听证会，他们发怒是因为大多数委员对录影带的存在及销毁并不知情。向来对中情局颇有微词的拉什·霍尔特负责领导国会议员进行调查。这些批评者终于找到大施拳脚的机会，口口声声称我们销毁了罪证。在这场喧闹中，司法部部长下令联邦检察官约翰·达勒姆调查我们是否存在违法行为。

这场闹剧在2008年2月达到高潮。当时参议院情报委员会正在举行公开听证会，现场有美国公共事务有线电视网进行直播。我努力掌控着全局。

"中情局只对三个人用过水刑。"我的语气比较随意，"他们是祖贝达、纳希里和哈立德·谢赫·穆罕默德。最近一次动用水刑在2003年3月。"此前，我们从未公开过这三个人的名字，也没有公开最近一次使用水刑的时间。这只是我面对指责做出的适度回击。

当委员们正在考虑如何对我的话做出回应（因为我的坦白超出他们的预料），我继而补充说，当时使用水刑是迫不得已，因为担心美国会遭到新一轮的恐怖袭击，而且我们对基地组织的了解远远不够。两天后，在国会举行的公开会议上，我拒绝回答形势与法律变更后水刑是否依然合法的提问。我们从没想过要将水刑合法化，况且这种审讯技术近五年来几乎都没有用过。结束。

后来，约翰·达勒姆的刑事调查有效抑制了国会进一步质询的热情，这件事逐渐平息。另外，随着总统大选逐渐升温，人们的注意焦点被转移。大家都知道，11月大选结果出炉之前，谁都无法做出任何实质性的决定。

大选结果决定了中情局（关于关押与审讯）的命运，尽管中情局内部依旧争论不休（第十九章）。随后几年，新的政府和在野的民主党人数次帮助中情局渡过难关。

因此在伊拉克和阿富汗战场，除了公开作战，美国（不只中情局）基本不再进行任何关押和审讯工作。我们知道这些事在法律上困难重重，在政治上又充满危险。与其冒险逮捕，不如用猎杀的手段将恐怖分子直接从战场上清除。

第十三章

回家

宾夕法尼亚州匹兹堡，1945—2014 年

在 1997 年的热门影片《这个杀手将有难》中，约翰 · 库萨克扮演的杀手回到老家参加高中同学十周年聚会，却发现儿时的家如今成为便利店。“我今后将无家可归，”他告诉他的心理医生，“但我可以在那儿购物。”

说到我的老家，我想我大概可以在那里购买钢人队的装备。我的故乡在匹兹堡北部（现在叫北岸），我家所在的位置先是建了三河体育场，后来成为亨氏球场。我的老家在建三河体育场时就被拆掉了。

那个地段极好，坐落在宾州铁路与阿勒格尼河北岸之间。因为附近有不少轻型制造企业、许多卡车公园以及数目可观的酒吧，那里几乎可以称为工业区。

那里是典型的种族混居，包括爱尔兰人、意大利人以及一块非洲裔美国人区，保留着浓厚的旧时风貌。二年级时，我有次不小心跳到了楔有钉子的木板上，扎破了脚，有位爱尔兰邻居就把钉子插到土豆里，说那样会加速我的康复。

大多数居民都是天主教徒。每到周日，几乎所有人都会去圣彼得教堂参加弥撒。大多数孩子——我印象中那里的小孩子简直数不胜数——都会到慈善修女会开办的教会小学读书。

运动是人们最好的休闲方式。不管什么季节，随便扔个球出去，就会引来一大群人。我们那里没有正规球场，甚至附近连块像样的草坪都没有。我记得有一片不大的水泥运动场，一两个没有铺设地砖的停车场，除此之外就是大街。“前插跑位，在别克处钩球，我会在那里迎你。”

正规的场地倒是有一个，叫作纪念碑山，坐落在社区北部一座海拔120米的小山丘上。它的名字源于一座被移到那里的南北战争纪念碑，几年前这座纪念碑又被移到小山东侧。说实话，那里没有任何值得称道的地方。虽然看台保存良好，但地面却光秃秃的连棵草都看不见。对我们而言，那里却是孩子玩乐的天堂。5月到8月的周末或平时晚上，我基本都去那里打发时间。我酷爱棒球，那里自然而然地成为我的训练场，高中时我就已经取得0.316的上垒率。

人们对本地的球队和英雄总是充满热情。随便哪天到社区转上一圈，就能收到一大堆汽水瓶，卖来的钱足够你买张有轨电车票以及在福布斯球场面值1.5美元的入场券，说不定就坐在棒球天王罗伯托·克莱门特后面看球呢。克莱门特是匹兹堡有史以来最伟大的职业棒球运动员。匹兹堡新建的PNC球场右场墙高24英尺（约7.3米），就是为了纪念克莱门特，因为他效力匹兹堡海盗队的球衣是24号。

除了棒球，橄榄球也是颇受欢迎的体育运动。匹兹堡钢人队的创始人鲁尼来自圣彼得教区家庭。他们家族拥有整个橄榄球俱乐部。他的大儿子丹后来成为球队董事长，在奥巴马政府时期担任过美国驻爱尔兰大使。我读小学时，他还是学校橄榄球队的教练，读八年级时我担任过他执导球队的四分卫。“唯一能记住战术设置的孩子。”这是他对我的评价。后来我到钢人队的训练营打工挣钱上大学。读研究生时，丹因为忙于工作，让我接替他担任小学橄榄球队的教练。在我任教的最后一年，我们队捧回了冠军奖杯。

我们家与钢人队颇有渊源。我的爷爷迈克·默里年轻时常跟着鲁尼的孙子阿特·鲁尼东奔西跑。我的姨妈帕特（我妈妈最小的妹妹）和鲁尼家的好几个孩子差不多大，还是同学。我们去同一座教堂做礼拜。1975年我在关岛的B-52军事基地从部队广播电台听到钢人队赢得第一个超级碗奖杯的消息，忍不住激动得热泪盈眶。（后来在2006年和2009年钢人队赢得他们第五次和第六次超级碗时，我非常荣幸地坐在老板的包厢里。）

我们一家住在爷爷迈克·默里的房子里。那是一排租住房，其余的被扒平了。同住的还有我的妈妈沙蒂、爸爸哈里、我的妹妹黛比和弟弟哈里三世。我10岁那年妈妈生了一对双胞胎妹妹，可出生不久她们就夭折了。此后的50多年，我每个周日做弥撒时都为她们的灵魂祷告。

爸爸在离家不远的艾利斯—查默斯公司当焊接工，后来匹兹堡的工厂关闭时他不得不提前退休。妈妈时常打些零工贴补家用。多年后，我成为空军的高级军官，妈妈还和她的朋友在本地的一栋办公大楼当清洁工。

爷爷是我认识的最慷慨的人。他带我去钓鱼，去露营。因为他人缘好，邻居们都喜欢有事没事来我们家坐坐。他们在我家打牌，周六晚上烤排骨，或者坐在小门廊底下听广播，关注海盗队的体育新闻。爷爷在一家印刷公司的发货仓库里经营足球博彩，这是他微薄收入的主要来源。在我小时候，那都是稀松平常的事，就像星期日去教堂一样。后来我在弥撒上担任神父的助手，每天做完早弥撒我就跑回家匆匆吃顿早餐，然后再去上学。这时妈妈会把爷爷的“文件”从餐桌上整理好，给我腾出地方。

那时我家的经济条件虽然不好，爸爸和妈妈对我们的照顾非常细心。晚饭是全家相聚的时刻，吃的不过是爱尔兰移民常吃的食物，有肉、土豆和蔬菜。妈妈做得一手好烘豆，50年来，不管是我们家还是邻居家，野餐、婚丧嫁娶或洗礼都少不了这道菜。

爸爸妈妈对我们的教育格外重视。也许因为他们小时候正好赶上大萧条，生活拮据，所以受到的教育非常有限。妈妈只读到十年级。她用海盗的口吻大声为我朗读《金银岛》的情景至今仍历历在目。那本书有好几周都是我的睡前必读。

爸爸只读到八年级。他曾经是个前途无量的运动员，后来遭遇了经济危机和战争，膝盖受了伤。他教会我很多东西。我用左手击球，右手抛球都是他教的。虽然他在我身上下了不少功夫，但我最终还是没有拿到任何体育奖学金。

家人努力保证为我提供最好的教育。我先是上了圣彼得教堂慈善修女会开办的小学。当时我觉得那所学校徒有虚名，多年后当我就中情局的强化审讯技术与别人争辩时，我煞费苦心地提醒他们，我在教区小学读书时曾亲身经历 4 种审讯技术的考验（2 次被紧紧抓住，2 次遭受掌掴）。但不管怎么说，那里的基础教育绝对一流。这点我绝不夸张。

在北方天主中学的读书经历与小学大同小异：教会特色、纪律严明。必修课程包括神学、拉丁文、古典文学和历史，典型的文科传统。除了上学，我还经常去素有强盗资本家兼慈善家之称的安德鲁·卡内基捐建的社区图书馆。我是那里的常客，总能在成堆的历史书里找到归属感。

选择大学时，当地的杜肯大学成为我的首选：天主教派，学费适中，离家不远。直到加入空军，我才第一次在没有十字架的教室里上课。也是加入空军之后，我才发现我需要开车回家。小学、中学、大学几乎都在家门口，即使天气不好也可以搭公共交通。有时我不禁会想，我后来全球各地到处跑，是不是因为小时候上学离家太近。

在杜肯大学读书时，越南战争爆发。那时几乎全民皆兵，我选择了预备役军官训练营，心想即便将来上了战场，至少也是军官身份。我家没有过多的军事传统。爸爸在第二次世界大战期间加入陆军通信兵团，在北非和法国服过役。我舅舅谎报年龄参加了海军陆战队，在地中海转了一圈，后来在朝鲜长津湖大撤退中陷入包围。我记得小时候每次看电视，外祖父总是忧心忡忡地盯着电视机看新闻。

空军同意我留在杜肯大学，等拿到硕士学位后再从 1969 年夏开始服役。但那天不会太快到来。于是我和同在杜肯大学读书的芝加哥女孩珍妮·卡里尔结婚，那是我这辈子最英明的决定。婚后不久，我们有了女儿玛格丽特，很快又有了儿子迈克尔。稳定的收入和可靠的医疗保障开始展现它前所未有的吸引力。

尽管我们偶尔回趟老家，观看钢人队和海盗队的比赛，我说话还带有明显的匹兹堡口音，但我们再也无法回这里生活。20 年间，这座城市向外输出不计其数的大学毕业生和其他人才，而作为城市命脉的大批工厂却纷纷倒闭。杰出的市民、杰出的城市，只是没有工作机会。

依托教育、卫生以及众多将总部设在这里的企业，这座城市终有复兴的一天。我们可以预见，未来这里将会成为维持蓝领态度的白领城市。流经这里的三条河流如今已经恢复了清澈，甚至可以钓到鱼，但这座城市的人口依然只有之前的一半。

全国橄榄球联盟不了解情况的分析师或许会说，钢人队即便客场比赛也能遇到身穿黑色和金色相间球服、挥舞着钢人队队徽旗帜的球迷。2008年11月，某个周一晚上，我在联邦快递球场观看了钢人队与红人队的比赛。因为现场为钢人队呐喊助威的球迷过于嘈杂，主场作战的红人队开球时不得不以默念的方式喊出他们的战术代号。赛后，有位红人队的球员满腹牢骚，愤然地说："我们连他妈四分卫喊的什么都听不到。"但与其说球迷为钢人队欢呼，倒不如说他们为了20世纪七八十年代匹兹堡人的大迁移欢呼。对他们而言，无论球队走到哪里，都是连接他们与故乡的纽带。

每年圣诞节，中情局局长和副局长都要带领局里的工作人员齐聚大厅，拍照，握手，随意交换圣诞礼物，往往持续好几小时。每到这时，总有不少同事走到我跟前，介绍他们也来自宾州西部。

我在中情局的安保人员中也有不少匹兹堡人。我和珍妮持有钢人队整个赛季的球票，因而所有的比赛几乎场场不落。对我而言，周日下午1点到4点，坐在观众席上，看着那些队员在白线间来回奔跑，是我逃离喧嚣、彻底放松的最好方式。显然，保镖们并不介意往返开车8小时护送我去亨氏球场。钢人队的保安对我们非常和气，出入口对我们所有人一律放行，这样大家都能看到比赛。所以，中情局安全部门从来不会发愁找不到安保人员护送我们，因为同事们都很踊跃。

我和其他同乡为中情局带来了匹兹堡特有的蓝领特质。第二次世界大战期间的战场通信员恩尼·派尔在1937年访问匹兹堡时曾有过极其凝练的描述。他说："匹兹堡人只知道工作。"那篇文章的复印件后来在莫农加希拉斜坡车站（这条山坡缆索铁路至今还在运营）的公告栏里贴了好几年，直到纸张发黄才被揭了下来。

20 世纪 90 年代中期海盗队的广告宣传很好地把握了这种特质。一张本垒板的图片和一个黑色的午餐提盒，只有一句话：“来看看和匹兹堡人一样勤奋的橄榄球俱乐部。”很难想象道奇队或扬基队会这么宣传。

自 2002 年，我连续多年参加匹兹堡马拉松。匹兹堡马拉松规模很大，而且在人群的欢呼声中从我故乡的街上穿行，那种感觉无以言表。只有在匹兹堡，才会有路人给选手递上馅饼补充体力，还自以为在做好事。

最近有本叫作《歌唱城市》的书，对匹兹堡的生活不吝笔墨地进行了赞美。书中还引用某观察家的笔记，说这里处处可见的高炉把夜空染成了黄色，作者甚至还同情美国中西部的孩子永远看不到这样壮观的景象。

恩尼·派尔于 1937 年也表达过类似的想法：“肮脏的衣领在这里意味着繁荣。”

伍迪·艾伦说过“成功的 80% 是不缺席”，“只知道工作”与他这句格言有异曲同工之妙。而我爸爸的话则更简单直接。有次我和别的孩子打架回到家里发牢骚，他对我说：“不要发牢骚，要像个男人那样行动和保护自己。”

我的第二个教训更加个性化，来自我身边直接的环境。我们所在社区相对贫穷。我的朋友和亲戚，有的后来当了警察，有的成了罪犯，还有一两个介于两者之间。我父母给我们树立了崇高的道德标杆，但对别人却格外宽容。“不要妄加评论别人，我们都是上帝的孩子。”

这都是宝贵的人生经验。倘若有生之年你有机会在 1994 年萨拉热窝郊外的某座军营与波黑塞族战犯拉特科·姆拉迪奇在桌子前对面而坐；或者在你的中情局办公室里接见利比亚前情报机关负责人穆萨·库萨（当时他正担心导致 270 人丧生的洛克比空难会不会给他带来麻烦），这样的人生经验就显得格外重要。

那都是以后的事了。1969 年夏，我和妻子珍妮带着女儿玛格丽特离开匹兹堡，来到丹佛一家培养情报官员的专业学校开始了我的空军生涯，迈克尔就在这里出生。他出生后不久，我们搬到奥马哈市，后来又搬到关岛，在关岛我们有了小儿子利亚姆。我们一家人从来没有分开过。我们经常披上斗篷（那里随时都可能下雨），带着沙滩椅到关岛的露天电影院看电影。那时我通常只在凌晨3点到中午12点上班，因此有大把的时间陪伴妻子和孩子。珍妮每天给我们做好食物，一到晚上7点就把我们全部赶上床。

我和珍妮从没有下定决心在空军待上一辈子。在我们看来这只是一份工作，只不过工作地点不太固定，从北美到亚洲，到欧洲，再回到北美。我们和孩子们见识了许多想都想不到的事，那真是段不可多得的经历。有时我们觉得自己离不开这个圈子，但我们从来没有坐下认真讨论，也没有正式做出决定。

1999年，我进入国安局，孩子们大学毕业，并各自组建了家庭。在我2006年来到中情局，我已经有了3个孙子。由于工作原因，全家团聚的机会越来越少。我们有时会趁着感恩节或圣诞节挤出几周时间到北卡罗来纳州的外滩小聚。我们的大孙子称那里为“寒冷的海滩”。

2008年，我们的3个孙子分别7岁、8岁和10岁。劳动节时，我们单独带着他们去佛罗里达州帕特里克空军基地的海滨别墅度过了愉快的长周末。虽然在水中玩了很久，但工作却从未远离。那三个夜晚，每到凌晨2点到4点，安保人员就会敲开我的房门，护送我走过沙滩，与通信小组碰面并做出各种决策。

2007年5月，在杜肯大学的毕业典礼上，我针对家庭、根和工作发表了一次演讲。他们能够邀请我，我倍感荣幸。显然，不是所有人都同意这样安排，我听说有些老师顾虑重重。

其实，直到抵达匹兹堡，我才得知这件事。最后，演讲草稿删除了某些敏感话题。那天下午，因为实在不想错过这次机会，我在演讲时额外加了些内容。我始终不知道持反对意见的人是谁，但几年过后，杜肯大学有位英语教授公然反对匹兹堡市授予我的荣誉，反对将那条大街命名为迈克尔·海登将军大街。那条大街毗邻亨氏球场，距离我儿时的家大约180米。命名是在2008年定下的。

匹兹堡市长路克·拉文斯塔尔和我的弟弟哈里见过一面就下令竖起那块牌子。哈里比我小16岁，有望成为出色的情报官员。他机敏，好交际（他认识所有的人），特别善于诱使别人提供信息或做出某些举动。但市长应该不会感到压力，他很年轻，当时才28岁，也是北方人，同样毕业于北方天主中学。

当哈里告诉我市长的决定，我竟然只是关心比赛期间，我能不能在那条街上随意停车。

2年后，杜肯大学的那位教授和家人去参观卡内基科学中心时穿过这条大街，不经意间看到这块牌子，不禁勃然大怒，“海登将军的确为国家做出很大贡献，但鉴于他在布什政府虐囚丑闻中所扮演的角色，我认为匹兹堡不应该用他的名字命名公共街道”。

他征集了部分签名到市政府请愿，要求换掉路标。市议会把这件事列入公共诉讼事件表。于是，一方是教授和他的部分支持者，另一方是我的弟弟哈里和他的支持者。哈里指出教授所犯的事实错误：“这些居民以海登将军对囚犯动用水刑为由拒绝竖立这块牌子，看来他们对海登将军真是一无所知。最近一次动用水刑是2003年，而迈克尔2006年才出任中情局局长。”哈里随后还强调，正是由于我的干涉，中情局才最终取消那几种审讯技术。哈里说到最后有些怒不可遏，美国的安全决策还轮不到杜肯大学的英语系来指手画脚。（我觉得这句话说得很解气。）

海登团队还得到了十几个老兵、退伍军人协会以及海外作战退伍军人协会代表的支持。他们手执我小学母校橄榄球队教练、美国驻爱尔兰大使以及钢人队老板丹·鲁尼等人的支持信。市长办公室的态度是维持原状，即保留路标。自始至终我只问过弟弟一件事，那就是如果那块牌子留不下来，我能不能自己掏腰包把它买下来。

匹兹堡基本是民主党的天下，市议会毫不介意人们对布什的抨击。我弟弟说，朋友为了阻止他跳起来抗议，把他的大腿都掐肿了。但哈里那边有位朋友实在无法忍受对方过分的指责，忍不住跳起来直喊“胡说八道！”在场的老兵纷纷表示声援。

议会还是比较聪明的，他们发现保留路标的支持者大多是地方推选的选民，而对美国的情报政策妄加评论，议会的确并不擅长。他们还意识到，既然当初竖牌子时没有出现不合规矩的地方，如今自然没有必要将它拆除。这个问题最后就这样不了了之。

我想反对我出席杜肯大学2007年5月毕业典礼的那些人，理由大概与此相似。虽然校方很紧张，但最终风平浪静，没有人站出来抗议，连句不友善的话都没有听到。这是好事。那是杜肯大学诸多院系的联合毕业典礼，多年难得一见的盛事，大学的帕伦博中心挤满了毕业生和他们的家人，座无虚席。

我对毕业学子的发言简单直率。首先我指出，他们在杜肯大学4年的教育将有助于他们面对这个残酷喧嚣的世界，会建立别人难以企及的人脉。

我向他们讲述了我去以色列的一次经历。当时，我坐在以色列的军事直升机上，飞越了“伯利恒、耶路撒冷，能清楚地看到下方的哭墙和阿克萨清真寺。再飞上几分钟，我就能看到……加利利海”。

那里是犹太教、基督教和伊斯兰教共同的圣地，但当时却战火纷飞，“第二次大起义（阿克萨群众起义）持续了将近一年，大街上的以色列人和巴勒斯坦人每天都游离在生死边缘”。只有站在广阔的（历史的）视角才会发现，即便如此混乱，我们之间的一致仍大于分歧。

随后我强调，学校不会教会他们所有问题的答案，很多事情要靠我们自己去探索和发现。当年的教授就没有揽着我的肩膀说：“迈克尔，把这份书单上的书全部读完，有朝一日你在布什政府任职，处理国家安全战略问题时就会心中有数。”我的西方文化课虽然对奥匈帝国的历史有过详尽的描述，但它并不会告诉我，1994年南斯拉夫内战期间，我站在萨拉热窝望着周围山上的塞族武装力量，知道下一步该怎么办。

我继续说道："实际上，我当年接受的教育恰巧为日后的此类情形打下基础，当然没有具体告诉我该怎么做，因为将来谁也无法预测。但总的来说，我接受的教育在当代美国近乎一流，你们也是如此。"

我演讲的另一个主题是价值观。我告诉那些毕业生，根据多年来我处理棘手问题的经验，"有一点我看得越来越清楚：职位越高，年龄越大，很多问题在我看来变得越来越基础。于是很多时候我没有依赖工作后积累的专业技能，而是越来越依赖我在匹兹堡、在父母膝头、在北方天主中学、在河对面的圣彼得小学以及在杜肯大学所学到的基本价值观"。

我提到我在杜肯大学学习过的"具有挑战性的哲学和神学课程，它们对我而言就像最奇妙的礼物……让我至今仍受益匪浅。当我航行在汹涌的大海，它们是我可靠的锚；当我走向远方，它们是我的指南针；当我身处黑暗，它们是黑暗中的一束光"。

最后，我提醒这些毕业生，"人生会赋予你们新的责任，谁都不能碌碌无为。责任需要行动。我的责任是捍卫国家、捍卫良心；我是杜肯大学培养出来的学生，我必须有所作为"。

随后我向在座的毕业生和家长表示感谢，转身走回我的座位。当我弯腰把讲稿放在椅子旁边的地板上，身旁的牧师低声对我说，我得回到讲台上。因为学生和家长全都站起身，他们热烈的掌声经久不息。

我走回讲台，诚挚地向这些可爱的家乡人挥手致谢。

第十四章

“没有核心，就没有战争”

叙利亚艾其巴，2007—2008年

我们在中东国家的情报机构有许多盟友。2007年4月，某个国家的情报机构负责人来到兰利的局长办公室。此人说话直截了当，从不拐弯抹角，听起来虽然公事公办，但却充满了人情味儿。

那天他给我带来了爆炸性新闻。他递给我一些照片，几乎展示了一座核反应堆的全貌。地点位于叙利亚东部沙漠艾其巴小镇附近。该设施修建时我们已经捕捉到了卫星影像，但因为假墙体和假屋顶的掩饰，我们很难最终确认。国家地理空间情报局2006年全年都在定期拍摄卫星照片，最终的结论是“神秘莫测”。我们只知道那是处非常重要的设施，但具体是什么却无法给出答案。

我们曾经与美国的情报同盟分享了10年间朝鲜与叙利亚核合作的零星证据，甚至明确指出叙利亚东部沙漠是建造核设施的理想场所，因为那里可以从幼发拉底河获取冷却水。确定了基本目标，我们便利用卫星图像搜寻那一带的可疑建筑，叙利亚和伊拉克走的是同样的路线，战争消耗了大量资源。最终，这处设施进入我们的视野，但它的外观早已改变，从外部看不出具体用途。

我们的证据曾经起到战略预警的功能。如今我们手上掌握了近百张该设施正在建造的照片。从照片上不难看出，此处地形与朝鲜宁边核反应堆形状相似，周围竖起很多假墙，墙体内侧的某处帐篷下方，反应堆部件清晰可见。有张内部照片还显示出可以安插铀棒的钢筋混凝土构造。这绝对是高质量的战术预警。

碍于谍报活动协议，我们无法询问这位盟友如何获得这些照片。考虑到这些照片的机密程度，以及美国政府向来在保密工作方面不尽如人意，他能够和我们分享已经非常慷慨。（据我估计，这位朋友希望我们能证明朝鲜与叙利亚在暗中勾结。）我们推断，这些照片可能是从某个大意的叙利亚科学家的电脑上窃取而来，但照片来源实际上无关紧要。只要这些照片确定不是伪造，就是非常具有说服力的证据。

这位朋友离开后，我立即下令鉴定照片真伪。很快，中情局的专业人员报告说这些照片真实可信，除了其中某张照片上皮卡车身的字迹被涂掉，其他并无修改痕迹。我们的工作人员甚至可以根据照片和卫星图像绘制出一模一样的 3D 模型。这些都足以证明照片的可靠。

第二天上午，我就此事向总统报告。由于中情局代表前一天曾随代表团进入白宫，与副总统和斯蒂芬·哈德利见过面，因而这件事白宫已然知晓。进入总统办公室，我探身倾向副总统切尼，切尼早就相信叙利亚存在核设施，坦白说：“副总统先生，您之前的看法是对的。”

我把那些照片和卫星图片摆了出来。总统现在最痛恨证据不足就开展行动，因为在这片地区，任何行动都有可能导致局部战争……而我们的盟友又向来自以为是，不听我们的解释。

由于之前在伊拉克核项目上有过情报失误，这次总统果然再三要求我们认真核实。同时他还严令此事暂时保密，如若泄露，肯定会有更多部门的参与，那时他无法享有最大限度的行动自由。

进行核实并保守保密。这两件事哪一件都不容易做到，放在一起又相互矛盾。为了核实情报，我们需要搜集更多的情报，需要派出更多的特工盯着那块地方，需要更多的专家对情报进行评估。这意味着知道这件事的人会越来越多，知道的人越多，泄密的风险特工就越高，叙利亚人迟早会察觉我们的动作。到那时，我们半开玩笑说，叙利亚总统巴沙尔·阿萨德会宣称那里是个日托中心。

这处设施有很多可疑之处。它看似普通，连明显的安全设施都没有，但它的选址显然经过仔细挑选和认真勘测。设施旁边是一条与幼发拉底河平行的公路，在公路与设施之间有道遮挡行人视线的沙堤。此外，设施周围是一望无际的平原，任何企图刺探情报的行为会一览无余。

我们启动国家手段进行情报搜集，并仔细核查之前的档案，希望从中找到蛛丝马迹。记录显示，有不少涉及朝鲜核计划的人士曾经到访叙利亚。还有零星证据表明两国之间有秘密的海上往来。这些最近获得的情报使我们不得不重新审视朝鲜和叙利亚两国在核问题上的关系，经过对零散资料进行重新分析，我们发现两国自 2001 年起就暗中保持联系。

在 6 月初的卫星图像上，我们可以看到叙利亚正在河边挖掘冷却水引入口，干河床上出现两条沟渠，我们推测是用来埋设管道，一条用来引入冷却水，另一条排出热水。从上空看，那处设施就像沃尔玛的仓库，但除了核反应堆，任何设施都不会需要如此大量的冷却水。叙利亚低调地选择地下管道和冷却系统，而放弃使用高耸地面的冷却塔，也符合该设施的机密性。

总统要求我们务必拿出百分之百的证据，所以我们采取了其他措施。首先，我们向某外部专家出示了我们搜集到的数据，并征求他的意见。“这肯定是核反应堆。”他在报告中下定结论。

随后，我们将数据交给经常和我们唱反调的团队进行鉴定，希望他们能从逆向思维的角度给出不一样的解释。比如，从某些方面可以看出这不可能是核反应堆，不可能在生产核武器需要的钚元素，此事不可能与朝鲜有关联。结果他们把我们的数据和资料代入各种可能性中逐一验证，最终得出的结论是：“如果那里不是核反应堆，也必定是个假的核反应堆。”

如此一来，那里是反应堆确信无疑，但这只是个开始。我们还要从其他方面着手调查，比如倘若叙利亚要实施自己的核武器计划，他们都需要哪些条件。我们还知道其他几处可疑的设施，但一直缺乏关键性证据。或者换句话说，我们并没有发现真正的核弹头，也没有发现发展核计划必需的后处理设施。

准确的情报是决定政策的关键。艾其巴的反应堆必须清除，但不能因为清除而在中东地区引发冲突。中情局的分析人员知道面临的挑战，他们将总统的政策目标高度概括为一句话：“没有核心（核反应堆核心），就没有战争。”

随后我们围绕有限的选择展开一系列激烈的政策讨论。单纯的外交手段无济于事，公开谴责收效甚微，联合国基本指望不上。叙利亚总统阿萨德大可以用各种理由阻止检查员，直到反应堆变成既定事实，到那时，我们掌握的情报将没有任何意义，我们也将因为亮出底牌而无比尴尬。

我们慎重考虑了特种作战的方案。我们可以派遣一支特战小队，神不知鬼不觉地空降到此处，捣毁关键设备后迅速撤离。那里没有明显的安保力量，而反应堆地处沙漠腹地，周边没有城镇或军事设施，相对孤立。用这种方法摧毁核反应堆的最大好处是不张扬，不容易给人留下口实，而且大马士革很可能不会做出剧烈的军事反应。问题是一支特战小队能否携带充足的装备去摧毁这个用钢筋水泥混凝土搭建起来的庞然大物。另一个备选计划是摧毁幼发拉底河引水口的水泵站。当然，这个计划相对比较容易，但只能起到暂时拖延，无法解决根本问题，也容易暴露我们的目标。总之不管采用哪种方案，我们都有可能被察觉。

还有一种选择是空袭。我们知道该设施的具体位置，也知道它的结构组成，很容易瞄准目标和选择武器。无论是从美国本土，还是从附近的空军基地或者游弋在地中海或波斯湾的航空母舰，B-2 轰炸机都可以起飞并完成轰炸。虽然叙利亚拥有一定的防空能力，但我们认为威胁指数不足为虑，况且没有充足的证据表明那里布置了空防力量。从各个方面考虑，这个方案均可行，但发动这样的突袭势必会让某些人给美国扣上挑起区域战争的帽子。

讨论得越多，我们越是倾向于折中的方案：将该设施的存在公之于众，要求阿萨德在一定期限内请调查人员进入设施以证清白，同时保留采取最终行动的权利。这样做可以展现我们的忍让以及对众多国际机构的尊重，不足之处在于，阿萨德会有充足的时间来掩盖证据，准备抗争；更何况我们在叙利亚还有 7000 名美国公民，他们很有可能无法及时撤离。

究竟采取何种方案，很大程度上取决于我们对叙利亚领导人巴沙尔·阿萨德的分析和判断。据我们了解，他原本无缘总统之位。他的哥哥巴西勒才是叙利亚原总统哈菲兹理想的接班人。哈菲兹残酷而睿智，出身于拉塔基亚附近的阿拉维派穆斯林家庭，通过不懈奋斗终于在 1971 年当上叙利亚总统。他的铁腕统治给叙利亚带来了 30 年的稳定与和平。

巴西勒追随父亲的脚步，和他父亲一样有从军经历，担任过总统卫队领导，在国内威望很高。他还是个跑车爱好者，这一爱好最终葬送了他的性命。1994 年某个大雾弥漫的夜晚，他驱车以时速 129 公里的速度驶往机场，结果发生车祸不幸身亡。

巴沙尔与父亲并不亲近，也没有过多参与管理工作。他在叙利亚读的医学专业，后来到伦敦实习眼科。巴西勒死后，父亲只好选定他为接班人，并着手培养。

阿萨德家族的故事时常让我想起马里奥 · 普佐小说《教父》中的柯里昂家族。与小说中黑帮家族间的关系相似，阿萨德家族与马赫卢夫家族在政治上结为姻亲。柯里昂的继承人桑尼被害，而阿萨德同样失去了他的接班人巴西勒。唐 · 柯里昂有个更出色的儿子迈克尔；从很多方面看，哈菲兹似乎只能把位子传给弗雷多。有人曾怀疑艾其巴项目早在哈菲兹 2000 年去世之前就已开工，原因是他意识到他儿子多么懦弱。

我们眼中的巴沙尔性格阴沉。我们曾经试着与他合作，阻止越来越多的外国武装人员进入伊拉克，却吃了闭门羹。叙利亚人仿佛对此视而不见，他们千方百计拒我们于千里之外。另外，风起云涌的运动可以归结为地方腐败、缺乏控制、领导层出现政策分歧以及政府的软弱。在此基础上他们很难做出稳妥的决定。

我们早就将巴沙尔视为“连续的误判”。在我们计划制造的危机中，我们担心向他提供任何看似合理和诱人的帮助，都会遭到他的拒绝。他不是自信或坚定的决策者，一旦被逼得走投无路，就会更加难以捉摸。他害怕受辱，所以总是摆出强硬的姿态，但内心多半惊惶不安。考虑到自己的生存处境，他知道越是表现得软弱，越容易受到威胁。2005 年，他迫于压力只能从黎巴嫩狼狈撤出，这使他颜面扫地，他绝不允许类似的事情再度发生，因为那对他而言将是无法挽回的灾难。

我们的许多分析师判断，巴沙尔绝对不会放任艾其巴被摧毁而无动于衷。最保守的估计是，突袭至少会引起大规模所谓的“自发”游行示威，使美国驻叙利亚大使馆以及叙利亚的美国公民受到安全威胁。我们推断，鼓动爱国主义会在叙利亚人民中引起积极响应，许多叙利亚人会对政府启动核计划感到自豪，阿萨德还会给驻伊美军带去不少麻烦。他甚至可能会向占领戈兰高地的以色列人提出更多要求，因为他错误地认为 2006 年的以色列与黎巴嫩真主党冲突暴露了以色列的弱点。

分析师们还补充，伊朗多半会把摧毁艾其巴事件看作对他们决心的考验，他们在发展核武方面同样野心勃勃，而且有可能会暗中支持叙利亚。

6月，我们在白宫召开决定性政策会议。为了避开总统的公共日程安排，会议地点不在白宫西翼，而在二楼的黄色椭圆厅。国家安全部门的全体成员悉数到席，有国防部部长、国务卿、联席会议主席、国家安全顾问、国家情报总监等。

一大群人挤在椅子和沙发上，白宫的服务人员给我们倒上冰茶，便退了下去。总统让斯蒂芬·哈德利主持会议，他要求我们首先汇报最新情报。

“总统先生，”我说，“我们有四大关键发现。第一，那的确是个核反应堆；第二，朝鲜人与叙利亚人在核项目上的合作已经有 10 年之久；第三，朝鲜人建造了这座核反应堆；第四，该项目属于核武器计划的一部分。”

看到有人准备发言，我示意他们让我说完。美国在伊拉克核问题上的确判断失误，是因为那时我们盲目自信。经历了这件事，我们得到的教训是不仅要分享我们确定的情报，也要分享我们仍在怀疑的情报。

我继续说："那是个核反应堆，这点我绝对有把握。我敢担保，这不会有错。"

"叙利亚人和朝鲜人在发展核项目上合作已久，长期以来来往密切，对此我们掌握了确凿的证据，绝对可信。"

"朝鲜人建造了这座核反应堆，这一点毋庸置疑。因为叙利亚的核设施几乎就是宁边核设施的翻版，像这样的核反应堆，自20世纪60年代英国放弃设计以来，只有朝鲜有过建造的历史。可惜我们没有直接证据，能够证明朝鲜人到过这处核设施的照片只有一张，因此我们只能将这条情报列入中度可信范围。"

"显而易见，这是叙利亚核武器计划的一部分。像这样高风险的项目，除了核武器，我们找不到任何理由可以解释它的用途。"

"总统先生，虽然说它是核武器计划的一部分，但我找不到这个计划的其他部分。没有后处理设施，也看不到武器化的努力。因此这条情报的可信度相对较低。"

在继之而来的寂静中，国务卿赖斯说如果几年前她能得到这样有价值的警告就好了。

随后总统表示，在我们实施行动之前，必须首先确定美国受到的威胁迫在眉睫。因为拿不准叙利亚核反应堆是否为核武器计划的一部分，总统的意见是，"我们无法对该处设施实施打击"。

情报通常为政策讨论设定边界，这往往限制我们的选择。但那一天，情报对政策的决定性作用前所未有。我们感觉情报和政策就像一对齿轮，而它们的齿轮速比为1比1，不相上下。

我们就这个问题又讨论了一会儿，只有副总统表达了不同的意见。他认为除了叙利亚和朝鲜，我们需要向伊朗传达强烈的信号。告诉他们，只要他们胆敢越雷池一步，美国就一定会实施有效打击，而且美国在这件事上绝对不会犹豫，因为艾其巴地处偏僻，周围并没有平民居住。但我感觉会议室中没有多少人会同意在没有事先警告或声明的情况下贸然轰炸别国的设施；这会给他人留下美国先发制人发动战争的口实，并加剧那个地区对美国的恐惧。

最后，总统同意了我们的整体方案，决定步步为营。首先将反应堆的事公之于众，给阿萨德施加舆论压力，向他提出一系列要求。我们保留使用武力的权利，但在总统心中，真正的问题并不只是一座核反应堆，而是阿萨德和叙利亚的总体政策。处理得当，即将到来的危机将成为我们解决众多问题的杠杆：叙利亚对哈马斯和黎巴嫩真主党的支持；外国战斗人员进军伊拉克的通道；大马士革继续对黎巴嫩实施干预；叙利亚与伊朗结盟。

叙利亚已经成为白宫政策讨论的常规主题。我们关注的重点是如何使伊朗终止对叙利亚的支持，或者用斯蒂芬·哈德利的话讲“敲打敲打阿萨德”。从地缘政治学讲，这的确有几分道理。因为就目前大马士革与德黑兰的关系，前者处于劣势。但真正的进展却在别的方面。阿萨德认为这一切都是因他而起——换句话说就是政权更替——他甚至允许他的姐夫兼军事情报长官阿塞夫·肖卡特（在阻止外国战斗人员进入伊拉克的问题上我们双方曾有合作）向我们传话，告诉我们大马士革从美国身上只能看到无情的压力。看样子他们不至于背叛自己的盟友。

我们无意推翻阿萨德政权，但中情局并不介意对他之后的叙利亚形势进行分析。在井然有序的政权更迭（读作内部权力斗争）中，我们希望后继政权在安全与军事部门依然由阿拉维派主导，甚至仍由巴沙尔担任名义上的国家领袖。我们还认为，针对阿拉维派统治的反对活动将很快陷入难以控制的混乱，从而增强穆斯林兄弟会和库尔德分裂分子的力量，因为他们是叙利亚境内组织最为有序的反对派。力量弱小而不团结的自由派对手要想得权，唯一途径就是逐渐削弱政府的力量，并乘机壮大自己。

2011 年 3 月，叙利亚不可救药地滑向地狱。当政府安全部队在叙利亚西南边境城市德拉逮捕十几名在墙上涂鸦反对阿萨德的年轻人时，我开始怀疑这些分析有多少公开了。

2007 年，我们需要解决的问题是核反应堆。按照总统的计划，首先要将艾其巴的情况公之于众，然后等国际原子能组织进行调查。当然调查之前必须征得当初提供情报的当事国许可，毕竟最先发现反应堆的国家并非只有美国，我们的很多发现都是基于他们的数据。他们很快做出回应，表示使用外交手段只会浪费大量时间，他们没有办法再等下去，即便由美国主导并最终采取行动也不行。他们的意见就是不同意。

我们只好继续等待。在此期间，如果我们无意发动袭击，也势必要提防其他国家先发制人，不能逼得太紧。不了解情报圈的人总以为情报机构可以无法无天。或许在某些国家的确如此，但在法律健全的民主国家，尤其是美国，我们没有那样的权限。未经授权的行动我们不能胡来，也不能怂恿别人胡来（即便为了他们国家的利益）。我们没有轰炸权限，不能协助别的国家进行轰炸。

因此我们只能继续进行情报合作，加深对形势的了解，等待时机成熟。我们不能透露该处设施的相关情报，避免使它沦为袭击目标，包括那些为获得预期效果而进行的精确计算，譬如确定使用武器的数量、目标点以及用于目标测量的卫星影像。这是底线，虽然没有明说，但却真实存在。

形势危急，时不我待。此时，艾其巴核设施的外部建筑已经完工，冷却系统正在做最后的准备，但金属铀何时运至此处我们并不知情。倘若等到核反应堆运转后才实施打击，从而导致的核辐射与核泄漏将会使袭击者至少承受半个世纪的谴责。

9月6日晚，艾其巴反应堆被摧毁。后来被问及美国在其中扮演的角色时，斯蒂芬·哈德利准确地回答："我们没有请求任何人的许可，也没有任何人给我们许可。"

整个任务执行顺利，没有惊动叙利亚防空部门。根据袭击后的卫星图像，目标被彻底摧毁无疑。那些假墙和屋顶被炸得无影无踪，安放核心的钢筋水泥混凝土结构被延时爆炸装置炸毁。从图像看，那确实是座核反应堆。

此后我们的策略是对叙利亚的任何抗议视而不见。我经常和4月份把反应堆照片送到我办公室的那位朋友通电话，这位情报官员态度强硬，工作起来不知疲倦。他和参谋人员认为，只要我们对这次袭击只字不提，阿萨德就不会觉得他脸面无存，叙利亚很可能不会做出任何反应。他们怀疑，大部分叙利亚人，包括叙利亚某些高层官员都不一定知道艾其巴核反应堆的存在。为了避免 2005 年从黎巴嫩撤军的耻辱重演，巴沙尔想必宁可吃个哑巴亏，但我们要给他留点空间“从暗礁下爬上来”。

我本人没有那么乐观，但我认可此事要低调处理。因而我们和往常一样，就像袭击从来没有发生。

然而媒体却闻风而动，时常有文章见诸报端，但记者们说不清楚究竟发生了什么及为什么发生。当媒体绞尽脑汁却毫无头绪时，我在兰利七楼的局长办公室甚至有些幸灾乐祸。“没有看上去那么简单，对不？”某个早上我在检查每日新闻提要时，不由得自言自语。

叙利亚方面当然不会给媒体任何发挥的空间。他们悄悄拆除了剩余的建筑，并在原地建起一个类似五金仓库的库房。

当然，整个袭击能够做到密不透风，国会功不可没。法律规定任何“重大情报活动”都必须及时通报国会，这次行动也不例外。

我们在国会只是小范围公开，仅限于两院情报委员会的高层。为避免引起国会议员的注意，那年春天，我们在波林空军基地的国家情报总监办公处举行第一次会议，毗邻的阿那卡斯提亚河对岸就是联邦政府所在地。会议上我们开门见山，只是向他们通报了行动内容，既没有请求他们协助，也没有请求他们批准。

到了 2007 年秋末冬初，参加会议的 4 位高层开始失去耐心。他们知道艾其巴爆炸事件的真相，也知道它被摧毁，但他们头疼的是如何向其他国会议员解释。既然这件事迟早都要公开，为何还要限制知情圈？他们担心议员会如此发问。这段时间可谓多事之秋，监视和关押的简报越来越有限，总统大选又即将启动，国会的耐心正在消耗殆尽。参议院情报委员会的资深共和党议员彼特 · 霍克斯特拉对这种知情受限十分恼火，经常在国会发表言辞激烈的评论。

袭击过后，中情局的态度渐渐倒向国会这边。巴沙尔政府事后保持沉默，这表明他们实施报复打击的可能性不大。作为联邦政府的组成部分，中情局如果和监督委员会领导人的关系搞僵，日后的工作将很难开展。更何况即便政府换届，中情局和国会还得打交道。

我们还有更具说服力的理由。政府正在就核问题与朝鲜方面进行最后的谈判。美国驻韩大使克里斯托弗·希尔凭借和朝鲜人多年打交道的经验，力图在政府换届之前达成书面协议。我在板门店和日内瓦与朝鲜人打过交道，这些人曾经让我抓狂，克里斯托弗面临的挑战不难想象。

现在和他谈判的国家刚刚被证实造成史上最严重的核扩散行为，而他们竟然还未因此受到谴责！

应盟友要求，总统决定对此事暂时保密，但根据我们判断，我们不需要顾虑阿萨德的颜面。现在我们需要把这件事搞得天下皆知，防止朝鲜核协议被出售给某个国会，并阻止这段插曲被公众忽略。

我们在国家安全委员会的正副首脑会议上紧抓这个问题不放，并在国会上向两院情报委员会、国防委员会以及外交关系委员会做简报，还要将大量内幕消息公之于众，对国会简报自然而然地进行补充。哪怕我们再小心再谨慎，向众多委员会做过简报后，这件事注定被公众所知，这时政府再将事件经过全盘托出就顺理成章。

这种做法正确无疑，我们并不反对公开中情局行动的成功案例，这或许有利于改善我们在公众心中的形象。中情局的老员工应该都还记得，2003 年国务卿科林·鲍威尔在联合国会议上发表演说，谴责伊拉克制造大规模杀伤性武器，乔治·特尼特就坐在他的身后。身为国家情报部门负责人，行事却如此高调，或许让某些人很不舒服。然而时至今日，大部分人对此已司空见惯。

斯蒂芬·哈德利最终选择站在我们这边，但提出一定条件。他希望我们将此事前因后果制成视频。“只有这样，人们才能明白我们的做法没有问题。”

为此我们破例制作了一段视频，展示了盟友送来的实景照片、我们截获的卫星图像以及参考过的其他情报资源，并详细列举了从何判定那是核反应堆的理由。

与同年录制的优秀纪录片或广受欢迎的特效大片相比，那段视频不值一提，但某中情局分析师公允地说：“用 11 分钟的时间交代整件事的来龙去脉，我不知道有谁能够做得比这个更出色……它使我们从情报失误的指控中走了出来。”

4 月底，那件事从开始到此刻整整过去一年。我们向 6 个国会委员会做了简报，并在兰利召开新闻发布会。事情过去这么久，我们才向国会大范围地进行通报，国会对此颇有微词。众议院情报委员会资深共和党议员彼特 · 霍克斯特拉愤慨不已，他扬言要在下午召开的新闻发布会上给我们难堪。局长办公室等工作人员则告诉他的参谋人员，如果当天他要来兰利，我们无法负责他的人身安全，因为他并不在邀请之列。谢天谢地，他最后没找我们的麻烦。

《纽约时报》驻华盛顿首席记者戴维 · 桑格参加了发布会。他在此类事件上经验丰富，后来他评论说，那是次“非比寻常的简报”。视频播放结束，斯蒂芬 · 哈德利、约翰 · 麦康奈尔和我分别介绍了掌握的情报和事件的先后。

我们勉强将此次事件视为中情局的成功案例。上帝知道，我们只是行动及时，得到了朋友的相助。通过分析，我们认为那是个反应堆，事实证明这个结论完全正确；但在叙利亚受袭之后将会如何反应，我们的判断出现失误。因此，这次成功并非人力情报的成功；其实我们缺乏的恰恰是人力情报。

人力情报缺失部分原因是得知内幕的叙利亚官员数量有限，增加了我们刺探情报的难度。直到核反应堆被摧毁，美国的人力情报都没有向我们发出警报，难免令人失望。

整件事让我们意识到大胆设想的重要性，就像某位顶级分析师所言，“遇到那些不可思议的事，你会怎么办”，尤其是当你的能力不足以应对所有不可思议的事。阿萨德父子冒这么大的风险发展核计划，可他们离核武器还差得很远。他们的大胆举动超出我们的理解和想象，或许因为他们随时随地缺乏安全感，或许因为他们与以色列平起平坐的决心，或许因为他们想要成为阿拉伯强国的野心。

有趣的是，艾其巴核设施被摧毁后，朝鲜工程师还进行了回访。这不由得让我们心生疑虑，怀疑这处叙利亚核设施其实属于朝鲜。计划暴露后，钚早已运回平壤，而朝鲜稍后会向叙利亚提供武器作为交换。也许事实并非如此，但无论如何朝鲜都不可能置身事外，于是我们开始在全球范围内仔细搜索，核查其他地方是否有类似艾其巴项目的存在。

伊朗人会不会牵涉其中呢？毕竟朝鲜帮助伊朗和叙利亚研发了导弹，在阿拉伯世界，叙利亚与伊朗的关系最好，也是伊朗唯一的朋友。

正如我们所说，艾其巴事件本身充满谜团。它背后还有很多我们不知道的秘密。

我们对这个秘密严格保密，直到时机成熟采取行动时才予以公开。即便如此，我们也付出了一定的代价。我们的情报隔绝相当成功，但倘若摧毁行动引发战争，我们势必付出更沉重的代价。前期没有被汇报的决策者和国会议员（包括某些情报分析师）必定因为没有征求他们的意见而万分恼怒。2007年的中东地区被我们描述为“一点就着的干柴”，尽管如此，在寻求建议方面，我更多仰仗的是武器专家（这到底是不是核反应堆？），而不是地区问题专家（然后会发生什么？）。这种做法显然考虑不足，相当冒险。

中情局的很多同仁都表示理解。4个月后，布什总统视察中情局，中午在我们的员工餐厅用餐。有个年轻的分析师趁总统吃汉堡和薯条的工夫走到他跟前。她递给总统一枚艾其巴团队特意铸造的纪念币。纪念币正面是中情局的盾牌标志，反面是叙利亚地图，上面用五星标注了艾其巴的位置。地图下方写着：“没有核心，就没有战争。”

这样的纪念币我收藏了一枚，但我高兴不起来，甚至没法将其视为中情局的情报胜利。我们的判断没错，但在情报搜集上举步维艰，最后不得不依靠外援（尤其是盟友送来的实地照片）。后来，在情报整理和分析方面我们做得很好，不过很多情报并非来自我们自己的情报机构。所以10年后，当美国自信满满地宣称靠美国自己的情报系统掌握了伊朗人的一举一动，我不由表示怀疑。我想到了叙利亚、伊拉克、印度和巴基斯坦。如果说美国的情报工作突然变得如此优秀，我们在过去的几年得迈出多么巨大的一步啊。

第十五章

间谍活动、官僚主义及家庭生活

弗吉尼亚州兰利，2006—2009 年

在鲍勃·迪伦 1966 年发行的《金发佳人》经典双张专辑第三面，有首歌叫作《甜蜜玛丽》，道出了歌者对不忠行为的哀叹。在富有洞察力的歌词中，有这么一句“想生活在法律之外，那就必须诚实”。

中情局显然不可能存在于法律之外，至少不可能存在于美国法律之外，它容许出现法律或道德过失的空间非常狭窄。中情局从事的工作，别人干不了，也不允许干。举例来说，没有哪个联邦机构会像我们这样把伪装当成主要的工作内容，或者像某些人讽刺的那样，秘密检查别人的信件却不留下任何蛛丝马迹。

中情局的标志是入口处铺着大理石的大厅：地板上是中情局的盾形局徽，大厅右侧墙上是代表殉职人员的 70 多颗星星，左侧墙上刻着《约翰福音》的名言：“你们必晓得真理，真理必叫你们得以自由。”

现代管理顾问或许会将这句话视作中情局的愿景宣言，是对理想最终状态的描述。如果你穿过这道门，走上大理石楼梯，向左看便能看到一座中情局博物馆。自由女神的壁画上方也有一句话：“我们是国家的第一道防线。别人做不到的，我们做得到；别人去不了的，我们去得了。”这位顾问或许又会说这是中情局的使命宣言，这就是中情局的独特之处。

这给我们带来了沉重的道德负担。在中情局的训练中心向即将毕业的特工发表演讲时，我提醒负责训练的官员：“你们也许是这些特工见过的唯一美国面孔。你把他们招进中情局，相当于把他们和他们家人的命运握在手中。永远不要忘记这一点。”

分析师们背负着同样重担。他们首先要诚实，其次还要有勇气表达自己的观点。很多时候，他们的意见和别人不同，即便那并不讨人喜欢。

特工要严格遵守保密协议，这意味着即便长时间加班、心情不佳、假期取消、突然出差或无法兑现承诺，他们也不能向家人解释，可能要面临家人朋友的误解。2008 年，安吉丽娜 · 朱莉在新片《特工绍特》中扮演中情局特工，为了了解我们的工作性质和内容，她和数名中情局女特工进行过视频聊天。后来我加入其中，并感谢她愿意付出时间来了解我们的工作，但在随后的简短交谈中我提到了中情局特工时常面对的工作压力，并提出如果制片方允许，可否在影片中增加某些细节，比如有个特工表示只要放他 90 分钟的假让他去接送孩子和他们的队友参加足球比赛，他愿意通宵加班。

当然，他们没有加入这样的桥段，因为那和电影情节格格不入。影片中充斥着大量的追逐和刺杀场面，电影就是电影。但我仍然认为，足球老妈（或老爸）的情节更贴近我们的现实。

我进入中情局将近 3 年。3 年间，即便在中情局最遥远、最前沿、最孤立的基地，我从没见过像杰克 · 鲍尔或杰克 · 瑞恩那样神通广大的特工英雄。相反，中情局特工其实都是普普通通的美国人。我通常会告诉我的听众，他们“就像你们的朋友和邻居……如果你住在弗吉尼亚北部，说不定他们恰巧住在那里”。中情局由普通的美国人组成，只不过是身处险境，从事危险工作的普通美国人。

中情局每年 9 月都会举行家庭日，时间通常选在周六。那一天，2000 多名特工及家属齐聚总部，我们那草木丛生、与世隔绝的农场（培训基地）顿时热闹得就像县城的集市。孩子们爬上防弹萨博班，或跟着驯犬员和警犬在园子里面参观。伪装的商店只有小孩子才能站得进去，父母则拖着他们的孩子跑到测谎仪前充当“小白鼠”。简单的欢迎仪式过后，我和珍妮站在餐厅（宛若盛大的教会野餐）外面迎接客人。迎宾队列必不可少，接下来的几小时我们要和客人们不停地讲话。

客人们分为两类。一类是中情局官员和他们的父母。有些老人特地从奥尔巴尼或凤凰城飞过来，有些驱车从罗利赶过来。显然，他们为自己的孩子感到骄傲，也为自己到中情局用餐兴奋不已。

第二类人数稍微少点，40 人左右，中间夹杂着一两个少年。不时有员工领着小朋友来到我和珍妮面前，告诉我这是他们第一次带孩子参观自己的工作环境。他们全家像郊游那样穿过弗吉尼亚北部，然后在乔治·华盛顿纪念大道上转个弯，就来到这个全新的世界。珍妮问某个小姑娘，对今天的发现有何感想。“我妈妈是个特工。”她说，“这太酷了。”

我们感到庆幸的是，全国上下想要加入中情局的公民不计其数，这为我们提供了仔细筛选的资本。我任局长前一年（即 2008 年），我们共收到 16 万份求职申请。除了在网上申请，还有很多人直接给我们写信。最终，我们只录取了这些求职者的百分之一。他们的平均年龄在 29 岁，此外最明显的要求就是他们曾经的工作经历（四分之一当过兵）和第二外语（对外国的情况越了解越受欢迎）。

我和珍妮喜欢举办社交活动认识新同事。最初几年，这样的活动我们每个季度都会举办，直到处理完历史遗留的任务，这些活动成为中情局惯例固定下来。

我们会邀请新进员工和他们的爱侣，中情局的某些领导也会参加。活动时间通常在下午 6 点到晚上 8 点，但我和珍妮往往要待到 9 点 30 分才能离开。

新进员工的年龄在 20—60 岁，来自各行各业，有工程师、科学家、财务主管、人事专员、安全人员、特别助理、开放源码官、语言学家、分析师、核心收集师等。许多人精通阿拉伯语、汉语、波斯语、韩语或俄语。

那样的夜晚尤为特别。我们和大家促膝谈心，询问他们对中情局的印象和看法。我们对那些秘密特勤人员尤为关注，会问他们用什么身份掩护？都有谁知道你在这里工作？你会把自己的秘密告诉什么人？

有个年轻姑娘说她把她在中情局工作的事情告诉了父母，但她有点后悔告诉了爸爸，因为他特别为女儿骄傲。这位姑娘说，她担心爸爸会不小心说漏嘴。

掩护特工的身份至关重要，我们有时再三考虑是否举办社交活动，是否要同时邀请那些秘密特工和非秘密特工以及他们的家人。

最后我们决定忽略这些细节，把他们全都邀请过来。在发表讲话时，我不由得特别强调，我们保护美国人民的能力很大程度上取决于我们各自的家庭成员。

“包括今晚的活动，它同样蕴含着机遇和责任。”我说，“在场的某些特工，他们和中情局的关系没有对外公开。作为中情局大家庭的一员，我们请求你们对自己和他人的身份严格保密，同时希望你们借此难得的机会多多结识中情局其他部门的同仁。”我没有讲“欢迎来到中情局”之类的话，但我的意思不言自明。

当然，我们还有其他机会可以结识同事。我经常在中情局餐厅用餐。我每年都会参加医疗服务办公室举办的 5000 米长跑。我喜欢跑步，这向同僚们传递信息，要好好对待自己的身体。在炎热的夏天，无论是和同事们奔跑在跑道上挥汗如雨，还是坐在原总部大楼的台阶上谈天，我都能学到不少东西。

或许是因为军人出身，在我看来体能训练是每天必不可少的科目。在五角大楼，如果不在办公，最好的借口就是去运动俱乐部健身，这样的托词不会有谁指责，就像你说参加家人的葬礼那样无可厚非。但在中情局，却是另外一种情况。来到中情局整整一年，行政助理才对我说，有个特工曾经鼓起勇气向她打听我每天进行体能训练有何用意。我不能命令文职雇员锻炼身体，但的确对他们的主管人员说过，他们可以把每周 3 小时的体能训练算作加班。我还限制他们每年可以累积到下一年度的请假小时数。我不是不允许员工请假，只是想督促他们把请假的时间利用起来。

9 · 11 事件过去 5 年，这支队伍似乎还没有从疲惫的状态中恢复过来。

我们需要振奋精神。

我们还打破联邦官僚体制的界限，把教职人员从总部清理出去。宗教是美军的第二灵魂，但中情局并不需要这个灵魂。

珍妮不辞劳苦地为同事的家属提供帮助。在她的授意下，有位特工配偶被安排在我们海外的某个情报站。在她的协助下，我们周六上午为特工配偶专门开设了“生活与掩护”培训课程。她通常在授课前到场，向那些上课的家属表示欢迎。而到了农场为新进特工举行毕业典礼时，她还会告诉我们的新成员，这或许是他们有生以来第一次没有父母参加的毕业典礼，而她将代替他们父母，表达她为他们感到骄傲。

她做了很多工作范围之外的工作。她独自（为了避免引人注意）到华盛顿之外的地方出差，利用假名和那些从事秘密任务的特工家属见面（有些人不能安排到兰利会面）。通过会面，这些特工的配偶可以得到有效指导，在遇到突发事件或棘手情况时能够处乱不惊，也让他们了解特工的工作经历，还让他们知道，虽然这些特工无法给家人写信或者打电话，但他们心里无时无刻不在牵挂家人。当然，配偶之间能够见面的机会几乎为零。直到今天，每当提起那些会面，珍妮还会忍不住泪流满面。

她做过的事远不止这些。她赶赴弗吉尼亚中部某处农舍，坐在门廊下方的摇椅上，帮我安慰某已故特工的父母。这位年轻的特工前一天在中亚因为车祸不幸殉职。

因为是军人家庭，我和珍妮对随时可能出现的工作调动习以为常，对待任何安排我和珍妮都能做到无条件地相互支持。这种支持在中情局内部并不存在，虽然 9 · 11 事件之后中情局和常规的美国武装力量没有什么区别。

当然，我们还要面对很多特别的挑战。我们的特工大多住在平民社区，并不住在基地。很多时候，邻居们并不了解他们的真实身份，还以为他们是到弗吉尼亚北部度假的普通人。

珍妮与中情局的诸多办公室合作，尽量为那些被派往战争地带的特工家属提供支持和帮助。

当我和珍妮离开兰利，为表彰她为中情局、特工人员及他们的家人所做出的贡献，中情局特地为她颁发了中情局纹章奖章。

和其他联邦机构一样，中情局要遵守美国政府的法律，在运作上却要向全世界看齐，包括美国的敌对国家。这是个艰巨的挑战，不过，由于美国是个移民国家，难度反倒降低不少。

中情局的招募对象主要来自传统社区：一代和二代外国移民。面向人群虽然广泛，招募条件却很苛刻。任何拥有资源的外国情报机构都能看到我们为建设中情局所付出的努力。中情局的招募条件很多，最基本的是要能够承受经常到国外出差、学习或工作；精通外语并与该语种地区有着密切联系，这些都是为了应对潜在的反情报挑战。

我们投入巨大的精力来建设反情报中心，因为反情报中心的建设与招募新人以及其他情报活动同等重要。反情报中心的使命是怀疑一切，他们确实出色地履行了自己的使命。他们全然不顾我们再三强调的传统招募手段。所有人都要经过他们的审查，不论种族、宗教和籍贯。

反情报中心通常只招纳高端人才，中情局副局长史蒂芬·卡佩斯曾经担任反情报中心负责人。我在中情局任局长时也不例外，某些顶尖的中情局特工是从联邦调查局借调过来的。

中情局局长如果忽视反情报工作的重要性，会处于极度危险中。曾经有位反情报主管（詹姆斯·杰西·安格尔顿），因为个人权势扩大，野心不断膨胀，甚至扬言威胁中情局。1974 年，这位安格尔顿最终被中情局第八任局长威廉·科尔比开除出局。吉姆·伍尔西任职局长期间（1993—1995）发生的奥尔德里奇·埃姆斯事件是他职业生涯中永远抹不掉的污点，尽管这名俄罗斯与美国的双重间谍是在他任内被揪出来的。

1991 年，罗伯特·盖茨与前中情局局长理查德·赫尔姆斯的一次对话令他津津乐道。据说，赫尔姆斯受邀到盖茨局长家中共进午餐。用餐过后，赫尔姆斯转向盖茨，提出唯一的一条忠告：“晚上下班回家前千万要问问自己，‘卧底在哪里？’”

因此我把相当多的时间和精力放在了反情报中心。我会定期听取他们的汇报、最新的案例、线索或怀疑。应该说，听他们进行汇报的一个半小时是我一天工作中最令人压抑的90分钟。

哈罗德·尼科尔森案具有代表性。尼科尔森是个资深中情局情报官，曾经担任情报站站长，也在农场从事过新进特工的培训，但从20世纪90年代中期开始，他被俄罗斯情报机构成功策反，成了俄罗斯与美国的双重间谍。奥尔德里奇·埃姆斯事件后，中情局加大了反情报力度，在常规测谎中尼科尔森的表现引起了反情报人员的怀疑。随后联邦调查局对他进行监视。后来他在携带机密情报试图离境时在杜勒斯机场被抓获。1997年他因从事间谍活动被判入狱，刑期超过20年。

这个案子就这样到此为止？不，并没有。直到10年后我担任局长的大部分时间里，反情报中心还时常向我报告尼科尔森的情况，据说他在家属探监期间唆使小儿子纳撒尼尔向俄罗斯情报机关讨债，说俄罗斯还欠着他的酬劳。父亲是纳撒尼尔的崇拜对象，因此根据父亲的指示，他私下和俄罗斯方面秘密接触，讨要父亲的欠款，但他在2008年底被捕。（为此哈罗德被追加了8年刑期，纳撒尼尔因为同意做污点证人，被判处缓刑。）

这些简报令我惊讶万分，但反情报中心的工作人员说起来面不改色，他们早已对此司空见惯。

贪婪、背叛、愚蠢。我们尽可哀叹原罪的后果。这不仅是人性的弱点，这是间谍活动。情报机关利用金钱、意识形态、妥协和自我意识（交易中缩写为MICE）来招募新人。这些手段我们也很在行。反情报中心的存在证明我们自身对这些诱惑缺乏免疫。

幸运的是在我任局长期间，中情局没有被敌对势力渗透（至少目前尚未发现）。

除此之外，中情局依然存在诸多问题。例如当工作出现失误，何时该承担责任？鉴于情报工作和法律打擦边球，什么情况下可以判定特工存在过错？

有些情况处理起来相对简单。举例来说，曾经有几个情报人员在追踪合法目标时未经授权擅自采取行动。他们知道那么做是违规行为，但还是采取行动，并在事后试图掩盖痕迹。因为他们及时承认错误，我们相信他们本质上是为了工作，因而在向国会汇报时有意对他们进行偏袒。当我们最终从其他渠道得知事情真相，立刻对他们做出处理，有的被开除，有的被移交到司法部。“想生活在法律之外，你必须诚实。”

后来发生了另外一类案子。2007 年，中情局总监察长结束了对哈立德 · 马斯里引渡与拘押案件的审查。哈立德 · 马斯里是德国公民，在 2003 年除夕被马其顿当局拘留，原因是护照存在可疑，而且他的名字与汉堡支部所掌握的某个 9 · 11 事件相关的恐怖分子同名。几周后，他被移交中情局并被带到我们的某处黑狱，根据反恐中心对基地组织的分析判断对他进行审讯。

此马斯里非彼马斯里。他的确有案底，但却并非我们要追踪的那个哈立德 · 马斯里。经过调查，他的护照没有问题，很快审讯人员发现此人并无情报价值。5 月底，我们将其释放。

这其中存在诸多问题。譬如，从中情局查明马斯里的真实身份到最后将其释放，前后经历数周至数月；再譬如，我们将他丢在巴尔干地区的某条公路，没有对他进行道歉，也没有给予任何补偿。随后引发的公关灾难（以及后来的外交风波）一发不可收拾。毫不意外，马斯里对外界公开了他遭受监禁和虐待的经历。

这些都不是总监察长关注的重点。重点是总监察长建议我组建问责委员会（类似专业陪审团），对工作失误的那些分析师进行审查。

我婉言拒绝了他的这一建议。结果，2014 年 12 月，他们在参议院特别情报委员会进行拘押与审讯的报告时，指责中情局的行动不合规矩，也不负责任。

其实这只是小事。我们的这位分析师非常专业和可靠，她自9 · 11事件以来便对基地组织进行研究，其渊博的学识在业内数一数二。我个人觉得谁都没有资格对她的判断指手画脚。

但我还面临更大的挑战，这次情报失误与情报本质及我们的执法模式有关。我们在法庭上再三声明，即便让有罪之人逍遥法外，我们也不愿错抓无辜。本杰明 · 富兰克林说过："宁可漏掉一百个有罪的人，也不能冤枉一个无辜的人。"但这句话讲的是在犯罪行为实施后对嫌疑人进行审判和惩罚，时间因素的影响微乎其微，只要不存在明显疑点，证据即可成立。

然而这些程序并不适用于情报工作。因为在情报领域，犯罪行为通常还没有发生；时间、目标以及行为人全都悬而未决。由于缺少明显的违法行为，如果因为分析师判断失误（比如误以为某人是恐怖分子）我就对他实施惩罚，这会对整个情报系统造成难以弥补的误导。如此一来，分析师会尽量避免自己出现错误的判断（因为一旦出错就会遭到严惩），这会让他们畏首畏尾，犹豫不决，从而失去很多本该主动的机会。情报上无法做到主动，就会出现灾难性的后果，遭殃的则是无辜平民。

法庭体制极力推崇的原则对情报机构并不合理。我的目标是建立让大家畅所欲言的环境，不管观点是积极还是消极，绝不能以牺牲哪个方面而激励另一个方面。无论如何，我不会对分析师说："努力工作，大胆判断，你们犯了错，会有其他人代替你们。"毕竟我们还要依靠他们抓捕真正的哈立德 · 马斯里。

我觉得我也很容易犯下那样的错误，但现在我清楚地认识到问题的症结所在。

马斯里是在我任局长2年前被释放的，但直到我上任1年后才做出处理决定。这期间耽搁太久（包括我们向国会汇报这次失误）。从2001年到2008年，与我处理的其他事件相比，这件事并不起眼。

2001年4月21日，参加反空中运毒行动的一架秘鲁战斗机误伤一架小型飞机的机身。机上载有密歇根州的一个美国传教士家庭。因为机身受损，这架飞机最后迫降在亚马孙河面。迫降之前，母亲和她年幼的女儿不幸身亡。自 1994 年开展以来，这是被击落的第 15 架飞机。擅长隐蔽行动的中情局在计划中处于协助地位，我们负责向秘鲁方面提供情报，确认可能携带毒品的飞机，倘若飞机拒绝降落，是否射击由秘鲁决定。

这起悲剧的事故调查因为5个月后的9·11事件被迫中断。直到2005年，司法部才最终放弃起诉，将该案发回中情局处理。悲剧发生 5 年后，我升任中情局局长，并与总监察长共同过问此事。

那次意外的受害人来自密歇根州彼特 · 霍克斯特拉议员的选区。他认为我们有意拖延是在掩盖证据。这当然绝无可能，然而我认可他的观点，“迟来的正义即非正义”，我指的不仅仅是那个密歇根家庭。某个炎热的周日上午，我在巴格达中情局情报站的员工餐厅用餐，有个同事坐在我的身旁，无意间聊起这几个月她的支出。如今她身处战区，却不得不应付数额庞大的法律诉讼费用，还要在秘鲁事件中花费大量时间。“我明白了。”我简单地回了一句。

2008 年 8 月，总监察长将报告送到我的办公桌上。根据他的提议，我组成 6 人问责委员会，其中 2 人来自中情局，4 人来自其他机构（2 人接触过大量的飞机误击案件）。但直到我离任很久，他们才提交报告。2010 年，帕内塔局长一次处理了 16 个人，其中很多受处分人员已经从中情局退休，处分原因是“报告与监督中存在缺陷”。中情局的新闻公告随后强调说，没有证据表明当事人曾试图掩盖真相，即之前所有的击落事件都符合“合理怀疑”的法律范畴，在 2001 年 4 月的误击事件中，中情局工作人员的行为并不存在过失。

《纽约时报》的态度比问责委员会、帕内塔局长及他的新闻公告都更加咄咄逼人。依据 2008 年总监察长的最初报告，《纽约时报》竟断言中情局存在“疏忽大意和欺诈的企业文化”，它说中情局官员“在 2001 年发生飞机误击事件后，违反中情局程序，试图掩盖他们的错误，并误导了国会的审查”。

因此，总监察长的报告与中情局的最终解决方案并非严丝合缝。简而言之，监察报告与相关调查不够完善，但报告中有一点我颇为认同。它说："如果有适当的监督，如果能及时报告违规行为，我们或许就能及时对我们的政策进行评估，那么只需对程序进行些许变动，我们就能避免2001年4月的误击悲剧。"

而秘鲁击落民用飞机事件的真正问题在于没有对目标进行核实。根据履行的常规程序，华盛顿的决策者认为事情尽在掌握之中。但在真实的战场，形势瞬息万变，他们根本没有时间去完成如此复杂而具体的确认程序。

没人提到这一点，因此在执行空中拦截任务时，飞行员有权根据实际情况临机决断，配合工作的中情局工作人员只是尽最大努力为飞行员提供情报。

即便中情局后来在新闻公告中承认，"随着时间的推移，与反毒行动有关的很多程序逐渐变得形同虚设"。实际上，4月21日的误击事件根本无法避免，因为总部没有意识到承诺与执行是两码事。问题的主要责任出在华盛顿总部，而非秘鲁，这个问题甚至可以追溯到20世纪90年代中期反毒计划刚刚启动之时。

这件事告诉我们，即使资深特工在执行秘密行动时也要格外小心。他们的建议是少说空话，多做实事。我任局长期间，中情局只有一次秘密行动为公众所知，最终这次行动被取消。

资深特工还建议我们要注意克制，当国家安全委员会会议尚未结束，一切尚未明朗，所有人的眼睛都在盯着我们，希望我们能公布某些秘密行动的情报来救场。国家安全委员会多次围绕苏丹西部达尔富尔地区发生的种族灭绝冲突召开会议，具体次数我已经记不清楚，但每次会议都以中情局爆料收场。

在那些情况下，中情局需要针对秘密行动提交指令草案，由总统签字授权，而篇幅最长的部分总是贴着“具有风险”的标签。

史蒂芬·卡佩斯手下有个隐蔽行动审查小组，为的是在我们遇到问题时能站在正确的一边。他每月都对那些处于计划阶段或执行阶段的行动进行审查。审查过程非常艰苦，容不得半点马虎。“想生活在法律之外，你必须诚实。”我更是如此，时刻如此。

史蒂芬把该请的人都请了过去，包括4个副局长、法律顾问、特定部门的律师、公共事务的律师以及法制办公室的律师，当然还有迈克尔·莫雷尔（中情局三号人物）。除了成功执行秘密任务的特工，史蒂芬通常还会请来那些执行秘密任务失败的特工。

审查小组主要处理“授权”和“许可”问题。授权指的是我们职责范围的活动需要得到批准。在文件中它们通常被称作“发现”，因为这些文件总是以总统的话“我发现”开始。“许可”是指“发现”后采取具体行动需要得到批准。

布什政府给了我们很大的行动空间。遇到个别特殊情况，我会给斯蒂芬·哈德利打电话，通常都是我先开口：“斯蒂芬，这是我的决定，而且我一定会贯彻执行，但我想先通知你……”

这是我的一贯做法，因为我有很多得力的助手。和我的继任莱昂·帕内塔进行工作交接时，我对帕内塔说，他将拥有联邦政府最优秀的情报团队。对此，我绝对没有夸张。

我的副手史蒂芬·卡佩斯此前在海军军事训练营担任指挥官，误打误撞坐上中情局副局长的位置，他是中情局历史上最受人敬重的情报官之一。史蒂芬为人坦率，说话直接，和我有着相似的背景。他来自俄亥俄州东部，我来自宾夕法尼亚州西部。不止一次，当我们焦头烂额地开完一次会议，等大家都走得差不多时，他走到我的跟前问：“你有没有想过，我们一个来自俄亥俄，一个来自宾州，竟然要共同决定这么重要的事？”我们关系亲密，有时已经宣布行动决策，我还会回头再问他一句：“你有没有意见？”他通常都没意见。

中情局的三号人物迈克尔·莫雷尔也来自俄亥俄州。布什总统任命我做中情局局长时，我把他从国家反恐中心调了过来。9·11事件发生时，迈克尔在空军一号担任布什总统的情报官。他对此次调动感到满意。

迈克尔担任执行副局长的职位，他的前任因为受贿遭到起诉，所以迈克尔上任后首先要清理门户。在这一点上，他做得很好。我曾当着众多同事的面这样描述他，这是个“洞察力极为出色、拥有杰出献身精神及卓越创造力的纯粹型人才”。迈克尔之前做过分析师，因此2008年我邀请他来中情局担任副局长，负责情报分析。他说来到中情局让他有回家的感觉。迈克尔离开后，他的职位由斯科特·怀特接替。斯科特毕业于海军学院，当过潜艇兵，在海军后备队当过上尉，资历老到，经验丰富。

拉里·法伊弗是我的办公室主任，他睿智勤奋。2005年情报工作改革时，他从国安局借调至中情局管理部门。由于立法系统出现混乱，我请他到我的国家情报总监办公室当主任时，他几乎处于无国籍状态。我很高兴把他带到了中情局，这个决定无比明智。

我从国安局带来的另一个人就是鲍勃·迪茨。早在米德堡，他就是我的法律顾问。来到兰利，他干的还是老本行。因为要质疑所有人的观点，他的这个工作并不怎么讨人喜欢。

我们谁都没有彻底改造中情局的宏伟计划，因为我们的国家正在面临一场战争。我们的职责是稳住国家这艘大船，让它保持正确的航向。2008年总统大选，众议院常设特别情报委员会麦克·罗杰斯告诉他在国会的朋友以及候任的白宫办公厅主任拉姆·伊曼纽尔，中情局可以让火车准点到达。我们把这看作真正的赞美。

上任初期，我、卡佩斯、莫雷尔和法伊弗的确为中情局设定了一些目标，其中最重要的就是中情局的文化建设。

驱车沿着弗吉尼亚州123号公路行驶，透过围栏，中情局尽收眼底。有时，中情局在人们眼中只是个集体名词，但大多时候，它代表的是集体的决议。

中情局共有四大部门，每个部门都有自己的文化。国家秘密行动处自信满满的情报官让我想起空军的战斗机飞行员。与国防情报局的某些分析师交谈后，我想到了终身教授。科技处的那些同僚就像《007》系列电影中詹姆斯·邦德身边的那位“Q 先生”。支援处有着一群无所不能的蓝领，他们就像和我在匹兹堡一起长大的伙伴，维持中情局的运转，包括通信、后勤、安全以及我们执行任务需要的一切。

每个部门都像一台精密的仪器，部门文化与部门本身的特定职能契合。在中情局的圆顶办公室，我告诉在座的工作人员，我想加强大家的中情局人员身份认同，但前提是不能损害各部门的利益。我以我在空军的经历为例，苦口婆心地向他们解释：“很多时候，美国空军总是想方设法让战斗机飞行员相信，他们不仅是飞行员，还是美国军事力量的构成部分。但每天任务结束，他们又要求这些飞行员牢记，他们只是飞行员而已。”

应该说，和过去的封闭隔绝相比，中情局如今各个部门间的信息流通好上很多。在中情局的历史上，情报员和分析师甚至在不同的餐厅用餐，无法交流。如今，我们在部门融合上下了不少功夫。

有人提议在得州首府奥斯汀设立小规模的中情局分部。那里的办公成本相对较低。得克萨斯拥有自己的独立电网，可以保证运营的持续，而且那里与华府有便利的航线。除此之外，那里还有大量的人才可以招募。这种提议的着眼点在于：新的地点有利于我们摆脱旧框架的束缚，可以安全地试验各种新手段、新方法、新理念。我们想知道，倘若从零开始，抛开传统的组织架构、承包商、信号情报系统以及信号情报人员，中情局会有何变化。但这个想法因为遭到国会阻挠始终没有落实。就中情局目前的处境，任何大动作的想法都有可能得不到政府的支持。不过每当人们抱怨政府部门的迟钝与呆板，中情局总是首当其冲。

所以我们只能通过其他步骤满足自己。一种做法是和每个人都保持直接联络，一旦理论成为常识，中情局整体就能塑造更加一致的态度。我向工作人员发送电子邮件的频率与国安局的“局长通告”相似，大约每周两次。

我们特地设立了“提问局长”的环节。只要员工有任何疑问、想法甚至抱怨，会立即传达至领导层，免得中情局内部的争执反倒要通过《华盛顿邮报》据某个“匿名线人”发布报道，才能传到我们的耳朵。环节刚设立前三个月，我们收到大量反馈，并一一予以回复，后来这样的反馈便越来越少。

工作人员（和媒体）遇事总是习惯询问前情报官员的看法，因此我们尽力维系与前情报官员的关系。我们经常在“泡泡”礼堂为他们举办“返校日”，我们自然不会让他们接触机密简报。我和史蒂芬经常参加活动，向他们介绍中情局目前的工作情况。

我们还尽量延长新进员工的入职流程。他们首先在总部集中，再被分配到各个部门。

我们强调沿袭传承，这项工作几乎贯穿2007年全年，也是中情局60周年局庆活动中的主题之一。

我们还逐渐将那些重要职权收归总部，比如运营中心、信息技术、财务与人力，以便做到统一监督和管理。

上任后的第一个夏天，在财政年度结束之前，我要求对部门财务支出进行审查。此举或许让每个人感到意外。中情局根本没有可以审计的账户（情报中心从不审计），也无法具体对实际的人力支出进行结算；但我至少让大家明白，中情局的预算只能看作整体，过去那种在每个财政年度初把资金划拨到各个部门的日子一去不复返。

我们还对那些中情局的承包商花费不少心思。9 · 11事件之后，承包商数量大幅度增加。和很多人不同，我对承包商并没有太多不满，我把他们当作中情局的组成部分加以管理。任职期间，我经常提醒中情局员工要认识到这一点，我还把承包商中的业务明星照片贴到墙上。毋庸置疑，承包商的存在使中情局的情报工作更加有效。

我对承包商的看法经常遭到国会议员的质疑，他们指责我们利用承包商转嫁责任。通常情况下，当我就某次行动向他们做简报时，他们会问我这次行动是由承包商还是由中情局员工完成。对此我并不知情，也很少过问。我通常会把问题记下来，表示参与行动的都是最称职和优秀的美国人，然后提醒他们我对承包商的行动与对中情局工作人员同样负有责任。

虽然承包商在我们的情报工作中起到一定作用，但估计不会有人说他们效率很高。我们经常发现，为了拿到某个产品或服务，中情局内部的各部门斗得很凶，以获得承包商的支持。中情局的工作人员在流失，他们凭借自己多年的经验与官方许可，为报酬更高的承包商工作。

我强令中情局把对承包商的依赖降低 10%。这个数据并没有什么科学依据，但我知道，这个数据合情合理，我们对承包商过于依赖。后来，我们在不到一年的时间里实现了这个目标，随后我下令在此基础上再下调 5%。

我还规定，从中情局辞职的工作人员，一年之内不得以承包商的身份与中情局合作。退休人员不在此列，因为他们做出了应有的贡献。我们拒绝的是那些刚刚从中情局学到相关技能，转身就要利用这些技能与中情局做生意的那些员工。

但这些都是细枝末节。上任第一天，我就向他们做出承诺，我来这里不是要把事情搞砸，我信守了我的诺言。我只想告诉人们，我对他们有信心。他们并没有像某些评论者所说的那样被打倒在地，一蹶不振。

和继任莱昂·帕内塔讨论中情局员工质量时，我告诉他：“只要你给他们一点点机会，他们就不会让你失望，他们从来没有让我失望过。”

这话不仅适用于管理高层，也适用于中情局的每一个工作人员。莱昂很快就会发现我的信心从何而来。

每周四上午，我通常会针对隐蔽行动和敏感数据的搜集，向布什总统做 30 分钟的简报。不难想象，周三下午，当所有材料被送到局长办公室，中情局总部将是怎样的景象。下午 3 点左右，我会重新审查这些材料，晚上离开办公室时会再审查一遍。周四我会早早起床，把需要的材料在厨房案台上摊开，决定哪些可以向总统汇报，哪些还需要再等等。值得注意的是，我周四上午汇报的资料详情，有半数都是周三下午才得知。

我觉得中情局的一切都在掌控之中。我和史蒂芬·卡佩斯为各种可接受的活动设定边界，确保每次行动都有明确而合法的目标。但在现实中，很多时候我们只能依赖临场处置和随机应变，实在没有办法。我们不能完完全全受兰利的指挥。

如果我们是个军事机构，这也许会被叫作“任务类型指令”：总部负责指出大方向和划出清晰的界限，其他细节完全靠自己。

在宗教语境下，由于我们为下属清除障碍和赋权，我们或许可以称之为“服务型领导者”。

在中情局，我们是局长和副局长，负责领导、决策、惩戒和激励。

第十六章

伊朗：轰炸还是核威慑？

弗吉尼亚州兰利，2007—2009 年

我在中情局任职期间，总统办公室讨论最多的话题是恐怖主义和正在进行的战争，其次就是伊朗。这两个话题其实并不相关，但我们确实花了不少精力讨论伊朗问题。除此之外，没有哪个话题可以位列第三。当然，我们还有很多其他话题需要讨论，无论从重视程度还是讨论频率，没有哪个能够占据第三的位置。

每当外界问起中情局情报工作的首要任务，我总是用华盛顿常用的首字母缩写来回答：CT-CP-ROW，分别代表反恐怖主义、防止核武器扩散及世界其他地区。

防止核武器扩散是我们的重要任务。两届政府过渡时期，当候任总统问我在防核扩散问题上中情局把多少力量放在伊朗，我毫不犹豫地回答：“80%。”

伊朗成为我们工作的重中之重，而布什总统已经对它失去耐心。像朝鲜那样封闭的国家，总统承认我们进行持续渗透概率几乎为零，但伊朗不同，我们每年有成千上万的伊朗裔美国公民自由往返于美国与伊朗之间；这个国家的经济早已成为全球经济体中的一环，它的知识分子也已广泛西化，有这么多可以利用的条件，为什么我们的情报部门却拿不出像样的成绩？

我无法给出理想的答案。伊朗是根难啃的硬骨头。他们的反情报机构庞大而高效。伊朗情报与安全部与美国联邦调查局职能相同，名义上归总统领导，实际行动中直接向最高领袖报告。1979年革命之后，霍梅尼成立了伊朗伊斯兰革命卫队，用以保护伊朗伊斯兰共和国对抗国内与国际的威胁。在它的暗中扶持下，伊朗情报与安全部的实力得到进一步增强。革命卫队队员超过10万人，直接受最高领袖指挥，是支不容小觑的强大武装力量。在国内，革命卫队统管着人数超过百万的“巴斯基”民兵组织，其成员来自伊朗各地，尤其是德黑兰北部。

革命卫队的许多国际活动由特别部队“圣城军”负责，指挥官是冷酷无情的卡西姆·索雷玛尼。他们不受世俗法律的约束，信奉的是宗教上法基赫的监护。

我们在加大伊朗境内的间谍活动方面取得一定成功，虽然效果不明显，但总算好过一无所得。

布什总统很少对我发火。但有次在总统办公室，我们讨论伊朗问题时闹得很不愉快。正当我准备离开，他拦住我，用右手食指指着我的胸口：“迈克尔，我不希望最后我只剩下两个选择。我不希望任何美国总统都只剩下两个选择。”

那两个选择是轰炸还是核威慑：强力干涉伊朗的核计划，或者默认伊朗成为有核国家。

总统在向他的情报部门委婉地发出请求。如果情报就是力量，那么他的意思就是，施展你的手段搞到我想要的情报，不要让我被迫接受难以接受的事实。

有些聪明的美国人实际上已经明确表示两种结果他们都能接受。布伦特·斯考克罗夫特和兹比格涅夫·布热津斯基（两人都曾担任国家安全顾问）认为有核的伊朗仍可以被控制，但轰炸伊朗只会让结果变得更糟。这些意见固然重要，但并不是布什总统或奥巴马总统的意思，我同意总统的决策。但如今，我们该怎么办呢？

局势复杂。

布什政府后期，在国家安全委员会某次会议间隙，有位高级官员询问我对伊朗的核战略有何看法。我毫不犹豫地回答："我不知道，而且我怀疑伊朗人也不知道。"

那位官员又问："那你觉得他们可能有多少武器？"

"应该很少。"

"我们呢？"

"我们，数以千计。"

"那我们为什么不直接阻止他们？"

说到这里，我们碰了下酒杯，我开始琢磨怎么回答。"哦，这不是阻止他们的问题。"我试着解释说，"而是阻止我们。看看他们的行为，他们与哈马斯、黎巴嫩真主党勾结，在伊拉克、在阿富汗的行为。我们认为这是伊朗政府的政策，已经获得政府最高级别批准，协助杀戮在伊拉克的年轻美国人和伊拉克境内的美国其他盟友。他们在拥有核武器之前就如此嚣张。不妨想想看，倘若真让他们手里有了这张王牌，他们会无法无天到怎样的程度？"

伊朗成为中东国家中不甚稳定的一支力量，在伊拉克尤为明显。巴德尔军团是伊拉克最重要的什叶派武装，也是伊朗政策的贯彻者。德黑兰在黎巴嫩真主党及其领导人阿曼德·慕尼耶的帮助下在伊拉克另外创建了真主党，而在背后撑腰的就是伊朗的几个训练营。伊朗伊斯兰革命卫队的圣城军在这里同样咄咄逼人。2007 年 1 月，它协助策划袭击了卡尔巴拉附近的某美军关卡。袭击者携带伪造的身份证件，身穿美军式样的制服，造成 5 名士兵遇难（其中 4 名曾被绑架）。

圣城军还为什叶派武装制造和运输爆炸成型穿甲战斗部。这种部件设计复杂精巧，引爆后可以穿透最厚的美军装甲，是伊拉克对美军最具杀伤力的武器。我们还知道，虽然是高度机密，这一切都是伊朗政府的意图。

然而他们对此毫不遮掩。革命卫队军官索雷玛尼曾让伊拉克总统塔拉巴尼传达他给美方指挥官的文字信息。"彼得雷乌斯将军，您应该知道，我，索雷玛尼，控制着伊朗对伊拉克、黎巴嫩、加沙与阿富汗的政策。我们驻巴格达大使是圣城军成员，他的继任也是圣城军成员。”他的口气如此笃信，带着几分救世主的必胜信念，说他们没有核武器，谁信呢？

我们该怎么办？首先，我们要知道他们在干什么。使用核武器需要三个条件：可裂变物质（即用来制造爆炸的铀或钚）；运载系统，比如可将核弹运载至目标处的弹道导弹；最后便是弹头，要坚硬小巧，可以装在导弹上，能够经受从外太空重返大气层的冲击和摩擦，并最终成功引爆。

三个条件中最困难的就是制造可裂变物质。它需要复杂而广泛的工业过程，很难做到完全保密。我们对这类工业一直密切监视。有多少离心机、有多少浓缩铀、达到什么水平、年限多少、位置在哪里？

这是我们的专长。圣城库姆附近的铀浓缩装置运转之前，我们就已经监视它的动态，当时伊朗人并未察觉。伊朗人最终怀疑我们时，2009 年 9 月他们在匹兹堡召开的 G20 峰会上，向维也纳的联合国核查人员发了封措辞含糊的邮件，提醒奥巴马总统和他的英法盟友不要关注他们的非法核设施。

位于库姆的核设施尤为棘手。它秘密修建于伊朗革命卫队的某处基地，上方是坚硬的花岗岩山体，可以容纳 3000 台离心机。按照核能源计划的标准判断，它的规模显然太小；但如果说它只是试点项目，规模明显偏大，毕竟它完全有能力制造核武器的浓缩铀原料。

在国际原子能机构报告的推动下，我们开始搜寻伊朗纳坦兹制造浓缩铀的证据。我们需要知道他们将多少铀浓缩至 3%—4% 的丰度，这是民用能源项目的标准；还要知道他们多久可以将这些铀转变成丰度达到 90% 的武器级高浓缩铀。

2010 年，伊朗开始制造丰度为 20% 的浓缩铀，表面上是为了德黑兰的某座研究用反应堆。虽然没有达到武器级的标准，但浓缩铀需要特别工艺，他们十有八九是在摸索制造武器级材料的方法。我们利用技术情报对他们的所作所为进行了审查和分析。

我们还面对另一类问题。如果我们希望影响伊朗的决策，首先我们必须要弄清楚他们是如何做决策的。布什总统对这个问题格外关心。他想知道在处理伊朗问题时他能做些什么，但伊朗的决策过程对我们来说并不透明。因此，我更倾向于调查核计划本身。

我们在德黑兰没有大使馆，其实有没有都无关紧要，大使馆在伊朗人看来是间谍的老窝。我更倾向于派出色的情报官到他们的大街小巷，堂而皇之地搜集情报。我们甚至愿意放低身段，咨询那些在德黑兰设有使馆的国家，了解他们的外交官听到什么，看到了什么。

后来，国务卿赖斯经常提议在德黑兰雇用情报人员，这与我们在哈瓦那的做法相似。只要她提出这个建议，我一般会立刻附议，当然，副总统会一如既往地反对。

我们面临两方面的压力：他们的核计划发展到哪种程度，以及他们如何决策？2007 年夏，这两个问题在《国家情报评估》中达到顶点。那次评估旨在取代之前的评估结果。我们曾经自信地认为，“伊朗政府罔顾国际责任和国际压力，已经毅然决定发展核武器”。新的评估准备沿用原来的说辞，但把可信度从高级降为中级。降级并非因为我们找到了反证，而是因为我们之前掌握的证据已经变得陈旧。

我们打算在春季公布评估结果，但重新整理数据、资源、假设和判断耗费大量的时间，最后只能延迟。我们还在总统指示下投入大量精力进行情报搜集，并取得实质性成果。新的数据显示，伊朗曾在 2003 年推迟核武器计划，可能因为他们的核计划在 2002 年被国际社会发现，也可能因为伊朗毗邻的阿富汗和伊拉克两国驻扎着规模庞大的美军地面部队。

无论出于何种原因，伊朗似乎停止了核弹头的研发。他们仍致力于制造可裂变物质并研究导弹运载系统，但核武器项目暂时停止。我们其实没有找到伊朗核计划正在实施的证据，不过我们找到了伊朗停止核计划的证据。

没有人认为此举能够终止我们与伊朗的核对抗，但它的确打乱了《国家情报评估》对伊朗意图的判断。

在新的情报机构中，《国家情报评估》隶属于国家情报总监，而非中情局。但《国家情报评估》大部分由中情局分析师完成，因此我和副局长史蒂芬·卡佩斯用了整整两个下午听取分析师的汇报。此次评估事关重大，我们必须慎之又慎。

我们把能想到的方方面面都考虑在内。伊朗有多少资源、什么类型、如何假设、备选解释？分析师们准备得相当充分。分析师也会犯错，他们并不例外，但他们显然清楚自己在干什么。

我们把分析师得出的结论交给反情报中心做最后检查，并质疑这会不会是伊朗政府故意施展的障眼法。反情报中心的工作就是质疑，他们非常称职。由于他们的质疑基于广泛的怀疑而非具体的事实，因此最坏的结果是在阻止伊朗武器化方面给出中度可信的建议。然而，现有证据却给出另外一种可能，我们需要高度可信的建议。

这样的结果我们很难带到总统办公室。国家情报总监约翰·麦康奈尔已经提前向正副总统进行汇报。这样的消息并不受欢迎，它将直接影响政府组建国际联盟以惩罚和孤立伊朗核野心的努力。

要感谢麦康奈尔的是，付出一定的政治成本后，总统指示我们把《国家情报评估》中的关键结论尽可能地予以解密和公布。政府之前采纳了关键结论，即伊朗决定研制……并以此作为政策依据，故而总统感觉有责任让公众知道，如今他们对此并不肯定。当然，更实际的考虑是这种消息迟早都会泄露出去。既然如此，倒不如趁早主动公布。

我们对 15% 的关键判断进行了编辑，因为这些部分涉及中情局过多资源和情报方法，剩下的 85% 却只字未改。这么做是明智之举，评估发布之前，谁都不希望我们因为保密之外的原因进行修改编辑。

长达 140 页的《国家情报评估》报告我们只公布了与关键判断相关的 2 页内容。许多重要细节根本无人问津。核问题尤其复杂，总结起来特别困难。况且《国家情报评估》的对象并非一般人群或对情报工作不甚熟悉的记者，而是几百个精挑细选的政府官员和情报行家，评估报告那晦涩的风格、语言、节奏、语境和历史对他们而言难度不大。如今我们打算把删改后的内容抛给大众。在我看来，这就好比一堆骨头被丢到一群巫师面前，每个人都可以根据自己的理解进行解读。

政府最终明白了这一点。约翰·麦康奈尔当时正在国外，因此在11月底某个周五晚上，当我淋着细雨准备乘车离开华盛顿市中心的莎士比亚剧院，我的安保主任靠近车窗告诉我："哈德利先生想跟您通话。"

"他起得很早，现在已经迟了，明早我会打电话给他。"

"先生，他现在就要和您通话。"

"给我接白宫总机。"

我们要在周一上午公布《国家情报评估》报告，斯蒂芬希望由我负责，下令整个中情局的资源为我所有。（真是好极了，我心想，这个周末我得像刚上任国家情报总监那样，当个敬业的中情局局长了。）

斯蒂芬还说我需要制订计划通知盟友，因为他们对我们即将公布的情报还一无所知。

周六，我们按照关系远近以及他们对此问题最关心的利益把外国盟友列出等级。随后，我们为各个等级准备了细节与敏感性不同的电报版本。各情报站站长也接到通知，确保在周一报告发布前通知他们在该国的联络伙伴。他们顺利地完成了这个任务。这一切事发突然，幸亏我们有值得信赖且迅速响应的全球网络。

这个周末剩余的时间，我们用来准备新闻发布会和记者招待会。

周一，我先和斯蒂芬·哈德利碰了个头，又见了我的简报搭档唐·柯尔。柯尔曾经担任中情局科技处主管与国家侦察局局长，如今是国家情报首席副总监（其实是我的继任），他在科技上的造诣令我望尘莫及。首先，我们向媒体发布了相关消息，然后将编辑好的某些机密副本送给了几个主要记者。

随后我们出发前往K街的会议地点，我们清楚这次确实有点兴师动众。果不其然，出来的新闻标题是"伊朗终止核计划"。毕竟《国家情报评估》的开头是"我们以高度自信的理由判断，德黑兰在2003年秋终止了他们的核武器计划"。

我们指着《国家情报评估》的脚注（是的，脚注部分），脚注部分说得很清楚，分析师笔下的计划指的是伊朗制造核武器的努力以及伊朗军方秘密进行的铀浓缩计划。我们指出，即便伊朗继续浓缩铀计划，继续在纳坦兹增加离心机的数量，继续远程导弹的研究，但只要没有核弹头，一切都是徒劳。利用经典的项目管理工具组织某个复杂的任务，我说："如果伊朗核计划有张计划评审技术图，图上只会显示关键路径，而不会显示武器化的努力。"

我们给出的正式论断引发了混乱，"根据我们给出的中到高可信度进行推断，德黑兰在最低限度上依然保留发展核武器的可能"。

或者，他们拥有核武计划，只是继续向我们隐瞒。"根据我们高可信度的推断，在2003年秋之前，伊朗军方仍在政府指导下研制核武器。"

或者，《国家情报评估》固然存在争议，但在美国对伊朗政策上仍然起到了决定性作用。"根据我们高可信度的判断，伊朗终止核计划一事……是因为伊朗之前未经宣布的核项目遭到曝光，迫于日益增长的国际监督和压力而不得不采取的措施。"

换句话说，我们对伊朗研制核武器的担心并非多此一举。风险虽然在继续，但在阻止其核计划方面，我们还是取得一定进展。

无论如何，《国家情报评估》发布后，许多盟友认为危险已经解除，但在国内，政治压力直接落到我们头上。很多人推断，这份评估是情报机构对布什政府的报复，因为后者强迫情报机构承担了《国家情报评估》在伊拉克问题上的失误。几周之内，政策研究机构传统基金会发表了名为《〈国家情报评估〉谬误完全指南》的解读性文章。美国企业研究所的鹰派代表人物约翰·博尔顿在《华盛顿邮报》上发文抱怨："这一切表明，我们不仅在解读德黑兰毛拉的意图上存在问题，我们还存在许多根本性问题。譬如情报机构把主要精力放到政策形成方面，而非'情报'分析。国会与媒体人竟然对此乐见其成。"后来与相对保守的哈德逊研究所交流过后，我也得出了相同的结论。说白了，这听起来或许是个不错的新闻故事，但并不真实。我们的结论基于事实，而不是某些人口中的报复或私人倾向。

这份评估虽然在伊朗问题上存在很多疑点，但大部分都原封不动地保存下来。随后发行的各种政策声明可以证明这一点，比如2012年国防部部长帕内塔说，如果“我们的情报证明他们正在研制核武器，我们会不惜一切地加以阻止”。换言之，在研制核武器上，伊朗并没有全力以赴。

美国的坚持令奥巴马总统和以色列总理内塔尼亚胡的关系变得更加复杂。2012年3月，两人在白宫的总统办公室进行会面。据我判断，这次会面尽管两国都无法容忍伊朗获得核武器，但他俩各执一词。

我将这次会谈比作高中时必须要解答的一道代数题。奥巴马总统表示，美国正在不遗余力地寻找未知数y，y代表伊朗的意图。不幸的是，在内塔尼亚胡的方程式中，y被定义为常数，以色列认为他们清楚伊朗的意图。因而在他们的方程式中，未知数是x，而x代表的是美国的意图。

短期来看，《国家情报评估》明显给布什政府带来了不利影响。但从长远来看，这未必是件坏事，因为美国情报机构在这个问题上比多数人更保守。谁也不能指责我们在这个问题上盖棺定论。

无论《国家情报评估》得出的结论如何，无论媒体和右派做何反应，总之我们心知肚明伊朗发展核计划是件危险的事。问题是我们该如何阻止?

首先，我们要加强情报工作。以反恐中心在对付基地组织时出色的情报工作为例，中情局副局长史蒂芬·卡佩斯建议我们成立伊朗行动处，由特定的办公部门统一协调和指导伊朗核计划的情报行动、情报分析以及技术人员。2007年仲夏，我们正在忙着起草新的伊朗问题《国家情报评估》，伊朗行动处宣告成立，由熟悉伊朗问题且始终从事隐蔽行动的某位资深情报员担任主管。

此人是伊朗行动处的不二人选。就任时，他在简报中开门见山地告诉我：“来自伊朗核问题的威胁是致命的、战略上的，已经迫在眉睫，刻不容缓。”这个观点他一直没有改变。后来这个观点成为国家情报总监的主导思想，并成为奥巴马政府与伊朗进行核问题谈判的依据。

2007 年，我们允许他从中情局任何部门随意借调人员，这自然会引起那些部门的不满，但很多时候我们都会替他讲话。他还在伊朗行动处开辟了跨部门情报合作的空间，谦虚地接受国防情报局、国安局与联邦调查局等机构的联合指导，并协调这些部门的人力情报搜集。

自从建立了反恐中心，行动、分析以及科技的融合使情报的集中搜集成为可能，也促使更多相关技术的诞生，大大提高了分析效率。有了更多集中化的指导，我们可以把诸多要求按优先顺序进行排列，起草搜集计划，并建立更严格的反情报纪律，以应对狡猾的伊朗情报部门。我们还能全面评估潜在的合作伙伴。那时我经常飞往各地以扩大与他们的合作。这个问题之所以如此关键，是因为我们与合作伙伴共享敏感情报达到了史无前例的高度。

当然，以色列对伊朗的意图有所察觉，我们会定期进行情报对比。我们和以色列的情报交流出人意料地成功。我们对伊朗的地面情况很少存在异议，但在未来伊朗里程碑事件的评估方面，摩萨德与以色列国防情报局比我们更加悲观，他们认为伊朗会实力大增，对地区构成威胁。他们的判断似乎有几分道理，因为以色列第二大城市特拉维夫距德黑兰不足 1600 公里，因此他们的担心我可以理解。

我和史蒂芬·卡佩斯要求伊朗行动处定期到七楼的局长办公室进行报告。后来行动处的汇报人员告诉我，他们觉得必须对他们负责。我曾经警告他们“活动与进程是两码事”。

政策博弈是我们的工作方向之一。从 2007 年底到 2008 年，斯蒂芬·哈德利每周在西翼办公室召开两次正式会议。与会人员通常包括斯蒂芬本人、他的副手（通常担任会议记录员）、副总统、国务卿、国防部部长、参谋长联席会议主席、国家情报总监和我。会议开到下午，我们这些老家伙们开始躁动，斯蒂芬和白宫工作人员会给大家端来玉米片、芝士酱和玉米沙司。

这些会议只有高层领导人才能参加。因为议程不会提前通知，没有时间和下属商量，斯蒂芬可以直接得到我们真实的个人看法。副总统更是如此，他从不让他办公室人员过多干涉讨论。会议上大家通常会激烈地讨论，我们彼此之间开诚布公，毫不介意外人的眼光，也不必担心引起部门间的误会。我们在会议上做出的任何决策或形成的指导性意见都要提交给代表委员会，走国家安全委员会的正式程序方才付诸实施。

在这些会议上，我们多次讨论过伊朗问题。

一如既往，好的政策关乎各方平衡。对待复杂的问题，如果你对某个方面施加太多压力，自然会忽视其他方面。在伊朗问题上，我们希望给伊朗政府施加压力，却不想为此引发战争。话说回来，如果我们采取的措施不痛不痒，也可能会引起战争，因为像以色列那样的国家会感觉自己的担心未被重视，从而误以为他们不得不单方面采取行动。我们要在这些极端可能之间找出令各方都能满意的平衡点。

我们有些人特别担心以色列会在 2008 年 11 月美国总统大选后新总统就职前采取行动。他们担心卸任总统对以色列的影响不比从前，以色列在新任总统面前或许会改变战略。但结果是，这种担心实属空穴来风。

针对以上问题，人们或许会想到三种宽泛的处理方法。第一种，尽量增加伊朗人研发核燃料、核弹头和运载系统的难度。吃玉米片和玉米沙司的时候，我们绞尽脑汁想出各种办法以达到这个目的，包括公开行动、隐蔽行动、美国单方面行动或者与其他国家联合，还包括各种直接手段、间接手段、虚拟手段、现实手段以及动力因素及非动力因素。

当然，只要能获得国际社会支持（《国家情报评估》发布之后这个变得尤为困难），我们有大把选择对伊朗及其支持者实施制裁。我们还可以切断伊朗所需关键材料的供应链，也可以公开指责与这些非法活动有关的科学家。

有人建议从技术人员入手。想阻止伊朗发展核武器的国家其实不只有美国。其他国家正计划轰炸他们的设施，暗杀他们的科学家。我们有自己的怀疑对象，但我从来没有向其他盟友提起过，尽管在那里我曾经在某个合作伙伴的安全屋度过了多个夜晚。我们全神贯注地调查伊朗的动向，并研究该如何行动才能阻止他们。这并非说我们可以随时向别人提供帮助，我们甚至对暗杀科学家这样的做法是否可取都拿不定主意。（在操作上这很容易，但这么做很可能要冒天下之大不韪，谁都难以承受国际社会的谴责。）

我们的确考虑过轰炸方案。五角大楼为各种可能出现的结果都预备了应对方案，但针对轰炸方案的应对方案似乎格外庞大。在作战飞机对如此分散和坚固的目标发动袭击之前，我们要投入巨大的力量来压制对方的防空系统。我、盖茨、赖斯、哈德利、马伦和麦康奈尔在内的所有人，都深知这么做会冒巨大风险，国防部部长的总结一语中的。“如果要干，”他提醒我们，“我们将确保不会出现大家极力预防的结果，即伊朗不惜一切代价发展核武器。”

轰炸的结果只能维持一时，至多让伊朗的核计划进程倒退几年。其实我们很清楚，无论怎么做，伊朗的核武器发展计划只能延缓，不能完全阻止。如果伊朗下定决心要研制核武器，即便我们发动空袭，即便我们的隐蔽行动获得成功，即便我们发起最严厉的制裁，他们迟早会拥有自己的核武器。只要他们愿意不惜一切代价，我们只能起到延迟和惩戒的作用，无法阻止。

第二种可用的方法就是迫使他们自己改变心意。我们能吗？我们对此表示怀疑。这件事至关重要，不能仅靠直觉决定。面对假想的对手，我们该实施怎样的计划呢？

这简直就是布置家庭作业。什么样的内部张力会使伊朗放弃他们的核计划，把他们的资源转移到别的方面，或让他们相信此路不通，或者至少让他们知道一意孤行只会付出高昂的代价？

伊朗并不是单一民族的国家，他们的社会自然而然存在着潜在的断层线。波斯人占伊朗总人口的60%，剩下的40%库尔德人和阿塞拜疆人等少数民族占了多数，其余就是少数的阿拉伯人、俾路支人和土耳其人。能不能挑拨或加深这些民族与政府之间原本存在的矛盾呢？人口处于劣势的阿拉伯人早就对波斯人的统治心生不满。阿塞拜疆人多为商人阶层，他们看不惯腐败的宗教统治，一直想在北部建立自治国家。每十个伊朗人中就有一个库尔德人，库尔德人也想拥有属于自己的国土。什么样的宣传才能将这些不同的群体调动起来，并加大他们与伊朗政府的分歧呢？什么样的行动才能使伊朗出现社会割裂和混乱?

对那些真正存在问题的族群，我们永远都不会插手。伊朗东部的俾路支省活跃着带有恐怖主义倾向的反政府武装，名为真主旅。他们组织高效，却残忍暴力。虽然在媒体报道中，中情局与真主旅暗中存在来往，其实他们从来不在我们的考虑之列。

此外，还有支力量叫作人民圣战者组织。人民圣战者组织成员是持不同政见的波斯人，自 20 世纪 70 年代开始反对神权统治。两伊战争期间，他们联合伊拉克与伊朗作战，并在伊拉克境内得到萨达姆政权的庇护。2003 年，在美军的进攻下，该组织被解除武装。至今仍被国务院列为恐怖组织，因此他们从来不在我们的考虑之列。

2002 年，他们曾公开揭露纳坦兹核设施的存在，但中情局分析师无法确定他们的消息来源是否独立，怀疑他们是在为别的势力传递信息。

可以导致伊朗社会分裂的因素还有很多，包括文化、等级以及年龄等。那些强硬派有没有可以利用的弱点？宣传神权统治的腐败或政府的低效（这方面我们掌握了大量材料）能否对公众产生影响？如果曝出伊朗革命卫队存在大规模腐败，以及他们控制着伊朗经济中的关键要素这些事实，伊朗公众会如何反应？如果发生物资和服务短缺，无论是真实的、想象的还是设计的，会对大众造成怎样的影响？对于那些在立场上摇摆不定的少数族群，一旦发生内斗，他们有多大可能会支持强硬派?

伊朗城市里的年轻人精通各种高新科技。伊朗当局限制互联网的应用让他们颇为不满，经常为此发生冲突。我们能否通过贸易手段增加伊朗政府限制网络的难度？在保护网络隐私方面，有没有共享技术和软件的可能？如果对美国 IT 企业实施贸易禁运又会如何？大量倾销高科技产品是否比禁运更能威胁他们政权的统治？相反，真实的或强度更高的政府管控是否会加剧人们的不满？

我们知道，我们在伊拉克和阿富汗战场肯定会与伊朗人相遇，伊朗帮助这些国家与美军作战。只要涉及恐怖主义，我们的战场便是全球范围。但在这些防御措施之外，我们在这些地区如何向当地政权施压？

为此我们做足了功课，并于2008年夏将可能的行动方案报给主管委员会（不包括总统在内的国家安全委员会）。他们（还有我们）对此毫无热情。我们认为大部分措施的影响都很难预判。即使有效，也要在很久之后才能起效。误判的潜在可能或伊朗政府的压制将永久存在。我们永远都无法知道仅凭抗议能否阻止伊朗政府的核努力。在冰冷的现实面前，模糊的热情很快消失得无影无踪。

布什总统只剩下最后几个月的任期。此时发起任何重大行动，所产生的后果和影响（尤其是消极影响）都只能由下一任总统承担，这显然有失公平。因此，主管委员会向我们的努力表示感谢，这些议题只能暂时搁置。

当然，我们永远都会准备第三个选择。如果你无法改变政权的主导思想，何不试着改变这个政权呢？我们最理想的估计就是伊朗最高领袖阿亚图拉·哈梅内伊认为推翻他的统治是我们一直以来的目标。在他看来，我们揪着伊朗的核计划不放，只不过是掩盖真实目的的烟幕弹，我们的最终目标是要除掉他。

我们应该会欢迎新政权。毕竟，我们并非极力反对伊朗发展核计划，我们只是反对伊朗现政权发展核计划。我们设想了两个钟表，一个显示伊朗核计划的进程，另一个则是阿亚图拉·哈梅内伊1979年革命后所建政权的寿命。显然，我们的目的是放慢伊朗核计划的进程；理论上，它应该会加速现有政权的覆灭。

除非我们不打算这么做，或者不公开进行。政权的更迭不会一蹴而成，美国的干预其实不会削弱毛拉的力量，反而会使其有所增强。

还有一种可能，就是这个政权或许真要发生改变，却朝着错误的方向。就伊朗目前的局势而言，新政权或许比现有政权更加棘手。毕竟他们虽然对选举控制得很严，但比周边其他国家都要公开。

2009 年夏，奥巴马政府遭遇这个棘手的难题。马哈茂德 · 艾哈迈迪－内贾德在伊朗总统选举中获胜后，300 万抗议者走上德黑兰街头进行抗议示威，这就是震惊世界的伊朗绿色革命。巴斯基逮捕抗议领袖，并开枪打死部分示威者，却引发了更大规模的抗议。面对国际媒体的镜头，示威者高举英文书写的牌子，呼吁外来力量援助。伊朗政府认为这是美国在幕后煽动民众闹事，不过，他们的反对派更清楚其中原委。他们请求援助，但毫无效果。不仅没有任何国家采取行动，就连美国不冷不热的口头谴责都姗姗来迟。如果说美国有机会推翻伊朗现政权，那次正是大好机会，可惜就这样错过。

2009 年，奥巴马总统在他的就职演说中提到“对于那些通过腐败、欺骗和压制异议分子的手段维系统治的政权，你们应该清楚，自己站在历史的对立面，但如果你们愿意松开拳头，我们会友好地向你们伸出双手”。这明显是在疏远布什总统的自由议程，认为只有民主才能提供长期稳定的希望。说得再明白点，只要你们和我们搞好关系，你们在国内想怎么搞我都不会管。

因此在 2009 年夏，伊朗政府不会允许他人借核问题在德黑兰的街头制造混乱。

我在奥巴马政府其实只担任了 3 周的中情局局长，这 3 周时间是在等待新任局长莱昂 · 帕内塔到任。在此期间，我和奥巴马总统在白宫战情室中 2 次谈过伊朗问题。第一次会谈时，新的政府班子提出对德黑兰开放的主张。此举能否让美国受益，我没有发表任何观点（我在工作说明中从来没有说明），但我表示此举确实能对伊朗政府施压。“他们想破脑袋也预料不到我们会做出这样的决定。”我说。因为现有政权日益削弱，只能靠英勇对抗魔鬼撒旦的宗教故事来继续维持。“或许会有所启发。”我补充说。

第二次会议时总统参加了，他一开始就问我伊朗掌握了多少浓缩铀。

“总统先生，伊朗掌握了多少浓缩铀我是知道的，但请让我为你提供另外一种不同的理念。在某种意义上，伊朗掌握多少浓缩铀根本无关紧要，因为纳坦兹的所有电子或中子都不可能用来制造核武器。他们必定会绕过国际原子能机构的监督，在某些秘密的军事设施中提炼浓缩铀。”

我们获知在库姆附近福尔多的山体下就有这样的秘密设施，只不过我们还没有把它公开。我们无意公开这处设施。同年 9 月，白宫助手在匹兹堡的某个酒店里接受《纽约时报》记者戴维 · 桑格采访时，还是把这件事捅了出去。

“总统先生，他们在纳坦兹建造的是知识。他们在建设技术，建设自信。他们正在学习控制这种技术，一旦技术成熟，他们可以随时把这种技术投入他们想要的领域。”

这就是有人要暗杀伊朗科学家的原因。这就是有人要利用网络武器破坏纳坦兹离心机的原因。也是伊朗政权的离心机只要为核计划运转就必定招致危险的原因。

国务卿克里与伊朗外长穆罕默德 · 贾瓦德 · 扎里夫后来达成的协议使这一计划成为可能。它保存了伊朗的核设施、离心机与核研究成果。

尽管该协议难能可贵，但它还是赋予了伊朗工业级核国家的合法地位，同时使伊朗成为永久的核武器临界国家。位于福尔多近乎牢不可破的核设施，其庞大规模足以用于核武器的研制，但若为民用，则无法制造足够的可裂变物质，尽管铀并非在那里实现的浓缩。8 年之后的这份协议解除了对伊朗发展弹道导弹计划的限制，因为如果没有大规模杀伤性武器，这种弹道导弹的实用性聊胜于无。

对德黑兰以往的核活动我们将不再追究，包括他们弹头武器化计划。因为所谓的“访问”可疑核设施并不意味着派巡视员到现场查看，更不要指望伊朗的核专家穆桑 · 法克里扎德（相当于美国“曼哈顿工程的奥本海默”）来给我们做报告。

白宫曾就历史上最具侵入性的检视机制进行讨论。这么说或许有点夸张，但说不定伊朗已知的核设施确实有过硬的机制。坦白说，国际原子能机构对我们已知位置进行检查并没有让我们感到放心。检查员需要有权在任何时候到任何地点，而据我们的情报估计，武器级的浓缩活动必定发生在极为机密隐蔽的地方。如果检查员不能迅速进入军事或革命卫队设施，这样的检视机制显然存在漏洞。伊朗至少有 24 小时的时间为应付检查进行各种准备。

这份协议对未来防扩散努力具有深远影响，因为在孤立中苦苦挣扎的地区小国竟敢挑战全世界，并最终获得胜利。毕竟这一切源于联合国安理会通过系列决议要求德黑兰推迟所有铀浓缩活动；而奥巴马总统早前也曾宣布，位于福尔多和阿拉克的核设施并非和平核项目的合法组成部分。

最终协议破例指出，在伊朗问题上的让步不能被用于《不扩散核武器条约》处理其他国家的核问题。这个声明很能说明些什么。

虽然有正式协议，伊朗依然是过去的伊朗。它两面三刀、专制独裁、支持黎巴嫩真主党、支持哈马斯，是追求霸权的神权统治国家，是中东地区局势稳定的最大威胁。（难怪哈梅内伊始终认为我们想要换个政府。）核协议将结束这个政府的孤立状态，他们的资金将被解冻，可以重新石油买卖，这势必引起诸多令人不安的活动。

因此伊朗在这份协议中并不存在欺诈动机[①]。情报部门的很多工作人员，包括我在内，一直怀疑德黑兰会建造或至少试验一个核装置。与朝鲜人不同，我们需要动用炸弹才能收到想要的政治效果，伊朗人则聪明得多，他们首先让世界知道他们具备发展核武器的能力，然后将自己的核计划止步于核武器门外，以免触碰国际社会的底线。因此即便在遵守核协议的前提下，伊朗有能力在 10—15 年拥有核武器。

不仅没有严厉指责，奥巴马政府对伊朗持继续观望态度。我认为布什政府或许不会批准这个协议，但我们似乎也没有太多选择。

---

① 当然，他们日后肯定会出尔反尔，这是他们的一贯风格。这里的欺诈指的是战略性欺诈。

第十七章

全球化事业

弗吉尼亚州兰利，2007—2009 年

2008 年 8 月初，白宫的安全线路传来斯蒂芬·哈德利充满忧虑的声音。格鲁吉亚总统米哈伊尔·萨卡什维利刚刚和他通过电话。萨卡什维利的语气听起来很兴奋，也带着几分绝望。俄罗斯装甲部队夺取了格鲁吉亚北方交通重镇茨欣瓦利，他担心俄军坦克会长驱直入，攻占格鲁吉亚的首都第比利斯。

这场危机与萨卡什维利本人有关。此前，他命令部队快速进入俄罗斯“维和部队”保护下的南奥塞梯。在那之前不久，俄罗斯部队在附近刚刚结束一场夏季军事演习。如今，俄军联合南奥塞梯的军事单位向他迎面扑来。

萨卡什维利这个人我们相当了解，也欠他很多人情。他年轻时参加美国国务院的外国留学生培训计划，在哥伦比亚大学和华盛顿大学读取研究生学位。担任总统后，他一直是北约和西方国家坚定不移的盟友。他曾经向伊拉克派出步兵旅，并努力在他的国家发展市场经济和民主政治。如今他陷入困境，哈德利想知道他能将俄军实力和意图的哪些情报转告给这位老朋友。

我答应斯蒂芬随后回电，然后我走出办公室，对行政助理喊道：“去把负责格鲁吉亚情报工作的人员全都叫来！”

一时间下属们忙着打电话，我则转向办公室主任拉里·法伊弗，开玩笑地问：“中情局有人专门负责格鲁吉亚，对吧？”

我们当然有，还很专业。不到一小时，详细的材料就摆在我的面前。

我连忙拨通白宫西翼的电话。萨卡什维利的确身陷困境，但我们判断俄军没有进攻格鲁吉亚首都的意图。

俄军不仅没有继续向南推进，反而掉头向西，攻占了黑海边上的分裂地区阿布哈兹。俄军动向的情报很难搜集，间谍卫星之类的国家技术手段对俄军不像以前那样起作用。

我当时心想，一定要在俄军出现前获取更多的情报，哪怕在肥沃的乌克兰黑土中掘地三尺也在所不惜（6年后我们终于实现了这个目标）。

2008年，我们获取情报的手段还是肉眼观察，而不是技术搜集。我们向格鲁吉亚派遣了情报官。我们把他们塞进普通车辆，让他们一直朝东北方向开，直到看见俄罗斯的装甲部队，然后测定GPS读数并打电话向我们汇报。

很快，美国其他情报部门参与进来。几艘海军舰艇进入黑海，既是为了立威，也为了密切观察局势走向。美国国防部紧急将格鲁吉亚步兵旅（不包括重装备）从伊拉克运回格鲁吉亚。一些人道主义援助物资由军机送达。我们曾考虑派飞机到格鲁吉亚附近或进入其领空实施侦察飞行，但最后因为风险太大而不得不放弃。

交战数天后，法国呼吁停火，并要求俄军撤退至冲突发生前的地带。一部分俄军单位开始移动，但根据俄罗斯与新独立的南奥塞梯以及阿布哈兹达成的所谓协定，俄军可以无限期留在那里。对西方国家来说，没有任何国家愿意接受格鲁吉亚被肢解，但他们也不想采取军事上或强烈的经济措施来对抗这种既成的事实。各国经济在美国金融危机的影响下摇摇欲坠，俄罗斯则是他们的能量来源。

美国总是在“包容—排斥”的概念上做文章。摆脱了自给自足的苏联模式，俄罗斯费了九牛二虎之力融入第二次世界大战后由美国主导的全球架构，包括八国集团、20国集团以及世界银行、世贸组织和国际货币基金组织之类的金融机构。但这些组织其实就是那些持有相同利益国家的理事会，俄罗斯企图重新划分欧洲版图与它们的宗旨显然格格不入。

如果俄罗斯希望被国际社会普遍接纳，它必须表现得像个正常的国家，或起码有这个意向。先是行政方面我们严重滞后，然后在2010年5月就连美国实施的轻微制裁也被撤销。那是奥巴马政府著名的“政策调整”的一部分。俄罗斯最终在2014年入侵乌克兰后退出了八国集团。如此，他们再也不受格鲁吉亚事件的制裁。

中情局认为，格鲁吉亚是个混合体。我们帮助斯蒂芬·哈德利确保萨卡什维利政权不至于垮台，但我们没有提醒哈德利和其他人，可能会出现冲突，尽管这场冲突由我们的朋友格鲁吉亚人一手酿成。

那天，带着成堆表格和地图涌入局长办公室的中情局工作人员都十分出色。几天后，当总统亲自到兰利听取深入报告时，这帮年轻人直接回答了总统的提问。但兰利对俄罗斯局势了如指掌的情报员不多，无法像追踪战场态势那样自信满满地预估莫斯科的意图。反恐以及针对基地组织的战争占用了我们大量的人力和资源。

没人理解我们的难处。我们要放眼全球，而不能“只”盯着基地组织不放。我们的政府跟我们的情报伙伴（称之为“私通伙伴”）显然也有同样的期待。实际上，全球化战略是我们与他们建立一切关系的基础。

这些合作的实质就是交换情报。中情局是个技术娴熟的庞大情报机构，我们有足够的能力搜集地区的派生数据，并在全球化背景下赋予它们更深远广阔的意义。我们的私通伙伴通常为目标地当地人士。他们专注而机敏，无论在文化还是语言上都有得天独厚的优势。即使政府间没有达成政策层面的一致，我们本着互惠互利的原则与他们合作。

实际上，这些合作关系持久牢靠。我们一般在暗中交易，即便政治关系出现波折也不会受到影响。因为我们要面对目标一致的专业人员，交换的情报对彼此都有极高的价值。情报机构之间的交流不会因政策或政治领导人的变更而中断。

美国和这些私通伙伴的关系很大程度上取决于良好的私人信任。正因为如此，你才会邀请他国国家情报机构的首脑到你家里共进晚餐，或者到他们国家的首都，让他带你四处参观。就像你会听妈妈的话，吃掉碟子里的全部食物，这种关系透着朋友般的亲近，你甚至愿意为了和对方见面而打乱自己的日程安排。

这样的友谊是工作带给我们的额外红利，但我们真正要做的是建立宝贵的信心程度，基于共享的经验和私下交往，而非正式的备忘录或会议记录。

比如我们的某情报站站长曾陪同美国内阁官员与某个重要的中东伙伴会面。会谈结束时，双方同意交换某些重要数据，内阁官员说他会请参谋人员起草相关安排的备忘录。而驻外事务处的主管伸手放在中情局同行的胳膊上，微笑着对那位内阁官员回答："朋友之间不需要备忘录。"

很多国家的情报机构都乐意和中情局（及其局长）交朋友，他们的交好之意溢于言表，丝毫不加掩饰。我刚到兰利上任不久，保加利亚的情报首脑对我们说，他已经从档案室调出我的档案并放进他的私人保险箱。我怀疑档案中肯定有不少令人尴尬（或有趣）的内容，但事实证明，这个前共产党国家的安全机构（简称 DS）对我的调查非常彻底，我猜我的档案资料应该是厚厚的一沓。

20 世纪 80 年代中期，我曾在共产党治下的保加利亚担任过空军武官。武官的工作就是明目张胆地搜集情报，因此敌对的情报部门对我们实施全方位的监控。我们知道他们在我们的公寓安装了窃听器，但我和妻子在每个房间都放了那种带塑料手写笔的可擦型便笺本。对那些敏感的或纯私人的谈话，我们把字写在容易擦除的塑料薄片上，看过之后就立刻擦除。

在保加利亚，我曾两次被当局扣押，每次都因为我离他们的军事单位距离太近。我当时要么是想确定某种飞机的型号，要么是观察他们的演习。但他们对我没有太出格的举动，都是例行公事。不过在我身处保加利亚时，在东德从事相同工作的同事却遭到了残忍射杀。

那并非任何邪恶的阴谋，只是某个紧张的苏联新兵闯的祸。后来我得知那是个中亚人，当时的情况超出了他的处理范围。

我们一直在尽量避免出现这样的情况。我和我的法国同僚开车出去一整天，在保加利亚腹地观察某些毫无特征的设施。我们的车辆很快遭到国安局跟踪和监视。那次只是例行的情报搜集，恰巧赶上了保加利亚正在召开党代会，所以我猜他们加强了防范。由于我们只是沿着公路经过他们的营房，并没有做出任何可疑的举动，因此他们除了跟踪，并没有对我们采取进一步措施。

路过铁路道口，我们停车等待火车通过，跟踪车辆竟然并排停在我们的左手边，这让我和法国同伴感到意外，甚至有些担心。我向他们看去，车上有位工作人员正用手势比画着吃饭的动作。是啊，我们连续开车6个多小时，早就该吃午饭了。

我们驶离公路，把自带的食物放在后备厢上，开始吃了起来。跟踪车辆也是如此，不过与我们保持了近百米的距离。快吃完时，我走到他们跟前，指着我的手表，然后伸出五个手指头，意思是该出发了。他们摆摆手，收起食物，钻进车里，继续对我们进行追踪。

到兰利之前，武官一直是我最喜欢的职位。我经历了某些挑战，意识到掌握保加利亚语、了解保加利亚文化的重要性。我认识到实地工作的价值，也积累了敌对环境中搜集情报的经验。这些都为我后来进入中情局打下基础。

到了2006年，保加利亚情报部门要和我们做朋友了，他们的情报首脑甚至毫不避嫌地对我进行“保护”。

只要有机会，我就向中情局各地的情报站站长强调这种联系的重要性。与他们在工作站外见面时，我叮嘱他们，要利用史蒂芬和我的影响帮助加强这种联系。只要外国同僚乐意，我们愿意就任何问题在任何时间与他们进行沟通讨论。

如果他们想访问中情局，我会事先阅读来访者的简历，同时还会了解负责陪同的情报站站长的基本情况。当他们走进局长办公室，我希望我除了问候还能张口说出他妻子和孩子们的名字。这显然会令陪同的情报站站长感到高兴，我这么做是希望他能把我当成老朋友，返回工作站时也能提高他的威信。

当我面对一群站长，我会告诉他们我与外国同僚接触的真实意图。“你们和联络人，”我说，“务必记住两件事：一、你代表的是美国，世界上唯一的超级大国，因此一定要有自信。二、自信的同时也要保持一定的谦卑，因为我们的合作伙伴对美国的地位非常清楚，正因为如此你才能站在他的面前，所以你不要特意地表现出来。他们更看重第二件事。”

在中情局任职的 33 个月中，我和史蒂芬·卡佩斯在海外会见过 50 多个外国情报机构的领导人，有的领导人不止见过一次。在我之前，很久没有中情局局长到访墨西哥城、波哥大或巴西利亚；而我对非洲国家埃塞俄比亚、吉布提、加纳和马里的访问具有开创性的意义。毫无疑问，无论在哪里我们都能找到共同感兴趣的话题。加纳有新贩毒路线问题，哥伦比亚有哥伦比亚革命武装力量问题，吉布提有恐怖主义问题，墨西哥有毒品贩子问题，凡此种种。

如果说我们访问过 50 多个国家，那么到访兰利的外国盟友比这个数字要多得多，其中不乏各国的情报主管。我们还迎接了利比亚前总统卡扎菲次子赛义夫·伊斯兰。赛义夫在英国接受教育，是利比亚未来最有希望的接班人，因此美国政府对他格外关照。

撇开赛义夫不谈，和这些外国盟友打交道对我个人也有一定的帮助和价值。我在国家安全委员会的会议上身处险境，面对多方质疑时，我能张口说出“我刚和某国情报主管谈过话，他表示……”这样的话，往往可以起到意想不到的效果。

他们大多是正派之人，但你不能因此掉以轻心，必须时刻保持警惕。即便是他们中最出色的人，有时也会用我称为“创世神话”的方式来对待你。

通常，坐在你对面或在电话那端的这位专业人士脑子里可能灵光一闪，原本务实的对话会立刻受到这种近乎原始判断的干扰。我在前面提过，阿富汗前国安局局长阿姆拉·萨利赫为人正派真诚，博览群书，知识广泛，有着强烈的求知欲和非凡的自学能力。某个傍晚，我们漫步穿过威廉斯堡，那是我们为了增进关系而设置的文化活动。经过古老的下议院时，阿姆拉困惑地问我："围墙呢？"

"围墙？"

"对啊，保护他们不被市民冲击的围墙。"

显然，这不是喀布尔，和阿姆拉的人生经历不一致。

即便我们在巴基斯坦问题上很难保持客观（他并非偏执狂，只是巴基斯坦的做法让他感到不安）。

几年前，我在欧洲为美军担任情报主管时，经常去贝尔格莱德与我的塞族同僚布兰科·克尔加会谈。我俩很合得来，尤其在最初结识那会儿，他告诉我他的祖父曾在匹兹堡轧钢厂工作过。

虽然美国政府与塞尔维亚政府立场不同，我和布兰科在波斯尼亚冲突问题上交换观点，纯粹的专业人士的交流，带有战争人力成本的色彩。

有次午餐期间，布兰科凑到我跟前，对波黑战争中丧生的那些青年表达了悲痛之情，尤其是那些塞族青年。他说当时很多家庭都只有一两个孩子，"但那些穆斯林家庭"，他摆了摆手，"他们的家庭格外庞大，这场战争对他们来说算得了什么"？

和他争论毫无意义，只要不赞同或表现出赞同的意思就行。我坐在那里，面无表情，连本能的点头也要小心克制，以免传达错误的"默许"信息，心里则期盼这段插曲赶快过去，双方恢复有意义的对话。

这需要时间。有天夜里，在乘机前往另一个目的地途中，我忽然想到了一件事。当我大谈特谈民主自决、文化多元性、选举时，我的外国盟友都是耐心地等我说完才回到之前严肃的对话，他们会不会把我在这些对话中的立场当作美国的神话而不予考虑？这个问题我百思不得其解，思考得越长，我就愈发确定对话必须进行下去。

还有别的危险你必须时刻警惕。有些人误以为美国情报机构会把不光彩的工作外包。事实与此恰恰相反，我们都不被允许做的情报工作，是不会帮助或授权合作伙伴去做，甚至连提出类似的建议都不允许。

我曾和以色列国防军有思想的领导人加比·阿什肯纳兹有过私下交流。他向我展示了一张以色列F-15战机编队飞过纳粹在比克瑙集中营的照片，意思是告诉世人，“历史不再重演”。随后，我们坐在沙发上讨论起伊朗的问题，他问我延迟伊朗核计划最好用什么办法。

我说过，伊朗在纳坦兹不仅制造浓缩铀，还在建立自信和知识储备。而这些自信和知识就来自负责核项目的科学家。因此如果不考虑太多，迟滞伊朗核计划的最好方法就是杀掉他们的科学家。我当然没有这样明说，也没有提及这样做理论上的可能性，甚至闲谈时都没有说起。我只是坐在那里，说些不痛不痒的话。

挑战无处不在。美国（以及中情局）的价值观、法律、利益和政策从来都不会与盟友们完全一致。情报工作是在共同的空间为了共同的目标努力，同时又要最大限度减少不和谐因素的存在。

我和埃及情报部领导人奥马尔·苏莱曼曾在尼罗河上度过整整一个下午。他在以色列和巴勒斯坦问题上发表看法。在这个问题上，他是我们所能找到最理想的中间人，在反恐问题上也是个坚定的伙伴。这是双赢的合作关系。

当时乃至现在我仍然在想，当初为了避免在其他关键问题上冷落奥马尔，我们在某些问题上或许没有留有余地，比如在埃及反对派中的工作联系，包括穆斯林兄弟会。如果我们那么做了，不仅可能会伤害到我们，还有可能伤害我们埃及同伴的利益。

2008年8月访问埃及时，奥马尔让我多待几天，以便和总统穆巴拉克会晤。奥马尔既是情报主管，又是总统顾问。他和穆巴拉克关系亲密，都有军队背景。在与反对派的斗争中，奥马尔支持穆巴拉克已经有10年之久。

周五穆巴拉克没有时间，因为那天是安息日。所以我们参观了吉萨金字塔、狮身人面像和埃及博物馆。即便有埃及情报部门为我们开路，但在这炎炎夏日走过繁华喧闹的埃及街道仍然是个挑战。我不由得纳闷，埃及人民因为悠久的历史凝聚在一起，他们该如何面对这个国家日益分裂的现代社会呢？

第二天上午，天气晴朗，我们一行如约前往总统府。总统府位于赫利奥波利斯郊区。可能由于穆巴拉克的缘故，这里大部分餐馆和店铺人去屋空，看上去就像鬼城。奥马尔把我们迎进总统办公室，我坐在沙发上靠近总统办公椅的那端，离穆巴拉克只有一步之遥。随后，他滔滔不绝地批评了美国的政策和布什总统的自由议程。

他首先指责我们对埃及的情况根本不了解。显然，他指的是美国支持民主积极分子并就政治犯问题向埃及政府施压的事件。他说，美国的干预策略是错误的，只能起到反作用。我们根本不了解他的那些反对者，尤其是穆斯林兄弟会。各国的民主发展道路不尽相同，进度也各异。“他的”人民还没有做好迎接民主的准备。

已经80岁高龄的穆巴拉克，思维依然敏捷，但也格外独断专行，对他的人民如此，对我也一样。偶尔他会向前探着身子，一只手抓住我的胳膊，语重心长地说我们都是军人出身（其实都来自空军），因此他的谴责不是针对我个人，随后便继续他的长篇大论。我觉得他口口声声的“那个女人”就是我们的国务卿赖斯。

1981年，穆巴拉克上台后颁布紧急状态法，扩大了警察的权力，限制了宪法的权力，而种种迹象表明他并没有终止该法典的意向。奥马尔是该法典的执行者，但在这次会议他大多保持沉默。这是总统展示自己权威的时刻，奥马尔的工作只是听众而已。

30个月后，种种迹象表明，无论是穆巴拉克还是苏莱曼都无力掌控埃及局势。如果埃及实现民主早一点，民主程度高一点，会不会使这个国家避免一系列的革命，我们不得而知，但起码不会给这个国家带来太多伤害。

此后我与奥马尔私下再没有见过面，当他被穆巴拉克任命为埃及副总统时，我在他们的国家电视台上见到他短暂的露面。那时开罗解放广场的示威游行达到顶峰，这是绝望的穆巴拉克抓的最后一根稻草。在这些公开的露面中，我从奥马尔身上已看不到往日的自信。后来他因为不明智地参加总统竞选而惨遭失败，不得不退出埃及政坛。2012 年夏，他在美国克利夫兰的一家医院因疾病突发去世。

无论是访问埃及还是中东其他国家，沙特阿拉伯几乎是我们必停的一站。每次来到沙特，国王阿卜杜勒都会抽出时间接见我们。他的接见并非没有目的。阿卜杜勒热衷伊朗问题，他敦促我们及时“斩断蛇头”，警告我们要提高警惕，当心失去我们在这个地区的“光环”。

我和史蒂芬·卡佩斯曾经在国王的摩洛哥农场（农场、花园、喷泉等）与他见面。那天我刚刚结束对巴西的访问，临时飞到那里，而史蒂芬直接从华盛顿赶来。摩洛哥情报机关匆匆跑来接待我们。我们驱车从摩洛哥首都拉巴特前往卡萨布兰卡，等待夜间（实际是凌晨时分）与阿卜杜勒会晤。国王手拄拐杖，行动迟缓，出人意料地来到宅邸门口迎接我们。我们为这次会面腾出大把的时间，显然国王也是如此。

前往王室农场与国王会面时，我和史蒂芬把部分随行人员和参谋留在卡萨布兰卡的滨海大道。他们无事可做，就去光顾附近的报刊亭和售卖纪念品的小摊。后来他们发现那个市场竟然有人售卖本·拉登玩偶和基地组织 T 恤衫，便立刻紧张地回到车上。

沙特驻华盛顿大使阿德尔·朱拜尔通常为国王担任翻译。阿德尔熟悉美国，也熟悉中情局。他曾在北得克萨斯大学和乔治敦大学求学，由于他的寓所和兰利都在铁索桥路上，所以他成了中情局的常客。他有次拜访时向我们透露，国王阿卜杜勒对美国的伊拉克政策表示忧虑。显然深得美国实用主义精髓的阿德尔对国王说：“尊敬的陛下，他们是美国人。如果目前的政策行不通，他们会修改的。”

有次前往吉达，我们拜访了阿德尔的前任，即担任沙特驻华盛顿特使20多年之久的班达尔·本·苏尔坦王子。班达尔当时担任沙特阿拉伯新近成立的国家安全委员会主席。他显然希望维持沙特与美国的关系，而我们很乐意见见这个曾在美国空军接受训练、能说会道的前战斗机飞行员。

那是次愉快而有意义的会谈。我们的见面时间定在深夜（实际上相当于凌晨）。会谈结束时，班达尔送给我一幅硕大的照片相框，照片中是罗斯福总统与沙特王国的创立者阿卜杜勒·阿齐兹国王。1945年2月，罗斯福总统与阿齐兹国王在苏伊士运河旁大苦湖面的“昆西”号巡洋舰上会面。罗斯福总统刚刚结束雅尔塔会议，那时他的身体状况已经急剧恶化（2个月后离世）。照片用无声的方式记录了两个人及两个国家的关系：石油换安全，安全换石油。班达尔在以此向我传达某种信息。

我把照片挂在兰利的局长办公室，因为照片中两人中间那位身穿军装的翻译是比尔·艾迪上校，他是中情局前身战略情报局的一员。

其实沙特阿拉伯与我职位对等的是阿卜杜勒·阿齐兹最小的儿子穆克林王子。穆克林是沙特对外情报机构情报总局局长。他之前曾担任空军飞行员，先在英国求学，后又去美国接受军事教育。他英语流利，对人友善，但情报总局一直缺少人手。

穆克林曾召集该地区逊尼派国家的情报主管集中讨论伊拉克问题。面对邀请，我有些犹豫，那绝对不是愉快的旅行。会议议程包括准备正式的声明，不是一般意义的对话；因此我认为应该不会有人分享真正有价值的情报，但我必须参加。我们的最终工作成果仍是对伊拉克局势平淡无奇的描述，以及一份对美国和联盟在该问题上做出的努力表示支持的温和声明。休会之前，我建议或许下次会议可以邀请伊拉克方面参加，毕竟巴格达的情报主管也是逊尼派。

穆罕默德·本·纳伊夫王子是沙特国内情报机构总调查局一把手，位高权重，也是我们在沙特的主要联络人。穆罕默德曾在俄勒冈州接受教育，并受过联邦调查局和苏格兰场的专业培训。2003年基地组织针对西方发起连环袭击，他开始在沙特重拳打击基地组织势力。他建立了世界上最出色的圣战者改造计划，利用信仰和家族的影响使许多圣战者真心悔过。当穆罕默德在吉达附近的海滨别墅向我介绍这个计划时，他坚持要求我偕拥有咨询硕士学位的妻子珍妮一同前往。

纳伊夫很有可能成为沙特阿拉伯的下任国王。他目前已是王储身份，现任国王是他的叔叔萨勒曼，如今已是 80 岁高龄。

每次访问沙特，我们必然停留的另一站是安曼，那是我们十分向往的一站。我们喜欢阿拉伯人的热情好客，喜欢那里美味的食物，也喜欢那里开放包容的社会。你在酒店里可以大大方方地点上一杯好酒，不必担心破坏他们的习俗。

约旦国王阿卜杜拉二世与沙特国王阿卜杜拉 · 本 · 阿卜杜勒 · 阿齐兹一样身份高贵且平易近人。在安曼王宫参加小型的非正式午宴时，我们不得不穿过儿童游乐室的三轮脚踏车和遍地的玩具。阿卜杜拉二世访问美国时，曾在他美国好友（某前中情局高级官员）的陪同下开摩托车到乡间公路上游玩。

约旦与美国在安全领域的深度合作始于 1951 年，阿卜杜拉的父亲侯赛因（当时 15 岁）目睹爷爷阿卜杜拉一世在耶路撒冷阿克萨清真寺被巴勒斯坦恐怖分子暗杀。在年内，侯赛因接替精神异常的父亲，继承了王位，随后他在美国的帮助下组建了约旦情报总局。维持哈希姆王朝的安全，符合约旦与美国两国的利益。

美国与约旦的合作持续至今。有次访问安曼期间，我陪同国王出席了情报总局反恐中心的挂牌仪式。该中心是在美国的直接建议及帮助下成立，并专门为美国开辟了工作区。我离开中情局后，2009 年 12 月，阿富汗霍斯特省发生了恐怖袭击事件，导致 7 名中情局特工和承包商死亡，同时殉职的还有约旦情报总局的一名同僚（实际上是王室成员，国王的表弟），中情局曾经与他共事。

我从来没觉得阿卜杜拉与布什政府的关系有多亲密。鉴于它与约旦的历史渊源，中情局乐意介入其中。和沙特国王一样，阿卜杜拉就伊朗在伊拉克与该地区的威胁问题与我们有过密切沟通。在他看来，让伊朗及伊朗支持的民兵组织控制伊拉克军队并从圣城军和伊朗革命卫队中招募人员进行扩充的方法，虽然是为了赢得逊尼派的支持，但却有可能是愚蠢的、适得其反的做法。

当然，我们并非只是空洞的抱怨，阿卜杜拉确实做出了努力。在我们的一再敦促和支持下，阿卜杜拉二世于 2008 年 8 月成为首个访问巴格达的逊尼派国家元首。同年他还邀请伊拉克总理马利基访问安曼。在实际运作上，约旦情报总局是唯一在伊拉克开展行动的逊尼派情报机关。由于两国边境上分布着大量的逊尼派部落，因而它成为难得的合作伙伴。

有些合作纯属自愿。伊拉克难民对约旦的稳定构成威胁。从伊拉克逃亡出来的大量穷人不仅是沉重的社会负担，更对社会治安构成潜在威胁。而逃亡到约旦的伊拉克富人在一定程度上抬高了安曼的房价，使它超出了普通约旦人的购买力。因而无论穷人还是富人，对约旦而言都会引发严重的问题。

阿卜杜拉还希望讨论巴勒斯坦人的问题，因为巴勒斯坦人如今占据约旦总人口的一半。他表示随着中东和平进程的失败，这里的一切问题都将变得更加棘手，比如伊朗和恐怖主义。他指出每当我们错失一次机会，该地区的形势就会呈现出破坏性的恶化趋势：巴勒斯坦当局的公信力每况愈下；作为谈判伙伴的地位越来越不稳固；政府的衰落导致暴力事件频发；以色列认为他们有充足的理由采取更严厉的措施（包括安全、定居点等）；双方之间的分歧日益扩大。

约旦与以色列的关系还不算太僵。在我的某次行程中，在约旦河上著名的阿伦比桥上，约旦情报总局仍然不放心把我交给摩萨德保护。（选择陆路是我的主意，因为从安曼到特拉维夫只有 106 公里的路程，我不想乘坐 C-17 运输机。）

当然，还有其他情报机构向我们寻求帮助。2007 年 7 月，23 名年轻、虔诚但愚蠢透顶的韩国传教士在阿富汗遭绑架。韩国是亚洲基督徒最多的国家，大多非常虔诚。这些年轻的长老教成员显然是被热情冲昏了头脑。

韩国国内舆论要求韩国情报机构全力救人，因而他们的情报主管深感压力巨大。没有前往喀布尔，他立刻启程来到中情局总部寻求我们的帮助。他需要在阿富汗能够提供帮助的内线，他很清楚从哪里可以找到这样的人才。我指派了一名美国特工全天候陪伴他，我想这可能让他大感意外。这名年轻的特工拥有丰富的阿富汗工作经验，不过这位韩国情报主管首先询问他的翻译，我们的这位特工懂不懂韩语。没有等待翻译回答，我们这位特工直接肯定地用韩语回答了他。直到此时，这位韩国朋友的脸上露出了那天的第一个微笑。

有时，同行之间的联络能够带来极大的乐趣。2008 年 7 月，哥伦比亚武装部队成功解救了 15 名人质，其中包括 5 年前因为侦察机失事被俘的 3 名美国承包商。

在我的某次联络之旅中，我曾到访哥伦比亚的首都波哥大。因为贩毒问题，哥伦比亚政府长期与哥伦比亚革命武装力量进行艰苦卓绝的战斗。可以说，战争正在改变政府的执政路线。总统阿尔瓦罗 · 乌里韦自 2002 年就职以来，哥伦比亚的面貌有了巨大改变，但这样的成就离不开长期以来情报机构艰苦且默默无闻的努力。他们才是真正的幕后英雄。

当我看到哥伦比亚的营救计划，我以为我在看一部 B 级片的脚本。两架直升机伪装成非政府组织的飞机，假装向哥伦比亚革命武装力量更高层转移犯人。哥伦比亚军方假扮成革命武装力量护卫。我只是摇摇头。“哦，没问题，应该能成功。”

但确实成功了。3 个被救的美国人是数年来我们在哥伦比亚最优先的情报任务，他们信以为真，其中一人拒绝转移。后来一位“护卫”俯身趴在他耳朵边悄悄说了几句“相信我，相信我”，他才同意配合。

获救的美国人随后到访了中情局，哥伦比亚营救小组也坚持要来兰利。我陪他们坐在局长会议室里，听他们很随意地向我介绍整个行动的经过。

我们拍了很多照片，他们还送了我很多纪念品。这些纪念品至今还摆在我家里的办公室。当时我们对彼此都抱着真诚的感激之情。

我们最不寻常（也最富有成效）的联络关系其实并非与外国机构，而是与纽约市警察局。这些联系后来引发了争议，但一直以来我们都把纽约视为特殊的城市，一座国际化的美国大都市。这座城市超过三分之一的人口出生在国外。纽约是基地组织发动袭击的首要目标。迈克尔·布隆伯格市长与强硬的警察局局长雷·凯利对此表示认可。

最初，我们有位在纽约工作的反恐分析师把获取的威胁数据透露给了纽约警察局，从此中情局与纽约警察局开始非正式合作。凯利聘请戴夫·科恩成立情报处后，这种合作便固定下来。科恩是前中情局行动处主管、分析处副主管。科恩在纽约警察局创建了相似的部门：行动处（负责行动和搜集情报）和分析处。

国内情报收集在美国一向不受欢迎。中情局的职能并不包含这一项。执法部门不愿对没有犯罪倾向的人采取任何措施。不犯罪，不调查。没有司法部的支持（直到2008年12月司法部才通过相关法律），联邦调查局的行动束手束脚。相比之下，纽约警察局更适合这种工作。他们熟悉自己的辖区，根据邮编就能找到威胁的来源。

我们决定派分析师加入科恩。和我们的其他合作伙伴一样，这位分析师可以把从地方搜集到的情报放到全球语境下解读。他还能在日常威胁矩阵（几乎是完全没有限制的危险目录）上与纽约警察局接洽。通过与纽约警察局合作，他研究了针对纽约的地方威胁并加以分级。毕竟误报会导致难以估计的财政损失，因此所有的威胁必须真实可信才能采取行动。

此类配合在我进中情局之前就已经非常默契，而我自然没有改变它的道理。2007年，我同意了中情局总部正式批准的特别安排。联邦调查局对此不太满意，我要求在谅解备忘录中多为他们准备一两段的解释，但正如我的某个前辈所说，“这样做是正确的选择，他们不可能因为谅解备忘录就抓人”。

实际上，我们在农场开设的情报技术课程中专门为纽约警察局开辟了培训课。这样做的目的是帮助他们提高业务技能（他们在海外也有联络关系），使他们在反恐活动中具备情景感知能力，并增加他们对反情报威胁的敏感性。

我每次去纽约都要拜访凯利局长。从第一次见面我们就建立起深厚的友谊。那次，他自豪地让我参观他的前任西奥多·罗斯福用过的大办公桌。凯利和我在许多问题上意见一致（比如对《纽约时报》的看法）。直到今天，我偶尔仍会戴上印有 NYPD（纽约警察局）字样的袖扣；我相信他会佩戴我送给他的中情局袖扣。

2012 年，两名美联社记者因连续报道纽约警察局的海外反恐活动而获得普利策奖。他们在报道中提到了中情局。那些报道故意挑起了大众对公民自由的担忧，尽管中情局承认严格的监督有利于他们的工作，但他们的回应还是反映了全国和纽约的舆论。“9·11 事件以后，中情局在反恐领域开始和执法部门合作。没有人对此表示异议，或认为这不合情理。”

我们从来没有要求推广这种模式。纽约是一座特别的城市：独一无二的人口，独一无二的规模，同时面对独一无二的威胁。纽约警察局的职责是打击犯罪，维护治安。它的警员规模全美第一，拥有 35000 名警务人员，是全美位列第二的芝加哥警员数量的 3 倍。纽约警察局拥有凯利这样杰出的领导人，还获得布隆伯格市长强有力的政治支持。

据戴夫·科恩统计，自 2002 年至 2013 年，包括 2011 年到 2013 年因为美联社报道所引发的混乱期，以纽约为目标的恐怖袭击阴谋多达 17 例。由于多方努力，包括我们的这个项目，基地组织的阴谋一次也没有得逞。无论如何，纽约警察局是我们最好的合作机构之一。

在情报领域，虽然我们与中国阵营不同，但我还是亲自去中国会见了我的同行。我们的东道主热情亲切，准备了盛大的欢迎宴会，我们的确有许多共同关心的话题，比如技术发展等。

尽管有这么多联络活动，但意外的是我和史蒂芬都没去过莫斯科。我猜这大概是旧习难改，对俄罗斯极不信任，包括在我们拥有共同利益的反恐领域。

俄罗斯驻华盛顿大使馆的高级情报官曾到中情局参加午宴并会谈。会面过程还算愉快，但俄罗斯人离开后，我的办公室主任立刻命令保安彻查餐厅和局长办公室，以防他们安装了窃听器。

这也许怪我们。俄罗斯在普京的领导下重返国际舞台。与他们接触不会阻止这一切，但却可以让我们进一步了解俄罗斯联邦的战略思维，并与俄罗斯情报部门之间建立起对双方有利的联系，因为我们知道普京对美国及西方国家意图近乎偏执的揣测全部来自他的情报机关。联络有时并不仅意味着情报的交换。

乔治·特尼特就可以证明这一点。在美国与巴勒斯坦人及亚西尔·阿拉法特的复杂关系中，他是个关键性人物。我的副手史蒂芬·卡佩斯担任行动处主管时，曾就销毁利比亚大规模杀伤性武器的问题与卡扎菲的情报机关首脑穆萨·库萨进行过谈判。

我后来也有了和巴基斯坦人打交道的机会（第十八章）。

埃及的革命、安第斯山脉和兴都库什山里的人质、高加索地区的俄罗斯武装力量。美国情报部门是世界上唯一需要全球视野的机构。中情局一直努力承担这个角色，但在9·11事件之后，这越发变得艰难。就像后来我对继任莱昂·帕内塔所说的那样，我们是美国对付基地组织的作战司令部。

离开政府几年后，当我重新审视周四向总统做简报的脚本，惊讶地发现这些简报的内容几乎全都和恐怖主义有关，而在恐怖主义问题上，几乎都以南亚的巴基斯坦和阿富汗为中心。在我任职的最后半年，每次会议基本都会包含猎杀1号高价值目标（本·拉登）和2号高价值目标（扎瓦赫里）的议程。在解决基地组织问题上，我们确实不遗余力[①]。

2011 年，戴维 · 彼得雷乌斯升任中情局局长，在任命确认听证会举行前他来到我家。当时我仍一心扑在反恐事业上。我们在厨房吃蛋糕喝咖啡和果汁，他和妻子霍莉向我们提出一大堆在中情局工作和生活的问题。

戴维和霍莉离开时，我把他拉到一旁最后再嘱咐一番。

“戴维，”我说，“中情局任何时候都没有比现在看起来更像战略情报局。”战略情报局是第二次世界大战时成立的直接行动单位，局长是人称“野蛮的比尔”的威廉 · 多诺万。

“但它不是战略情报局，”我继续说，“它是这个国家的全球情报机构。你必须得像我、像莱昂那样没日没夜地工作，才能让你和这个机构对得起它的使命。”

在你打击恐怖主义时，千万不要牺牲这个国家的安全利益，我心想，这是个艰巨的使命。

---

① 我们的不遗余力最终得到回报。2008 年 12 月，我们向总统汇报已经盯上本 · 拉登的信使阿布 · 艾哈迈德 · 库威提，最终以他为突破口，找到了本 · 拉登的藏匿之地。

第十八章

“面对不作为的指责，我们将不做任何解释”

华盛顿哥伦比亚特区，2002—2009 年及以后

“你确定他们在那里吗？”最高负责人问。

“是的。”

“你确定是他们？”

“我们有可靠的人力情报。我们一直在进行监控跟踪。信号情报经过确认，是他们，他们就在那儿。”

“你们对目标监视多久，他们周围还有什么人？”

“有一两个小时。他们的家人目前在主楼，目标在宾馆。”

“他们离得很近吗？”

“是的，长官，但也足够远。那里还有一栋附属建筑，规模不大。过去我们发现基地组织的人经常出入。我们监视那里已经有段时间，他们在这里待了很久。那是个肮脏的院子。”

“附属建筑现在有没有人？”

“不知道，也许没有。自从发现目标，我们就再也没有见到任何人。”

“如果使用 GBU（GBU-12 型 227 千克激光制导炸弹）对宾馆发动袭击，杀伤概率有多大？”

“目标必死无疑。我们认为他们的家人不会受到威胁。”

“你确定？”

“应该可以确定。我们多次评估过，但这种事无法百分百确定。如果建筑质量不够，或者他们从楼里出来都可能出现意外。”

“如果用‘地狱火’（携带9千克弹头的小型武器）呢？”

“我们尽量把额外损失降到最低，尽量不让爆炸波及他们家人的住处。只要我们能命中宾馆正确的房间，应该能一举消灭目标。但建筑内部有可能是砖墙结构，如果打偏了，或者正好有人出去上厕所……”

会议室里，所有人都沉默了片刻。

最终，决策者开口了：“按照你的评估，用‘地狱火’吧。”

军官带着指令前往行动中心。

会议室里又是一阵静寂。

“再跟我说说目标的资料。”

“他们都是基地组织的头目（随后他又说出了他们各自的名字和背景资料）。我们一直在监控他们。这些人非常警觉狡猾，找到他们并不容易。他们涉嫌密谋袭击美国，而且他们是第一队。他们都有案底。”

会议室里再度安静下来，许久没有人发言。

“使用GBU吧。”

另一名军官立刻起身，带着新的指示去追赶第一个军官。

“那个小一点的附属建筑他们有时会用作宿舍……”

“是的，长官。”

“GBU攻击之后，如果有任何成年人从里面出来……”

“嗯？”

“全部干掉。”

不到一小时后，新的简报又送到会议室。

“长官，两个目标全部死亡。家属居住的大楼没有受损，但他们离开了院子。他们似乎非常震惊，撤离的速度很快，甚至没有时间去检查有没有幸存者。附属建筑里没有人出来。我们没有进行二度攻击。”

“不错。”

定点清除已成为美国反恐战争的核心部分。要合法有效地完成任务则需要高度精确的情报支持，同时还需要艰难的行动与政治决策。

这其中自然少不了中情局的参与，包括情报支持和无人机操作。这些行动的很多细节目前仍属保密，不过在我主政中情局期间，我的确参加过很多类似的行动，并目睹了很多次上述的决策过程。虽然我无法披露太多细节，但我可以说，以我在空军和情报部门将近40年的工作经历，身为中情局局长的我对这些努力表示理解、赞赏和支持。毕竟我既是飞行员，又是情报官。

来兰利不到2周，我就收到了联合特种作战司令部司令斯坦利·麦克里斯特尔给我的一张手写便条。中情局和美国特种作战部门的历史要追溯到第二次世界大战时期的战略情报局和创始人多诺万。在中情局原总部大楼的入口处就竖立着多诺万的雕像[①]。

联军部队炸死了基地组织头领阿布·穆萨布·扎卡维。麦克里斯特尔深知情报在猎捕扎卡维行动中的重要性。他的便条言简意赅，“迈克尔，感谢中情局的所有工作人员。来自斯坦利。”“把恐怖分子带离战场”是美国击毙或捕获基地组织成员的委婉说法。只要能达到这个目的，可以不惜一切手段。我们更倾向于抓捕，以便获得有价值的情报。但抓捕困难重重，即便在美军控制下的伊拉克和阿富汗亦是如此，其他地方就更加棘手。

我们建议采取更频繁的直接行动。我们知道，这些恐怖分子对南亚地区美军或美国境内的威胁已达到了无法忍受的地步。我们眼睁睁地看着那些恐怖分子进行训练，从摩托车上跳下来，然后朝着假定目标射击。

我们对情报的质量充满信心，能够进行任何精准的打击。但我们的情报并非完美无瑕。2006年年底，我们根据情报对某恐怖嫌疑分子实施打击。此人是哈卡尼网络的首领，只有一条腿。结果我们发现，被击毙

① 在我即将离开中情局之际，英国军情六处负责人约翰·斯卡利特送给我一份镶在相框里的电文副本。这封电文是战争时期军情六处驻华盛顿站站长发往伦敦介绍多诺万的电文。我们的英国盟友在电文中毫不掩饰对多诺万的赞美之词。

的那个疑犯只是和哈卡尼网络有点关系，却并不是我们认为的那位首脑。过去几十年，南亚地区埋下了不计其数的地雷，只有一条腿的恐怖分子比比皆是。

我要求行动人员对这次误判做出全面解释。无须隐瞒，无须借口。当事人深表遗憾和愧疚。我们击毙了一个坏人，但这个坏人却不是我们计划击毙的原始目标。

我反思了一段时间，随后告诉他们要认真研究失误原因并及时改正，但没有因此指责他们，以免给他们造成压力。“后续事情由我处理。”我接着说道，“如果你们确定了新的目标，我还是会批准。”这就是信任。后来我得知，我的态度令他们深受鼓舞。

我知道我们能做到。2008 年初，我相信情报中心绝对有能力提供可靠的情报并精确锁定目标。我们的任务是要让政府的其他成员相信我们的情报准确可信，他们应该好好利用。

还有件事，我们知道不会一成不变。身为中情局局长，我每周都要向总统做全面报告。谁知道一年后新总统上任会是什么样子？

每周四上午，我都要就敏感情报收集和隐蔽行动向布什总统进行汇报。我利用这次宝贵的会面机会，向总统指出基地组织的势力在不断扩张以及他们在巴基斯坦所谓的联邦直辖部落地区的无耻行径。我的首席分析师是圣母大学的高才生，他把毕生精力都奉献给了情报分析事业。从他身上，我几乎每天都能学到东西，我试着把这些东西传达给总统。我们的主要观点是，基地组织势力的蔓延不仅是阿富汗和美军的心腹大患，也对美国国内安全构成巨大威胁。

2008 年上半年，我从未向总统、副总统或斯蒂芬·哈德利说过下面这样的话，如果把我们做过的简报全部浓缩为一句话，它必定是：“弄清楚我们现在所知道的，下次袭击后，面对不作为的指责，我们将不做任何解释。”

2008 年夏，当我在迪拜面对大群特工、国务院和国防部的高官，针对威胁、情报和潜在反应做简报时，我提到了相同的主题。在联邦政府内，那叫作“观点社会化”，他们似乎接受了我的观点。

美国政府逐渐把清剿基地组织的战争扩展到阿富汗与巴基斯坦边境地区。2008年初，一名颇有影响的基地组织头目被击毙。那次突袭干净利落，因为目标至关重要，他所在的整个地区都保持了缄默。

同年晚些时候，另一名正在策划袭击西方的基地组织高级领导人在类似的突袭中被击毙，而与他同时被击毙的还有他的几名副官。同样，那次我们也是依靠精密的情报定位，突袭后仅仅引起了有限的反应。

在那期间，我们还袭击了恐怖分子聚会的某地点。同样的结果，整个地区仍是反应平平。

仲夏时节，有位基地组织高层和他的助理因为天气炎热在庭院休息，被我们的“地狱火”导弹炸得粉身碎骨。（此人与制造大规模杀伤性武器有关，美国对他的悬赏金额是500万美元。）

最后，美国将无人机进行定点清除恐怖分子的做法变成了南亚反恐战争的常态。

一切进展顺利，但我们知道仍需小心谨慎。斯蒂芬·哈德利提醒每一个人，错误，尤其是早期错误，将会带来毁灭性的结果。他补充说，我们的步调不能迈得太大，要保持国内舆论可以理解的程度，尤其对外国舆论更要如此。

很快我们就发现，有些事根本无法奢望得到公众的理解。9月初，美军悄悄进入瓦济里斯坦追捕激进分子。尽管那次突袭非常成功，但因为造成了平民伤亡而遭到指责。伊斯兰堡的反应格外强烈，他们向我们提出严正抗议，他们的国会通过决议谴责那次行动，并把帕特森大使召至外交部进行质问。据报道，一向沉稳冷静的巴基斯坦三军情报局局长艾哈迈德·舒亚·帕夏说起这次突袭时大发雷霆。事后巴基斯坦还将托克哈姆高速公路关闭一整天，以提醒美国和北约他们的忍耐是有限度的，因为这条高速公路是美国和北约向阿富汗运送补给物资的重要线路。

也许听起来有些反常，但从巴方观点来看，美国使用无人机在边境地带进行定点清除的做法可能更容易为巴方所接受。随后，因为9月间发生在伊斯兰堡万豪酒店的自杀式汽车炸弹袭击事件导致50多人丧生，巴基斯坦的态度发生了改变。他们有些人甚至表示，巴基斯坦也加入了反恐战争的行列。

依据公开渠道的消息，在布什政府执政的最后7个月，类似规模的袭击事件发生了30多起，几乎是前4年的总和。从相同的渠道我们还得知，有18名塔利班和基地组织的高层及中层领导人被我们击毙。

这些定点清除行动中的情报工作可谓细致入微。我们赖以行动的基础是人力情报、技术搜集和近乎连续、不间断对目标进行监视。这些清剿行动的主要目标是基地组织的行动头目。他们不会像本·拉登和扎瓦赫里那样销声匿迹，而要不停转移和进行联络，因为他们只要活着就是对组织最大的贡献。

并不是说我们对基地组织的最高领导人不感兴趣。我们一直在努力搜寻他们的落脚点。我至今还记得在2007年底或2008年初听过的一次汇报。负责追踪本·拉登的小组说，他们找到一条非常可靠的线索，而根据那条线索他们有可能顺藤摸瓜找到本·拉登。高层对此表示支持。布什总统任期的最后半年，每周四的简报会上他都会以简单的问题开始。“追捕工作有何进展？”随后提醒我他在总统之位的时间已经不多。

我能做的就是把制作的一张图表给他看，上面印着我们追踪的重要基地组织头目的照片和名字，并指出那些脸上打了×的是已经消灭的目标。

还有种被媒体称为“特征打击”的攻击方式，即用无人机摧毁已知基地组织的据点和活动，即便我们无法确认被消灭者的身份。有人批评我们这是肆意妄为，但事实并非如此。

实际上，支持无人机打击的情报系统相当健全，因为情报与打击向来紧密相连。如果没有直观线索，我们很难对某些场所做出正确的判断。可想而知，我们要处理多少海量数据。

很多情况下，此类打击能够消灭一些高价值目标，尽管我们有时只是怀疑，并不确定他们是否在场。即便打死的只是普通恐怖分子，我们不会找任何借口。针对敌对武装力量的打击行动在美国律法中是合法行为，而在战争中，就算普通的敌方士兵也有必要消灭。特征打击对基地组织有着很强的震慑。他们的头目不再相信有任何地方是安全的，它间接保护了我们的情报来源和获取手段，因为从地面看，这些打击看上去更像是随机进行。

打击实施后不久，情报反馈便开始印证我们的成功。脆弱的基地组织高层对此深感头痛，因为这样的袭击残酷无情，但他们却毫无办法，因为他们根本无处可藏。

几年后，到了2015年，一桩针对基地组织成员的诉讼案件促使政府公布了2011年在阿伯塔巴德获取的与本·拉登信件有关的8份档案。2010年，本·拉登与他的助手之间有过大量通信，且通信内容包含大量有价值的信息，我们在打击之前（锁定目标）与打击之后（查看预期效果）都获得了相关情报。

这些信件还确认西方乃至美国境内都受到基地组织威胁。信中还提到外国人支持基地组织或秘密进行培训及准备活动。名单上的人来自众多国家和地区，包括乌兹别克斯坦、土耳其、阿塞拜疆、塔吉克斯坦、德国、保加利亚、英国、澳大利亚、加拿大、马尔代夫、库尔德斯坦、利比亚、叙利亚、黎巴嫩、阿尔及利亚、伊朗和美国。

美国永远是恐怖袭击的主要目标。在一次通信中，本·拉登强调“美国境内的行动是整个组织最重要的任务，不能放过任何机会，因为每次袭击都能影响美国整体的安全和经济”。

本·拉登推荐一个德国人提出的“在美国境内开展活动的方法”。随后他确认美国人阿萨姆·阿姆里奇“可以跟踪西方各中心，尤其是美国中心发布到网上的研究内容。他还能为兄弟翻译该领域内任何有用的信息，并写下在美国境内开展活动的建议”。本·拉登甚至建议他为某些基地组织成员教授英语。

信件还披露了无人机对基地组织内部造成的难以置信的压力。它们读起来就像本·拉登为某个曾经与他并肩作战的基地分子写的悼词。“我向我们伟大的兄弟萨义德族长表示诚挚的哀悼……他在间谍飞机的袭击下壮烈牺牲……我们认为有必要公布他的死讯，因为他为乌玛（穆斯林公社）献身，而乌玛也感受到了他的虔诚。”

“敌人间谍飞机的袭击仍在继续……我们的兄弟……是最近一位为我们神圣的事业捐躯的烈士。他一周前在空袭中遇害……此次空袭还导致多名中层指挥官和参谋人员受伤。我们要用很长时间才能弥补这一损失。”

“我很遗憾地通知我们的兄弟哈姆扎的死讯。他在瓦济里斯坦南部遭遇间谍飞机的袭击。与他一同被害的还有其他成员，目前尚未确认身份。”

“小穆罕默德和巴卢希兄弟遇害之后，问题变得更加复杂……他们外出视察……返程途中遭遇空袭。”

特征打击在身体和心理层面都对基地组织造成重创。“在某次开斋节当天一举杀死 20 名基地成员”，之后有个本·拉登副官抱怨说：“组织反复强调不得在一个地方搞集会，但节日那天他们还是欢聚一堂……有时，组织根本无法左右大家的意志，他们往往自己讨论后便做出决定。”

基地组织一向重视美国情报。“据我们分析，他们一直在监视多个潜在或已经确认的目标。但他们的袭击通常只针对有价值的目标或集会，或者为了缓解局势（比如报复性袭击）。”最后一种说法其实并不准确，他们这么想我们也没办法。

几乎无处不在的侦察和突如其来的袭击令他们疲于应付。“你也知道，”一份呈给本·拉登的报告写道，“只要在移动，所有人都会受到导弹的威胁。”而且“间谍飞机的袭击从未间断……他们的飞机几乎每天都在天空飞来飞去”。

前线的基地成员恳求本·拉登：“我们希望得到您的指导。尤其在减少活动方面。我的意思是许多活动需要暂停，那样我们就能尽量减少移动的频率，从而降低被袭击的概率。”

有人提议：“为了避免损失（参谋人员、头目、组织精英），有些兄弟认为应该把一部分人和他们的家人转移到安全地区，以便保护。他们会在那些地区待段时间，避开风头，或许要一两年。”同时写信者还提供了几个安全的避难地，包括信德省、俾路支斯坦省和伊朗。

2个月后，本·拉登同意让他们到安全地区避难，同时要求他们“静默，减少活动”。

在阿伯塔巴德缴获的通信全都发生在2010年，但它们与我们在2008年根据情报做出的分析大体一致。空袭达到了我们预期的效果。位于阿富汗与巴基斯坦边境的基地组织主力每日为了生存而人心惶惶，从而没有时间去威胁我们。

政府内部依旧有人感到紧张，他们担心这会令美国与伊斯兰堡本就恶劣的关系雪上加霜。还有人认为这会制造混乱。有次我冷冷地回应说：“或许，但混乱并非避风港。记住，这里的威胁是针对美国本土。”

混乱不是我们的目标，而是基地组织想要达到的效果。人们依然担心附带损害，但美国正在尽力避免这种情况。

在前面提到的那次打击行动，目标的孙子就睡在院子里离他不远的简易小床上。我们在发射“地狱火”时考虑到尽量不让爆炸冲击和碎片伤到孩子。但有时我们很难做到万无一失。

孩子的爷爷是个极端危险的恐怖分子。他的车库里藏满了危险化学品，他随时都可能利用这些化学品制造恐怖事件。此人行踪不定，很多特工人员冒着生命危险才确定了他的下落，美国政府果断出击。只是对孩子的不幸遇难我们深表遗憾。

我们一直在努力做得更好。在认真审查成功打击行动的视频时，GBU激光制导炸弹呼啸着朝一座武器库飞去，画面中明显可见一个神色慌张的女人，因为刚刚经历了一次爆炸，她正带着一群孩子从另一处地方逃进了制导炸弹的目标区域。这样的情况使我们不得不紧盯目标地区，以防止出现类似的误伤事件。

尽管发生了不幸的误伤事件，但我认为定点清除计划是历来冲突中最有效的打击措施。

2008 年 12 月，候任总统奥巴马向我询问了定点清除计划的精确度和实效性，并认真地听我讲解。总统顾问格雷格·克雷格后来告诉我，我当时关于计划效用的陈述打动了总统。我不知道他相信到什么地步，但上任之后，奥巴马总统对定点清除计划的投入翻了一番，从而使它发挥出前所未有的效力。这一点，阿伯塔巴德俘获的文件可以提供佐证。

本·拉登被击毙之前，活跃在阿富汗和巴基斯坦的基地组织就已经发生蜕变。击毙本·拉登的那个晚上，宾夕法尼亚大道和拉法耶特广场上欢声雷动，人们普遍有种大仇得报的快感（从我当天晚上接到的电话看，情报部门同样欢欣鼓舞）。美国政府其实早在 3 年前就开始有序地对基地组织领导人执行定点清除计划了。

计划实施得越久，利用无人机进行精确打击的战术引发的争议就越多，其中附带损害招致了不可避免的指责（虽然有所夸大，但不能说完全不准确）。部分原因是这些精确打击给当地人精神上带来了创伤（无论是情报还是新闻报道显示，大部分普什图人不会为阿拉伯人和乌兹别克人流下眼泪）。部分原因则源自被美国政治精英操控的舆论天性：当感到危险，他们会抱怨情报机构没有认真履行职责；一旦感到安全，他们又会责怪情报机构做得太过。

事实上，定点清除能造成多重效果，当然包括负面的效果，比如导致与盟友的关系紧张（尤其是欧洲国家，因为法律的缘故，他们对此计划并不支持），另外就是这种清除一定程度上会提高基地组织的声势，而且该计划还间接促使基地组织把重心从联邦直辖部落地区转移到其他地区。事实的确如此，在南亚展开的定点清除行动加速了基地组织触角的延伸，使它的势力范围变得更加分散，尽管在策划恐怖活动上受到了一定限制。

在 2008 年（显然这种状况持续到 2009 年和 2010 年），消灭那些有能力或意图伤害我们的敌人带来了良好的一阶效应。那种打击行动扩大了基地组织影响力的说法更是无稽之谈。成功实施恐怖活动才是基地组织招募新人的最好宣传，我们要阻止他们的成功。

我通常从两个方面思考这个问题：纵深作战和近距离战斗。所谓近距离战斗是与那些已经实施恐怖活动的恐怖分子打交道。对付他们，定点清除是最理想的手段。而纵深作战对付的则是那些计划在未来1年、3年、5年或10年向我们发动袭击的恐怖分子。纵深作战显然更加艰难，它很大程度上取决于意识形态的较量。那么我们在从事近距离战斗时，怎样才能影响纵深作战呢，尤其是近距离作战加速了基地组织规模的扩充，并引起了人民的广泛同情?

即便在近距离战斗，我们心里也在思考纵深作战。在担任奥巴马政府中情局局长的3周时间，我曾在白宫战情室的会议间隙和他们讨论某次成功的基地组织打击行动。会议之后，新任白宫办公厅主任拉姆·伊曼纽尔出人意料地对我任中情局局长期间所发起的定点清除行动表示祝贺。我很感激，但不得不补充说："拉姆，你要知道，那只是反恐的胜利。除非我们彻底改变当前局面，否则我们只能永远清除下去。"

对于"永远"这个说法的担忧在总统言论中日渐凸显，在2013年5月的总统演讲中达到顶点。奥巴马总统似乎早就计划发表一篇那样的演讲。即便在退休之后，我也总能提前拿到反恐演讲的报告，其中有篇演讲计划发表的日期恰好在2013年波士顿马拉松爆炸案发生之前，后来被临时取消。难怪总统的沟通团队后来都有如释重负的感觉。

鉴于察尔纳耶夫兄弟与波士顿爆炸案的关系，总统最终在国防大学登上讲台。那次演讲十分成功，有反思，也有指示，既有长篇大论，又有明显的个人情感。奥巴马看上去更像哈姆雷特，而不是巴顿将军（或马歇尔），这次演讲真实地反映了他在面对我们的共同困境时内心的矛盾。

演讲的核心包含结束这场总统高级顾问口中"永远的战争"。总统本人说："和所有战争一样，这场战争必须结束。这是历史的忠告，也是我们民主政治的要求。"

纵观无人机空袭的整个历史，85%的秘密打击行动由奥巴马总统主导，而今这位总统突然大提限制、透明、监督以及消除附带损害。两届任期有4年以上都在领导全球战争的总统，忽然要求国会限制甚至废除他实施这些战争行为的权力；他先是撤兵，然后又要求削弱其使用美国军事力量的权力。

当然，那次演讲的分析前提存在缺陷。尽管它对核心基地组织已经成为空壳的判断非常准确，却大大低估了新兴的威胁。“在未来几年，基地组织无法对美国构成实质威胁。”这正是他后来将叙利亚和伊拉克境内的“伊斯兰国”力量描述为后备队的高端版本。他的判断彻头彻尾错了，历史将（令人痛苦地）澄清一切。

不过当时，总统明显为他授权的行动感到不安。他的意思总结起来或许可以这么讲：“你们也许会觉得我行为反常，但你们同样能看到我深感不安并决意改变。”

竞选时的言论与执政后的行动前后矛盾不难理解。因为国家安全问题，角度不同，观点自然不同。坐在总统办公室与坐在艾奥瓦州的某个旅馆房间里看同一个问题，结果自然不一样的。这似乎是总统行为与个人信仰之间的矛盾。

当然，恐怖组织“伊斯兰国”的出现，也门的灾难，伊拉克、叙利亚和利比亚的分崩离析以及基地组织追随者的不断增加，使此类问题的大部分讨论暂时束之高阁。人们似乎对美国是否就此收手不抱太大期望。

这些问题迟早会再度浮出水面。将来某个时候，定点清除计划的争论势必会重返大众视野。

在我看来，美国需要保持定点清除的能力并随时加以使用。恐怖主义在许多地区泛滥成灾，巴基斯坦、索马里、也门、叙利亚、利比亚与马里政府已经对当地的局势失去控制，这个名单还在不断增加。在这些地方，美国的干预很有必要。

携带精确制导武器，并由无人机提供准确的情报支撑，仍然是针对特定目标最有效的打击手段。

我们需要合理控制，不能一竿子打死。

巴基斯坦的反恐战争在很多方面都朝着极端方向发展。

中情局与巴基斯坦三军情报局在打击基地组织方面有着成功合作的先例。2002年，我们在费萨拉巴德合力抓获基地组织头目阿布·祖贝达；同年在卡拉奇抓获拉姆齐·本·希布赫；2003年在拉瓦尔品第抓获哈立德·谢赫·穆罕默德；2005年在白沙瓦附近抓获阿布·法拉吉·利比。我们的打击成效似乎颇为显著，基地组织头目已经不敢明目张胆地在该地区活动，基本都逃到了联邦直辖部落地区。

联邦直辖部落地区从来没有真正意义上的统治者，不是英属印度，也不是巴基斯坦政府。在这里，部落法律、传统习惯和血缘关系才是关键。2008年，我与时任三军情报局局长帕夏对此进行过交流。当时我极力促成中情局与三军情报局合作，因此谈话中，我特意强调中情局需要三军情报局的专业人员为我们介绍部落地区的情况。然而，我当时心想，帕夏虽然是旁遮普人，对瓦济里斯坦的熟悉程度恐怕好不到哪去。

2006年9月，前军团指挥官阿里·简·奥拉克扎伊将军（退休，普什图人）签署了《瓦济里斯坦协议》，有效地结束了巴基斯坦在联邦直辖部落地区的军事行动。作为回报，当地的普什图部落首领承诺维持地区治安、组织跨境运动、驱逐或控制“外国人”（即基地组织）、采取措施压制当地的塔利班化和准军事训练。

在远古这被视为订立契约。美国信任当地人，尊重彼此的分歧，凡事从长远考虑，具有远见卓识。但我们如今所处的时代并非简单的远古时代。我们预计，巴基斯坦的军事收缩会为基地组织和塔利班创造相对安全的环境，从而使他们借机坐大。

三军情报局局长阿什法克·帕尔韦兹·卡亚尼报告说巴基斯坦军方在部落地区执行军事行动的可能微乎其微，显然增添了我们的烦恼。卡亚尼说无关乎意愿，只是能力问题。他们的军事重心是印度。的确，巴基斯坦军方的某高官对我说，巴基斯坦军队是世界上唯一能够对抗印度威胁的军事力量。因此尽管巴基斯坦拥有庞大的军队、强大的火炮，但面对地形复杂的山间小径却毫无用武之地，简直拿那些神出鬼没的叛乱分子没有办法。

我们没有看到更大意愿的证据。如果在联邦直辖部落地区有问题，卡亚尼似乎会说，这都是你们的问题，不是我们的。

他至少有一部分是正确的。塔利班在阿富汗的死灰复燃可以追溯到2006年，而基地组织在瓦济里斯坦获得安全港正是那个时候。

2007年1月，我和国家秘密行动处处长乔斯·罗德里格斯同去约旦。凑巧的是，当时巴基斯坦总统穆沙拉夫也在约旦。获得许可后，我们到他在安曼下榻的酒店拜访他，当面表示我们认为奥拉克扎伊签订的协议并不明智。

穆沙拉夫相当大度，毕竟他本不必接见我们。态度虽然亲切，但他的观点相当坚决。耐心听我们说完，他便送客了。显然，我们无法改变巴基斯坦的政策。他的军队生来就是为了对付印度，而不是叛军。穆沙拉夫不愿让他的士兵冒着流血牺牲的危险在瓦济里斯坦山区追捕普什图、乌兹别克或阿拉伯的圣战分子。

接下来的那年，我们继续向穆沙拉夫和卡亚尼施压，敦促他们大力解决联邦直辖部落地区不断升级的军事冲突，或者允许美国进一步介入，可惜没能取得多大进展。每次美国政府拿着基地组织头目藏身的确凿情报去找巴方官员，并提议定点清除计划，他们的反应通常是直接拒绝，或者故意拖延，或者说我们的目标突然不知所踪。可以说，这一年美国在这个区域几乎毫无建树。

这一年被我手下最出色的分析师称为“大偏航”。我们需要加速瓦解基地组织的网络体系，不给他们复原的机会，可惜在很多时候我们深感力不从心。基地组织的威胁日益加剧，相关报告不时出现在我的案头。可靠消息证实，基地组织在策划阴谋，会有西方人来到部落地区，而且有证据证明他们在那里已经培训完毕，正准备回国。从组织层面讲，基地组织正自上而下有步骤地恢复元气。

这不仅对我们不利，也给穆沙拉夫带来了危险。巴方军事力量撤出部落地区的那年，伊斯兰极端组织把前哨站建在伊斯兰堡，距穆沙拉夫的国会大厦仅有几百米。

在反对苏联人的“圣战”期间，红色清真寺就是穆斯林游击队进行队员招募和军事训练的基地。2007 年夏，清真寺又恢复其激进的本色。从清真寺一涌而出的妇女夺取了周边地区，并洗劫了首都的音像店。清真寺的阿訇发出教令，拒绝为抗击塔利班牺牲的巴基斯坦士兵举行穆斯林葬礼。伊斯兰堡还有传言说，这里还为自杀式炸弹袭击者提供庇护。

穆沙拉夫终于下定决心采取行动。他派兵将清真寺团团包围，下令特种部队进入清真寺。特种部队遭到顽强抵抗，最终击毙了几百个顽抗分子。穆沙拉夫在随后某次全国性讲话中为自己进行辩解，他说“他们把宗教学校变成了战争堡垒，那里窝藏有恐怖分子”。

伊斯兰堡可谓祸不单行。突袭红色清真寺不久，巴基斯坦的最高法院在示威律师的压力下，宣布此前因为反对穆沙拉夫独裁统治而被解职的激进派首席大法官官复原职。迫于压力，穆沙拉夫不得不交出陆军参谋长的位子，随后由巴基斯坦三军情报局局长卡亚尼担任。直到那时，美国还在努力促成流亡海外的巴基斯坦前总理贝·布托回国，与穆沙拉夫实现权力分享。

由于腐败指控悬而未决，得到特赦的贝·布托于 2007 年 10 月返回巴基斯坦参加即将到来的总统大选。回国不久，她遭到暗杀，但侥幸躲过一劫。同年 12 月，她在巴基斯坦拉瓦尔品第市的竞选活动中再次遭到自杀式炸弹袭击，她和 20 多名支持者不幸身亡。

12 月 27 日，我们在战情室中开会，美国有线电视新闻网络和其他电视台都在播放袭击现场的视频，布托和美国所谋求的穆沙拉夫权力软着陆计划宣告破产。布什总统询问我们的意见。

“穆沙拉夫犯了致命的错误。”我说，“他以为联邦直辖部落地区的激进主义仅仅威胁到我们和阿富汗，对他本人并无威胁。去年他刚刚签订

《瓦济里斯坦协议》，如今又一笔勾销，这势必会刺激普什图好战分子和基地组织狂热分子，从而让他们像当年对抗苏联的‘圣战’那样联合起来。”

“去年夏天巴基斯坦政府突袭清真寺，本·拉登便针对穆沙拉夫发布了宗教指令。如今，恐怖分子从深山老林钻了出来，开始进入平原，给穆沙拉夫政府不断制造麻烦。”

几天后，我和国家情报总监约翰·麦康奈尔受命秘密飞往伊斯兰堡会见穆沙拉夫。此次行程我们尽量保持低调，落地后飞机立即返航。

安妮·帕特森大使让我们在她的寓所冲了澡，换上干净衣服，便带我们前往总统府。我们见到了穆沙拉夫、新任陆军参谋长卡亚尼以及接替卡亚尼担任三军情报局局长的纳迪姆·塔吉，塔吉对穆沙拉夫一直忠心耿耿。

我和麦康奈尔将战情室的讨论结果告诉穆沙拉夫。我蹲在咖啡桌前，把一张地图和一沓展示军事训练区和安全屋的照片摊开。我们要传达的信息简单明确：“他们的目标不仅是我们，也包括你。”

穆沙拉夫可能会相信我们描述的现实威胁，不过很难判断。穆沙拉夫为人桀骜不驯，曾成功躲过多次暗杀，如今他要为他在伊斯兰堡的政治生命而战。尽管会议间隙，我们谈到了武装直升机和重火力，但巴基斯坦仍然无意进入部落地区。伊斯兰堡的政治角逐和定居区的安全问题仍然是问题的关键。

告别穆沙拉夫，我们的回国之旅显得格外漫长，路上耗费了更多时间。因为机组人员忘记携带公务卡，巴基斯坦方面拒绝为接送我们回国的飞机加油。不得已，我们只好飞往阿富汗的巴格拉姆空军基地补充燃料。这件风波再次证明，巴基斯坦的态度很难改变。

回国之后，我们重新聚焦部落地区的基地组织扩张，尤其是瓦济里斯坦。虽然这里的基地组织没有9·11事件前的阿富汗那么嚣张，但同样不容小觑。因为巴基斯坦态度上的不配合，加上它确实没有能力采取行动，没有办法，我们只好继续从人力和技术两种渠道搜集情报。这是可行的，但是我们的盟友不愿也不能采取行动，更不愿放开美国的手。

几个月后，即2008年春，我再次访问南亚，途经多个国家和地区，在阿富汗我待的时间相对更久。我必须到中情局驻阿富汗情报站看看，为了安全起见，我选择在夜间前往。此外我还要到喀布尔情报站。喀布尔情报站站长是个老兵，曾在多个战区有过服役经历，他尽量安排让我与情报站的下属会面，有正式会面，也有非正式会面，有时在办公室，有时在基地。在基地会面相对多些。

情报人员中弥漫着普遍的挫败感，因为塔利班和基地组织在巴基斯坦及边境地带找到安全港，当前的局势对我们尤为不利。划分阿富汗与巴基斯坦的“杜兰德线”形同虚设。大多数夜晚，负责边防的边境部队和边防警察对敌人的活动视而不见，有时候甚至向他们提供援助和支持。

我与喀布尔情报站站长的首席目标官尤兰达聊了很久。她很年轻，精力充沛，留着棕色长发，被同事戏称为“死亡天使”。尤兰达提交了许多情报报告，但大多数都无法采取行动，在万马齐喑的大环境下，她个人的声音显得尤为响亮。

我们眼中的合作伙伴巴基斯坦三军情报局继续对塔利班头目纳齐尔提供支持。在他们看来，在巴基斯坦与印度的战略竞争中，纳齐尔可以成为很好的障碍与缓冲。但对我们而言，他们是杀害多个美国公民的凶手，包括中情局喀布尔情报站的一名特工。

巴基斯坦政府三心二意。2008年间，穆沙拉夫政府进一步土崩瓦解。2月大选，已故的贝·布托的巴基斯坦人民党在议会赢得多数席位；到了8月，由人民党牵头对总统穆沙拉夫启动联盟弹劾程序。月底前，穆沙拉夫宣布辞职并于11月远走伦敦。

穆沙拉夫的总统之位被贝·布托的丈夫阿西夫·阿里·扎尔达里取代。贝·布托遇害后，为避免严酷的党内斗争，扎尔达里被人民党推举为领导人。大使安妮·帕特森发现这是推动巴基斯坦实现民主进程的机会，便不遗余力地与新总统搞好关系。

有次拜访，她还带了名中情局官员，指示这位官员向扎尔达里汇报当前时局以及美国所做的努力。扎尔达里虽然渴望得到美国的支持，但他的反应却很平静。他警告帕特森，他或许会因此遭到公众的批评，他承认无力掌控政府中的某些部门（比如三军情报局和军方）。

扎尔达里说的显然是事实。撇开政治与政策不谈，中情局与巴基斯坦三军情报局在专业层面的情报交换通常冷静而现实。三军情报局中层官员对美国正在做的及为什么这么做大多心知肚明。

三军情报局内部无法完全统一自然容易导致其他问题，比如他们总是尽量控制中情局进入巴基斯坦的人数，但美国依然明显掌握了一些高价值情报，这让三军情报局感到不安。他们或许并不知道我们的情报从何而来，理所当然地认为只要限制中情局的入境人数，就能堵住这些缺口。因此当我们决定增派情报人员进入巴基斯坦，三军情报局开始百般刁难、推诿、拖延，并最终拒绝了这些人的签证。这种幼稚的做法让我们无可奈何，但不会因此放弃。

我们当面游说扎尔达里。2008年9月联合国大会期间，我和史蒂芬·卡佩斯在纽约待了一整天。联合国大会的召开使曼哈顿的交通不堪重负，因此我、史蒂芬及中情局的安保人员大多选择步行。只要能见到巴基斯坦新总统，我们步行也很值得。

扎尔达里很活跃，有着强烈的个人魅力，但他的贪污腐败在巴基斯坦也是赫赫有名，被人们称为“百分之十先生”。我们在华尔道夫酒店的总统套房与他见面，约定的见面时间即将结束，扎尔达里要会见印度总理，但他坚持让我们在酒店等他回来继续详谈。由总统幕僚陪同，我们就留了下来。他们还给我们倒上果汁，端上了正宗的南亚美食，让我们有种宾至如归的感觉。

9个月前在穆沙拉夫面前说过的话，我们又对扎尔达里说了一遍。他很感兴趣，与苍白的数据相比，他显然更看重巴基斯坦与美国的关系。他希望我们留在那里，随时保持联络。

美国政府憋了一肚子意见。从巴基斯坦政府传来的消息，南亚地区无辜平民的伤亡人数逐步增加。这或许符合巴基斯坦国内的政治需要，但对我们而言却有害无益。如果他们的目的是给美国政府施压，好让我们暂停目前的工作，我们明确表明，这么做无济于事。

“总统先生，”我解释说，“我们知道真相，而且坦白说，我们认为这些谎言最终只会对你不利。所以长此以往还有什么意义？”

为了说得更清楚，我向扎尔达里透露了一些实质性情报。“美国政府最关心的……”话没说完，他迅速打断了我，并抓住我的胳膊，似笑非笑地说：“将军，我不是美国人。美国政府的事我并不关心。”

虽然意义不大，但我想这应该算是某种许可。返回中情局的路上，我和史蒂芬针对扎尔达里的奇怪个性讨论了一路。

巴基斯坦从未远离美国关注的中心。2个月后，它以更丑陋的形象进入我们的视野。

感恩节前一天，我一边择芹菜一边目不转睛地看着电视新闻。印度商业中心城市孟买发生了恐怖袭击。遭到袭击的泰姬玛哈酒店熊熊燃烧，虔诚军恐怖分子在大街上打死打伤近500人。

孟买恐袭事件从多个方面让人感到不安。当然，首先是人员的伤亡：酒店、火车站以及犹太中心的大量无辜平民被射杀。其次是我们的反恐伙伴巴基斯坦三军情报牵涉其中。最后就是袭击本身的特征。此次袭击的影响如此恶劣，始作俑者竟然只是十来个拿着手机和自动武器的狂热分子。这对美国本土未来受到的威胁意味着什么？倘若基地组织如法炮制，我们该如何应对？

还有个问题刻不容缓。印度政府对此事件会做何反应？诸多迹象表明巴基斯坦与此事难脱关系，所以印度似乎不可避免会采取强烈反应。那接下来呢？

虽然美国政府部门正在准备总统交接，但外交部门丝毫不受影响，和往常一样积极投入这场危机的应对工作。新总统最不想看到的就是南亚地区爆发另一场战争。

我开始和巴基斯坦情报机关定期联络，此时巴基斯坦的情报负责人是艾哈迈德·舒亚·帕夏，我在电话中敦促他尽快查明恐袭真相，并对我们坦诚相告。我们怀疑此次事件的策划者就是虔诚军，大量证据表明他们就是在巴基斯坦境内准备和指挥这次袭击的元凶，而巴基斯坦三军情报局为虔诚军提供保护和支持。

当时帕夏刚刚上任几周，此前他一直在军方任职，可以说没有半点情报工作的经验。三军情报局相对独立，帕夏还在熟悉和适应阶段。我并不期待从他口中听到什么实质性的建议和决定。

圣诞节当天他飞到美国,第二天整个下午几乎都和我在局长办公室度过。他工作起来特别认真。果然，他的调查表明某些前情报局人员与虔诚军暗中有联系。帕夏承认这些（未抓获）退役人员或许确实参与了袭击者的培训工作，但他无法确定在恐怖分子发动袭击时，是否通过手机接受了巴基斯坦境内的指挥。此外没有证据证明虔诚军与三军情报局之间有更多的交往和联系，尽管前者是为了终结印度在克什米尔地区的管治而成立的情报组织。三军情报局对虔诚军近期的活动不甚明了，他们只知道活动地点集中在印控克什米尔，却不知道它何时变得像基地组织那样拥有了全球野心。

我把过滤后的大量情报告诉帕夏，鼓励他采取行动。如果他掌握的情报和我们一样多……或许我们就能携手取得一定进展。

我们成功的地方并不多。许多巴基斯坦人把虔诚军（例如哈卡尼网络和塔利班）看作战略储备，而非战略负担或地区危险。过去巴基斯坦曾经尝试过限制虔诚军的发展，但没能持续多久就不了了之，没有什么明显效果。

巴基斯坦情报人员认可孟买袭击事件是场悲剧，但他们不承认与此事有关，也无法提供有价值的情报和信息。

谢天谢地印度方面保持了惊人的克制。

谢天谢地，当国家安全成为需要，两任美国总统都决定单方面采取行动。

第十九章

过渡

中央情报局，2008年11月至2009年2月

我觉得情报界普遍存在一个共识：约翰·麦凯恩当选总统会比巴拉克·奥巴马当选总统对美国情报部门更具破坏性。

参议员麦凯恩是个家喻户晓的人物。他是著名的爱国者，推崇英雄主义，有魄力，但容易感情用事。有次共和党在国会开会，他指责我只顾保全自己，却牺牲他们（这是我的总结），随后气冲冲地离开会场。不久他返回会场并向我道歉。

巴拉克·奥巴马知名度较低。2008年春，在他的要求下，我们见过一面，但至今我不明白他安排那次会面的目的。当时，这位总统候选人正在肯尼迪中心参加国家广播公司著名记者蒂姆·拉瑟特的追悼会，他给我打来电话，让我取消其他安排和他见面。那时竞选活动正如火如荼，他根本身不由己，所以尽管我们约定了会见时间，但最终却未能成行。

中情局内部对这次竞选深感忧虑的不在少数，他们担心新总统会处理被牵涉进引渡、关押和审讯丑闻的中情局特工。实际上，两名候选人都发表过对这些计划不满的言论。埃里克·霍尔德在为奥巴马助选时甚至扬言将来要彻底清算。

有位中情局资深律师建议我提前为这些涉案人员争取总统特赦。说明白一点，他不希望他的任何一位同僚被起诉，他只是担心漫长的政治调查和诉讼会打乱我们的生活，并耗费大量的人力、物力和财力。从霍尔德后来上任后的表现来看，我们律师的建议非常有先见之明。

我自然支持他的意见，只是做起来困难重重。录像带被毁事件的调查在暗中展开。我怀疑总统是否会考虑特赦，我们尽力争取特赦的做法落在某些人眼里是否会是洗脱罪名的表现。更让人担心的是，这样做显然会让我们为说服新政府继续执行这些计划所做出的努力付之东流。

我需要征求其他人的意见，所以我找到白宫顾问弗雷德·菲尔丁。在某次会议的间隙，我向他简要介绍了中情局的处境。弗雷德自2007年年初进入白宫便与我建立了友谊，他亲切的待人作风和惊人的洞察力令我赞叹。我们之间没有更好的政治晴雨表，也没有推动政府的法律智慧。通过简短进行交谈，我发现弗雷德明显对此不感兴趣。我当时并不知道，副总统的前办公室主任路易斯·利比也在争取总统特赦，而弗雷德是反对者之一。

我只好暂时不提这事。没必要把总统逼进绝境，更不必表现得我们非常需要特赦。但当埃里克·霍尔德日后开始调查中情局特工，我不由得反思我当初的决定是对是错。

大选之夜，我们在凤凰城和芝加哥都派有中情局工作人员。自8年前在佛罗里达开始，总统每日简报已成惯例，大选当晚我们早就知道，第二天听取汇报的那个人将是巴拉克·奥巴马总统。

无论哪个总统上台，基本程序不变。和政府其他部门一样，我们会尽量接近这位新总统，并尽可能多爆些“Shit”之类的粗口。

粗口并非表示不敬，真正目的是为了保护候任总统。无论大选结果如何，他们都将面对整个世界。我们不会滥用高调的竞选言论，跟踪民意测验，向你描述你希望看到的世界。“Shit”出现的次数越多，就代表他们越成功，就好比“哦，Shit，真希望在布法罗竞选时没那么说”。

我必须等到12月9日才能与候任总统和副总统见面。新团队的威胁与情况简报暂时由国家情报总监负责。按照美国法律，国家情报总监才是总统的高级情报顾问。我需要和他们针对隐蔽行动谈谈，得让他们明白这个计划暂时仍在中情局的职权范围内。

12月还很遥远，我在芝加哥降落没多久，就听闻我和总统的约见有可能无法兑现。走进酒店光线昏暗的大厅（为了不引人注目，我们到得很晚），随行的安全主任悄悄对我说，我们遇到点麻烦，会面地点改了。联邦大厦的联邦调查局办公室的安全地点临时有了安排，但幸好我们在别的地方预订了小些的房间。

我有点恼火，气呼呼地问："为什么？"

安全主任附耳过来："因为联邦调查局早上把伊利诺伊州州长给抓了。"

第二天早上，我在新的地点第一次见到候任总统，他当时正在小声地念叨不停："州长想出卖我。州长想出卖我。"

新的见面地点相当紧凑。我们与候任总统隔着窄条桌坐下。在座的还有候任副总统、即将上任的白宫办公厅主任拉姆·伊曼纽尔、副总统的国家安全顾问，以及此前一直参与竞选活动的海军预备役军人马克·李柏特。

在我和奥巴马之间有张摊开的世界地图，上面标明了所有隐蔽行动、地区热点和其他全球问题。随后我开口说："候任总统先生。"（这个称呼的确很别扭，但按照宪法我还不能称他为总统，但眼下称他参议员似乎也不合适，毕竟他已当选总统。）

"候任总统先生，我现在向您做所有隐蔽行动的简报。这些行动都曾获得总统授权，授权单位是总统办公室，并非总统本人，因此现在对您而言，所有行动都已暂停，直到1月20日下午您宣誓就职才会继续启动。"

随后我逐条报告了中情局近期的工作。候任总统听得聚精会神，但从脸上看不出任何反应。候任副总统一如既往地说个不停，我当时的工作就是让他俩都能理解我的意思。

谈到扩充机构，候任总统表现出极大的兴趣。他想知道我们的人员分配，尤其是中情局有多少人专门负责伊朗事务？保守起见，我回答有80%，对此他欣然接受，没有再发表任何评论。

我们还谈到自2008年下半年以来阿富汗与巴基斯坦边境地带加大力度的定点清除计划。我们的战绩令人鼓舞，基地组织一时半会儿无法恢复元气。

我把颇有争议的“引渡、关押和审讯”话题留到最后。

我先说引渡，引渡是在法庭职权以外将某人转移至第三方。过去 8 年我们执行过多次引渡任务，这并非是布什政府的首创。我还解释了我们对被羁押人员所肩负的道德和法律责任，甚至包括在他们新的关押地。

“咳，得了吧，将军。”候任副总统打断了我的话，“你们把他们运到这些地方，只不过方便你们刑讯逼供获取情报罢了。”

我讲话时，候任总统只是静静地听着(简报大部分时候他都只听不说)。“候任副总统先生，您的话我不敢苟同，希望您不要再发表类似的言论。”我自然不会放过任何表明立场的机会。

谈到关押和审讯问题时，候任总统参与进来。我刚开口他就发问：“你们现在都采用什么审讯技术？”

我请国家情报总监办公室主任戴维·谢德和我共同演示“立正抓领”“拳击腹部”“掌掴”等审讯技术。演示完毕，我补充讲了“剥夺睡眠”及“控制饮食”等手段，让候任总统充分了解我们的权限。

这些技术估计他早就知道，因为他马上问我：“你们还使用其他什么手段？”

我把相关技术逐个道来，随后他建议我和格雷格 · 克雷格见面，提前做好沟通。克雷格就是后来的白宫顾问

从芝加哥回来，我对我的前途仍旧不甚清楚。除了丹尼斯 · 马克多纳（总统的贴身顾问，因深得总统信任，后来担任多个要职）一句模糊的提醒，他说过渡小组迟早会来找我。美国此前从未有过国家情报总监主导的总统交接先例。中央情报局局长是美国情报界的总领导，也是中情局的主管领导。按照惯例，新一届政府上台，中情局局长就要换人（乔治 · 特尼特是个例外，他在布什政府实现连任）。但目前美国情报机构受国家情报总监的领导，而我只是中情局局长。因此我对我的职位并未做太多政治上的考虑，也没有表示要离开中情局的意愿。

候任总统认为我应该在 1 月初让出中情局局长的位置，据说我的继任

是莱昂·帕内塔。我的副手史蒂芬·卡佩斯打电话给约翰·布伦南（情报部门过渡小组组长），询问是否有人找我谈话。当晚候任总统在家里给我打来电话，解释他这么做是为了使情报机关有个新的开始，并请求我留任到莱昂的职位调动被批准后再离开，我欣然同意。因为之前没有准备交接工作，我正好可以利用这段时间着手制订过渡计划。

没有提前做好准备工作是我判断的失误。站在原则立场上考虑，我认为中情局局长不会受政治影响，但显然我的想法并不现实。布什总统认可了其继任者的意见，让我暂时留任，这样做起到的积极意义或许还比不上负面影响。我早该料到我不可能留任，毕竟情报的实质是思考与分析。

如果说我在过渡时期面临尴尬处境，约翰·布伦南的处境比我更糟。竞选期间他是奥巴马的顾问，现在是情报部门过渡小组组长。在很大程度上，他的团队成员多为我们熟知的资深情报员，他们不属于任何党派，不受国家政治影响，这对布什总统的指示（要求我们在过渡时期保持应有的专业精神）是个良好的补充。约翰说他们收到的指令是尽量低调，这符合我们的要求。

虽然他说过渡小组的任何成员都不会在中情局担任职务，但约翰明确表明希望他能够担任局长一职。他的想法引起轩然大波，在人权律师斯科特·霍顿的支持下，以安德鲁·苏利文（一贯反对布什政府）和格伦·格林沃尔德（几乎反对一切）为首的评论家在博客中对他大加鞭挞。他们揭出约翰在乔治·特尼特（办公室主任、行政主管、恐怖主义威胁综合中心主任）手下担任高级职位时，非法关押达到顶峰。他们还扯出一年前约翰说审讯工作拯救了多个生命，以及关押是重要工具的言论。

临近感恩节时，约翰向《华盛顿邮报》写了封谢尔曼式的邮件，表明他从未考虑在新政府担任任何不相关的职位，还借机撇清了他与中情局所有政策及行动的关系。

这件事后来闹得满城风雨。第二天，约翰和雅米·米希克（前中情局情报分析处处长）找我商量交接事宜。我尽量缓和气氛，在办公室外间寒暄过后，心想这下想低调都难。

待坐下后，我径直转身对约翰说：“约翰，我很抱歉。我明白你的感受。”我指的是舆论对他不公平的批评与指责。

约翰没有讲话，随后回答：“恕我直言，迈克尔，我怎么看不出一点抱歉的意思。”

我们尴尬地半天没有讲话。米希克目视前方默不作声，我极力保持内心的平静，暗暗从一数到十。哼，去你的，约翰（1）；哼，去你的，约翰（2）；哼，去你的，约翰（3）……一直数到十。然后，我们就像什么事都没有发生过那样继续谈话。

（最终，约翰在 2014 年升任中情局局长，上任之前他一直是中情局议论的焦点，每次中情局面对诸多无理指控，他都不遗余力地进行维护。）

约翰的经历并非孤立存在。无论人事变动多么令人不快，归根结底这是政策的问题。由格伦 · 格林沃尔德、安德鲁 · 苏利文、霍顿之流负责审查高级行政官员，不出问题才怪。

后来惹上麻烦的还有菲尔 · 马德。菲尔被提名担任国土安全部主管情报与分析的副国务卿。菲尔是中情局的资深分析师，在反恐领域拥有丰富的经验。我任国家情报副总监时，极力劝说他离开工作多年的中情局，到新成立的联邦调查局国家安全处任副主管，那个职位对他来说既是历练又是挑战。菲尔的任务是扩充部门，让联邦调查局以法医学为基础、以执法为中心的分析工作发挥真正的情报职能：预见性、破坏性和探索性。

这项任务并不简单，可菲尔干得有声有色。他用出色的表现赢得了联邦调查局的广泛认可，并不知疲倦地带领他的团队向情报界靠拢。因为成绩出众，他被政府各级执法官员所熟知和认可。既是专业的情报人员，又在警察部门享有极高的声望，菲尔 · 马德是国土安全部这个职位的不二人选。这是国家能力与国家、部落、地方捍卫者和最初响应者相互作用的结果。

可事情远没有我们想象的那么简单。网上开始流传他不适合这个工作的博文。他的罪行？菲尔曾是中情局反恐中心的副主任，也是中情局应付基地组织袭击的首席分析师。

他四处走访国会工作人员，被告知他的过去将会成为听证会上的焦点，而他的资历十有八九会被有意忽略。菲尔理智地表达了他的反对意见。他才不会乖乖地任人宰割，不会回答任何有关“拷问”的定义，不会回答是否赞同奥巴马总统认为目前是美国历史上的黑暗时期，或是否赞同前副总统的言论（我们拯救了几百人的生命）以及是否同意白宫发言人声称误导我们的声明，还有我关于中情局审讯工作得出高价值情报的公开声明。这样的调查无疑会给他带来不小的个人心理代价，总之菲尔不会一味迎合那些吹毛求疵的批评家，更不会做出对他所热爱的情报事业不利的事情。因此政府只好放弃国土安全部那个情报职位的最合适人选。

白宫发表了简短声明，对菲尔的决定表示惋惜。我写了篇专栏文章，表示这种自毁前途的做法实在荒谬，期望一切都能尽快回到正轨。

莱昂·帕内塔的任命让有些人感到意外。参议院情报委员会的资深民主党人对新总统的决定感到愤怒，因为总统没有事先征询他们的意见，他们对莱昂缺乏情报工作的经历感到不安。参议员费恩斯坦曾向史蒂芬·卡佩斯委婉表达他对中情局局长职位的兴趣。但无论如何，莱昂的任命已经是板上钉钉。

我第一次和莱昂见面是在华盛顿市中心的过渡小组临时总部。我和史蒂芬·卡佩斯共同参加会议，中情局领导层的其他成员则留在隔壁房间，为即将进行的简报准备。我们的策略很简单。我和史蒂芬会用大概 15 分钟简单介绍被提名人，而后我暂时离开，让帕内塔与史蒂芬商量留任副局长的事。两人会谈结束后，领导团队进来向即将上任的新局长自我介绍，并报告他们的工作内容。

我把 15 分钟内要表达的观点罗列成表，记录在一张便笺卡背面。我先是对帕内塔的提名表示祝贺，然后告诉他一旦正式任命，他将成为美国反恐战争的作战指挥官。他要做出各种各样的行动决策，他的每一分每一秒都将为这个职位服务。我还对他说，他将领导的团队是个优秀的领导团队。

随后我俯过身去，含蓄地提到他当初不在政府任职时发表的一些言论，建议他今后不要再把“酷刑”与“中情局”放在一起。拷问是个法律术语，有特定的含义，是重罪，将它与中情局联系在一起是错误的，容易引起难以控制的麻烦。如果他想批评我们过去的政策或行动，有很多词汇可以选择，但“酷刑”不可以。那次交谈的氛围温和而友好，但他的反应我至今没有读懂。

几周后，参议院情报委员会对帕内塔的任职进行确认听证会，参议员卡尔·莱文直截了当地质问帕内塔，当我承认中情局在3名嫌犯身上使用过水刑时，总统与司法部部长评论说这种审讯手段是酷刑，对此他有何看法。帕内塔毫不犹豫地表示赞同。“我之前说过，水刑是严酷的刑法，不应该对疑犯使用。”

帕内塔能说出这样的话无疑顶着巨大的政治压力。总统在竞选时表达了那样的主张，民主党领导层在国会也是同样的态度。任何被奥巴马政府提名担任司法部部长的官员在听证会上都要表示赞同，就像埃里克·霍尔德那样（当然，霍尔德对中情局水刑技术的细节以及该技术在审讯恐怖分子从而获得有价值情报的重要性一无所知）。被提名中情局局长的帕内塔也不例外，虽然这个回答令人扫兴。

在2007年就任司法部部长的入职听证会上，迈克尔·穆凯西法官曾面对同样的质询，他当时拒绝做出回答，令民主党参议员恼怒不已。但穆凯西认为法律问题应该更注重细节，而非空泛的摘要。这样的要求非常有理，因为在《2006年军事委员会法》中，国会驳回了肯尼迪参议员要求认定水刑为非法审讯技术的修正案。

因此，帕内塔的回答和霍尔德之前的回答一样，更多出于政治上的考虑，却不可避免地打击到中情局广大特工的热情。因为即将上任的局长居然说他将要领导的手下曾经参与重罪的活动。

早些时候，被任命为国家情报总监的丹尼斯·布莱尔（他和我通过一次电话，内容与帕内塔的会面大致相同）也拒绝回答同样的问题。还是这批参议员，他表示如果指控他日后的属下开展违法活动，他将来上任后的处境会非常尴尬。

值得称赞的是，帕内塔在听证会期间至少 4 次强调中情局特工此前的行动在当时的法律环境下是合法的，不应该被起诉。

听证会即将结束，参议员罗恩 · 怀登问帕内塔是否相信美国出于刑讯的目的曾将某些嫌疑人员“引渡”第三国。帕内塔表示不排除这种可能。“我估计这种情况的确存在……我们确实将有关人员交给其他国家，并明确知道他们会采取什么样的审讯技术。”随后他承认他在这方面掌握的信息有限，总结说：“所有迹象似乎都在表明，我们使用非常规引渡的办法正是出于那种目的。”

和许多中情局工作人员一样，我在美国公共事务有线电视网频道看到了他的这段证词。“基于刑讯目的”的引渡，我们会在引渡之前事先要求第三国在对待羁押人员问题上做出保证，当然这其中并非没有缺陷，我们的合作伙伴有可能会辜负我们的信任，但如果说引渡是为了更好的刑讯，绝对是无中生有！

我立刻抓起保密电话打给反恐中心的主管。他是位经验丰富的特工，伊斯兰教学生，为人率直坦荡。“你在看吗？”我问。

“在看。”

“什么感觉？”

“感觉不妙。”

“我们出于刑讯目的向第三国家引渡过嫌犯吗？”

“没有。”

“我指的不是你任内，而是整个过去。”

“没有。”

“你有没有确保我们的合作伙伴能信守承诺？”

“一直都是。”

“谢谢。我只是想确认一下。”

当天参议院投票，听证会直到下午三四点才开始。费恩斯坦主席不得不宣布暂时休会，第二天上午继续。这使我们有机会补救错误证词带来的破坏。

我们打电话给过渡小组的负责人，讨论被提名人的问题。我们的意图很简单，重新讨论“基于刑讯目的的引渡”这段证词，否则中情局现任局长将发表公开声明，告诉人们新局长收到了错误的信息。

过渡小组对当天的议程感到满意，因此我相信我们的意见不会太受欢迎。但多名小组成员确实发现“基于刑讯目的的引渡”这样的表述至少是欠考虑的，他们不希望舆论毁掉当天的成果。

第二天上午，会议延长期间，候任局长并没有按照费恩斯坦主席的要求对前一天的声明做出任何补充或澄清。但随后，面对参议员邦德一连串尖锐的质问，他承认基于刑讯目的的引渡不符合美国的政策，希望他能收回前一天的声明。这种务实的姿态有效缓和了紧张的局面。

莱昂学得很快。在中情局听到的报告越多，他对任前舆论流传的那些观点越不信任。在国会，他成为中情局坚定的捍卫者，比我做得还要出色。他是执政党党员，有国会工作的经验，也有人脉。

在处理人际关系上他有着政治家的天赋，对我也不例外。那段时间虽然我们都忙得焦头烂额，但他还在我家电话的语音信箱中留言，预祝我的钢人队在即将开始的超级碗大赛中夺冠。

距候任总统之前允诺的见面时间还有一个月。但在 1 月 9 日，克雷格、前俄克拉荷马州参议员戴维 · 博伦（乔治 · 特尼特的导师）和过渡小组的其他几名成员来到兰利，听我们解释中情局在关押与审讯事件中扮演的角色。

我们在七楼的局长会议室碰面，过渡小组坐在桌子一侧，中情局反恐部门的工作人员和我坐在另一侧，我们身后坐着中情局的几名主题专家。

我为这次会议做了很多准备，开始之前，我告诉克雷格如果这只是走个过场，我倒有点不忍心耽误他们的时间。他立即向我保证不是。

“那好，今天这次会议是让你们明白我们中情局到底在干什么，过去都干了什么。我们所说的答案或许和你们从新闻报纸或某些人口中了解到的不大一样。”我们并非只为洗白“刑讯”的指控，我们的目的是为整个计划进行辩护。

我首先引用了某些参议员对中情局的批评和指责，并大声反问，如果他们对他们的立场确信无疑，他们肯定会曲解中情局以往的行动。

我继续解释：“说到改变这个计划，我们相信你们认为你们应该做的事，我们早在2006年就已经解决了。”

我知道政府的关键动力是让我们与盟友搞好关系，于是我从被拘押人员身上获得的情报90%都会与他们共享。在联络质询的基础上，我们会向被拘押人员提出上百个问题，所得情报，包括被拘押人员信息，也一并与盟友共享。

我还指出，国会在2006年有机会终止这个计划，但它没有那么做[①]。

我还特别强调，在计划执行期间，中情局曾数次面对司法部的质询，他们也对我们表示支持，不仅包括计划初著名的“杰伊·拜比签署的酷刑备忘录”，更包括后期有限的意见。

我手上有大量的详细资料。面前就摆着一份长达22页的档案和简报记录，那上面写着各种数字、技术、报告和情报。我们争论的核心问题很明确：“小心，不要武断地放弃某些将来或许用得着的东西。”

参议员博伦后来接受《华盛顿邮报》采访时说，简报过后他觉得他应该洗个澡。他没有对记者透露讨论期间，针对我们提出“不要轻易放弃”时，他对我们说未来一旦出现危机情况，总统或许会对我们下达命令，这些命令执行起来只需要总统的授权。

---

① 公平来讲，2008年的《情报授权法》限制政府机构只能使用《陆军战场手册》中的审讯技巧，但这项法案当时遭到布什总统的否决。

“天哪！”我回答说，“我连戴维·阿丁顿和他行政一体理论都还没有听说过。放心，这个问题最多让你困扰一两周，不必放在心上，我是不会支持它的。”

这时，坐在我右侧的反恐中心主任突然补充了一句：“我也不会下达这样的命令。”

会议室的气氛顿时尴尬起来，大家都默不作声。但很快身后有声音传来：“他俩想怎么说就怎么说，无所谓，反正我们不会妥协。”

最后，我的某个下属终于忍不住发飙，说那种理论早在 20 世纪 70 年代就已被弃之不用。

谈谈需要洗个澡的感受。

那次会议实际上就是个过场。司法部过渡小组开始履行行政指令，关闭了中情局黑狱并限制使用《陆军战地手册》上罗列的审讯技术。就职典礼两天后，总统当着一群海军将官的面签署了关闭关塔那摩监狱的行政命令。

那天上午，总统签署命令之前，我和克雷格又谈了一次，尽管我们并没有收到关于关闭关塔那摩监狱的协调草案。

“格雷格，”我开口说，“不管你开不开口，这次中情局正式宣布绝不同意。”

“我们猜到了，迈克尔。”

“格雷格，其实只要你在《陆军战地手册》中限制审讯手段的那部分加上‘必须有总统授权’几个字，我们就皆大欢喜。我们只需要让羁押犯人从心理上产生混乱和怀疑，这比任何审讯技巧都更有效。”

格雷格说他会“认真考虑”。

当天晚些时候，总统发布了行政令，而且没有经过任何修改。虽然我们可能不赞同某些细节，但总统给了中情局需要的明确指导。随即我把这个意思转发给所有工作人员。

过去中情局在全球开展反恐战争的法律和政策环境已经改

变，我们一直在根据形势的变化对工作进行小心的调整。这道行政令没什么不同。我们会仔细研究命令本身并提供合适的指导，以确保我们的行动能一如既往地符合法律和政策导向……中情局的广大同仁应尽最大努力利用国家赋予我们的权限……我对你们的承受能力有足够的信心。我们将继续忠诚地服务于民主的法律和价值。

我忍不住在后面又加了一句：

政府修改了法律或政策，我们只能义无反顾地去遵守和执行。

在外界人士看来，这条通知或许更像警告，即提醒中情局工作人员不要触碰政府的底线，但我们不会那么认为。那句话针对的是新政府。既然你想要，你就得承受后果。这里没有什么暗语，不用琢磨什么花招。

有人问，中情局是否应该按《陆军战地手册》上获批的那些技巧对中情局特工进行训练。我的答复是，如果他们需要，我可以带他们到波多马克河的某个总部，那里有数千名特工正在接受训练。中情局仍然会培养主题专家，但我们之前进行拘押和审讯是因为有特别授权。如今授权没了，有些事我们干不了。

我们在引渡权限的运气要好一点。中情局的执行总顾问约翰·里索通过对姗姗来迟的行政令草案中引渡规定进行研究，很快发现行政令的语言设置非常宽泛，可能会剥夺我们的引渡权限。慌乱中，他致电格雷格·克雷格，询问是否会取消引渡。格雷格的回答是“绝对不会”。

我们一直在向新的政府团队解释，但凡超出美国法律权限的行动，中情局既不会请其他国家帮忙，也不会支持这些国家采取行动。我们可以轻而易举地提出各种方案，悄悄地（甚至秘密地）将某人拘押并转移至第三方。不妨设想下，某个炸弹制造者正从阿富汗途经波斯湾前往也门，或某个恐怖金融家搭乘飞机在海湾金主之间来回穿梭。

第二天，行政令闪亮登场时，加了这么一句，在“短期暂时的基础”上赋予我们拘押的权限。也就是说，我们拥有引渡权，但避免使用引渡这个说法，当然，奥巴马政府极力保证不会允许情报机构使用刑讯逼供或其他残忍的方法对待嫌犯，以此和过去的做法区分。作为一种有价值的审讯工具，我们暗中仍然继续使用，只是更加低调，还要容忍抨击者的道德谴责。（2009 年中情局在非洲之角展开打击基地组织的秘密行动表明，与危险的伙伴进行合作依旧是种挑战。）

新颁发的行政令中引渡只是其中一个方面。虽然言辞刻薄，布什政府与奥巴马政府在反恐问题上态度惊人的一致，甚至出乎很多人的预料。中情局黑狱陆续关闭，但定点清除计划仍在继续，甚至加大了力度。电子监视丝毫没有放松，特别军事法庭也解除查封。在诉讼案中，政府照例要借助“国家机密”这面大旗向法庭施压。美国政府承认，我们依然在和基地组织及其附庸的恐怖组织在全球范围内进行作战。

布什总统在两届任期之间调整的政策，其实比总统换届调整的幅度还要大些。奥巴马总统上任 6 周时接受了《纽约时报》记者彼得 · 贝克的采访，他详细阐述了类似的看法。

> 我想我应该把 9 · 11 事件后美国政府采取的措施与我上任后采取的措施区别开来。以中情局为例，有些大家关注的有争议的计划，实施了一两年后，我们开始对某些政策和程序进行调整。我认为海登上将和国家情报总监约翰 · 麦康奈尔都是称职的国家公仆，他们时刻把美国的国家安全放在首位，并指导中情局与国家情报总监办公室采取行动，我认为他们是美国价值观的典范。

我对总统热情洋溢的赞美之词表示感谢（他对布什政府可以再慷慨些），但总统的这番话没有在媒体引起太大反响，此后他再没提过这个话题，只是把焦点转向他和布什总统的政见分歧(尤其参见第十二章、第二十章)。

记者戴维·桑格是奥巴马政府的座上常客，他围绕奥巴马的安全政策写了本颇有见地的大作《直面与回避》。2012年，《纽约时报》上有篇反恐文章呼应了他的观点，认为奥巴马“和某些热情的支持者不同，是个现实主义者，无论言辞多么激烈，从来不会失控”。根据《纽约时报》的说法，竞选团队认为这是实用主义对意识形态的胜利。

因此两届政府的衔接，为掩饰这种衔接而故意放出的言论，以及随后协调言论与实际行动时情报机构面临的压力，都在2013年国安局发布的元数据程序中做出说明。

正式的就职典礼使如火如荼的过渡活动暂告一个段落。首先，安全问题是新旧两个政府班子都不得不慎重考虑的问题。具体的威胁数量固然有限，但我们不能因此掉以轻心。所以即便上届政府在安全方面有诸多顾虑，在新政府上台这个重要的历史时刻，不能对新政府的活动过于限制。

总统就职当天，我和珍妮必须决定我们要坐在哪里。考虑到我仍在新政府任职，奥巴马宣誓就职仪式的大厅给我们预留了两个席位。我们还被邀请前往安德鲁斯空军基地参加布什总统的告别仪式。

人们或许已经忘记我是经克林顿总统提名进入的国安局。2001年，布什总统上台，我们顺理成章地加入新的政府团队。除了新政府的某个人想审查中情局咨询委员会的成员外，那次过渡非常顺利。那次审查没有公开进行，我认为问题的关键在于党派关系。这些委员会全都是精挑细选（我认真挑了某些成员），他们的忙碌程度超乎想象，根本顾不上自己的名誉地位。我对他们衡量的标准是追求平衡、专业知识和工作的意愿。现在我担心这个标准和20世纪50年代那些老掉牙的标准大同小异：“你现在或过去是否为某党成员？”因此，我决定对审查视而不见，后来因为发生9·11事件，审查最终不了了之。

9·11事件之前我和小布什总统一直没有见过面。我在国家安全委员会工作时见过他的父亲老布什总统。小布什总统上台后不久，副总统切尼访问了米德堡，我第一次见到总统是 2001 年 9 月的某个早上。当时我跟着乔治·特尼特走进总统办公室，负责陈述国安局的对策。随后我们又见过一两次，“星风”监视计划开始实施，我要定期到白宫向总统汇报“星风”计划的进展，但随后几年向国会更详细地进行汇报时多在走廊尽头的副总统办公室。

2002 年 6 月，布什总统到米德堡视察和慰问工作人员，促进了我们的相互了解。“海军陆战队一号”在阅兵场降落时，我独自一人前去迎接。总统请我和他乘一辆车，同车的还有安迪·卡德。然后我们一行前往国安局。路过高尔夫球场时，我心里琢磨总统小时可能还走过那 5.6 公里长蜿蜒曲折的步行小道。

来到国安局总部，总统立刻进入状态，他先向工作人员表示感谢，然后让他们介绍各自的工作。在国安局总部，“永不放弃”的旗帜和横幅随处可见，总统的先遣组同意授权媒体站在这些横幅下方。参观过“星风”监视计划和行动中心，总统来到停车场临时搭建的讲台。那天阳光明媚，台下的听众超过 5000 人。

总统演讲的主题非常简单。他向我们的工作表示感谢。国会想尽办法要把 9·11 恐怖袭击的责任全部推到安全机构头上，总统的致谢显得尤为重要。他是继老布什总统后首个访问国安局的美国总统，他的父亲当年来到这里是在第一次海湾战争之后。布什总统在 2006 年接受《纽约时报》的采访时，爆料他曾在“星风”监视计划执行后数周再次访问这里。

演讲结束，布什总统足足花了 20 分钟才穿过警戒线和观众进行近距离交流。很快，他便被索要签名的观众团团围住。签名簿五花八门，有便条纸、钞票，还有国安局的通行卡（后来我们不得不因此更换新卡）。那天风和日丽，人们的心情格外舒畅。他们是总统忠实的支持者，布什是他们热爱的总统。

任中情局局长后，我和总统见面的机会越来越多。他经常拿我是钢人队的铁杆粉丝开涮，有时会亲切地叫我“米奇”。其实我小时候大家就这么叫我，因为家里还有两个迈克尔，我的爷爷和叔叔。

既然总统不拘礼节，我通常也浑身放松。我在总统办公室外面晃来晃去，等着召见，结果他在里面高声喊道："米奇，快进来！"我进来后，他指着壁炉的方向对我说："你认识托尼吧？"我扭头一看，英国首相托尼·布莱尔正伸出手来要和我握手。

有人说，布什政府大权在握的是副总统切尼。还有种更诙谐的版本，布什总统年轻不经事，身边围了一圈经验丰富的老行家，像拉姆斯菲尔德、鲍威尔和赖斯。

直到布什总统连任，我才搞清楚政府高层的运作。从这个角度讲，我毫不怀疑布什总统的权威。每次会议结束，我都很清楚总统想要我干什么。每次和副总统开会，结束时他总会说"我得问问总统的意见"。说总统的政府全靠那些老人支撑显然有失偏颇，离他的内阁越近，我就越能感觉到总统的权力绝对在他幕僚之上。

人们学习和吸收信息的渠道各不相同。乔治·布什酷爱读书，最直接的证据就是总统办公室外间的记分卡，那上面记着他和卡尔·罗夫读过的书目，甚至标明了具体页码。但说到情报，总统主要从与别人的谈话中获取。每次向他做简报，我们会很快进入互动环节。他通常表示质疑，提出反对观点，譬如与以往的报告进行相比（"这和你半年前报告的内容不大一样"）。总统为人彬彬有礼，唐突的话很少讲，但他的问题通常极具挑战性，对细节有着近乎苛刻的要求。总统的时间观念很强，尽管他习惯抽出大量的时间听取情报简报，但这对他的日程安排并没有造成太大影响。他的很多政令都要依靠丰富的情报做基础。

在情报方面我和总统有过多次讨论，不过国家情报总监才是他的首席情报顾问。我和总统的每周交流多半和隐蔽行动有关，包括引渡、关押和审讯。所以我认为后来民主党人说总统对这些事毫不知情简直是没有根据的臆测，最起码在我任期之内并非如此。我每周还要向他汇报清除恐怖分子领域取得的进展，当然，失败的行动也要如实报告。

在他任期的最后半年，每次会面他总会问我，能否在他任内除掉本·拉登。这个功劳最后落在继任总统奥巴马头上（突袭阿伯塔巴德），我想他应该和我一样心有不甘。“刚上任那会，我就向中情局局长莱昂·帕内塔下达了猎杀基地组织头目本·拉登的指令。”那天晚上，在厨房看到奥巴马总统的电视演说，我忍不住扭头对妻子珍妮说：“该死的，怎么从来没人告诉我本·拉登是个大人物？”

隐蔽行动总是让人难以预料。有次，我们截获涉及某个阴谋的情报，得知基地组织的某炸弹制造者已成功进入美国境内，准备伺机发动袭击。我每天都会收到这个恐怖分子的简报，自信满满地认为事情都在掌控之中。相对而言，总统并不乐观，但他愿意支持我。最后我们的计划奏效，成功抓获那个基地分子。这件事充分让我感到总统对我们的信任。

有些隐蔽行动更加棘手。感觉就像把针穿进想象中的维度，穿过法律、政治、伦理、行政与外交。史蒂芬·卡佩斯和我想对总统进行最后的勇气测试。这件事由史蒂芬负责安排。我们和总统谈了将近一小时，但他依然很耐心地在听，丝毫没有焦躁情绪。斯蒂芬·哈德利后来告诉我，总统说那次会谈就像两个天主教男孩和他冰释前嫌。离开时我们知道，总统相信只要是我们认为应该或可以做的事，我们就一定会去做。如果我们认为做不到，就一定不会去做。他对此表示满意，此后再没有提过这个话题。

没有让总统失望，我们确实做到了。第二天上午，总统走进拥挤的会议室，扭头喊了我一声“迈克尔”，他不动声色地冲我点点头，我点头回应，然后开始开会，仿佛什么都没有发生过。

后来总统邀请我和珍妮周末到马里兰州戴维营度假。同去的还有哈德利一家、总统以及夫人的一些朋友。我们在周六中午抵达，和总统夫妇共进午餐，然后自由活动了几小时。期间总统到卡托克汀群山公园的自行车道散步。我们重聚后看了场电影，名叫《激辩风云》，讲述了20世纪30年代得克萨斯州一所黑人高校挑战哈佛大学辩论俱乐部的故事。

看完电影，很快到了晚餐时间。晚宴气氛轻松愉悦，很有家庭风格。

总统问大家最近在读什么书。说实话，我平时读的大多是情报电文。不过我读过的上一本书叫《胜利之光》，讲的是得克萨斯州小镇敖德萨高中一支橄榄球队的故事。敖德萨是总统夫人的出生地，也是总统长大的地方。也许总统认为我是有意拍他的马屁，所以他没有让我继续说下去，而是接过话茬说那本书使小镇出现了分裂。

更重要的是，周末我们准备吃饭，总统把我拉到一旁悄悄问："迈克尔，你最近怎么样？"

"我挺好的，总统先生。"我如实回答。

"我是说精神上。"这时，我才慢慢明白他的意思。

"总统先生，我真的很好。"我再次坦率而坚定地回答。

"那就好，那就好。"

如果没有建立良好的私人关系，白宫和中情局的工作开展不会如此顺利。鉴于此，我觉得我有必要到安德鲁斯空军基地参加布什总统的告别会，但当时我还是有所顾虑。我始终认为中情局应该去除政治化，我们的职责是为决策者提供情报和意见。奥巴马总统决定启用帕内塔让我卸下了思想包袱。如果说中情局开始变得政治化，至少不是因我而起。

我们提前到达安德鲁斯，有幸和众人在休息室等直升机到来。这里我来过很多次，但这天的情景与往日不同。平时安静宽敞、设备齐全的休息室如今挤满了人，看上去就像布什政府班子的大聚会，大多数人脸上带着怅然若失的表情。人群中到处可见现任或退休的政府官员。

大部分人三五一群地聚在一起聊天，时不时地看一眼电视屏幕中首都的直播画面。当我们听到奥巴马讲出"上帝可鉴"的誓词时，不由得为他鼓掌。然后我们走出休息室，步行来到不远处的机库，等待如今的前总统的到来。

机库不暖和，但起码可以躲避凛冽的寒风。布什一家和切尼一家正在离开首都的就职典礼，乘坐直升机前往安德鲁斯。

人群被分成醒目的三队：一队是军人，他们负责总统旅行期间的保卫工作；一队是年轻的白宫工作人员；还有一队是政府高层官员（包括内阁）。前两队负责布什到来之际活跃现场气氛。他们果然不负众望。

因为背部受伤，副总统切尼不得不乘坐轮椅，腿上盖着一条毛毯。他的样子让人心生怜悯，因为看起来就像有人要重拍《生活多美好》，而他要面试莱昂纳尔·巴里摩尔饰演的波特先生一角。总统在掌声中走上讲台，他扫了一眼人群，注意到了站在旁边的我和珍妮，眼中露出一丝惊讶，随后又像一年前在会议室中那样不易察觉地冲我点点头。

仪式一如既往地简短。年轻人涌到讲台周围的警戒线前。我转身要走，但被妻子珍妮拦住，她想上前和总统告别。我们站在警戒线尽头等待总统和其他人道别。当他来到我们跟前，珍妮上前拥抱了他。布什总统伸手拉住我的肩膀，把我拉向他的身边。美国第 43 任总统给我一个温暖的拥抱，还吻了我的额头；然后他才一言不发地走向停机坪上的 747 飞机，准备前往得克萨斯。我当时很激动，庆幸来安德鲁斯是正确的选择。

布什离开后，我继续回华盛顿工作。我要在奥巴马的政府继续担任中情局局长，直到 3 周后帕内塔到任。我们继续调整工作以适应新的政府团队。总统办公厅的工作人员要求我们提供言简意赅的书面情报报告，有个中情局分析师说我们把《总统每日简报》写成了俳句。我在报告最新动态时，尽量省略布什总统要求的许多细节，但事后仍被告知我的报告太过琐碎。后来从奥巴马总统对定点清除计划的了解程度来看，我怀疑很多情报并非来自我的报告，而是来自他的幕僚。

如今这已不是我的职责范围。我即将离开中情局，离任前我向全体工作人员发了封短信，信里这样写道：

> 过去，我们中情局的核心使命可以用《新约》的一句话概括，即“你们必晓得真理，真理必叫你们得以自由”。
>
> 然而今天，《旧约》给了我们相应的指导：“凡事都有定期，天下万务都有定时。”如今，我和珍妮不得不和你们这些优秀的

中情局工作人员告别。我们在这里工作了3年，自认为已经是这个大家庭中的成员……

在遵守美国法律、弘扬美国价值观的前提下，你们忠实履行了自己的职责。你们是问心无愧的爱国者。这个国家以你们为荣。

在随后几天你们或许还能见到我，但多半是看到我从这里搬出去。我确实要离开中情局，但在精神上，我们与你们永远同在。

特此向你们致以深深的敬意！

迈克尔·海登

中情局第18任局长

除了收拾个人物品，我已经无事可做。2月的某个周五下午，史蒂芬·卡佩斯陪同我和珍妮穿过中情局总部大厅，轿车在门外等候。

回到家，我立刻着手准备5月的匹兹堡马拉松赛。幸好之前报名，我为这个决定沾沾自喜。我想每天跑上16公里、19公里、24公里或更长距离，以帮助我迅速转变生活习惯。我的想法没错。

第二十章

"将军，他们准备公布备忘录"

弗吉尼亚州麦克莱恩，2009—2014 年

"吉姆，接下来至少有 46 个月将不再有所谓的国家秘密行动处。"

我还只是下级军官时，空军教会我在简报开始如何引起对方的注意。上面那句话是我职业生涯中最好的开场白，我把它用在国家安全顾问身上。

我和吉姆·琼斯算是老朋友。20 世纪 90 年代初，我们在美军欧洲司令部任职时是隔壁邻居。后来，我们还共同前往波斯尼亚协调美国支持联合国在该国的行动。

虽然已不是政府成员，但出于私人关系，我准备给现任国家安全顾问吉姆打电话。吉姆很大方地接听了电话，耐心地听我说完，对我提出的问题真诚地表示感谢。

我提出的问题是：在司法部部长埃里克·霍尔德和白宫顾问格雷格·克雷格的敦促下，奥巴马总统决定不再回击美国公民自由协会关于《信息自由法》的诉讼，同意公布 4 份司法部的法律意见书，包含当初授权中情局审讯高价值在押犯人使用的技术细节。

就在几天前，中情局律师同司法部和其他部门认真研究了《信息自由法》中的可豁免条款，希望能更多保护审讯档案中的内容。

这些备忘录历年来始终是人们关注和争论的焦点，因为它们属于高度机密，受法律的特别保护，布什政府只对少数国会议员和幕僚公开。

如今格雷格·克雷格却告诉中情局的执行总顾问约翰·里索，司法部会告知美国公民自由协会和法庭，政府将尽可能多地公开司法部的备忘录。

里索对这个问题并不陌生。当年参加入职听证会，正是因为他拒绝在司法部备忘录的谴责书上签字，参议院情报委员会最终没能通过他的任职，他才来到中情局担任法律顾问。

里索把克雷格的电话接给副局长史蒂芬·卡佩斯。史蒂芬闻听万分震惊，立即着手调查，并责成里索提醒几位前任局长。这是标准程序，因为前任局长几乎不可避免地会被推到风口浪尖。

里索给我打了电话，依旧是难以置信的口气。“将军，他们准备公布备忘录。”我同样觉得不可思议。就在美国公民自由协会的《信息自由法》诉讼中，中情局一年前就因为同样的问题被告上法庭。基于我签署的申诉书，出于对国家安全的考虑，法官准许我们保护使用水刑的审讯细节。水刑自 2003 年便停止使用，中情局多年未再授权，我们公开声明过，这类审讯手段在国会新批准的律法中已被视为非法行为。尽管如此，法庭承认，公布技术细节在未来出现紧急事件时会让总统有所顾忌，不能放开手脚，毕竟法律和政策并非一成不变。

公布备忘录将与政府不翻旧账的承诺自相矛盾。在过渡阶段，新总统和他的团队向我保证，不会有追诉，不会有打击报复，不会有政治迫害。

我最终在候任总统那里接到约翰的电话，他说我离开中情局会强化这种效果。新局长将有助于总统贯彻他的政策和履行他的承诺。

仔细考虑了几小时，我把妻子珍妮送到她的读书俱乐部，然后我在弗吉尼亚北部某购物中心的停车场给吉姆·琼斯拨去电话。第二天我和白宫顾问格雷格·克雷格通了电话；又过了一天，我找到吉姆的副手汤姆·多尼伦。

司法部认为政府会输掉这场官司，我对这种看法嗤之以鼻。我举出 2008 年对保护水刑细节不公开的成功辩护。

我强调说，公布之后，白宫不要指望能控制局面。尽管政府再三承诺要向前看，备忘录一旦公布，人们只会要求公布更多。审讯技术的细节哪里经得住这般折腾，几次三番它们就会处于自动解密的状态。

按这种形势估计，应该会有一大批人遭到起诉，包括备忘录意见的提议者、背后指使者、执行人以及政策批准者等。随后涉及的律师将被取消资格，相关医疗和心理专家会受到制裁。

这个决定被我视为“信任的背叛”和“本质上的不诚实”。有识之士可以对中情局的成绩提出不同意见；我们期待总统的决策能够尽量保护我们的审讯工作。如今这个决定不禁让人大跌眼镜，这会把大批尽职尽责的优秀特工推向悬崖，置他们的生死于不顾。

更重要的是，我严肃指出，公开这些技术细节会向我们的敌人透露美国的政策底线，在未来的审讯工作中，他们或许更难以对付。《陆军战地手册》和国防部的审讯指导意见都没有加密，在网上随便就能搜到，它们已被基地组织用来培训如何应对美国政府的审讯。

我提醒格雷格·克雷格，总统的行政命令用《陆军战地手册》让政府机构束手束脚，这引起了政府层面的研究：手册中授权的技术是否能够保证我们应对将来的威胁？而今要公开所有替代技术的细节，这会把人们的研究方向直接引向总统本人。把自己的底线透漏给敌人，等于给了敌人反抗的底气，如此一来，任何被曝光的审讯技术都会失去效用。也就是说，这些技术以后不可能再加以使用。

克雷格辩解说，即将披露的 13 种审讯技术，本身就不可能得到总统的授权。我的第一反应是虽然现任的奥巴马总统国民呼声很高，但美国的总统不是终身制，他没有权力剥夺继任者选择授权这些技术的权力。

我的话更加开门见山。“我直说了吧，”我说，“是不是打破恐怖分子的睡眠周期能帮助我们获取救命的情报，总统也不会同意我们那么做？”

当局官员再三提醒我，国际红十字委员会对 14 名中情局拘押的囚犯所做的采访概要已经泄露。目前争论的焦点是，既然曝光，再多说点也无妨，司法部保密备忘录还有什么意义呢？

我想不通，国际红十字会的报告虽然不幸泄露，但那些报告完全基于犯人的一面之词，说服力相当有限。美国政府何以认为我们过去的审讯细节再也没有保密的必要呢？公众的臆测（不管有无根据）与美国政府的正式确认有天壤之别。

这将我的讨论引向核心问题。我向琼斯、克雷格和多尼伦着重强调过这个问题：备忘录的公开将会给中情局日后的工作带来严重的负面影响。

我们之前实施的许多秘密行动都经过授权，如今它们的细节被公布出来，还指责它们违反法律，新上台的政府对授权事宜矢口否认，这让中情局情报官员如何再相信政府的保证。他们自然而然地会问，下任总统上台后，这些信誓旦旦的保证是不是就会全部作废？

后来在接受《福克斯周日新闻》采访时，我向公众坦露了这个忧虑。在节目中我假设了一段中情局局长和某个即将执行秘密任务的情报官的对话。局长向情报官保证说："没问题，这项任务得到总统授权。法律顾问说这样做是合法的。国会已经收到简报。"

随后我模仿情报员的口吻回答："好的，可你有没有征询美国公民自由协会的意见？《纽约时报》编辑部是什么看法？你和那些潜在的总统候选人讨论过这个问题吗？"

随后我总结说："简而言之，中情局至关重要，我们冲在当前这场战争的最前线。现在你们却要把我们从前线上拉回来。"

如果他们永远都没有被曝光的风险，谁还会指责现任的官员和他们的后继者呢？

格雷格·克雷格知道公布备忘录会带来一定影响。他承认这个决定可能会"伤害我们与中情局的关系"。

"伤害？"我回答，"格雷格，我觉得你太乐观了。"

有位参与者说，新任局长帕内塔要重新鼓起那些被打击掉的士气就像行将灭亡的第三帝国元首在他的地堡里开毫无意义的动员大会。

我亲耳听到有个情报员质问局长，虽然他们目前执行的任务得到奥巴马政府的批准，几年之后会不会像今天这样被人拖出来鞭挞。帕内塔很诚实。他表示他说不准。他补充说，至少在奥巴马任总统期间不会。他的坦率得到在场很多人的赞赏，但他们意识到，政府对他们某些行动的支持可能只会维持一两个总统任期。

我们所做的就是努力避免出现这种结果。我又打了几通电话。乔治·特尼特没有闲着，还有波特·戈斯、约翰·麦克劳林以及约翰·多伊奇。他们都是中情局的前任局长或代局长，多伊奇的任职可以追溯到1995年。

我们动用了在政府的关系。乔治找的是约翰·布伦南，布伦南是他以前的办公室主任，现任国土安全部副国家安全顾问。多伊奇联系了汤姆·多尼伦，后者是他的老朋友，也是琼斯的副手。麦克劳林则把电话打给了丹尼斯·布莱尔。

周五下午晚些时候，克雷格告诉我事情有所缓和。他提请国家安全委员会下周召开高层会议。这意味着到时国家安全顾问、国务卿、国防部部长、参谋长联席会议主席、司法部部长、国土安全部部长、国家情报总监和中情局局长将共同研究这个问题。我们对此表示欢迎，因为在我们看来，反对公布档案的争论还没有形成，而支持公布档案的争论却从未受到质疑。

围绕司法部备忘录的所有活动，包括司法部的决议、中情局的愤怒、前任局长的介入以及各方之间的联络，都是秘密进行，公众并不知情，而这种情形直到3月21日周六那天才有所改变。那场会议，按照华盛顿的标准是永恒，而按照世俗的标准大概只有5天。随后，《新闻周刊》对这次会议进行了报道。他们的消息显然来自政府高层，确切地说来自司法部。报道称，官方决定公布备忘录，还声称“白宫站在霍尔德这边”。“奥巴马政府的某高级官员”批评这些备忘录极为“丑陋”，并说它们将使中情局陷入尴尬境地。该官员还说我对此很“愤怒”，打电话给政府官员，试图阻止这个决定。

透露已经做出决定的消息，那些支持公布的人依靠的是总统，一旦决定无法通过，则很容易被视为委员会在情报机构的压力下做出妥协。奥巴马在竞选时曾承诺要增加政府的透明度，媒体把此次备忘录之争描述为检验奥巴马政府兑现承诺的工具。

我对克雷格说，政府中向媒体提供信息的官员说备忘录会使中情局陷入尴尬境地，这完全是在帮倒忙。他们有意曲解了我们的异议，这件事关乎国家安全，和丢脸或耻辱无关。实际上，公布备忘录反而会向公众展示中情局为了审讯计划与司法部继续对话的努力，这将打消某些极端荒谬的指控。

随后几周，国家安全委员会的确开了几次会，试图达成一致。从各方消息看，中情局有机会表达自己的观点，帕内塔局长所表达的观点非常有说服力。

舆论争论的焦点是，中情局的计划使美国变得更不安全，因为我们几乎成为圣战主义者招募新人的宣传队。

这样的争论很容易挑起。它符合“美国的问题多半是美国自己造成的”一贯论调。事实却并非如此，至少不能一概而论。极端分子反对美国的原因有很多，但我从来没有发现任何证据说中情局逮捕上百名恐怖分子头目并对其中的三分之一采用强化审讯技术，从而使基地组织的力量得到加强。

需要考虑的因素有很多。2006 年春，《国家情报评估》认为伊拉克战争成为圣战主义者中最轰动的事件。激进网站隔三岔五就会拿美国支持以色列或保守的阿拉伯政府扩充力量说事儿。阿布格莱布监狱的美军虐囚事件显然影响恶劣，那些照片在世界各地广为传播，成为基地组织招募新人时最具煽动性的工具。

中情局如何对待哈立德 · 谢赫 · 穆罕默德或阿布 · 法拉杰或纳希里，即便在极端分子中也并未引起争论。我没有遇到对此提出质疑或指责它不利于我们合作关系的伙伴。

实际上，由于担心关系受损，2006 年我们将 14 名高价值羁押人员公开转移至关塔那摩监狱后，曾特意向某个重要的中东伙伴提起这个问题。他立刻打消了我的疑虑，说他本人、他的组织以及他的政府都知道那是些什么人，知道他们做过什么事。逮捕他们对我们两国关系不会有任何影响。

因此，我们有必要记住，即便此类事件——阿布格莱布监狱虐囚、关塔那摩监狱虐囚、黑狱、伊拉克、以色列——（不同程度上）容易被人拿来大做文章，但它们并不是圣战主义者关心的焦点。埃及政治活动家赛义德·库特布在神学的基础上写过一些关于现代圣战的著作。他在20世纪40年代末访问美国，把美国描绘成没有灵魂、物质至上的地方，这里就像一片充满贪欲的绿草地、一支写满兽行的爵士乐曲。他批评保守的科罗拉多州格里利市的教会活动，将他看到的现象描述成公开的性混乱，并指责我们将民法过分凌驾于神法之上。这种观点强化了现代主义堕落的世界观，尤以犹太人和十字军为代表，它们威胁着伊斯兰教的和谐。在主导一切的摩尼教宇宙中，美国的行为很可能会从边缘上影响圣战主义者的预言能力。可即便如此，我们也许依然会用我们的性道德来捍卫自身。

我得承认，我们选择捍卫我们的方式的确影响到欧洲精英和欧洲政府以及新闻界。但这些群体对美国的定点清除（2008年之后扩大）、引渡（一直在持续）和电子间谍活动（越来越公开）与对美国的拘押（有所限制）和审讯（已经停止）活动同样感到愤怒。他们的反对基于更为广阔的信念体系，该体系正对美国所持有的武力在现代世界中的实用性和合法性的观念发起挑战。简而言之，这是一场更大对话的一部分。

另外一部分遭到质疑的“事实”是我们的审讯技术是否有效。如果没有效果，就没有保护它们的必要。

我公开指出，这些审讯技术的效果毋庸置疑，对我们的国家安全至关重要。备忘录公布之后的那个周日，我在接受《福克斯新闻》采访时说：“实际情况是，在这些恐怖分子身上使用这些技术为我们创造了更加安全的环境。这些技术行之有效……2006年9月，布什总统就曾提到过我们利用这些技术如何从一个犯人顺藤摸瓜抓到另一个犯人。”

事实的确如此，司法部备忘录发布之后，国家情报总监布莱尔在发给全体情报部门的一封信中确认“通过那些审讯手段获得的高价值情报对我们了解正伺机袭击我们国家的基地组织有很大帮助”。尽管媒体在公开布莱尔的信时莫名其妙地删掉了上面这段话，很明显，政府如果执意否定他或中情局在这个问题上的结论，不可避免会被人们指责他们将情报政治化的做法。

（5年后，民主党在参议院情报委员会上咄咄逼人，质疑是否有效的争论，但在2009年，总统却没有这么做。）

在上任百日之际的新闻发布会上，奥巴马为1月份发布的行政令进行辩护。“我完全相信这样做是正确的，并非因为遭受这种对待的在押犯人可能没有提供有价值的情报。”

这使总统与某些更尖锐的批评区分开来。我在接受《福克斯新闻》采访时说过，“大多数反对者表达的观点无非是，我不希望美国这么做（站在道德制高点上），反正它们也不管用。这句话的后半句是不准确的”。我解释说：“对于真正的道德高尚之人，应该这么说，即便这些技术非常奏效，我依然不希望你们那么做。这么讲需要很大的勇气，而前一种说法则不需要。”

据各种流传的说法，即便经过深思熟虑，国家安全委员会在是否公布备忘录问题上还是出现了分歧。有些报道说委员会曾经讨论发布修改版的备忘录（中情局的立场），并提出建立总统委员会对审讯技术的历史进行审查，以实现某种平衡。

然而，总统最终面对的还是两项选择：要么原封不动地发布备忘录（司法部的立场），要么决定保护这些档案，并在法庭上反对发布备忘录（中情局的立场）。

根据《华盛顿邮报》的说法，总统顾问团队出现了分歧，总统连夜召开会议，并指派一名顾问为支持发布备忘录的一方辩护（格雷格·克雷格），指派另一名顾问为反对者辩护（丹尼斯·马克多纳）。在这场模拟辩论的最后，总统选择支持发布，并亲自口述了一份用于第二天的公开声明。

这个决定与4周前格雷格·克雷格向中情局通知的结果一模一样。只是日期推迟，其他都没有任何改变。

4月16日上午，我接到帕内塔局长办公室主任打来的电话，他说司法部备忘录将被完整公布。随后我接到中情局前高官、现为国土安全部吉姆·琼斯副手的约翰·布伦南打来的电话。约翰正在墨西哥城等待总统。我没有和他客气，直接谴责这个决定对中情局简直是“本质上的不诚实”。

随后不到一小时，吉姆·琼斯从空军一号上给我回电，他陪同总统前往墨西哥。我向吉姆保证会尊重总统本人和总统办公室，但我不能“昧着良心说假话”。他对此表示理解。当时信号不好，我们至少断线三次，差到极点的通话环境让我们感到崩溃。

我打电话给前司法部部长迈克尔·穆凯西。我们共同起草了一份专栏稿，表明我们反对总统的决定。专栏稿中，我们开门见山地抛出中心论点：

> 从法律上讲，备忘录的发布毫无必要；从政策上讲，也是错误的。它将给整个情报机构带来挥之不去的对揭丑的恐惧。在过去，这种恐惧大大削弱了我们的情报收集能力，同时加重了2001年9·11恐怖袭击带来的遗憾。

我们针锋相对地批驳了那些支持者的观点：

> 支持者认为既然这些技术已经废弃，没有必要再保密下去；他们还认为这些技术根本没什么作用；公布乃法律所迫；它们使我们在国际舆论中面临巨大压力，保护的价值并不大。这些论据根本站不住脚。

我们的通信稿等到总统做出最后决定才发表，因为我们不想干扰总统的决策，毕竟文章的署名作者是布什政府的两位前高官。

虽然文章篇幅比普通的专栏文章长出一倍，《华尔街日报》最终同意第二天全文发表。

《华尔街日报》此举意义非凡。穆凯西法官和我都认为公开辩论需要冷静明了的反方意见。同时我强烈地感觉到中情局所有工作人员需要尽快听到反对的声音，尤其在帕内塔局长不便发表类似观点的时候。

我的判断没有错。有位职业参谋对我说："那天是黑色星期五，但我有幸读到你的文章。"还有人说："我读了你的文章，它高屋建瓴，一针见血。感谢上帝总算有人说了公道话。"

总统深知备忘录的发布会给中情局带来巨大打击，因此周一他亲自来兰利视察工作。他首先会见了反恐委员会的成员，并回答了他们的提问，随后才去广场与所有人见面。据说那次短时间的会谈气氛轻松愉快，提出的问题很友善，直到主持人宣布"最后一个问题"时，会议室后面有人举起了手，是中情局反恐部门的某个情报高官，他一直和另外两个人站在会议室后面。史蒂芬·卡佩斯认出了这名情报官，他向帕内塔局长介绍了提问者的身份。

这位情报官首先感谢总统到访，也承认引渡、关押和审讯计划确实引发道德和法律上的争议，随后他直接问总统是否同意他们回去后告诉他们的下属，计划中截获的情报挽救了不计其数的生命。

这时，总统从讲台后方走了出来，在空中晃了晃手指，开始以另一种口气针对道德必要性发表演讲。

中情局有种安全的即时通信系统叫"即时消息"。会议刚结束，"即时消息"的网络平台上就写满了支持那位情报官的评论。

随后，总统前去广场和1000多名中情局工作人员见面，他们在那里等了好几小时。

站在中情局的纪念墙前，总统称赞了中情局为国家安全做出的杰出贡献。他理解我们"最近的日子不好过"。他为发布备忘录的事情进行辩解，表示对那些悬而未决的法庭案件，我们很难做出有效的合法辩护。他还说，

“既然这些资料已经为公众所知，自然就不算机密”。

随后总统鼓舞全局人员“不要因为过去几周发生的事而气馁；更不要因为被迫承认自己犯错而气馁。我们之后要做得更好”。

有位情报官告诉我，中情局普遍认为，总统最后那段话的口气就像儿童电视之父罗杰斯先生。总统显然认为当时有必要说教一番，而中情局的反恐工作人员却认为自己没有做错，正是凭借这些政策，美国在 9 · 11 事件后 7 年没有遭遇大型恐怖袭击。

总统去兰利无疑是正确的决定，中情局工作人员会对他的支持表示感激。但备忘录这段插曲所引起的问题，显然不是一次访问、演说或合影就能解决。

《华盛顿邮报》专栏作家戴维 · 伊格内休斯经常写中情局的评论文章。尽管中情局是他笔下时常抨击的对象，但他对中情局和中情局的工作人员充满了敬意。

总统视察兰利两天后，消息灵通的伊格内休斯在《华盛顿邮报》发表措辞强烈的文章。“遗憾地说，”他这样写道，“审讯备忘录发布后的兰利度日如年，用某资深情报员的话说，这对中情局的打击犹如‘遭遇了汽车炸弹袭击’。”

伊格内休斯指出，总统在周一的访问尽量对中情局工作人员进行安抚。“他对中情局在国家安全中担负的秘密角色给予赞扬，但那次视察看上去和竞选活动没什么两样，工作人员不断为之欢呼，总统则站在中情局刻满英雄名誉的纪念墙前对着提词器念完他的演讲稿。”

伊格内休斯的判断是“奥巴马似乎认为他能左右逢源——他批准对中情局的行动细节进行史无前例的曝光，同时又在周一安慰这个秘密机构，鼓励他们耐心等待，好日子在后面。即便总统本人魅力非凡，在现实生活中却玩不转”。

兰利很多资深情报员直到现在还认为政府迟早会对中情局开刀，这些官员也不例外。

总统兰利之行的第二天，他拒绝在针对司法部起草备忘录律师的法律诉讼上签字；人权组织向司法部部长霍尔德递交了25万人联名签署的请愿书，要求对他们提起诉讼；联合国官员和人权律师预言，即便美国没有起诉，欧洲法庭也将对涉嫌违反《禁止酷刑公约》的美国官员进行调查。

备忘录的公布在媒体和政界引起轩然大波，起诉和反对起诉的两派争论不休。中情局准备就审讯技术在国会做简报的消息不幸泄露后，听取简报的是国会哪些人，什么时候开会，简报内容是什么，成为整场闹剧的陪衬。

备忘录发布一个月左右（旨在将审讯问题彻底抛之脑后），国会日刊《政客》刊登文章，标题耸人听闻："民主党：中情局盯上我们。"

两天后，白宫发言人毫不客气地指责中情局在强化审讯技术的使用上对国会撒谎，"中情局在国会隐瞒了使用这些技术的信息"，并进一步指责"他们一直以来都在误导我们"。

参议院情报委员会主席费恩斯坦匆忙赶来支援众议院议长南希·佩洛西，他指责说："任何机构都要实事求是，中情局也不例外。"众议院情报委员会女议员安娜·艾舒则表示："你得不停地和他们兜圈子，他们根本没打算吐露实情。"

在发给全体工作人员的公开信中，帕内塔局长回击说："误导国会与我们的政策和习惯不符。那样做有悖法律和我们的价值观……自2002年9月以来，同时期的所有记录表明中情局情报人员是本着实事求是的态度汇报阿布·祖贝达的审讯进展，因为他们陈述了'曾经使用的所有强化技术'。"

说这场闹剧变得越来越丑陋其实是有所保留的说法，它还远没有结束。

政府内部推动将备忘录公之于众的领军人物是埃里克·霍尔德。

在总统大选期间，霍尔德就断定中情局的审讯技术可以称为酷刑，虽然他从未听取过这项计划特定细节的任何简报。他还信誓旦旦地说要清算中情局的行动。那样的言论与候选人奥巴马几乎不谋而合。大选获胜之后，奥巴马的态度有所缓和。例如，4月份司法部就布什时代发表意见，他就提醒说："现在我们要做的是反思，而不是惩罚。"

霍尔德显然没有领会备忘录的意思。据媒体报道，他和他的参谋期望借助发布备忘录得到公众支持，继而启动独立调查。

结果没有达到预期，他们仍坚持己见。到了夏天，司法部提出公布中情局总监察长 2004 年关于审讯计划的机密报告，并提出重新对中情局官员展开调查。

对中情局而言，这就像场没完没了的噩梦。总监察长的全部报告自 2004 年以来对情报委员会高层完全公开，自 2006 年以来又对委员会成员和其他众多人员公开。

在针对某承包商的起诉中（该承包商涉嫌过失致使某羁押人员死亡），中情局做到了全力配合。中情局还将发现的一些不当行为提交司法部，由弗吉尼亚州东部地区的公诉人彻底审查，但最后他们拒绝提出进一步的起诉。（霍尔德后来承认说他没有阅读职业检察官的拒绝报告。）由于公诉人决定不起诉，中情局便自行做出纪律处分，这样做合情合理。

据传，莱昂·帕内塔在反对司法部继续起诉时在战情室爆了粗口。8 月，他还出人意料地在《华盛顿邮报》上写了专栏文章。他在文中指出：“上个月在海外召开的一次各国情报机关领导会议上，某个西方盟国的同僚把我拉到一边。他问我，大部分国家安全问题都存在于当下，为什么华盛顿还要揪着中情局过去的历史不放？这个问题问得很好。”

徒然。没过几周，政府发布了经过轻微调整的中情局总监察长在 2004 年提交的报告。司法部提出更多的法律意见，中情局与法律顾问办公室之间又是一通你来我往。霍尔德还宣布，他指示正在调查录像带被毁一案（见第十二章）的约翰·达勒姆扩大调查范围，确定是否对中情局展开刑事调查。

总统心照不宣地站在了司法部部长那边，莱昂已无力阻止。如今他的 7 位前任都插手此事。9 月中旬，我们写信给总统，敦促他扭转霍尔德打算重启刑事调查的决定。信中预见性地提出了可能会出现的争论：外国情报机构将很难再放心与我们合作；情报官员将拒绝承担任何风险；公开曝光将帮助基地组织逃避美国情报机关的追踪。

然而核心争论却围绕公平展开。“如果新一届政府可以轻而易举重启前一届政府中由公诉人终结的刑事调查，那么免予起诉的保证将变得毫无意义……我们必须使工作人员相信支配他们行动的法律规定具有永久性。”

中情局的各位前局长之间联系不多。他们每年可能聚会一两次，听现任局长介绍工作状况，但他们毕竟在不同的时期、不同的环境中服务于不同的总统。因此让他们保持意见一致并不容易。

然而，只要我们意见一致，联名上书不是难事。但我们只有三位前任局长在信上签字。罗伯特·盖茨是时任国防部部长，所以我们没有通知他。小布什是前任总统，我们不方便请他评论继任者的行为。斯坦斯菲尔德·特纳海军上将接近86岁高龄，考虑到他和我们目前的问题牵扯不大，也没有麻烦他。

目前签名的只有我、戈斯和特尼特，毕竟我们都曾经是该项计划的负责人。吉姆·伍尔西和约翰·多伊奇任局长时执政的是克林顿政府，过于遥远。威廉·韦伯斯特是前任联邦法官和联邦调查局局长。吉姆·施莱辛格正在调查国防部在阿布格莱布监狱的虐囚事件。

这些人我们没有去打扰。我们的顾虑显然没有引起总统的重视。他说：“我感激中情局的这些前任局长对中情局的关心。”虽然总统再三强调“要向前看，不要向后看”，但这件事他却拒绝干涉。

调查整整持续了3年，期间许多中情局特工接受面谈，很多甚至站在大陪审团面前。

这件事令中情局陷入围攻且孤立无援。2010年2月，在阿富汗霍斯特省发生了恐怖袭击事件，7名中情局特工和承包商不幸遇难。中情局在原总部大楼前搭起帐篷，举办了规模盛大的追悼会。总统、白宫发言人南希·佩洛西和其他政府高层来到现场。

很多致辞发言人来自反恐中心，他们受霍尔德和总统的影响最大，受佩洛西指责对中情局的谴责影响最大。有位致辞人特意强调“和真正的兄弟姐妹同心同德，共同奋斗”似乎有意在“他们和我们”之间拉开距离。

他们的意思不言而喻。“我们很高兴你们来参加我们战友的追悼会，但这件事真的和你们没有关系。你们来之前我们心情沉重，你们离开后我们的心情依然沉重。”

曝光事件和重启调查在中情局甚至成为某种黑色幽默。法律总顾问约翰·里索 2009 年年底退休时，主持人念了几封信，作为对约翰工作的肯定和褒奖。读到最后，他说还有一封。伸手到口袋中拿信时，他说那是司法部部长霍尔德写给约翰的私人信件。“约翰，”他读道，“你有权保持沉默。”人群哄笑了好几分钟，仪式才得以继续。

多次调查的影响却绝非玩笑。中情局同时接受多项调查，达勒姆负责录像带被毁事件，对总监察长报告中事件细节的重新调查，还有各种各样的国会听证会。除了道德、外交、风险意愿上的影响，中情局不得不付出的痛苦代价是人力，高昂的人力代价。为了应对各种各样的质询，我们最优秀的特工人员不得不放下手中的工作。我们甚至在七楼局长办公室对面设立了永久性办公室，专门处理这些调查。

重启调查的第三年零六天，司法部部长和检察官约翰·达勒姆宣布他们不会对中情局引渡、关押和审讯计划中的任何人员提起刑事诉讼。至少在行政机关，这场旷日持久的论战终于画上了句号。

霍尔德的态度始终如一：救世主式的专注、政治上失聪、无视反证和反方观点。

帕内塔同样坚定不移，他警告说如果人们把焦点过度集中在过去，我们的现在和未来都将承受风险。

总统想要左右逢源，但在人们看来他的立场左右摇摆。

也许他认为折中是最有原则的选择，但它同样面临政治诉求。总统遇到了麻烦，令很多人失望的是，虽然他在反恐的投入比前任多了一倍。电话元数据、国家机密、引渡、定点清除、特别军事法庭。坦白说，布什总统两任做出的改革比奥巴马接任后进行的改革还要多。

对奥巴马总统来说这是个政治问题，因为他的竞选口号是不做布什那样的总统。让你们看看我和他多么不同，总统曾经振振有词。让你们看看我阻止了什么。结果他公布了审讯备忘录并准许（也许还直接支持，这方面的记录并不清晰）司法部部长公布更多的档案，甚至重启了某些已经了结的案子。

中情局特工付出了沉重的个人代价，也许他们不该为此感到惊讶或委屈。个人层面，总统向他们表示了感激和慰问，但那只是例行公事，他们是总统的支持者。

可事情远没有结束。

大约在2012年，霍尔德打算结束达勒姆的调查。有一天我的手机响了，电话那边是乔治·特尼特。他问我有没有听说SSCI（参议院特别情报委员会）报告。我已经听闻民主党委员会正酝酿着什么大动作，但我必须假装毫不知情。于是我问："乔治，你是在讲咱们看过的一部电影吗？"

乔治说的当然不是电影。2012年总统大选结束两天后，事情开始变得明朗。我、乔治、波特·戈斯和约翰·麦克劳林决定开会，听取中情局现在的工作报告。迈克尔·莫雷尔副局长和我们都是朋友，他负责主持会议并介绍了中情局收到的SSCI民主党报告的内容。那是份冗长的起诉书，指控我们和中情局越权行事，欺瞒公众，隐瞒了引渡、关押和审讯计划的实际效用。我们听到后感到震惊，甚至愤怒。我们不禁要问，民主党根本没有从我们口中了解过情况，他们凭什么得出这样的结论？

我们还想知道这件事经谁审批。SSCI工作组组长说因为参议员费恩斯坦希望确保此类事情不再发生，于是便开始搜集数据。

得知此事后，中情局和我们一样大为恼火。他们打算奋起反击，因为那份草案在引用档案上是有选择性的，不仅存在事实错误，看起来对情报工作似乎一无所知。

几周后，电影《猎杀本·拉登》上映，明显地调动了公众的兴趣。影片向人们展示了情报工作者如何指引美军最终消灭恐怖头子本·拉登。有人抱怨说情报部门和特种部队对导演凯瑟琳·毕格罗和编剧马克·鲍尔的指导过于详细。数位参议员要求索尼影业就影片里中情局使用的审讯手段发表免责声明。

中情局、白宫和 SSCI 民主党工作组围绕数据、分析间谍情报技术以及保密等问题争论了 2 年，长达 500 多页的费恩斯坦酷刑报告最终得见天日。在这期间，报告中竟然提到有些前官员会定期会晤或举行电话会议，随时了解最新情况并时刻准备做出反应。

我不想夸大我们的愤怒，但回应这种无耻的中伤极具挑战性。2014 年 8 月，我们只有 2 周时间来评估摘要报告，中情局 130 多页的回应以及 SSCI 民主党人 150 多页的反驳。由于事先已经做出旅行安排，我在一天下午抽出 4 小时来读这些报告。

根据《信息自由法》，我们请中情局提供其他档案进行支持。乔治 · 特尼特的首席公共事务官比尔 · 哈洛特地建立了网站 ciasavedlives.com（中情局拯救生命网），供媒体和公众自由查询和浏览。但凡想要了解内情的新闻和报纸媒体，我们愿意提供背景简报。约翰 · 麦克劳林甚至为《华尔街日报》官网写了长达 2300 字的文章，同时还为印刷版提供了稍微简短的版本。负责过引渡、关押和审讯计划的三个局长和副局长都在文章上署名。我为英国某家媒体写了可称之为姊妹篇的文章，只等费恩斯坦报告发表我们就立刻回应。针锋相对的时刻终于在 2014 年 12 月 12 日这天到来。

约翰在《华尔街日报》上的文章就是这件案子的最好总结：

> 参议院情报委员会针对中情局关押和审讯恐怖分子的行为所提出的报告，是由在参议院中占多数的民主党人单方面完成的……因此这是一份片面的、充满不实信息和误读的报告。本质上，这是对 9 · 11 恐怖袭击后一直肩负保卫美国重任的中情局所实施的一次蹩脚的党派攻击。

他严厉批驳了报告得出的结论：中情局越权使用审讯技术，误导司法部，误导白宫、国会和美国人民。他指出，报告选择性忽视了计划实施的时间大环境，以及该计划并非由中情局单独实施的事实（他举证说，中情局曾就此计划向国会做过 30 多次简报）。

最重要的是，他（像中情局和共和党的反驳那样）驳斥了关于“中情局的审讯技术在获取情报和帮助我们瓦解、逮捕和消灭恐怖分子方面毫无作用”的谬论，为了证明这一点，他列举了很多成功的例子，包括击毙本·拉登。

有个中情局特工说得更加直白：“按照费恩斯坦报告的逻辑，我们的特种部队闭着眼睛找到了本·拉登，然后轻而易举将他击毙。”

费恩斯坦报告中多次提到我的名字，次数超过我的前任三倍。这跟我在任期间抓到的恐怖分子数量无关（总数大约 100 人，我只占了 2 个），更多原因在于只有我在任局长期间就整个计划向全体委员会做过简报。

他们把目光尤其放在我 2007 年 4 月所做的证词上，用了整个“附录三”指出他们收到的报告是不准确的。很多问题都与目前依然争论不休的阿布·祖贝达（第一个承受水刑的羁押犯人）提供过什么情报、何时提供以及为什么提供有关。其他问题则可以描述为我对标准所做的简报以及他们从上百万页的文件中找到的一些误差，其中大部分都出自计划早期。

随后便是计划的组成问题。我辩解建立审讯计划的原因，至少部分原因是早期中情局在战场上抓捕恐怖分子的成绩不够理想，这些都已经被我们的总监察长记录在案并通报给 SSCI。比如说，委员会早就知道武装分子古尔·拉赫曼在中情局羁押期间死亡，但并不在中情局的审讯计划范围。

剩下的原因就是我或许在 2 小时的作证期间出现失误，毕竟我回顾的是 5 年前的事情，而我和另两位局长隔离开来，他们无法及时提醒，不能给我提供有益的补充。

更重要的是，与我们同众议院特别情报委员会召开的会议性质类似，我们在 2007 年召开会议的目的并非为了介绍引渡、关押和审讯计划的历史，而是解释现在的状况，为日后达成一致进行铺垫。当然，那个目标最终没能实现。

报告在提到被羁押人数时再次提到了我。报告声称，我“指示某中情局特工想办法将中情局的羁押人员数量维持在中情局此前向国会报告的数量”。报告说这个数目是 98 人；我认为实际数目应该是 99 人。

他们所谓的“事件”发生在 2009 年 1 月，当时我即将离职。反恐中心有个特工提议计划中羁押人员的数量可以达到 112 人。人们对哪些对象可以被计入计划意见并不统一，而早期的记录工作又不够严谨，我禁不住开玩笑说：“3 年来，你们给我的数字都是 97 人或 98 人（我们增加了羁押人数）。”

中情局的反驳依据反映了那次会议的一致意见，即反恐中心提供的数字不够准确完整。我说如果真的有新数字，他们最好告诉新任局长，以便他及时报告给国会。

费恩斯坦报告中给出的数字是“至少 119 人”（而不是 112 人）。

因此司法部部长霍尔德根据达勒姆的调查结果，自信地宣布“达勒姆先生调查了被美国关押的 101 名犯人”。看来这个数字很难确定下来：99、101、112、119。

之后我一直在反思费恩斯坦报告，希望能从中吸取经验教训。学到的教训是遇到那些敏感活动，我们需要向国会全面而及时地报告。5 年过后喊话局长解释之前的事情并不公平。

我还得出相对消极的结论，那就是向这些人做简报一定要小心。有些人对你所说的实情并不感兴趣，只是想从你的话中找到反驳、指责和羞辱的借口。

我想这再次引出了动机问题。为什么会有这样的报告？中情局今后再也无法从事审讯工作[①]。

---

① 2015 年夏，我和美国共和党总统候选人杰布·布什聊到审讯手段。我认为，备忘录发布后，审讯手段被曝光，中情局似乎遭到遗弃，日后任何总统想要重新启用这些手段得事先好好练练，估计他得亲自上阵。

我以小人之心揣度一番，才为自己找到答案。我想那些积极要求发布备忘录的人一定会很满足。他们可以堂而皇之地说："看见了吧，这不关我们的事。我们不是那种人。那些人，那边的那些人。他们撒谎。一切都是他们咎由自取。你们看啊。"

参议员洛克菲勒是费恩斯坦报告的坚决拥护者。2014 年 12 月报告公布那天，他发表了言辞激烈的批评言论。

然而在 2003 年 3 月抓捕哈立德 · 谢赫 · 穆罕默德时，这位参议员却是另外的口吻。

> 美国有线电视新闻网络记者沃尔夫 · 布利泽询问将如何处理哈立德 · 谢赫 · 穆罕默德。
>
> 洛克菲勒：这个嘛，只能说幸亏我们不知道他在哪里……否则他会被我们活活烤死。可以肯定我们会用适当的方式对待他，但我可以保证我们绝对绝对不会手软。

> 于是布利泽又问洛克菲勒关于酷刑的问题。
>
> 洛克菲勒：这是个很微妙的问题……换句话说，他确实掌握了重要情报。这些情报可以拯救很多美国民众的生命。我们没有理由放任这些情报不管。

> 布利泽提出酷刑的问题。
>
> 洛克菲勒：我们不支持酷刑，但通过心理和其他手段我们同样可以达到目的。

> 布利泽随后问是否会把他转交"对酷刑没有限制"的第三国。
>
> 洛克菲勒：我不排除这种可能，因为这个人在过去 10 年杀害了成百上千的美国人。

瞧，你大概可以想象中情局特工会有多困惑。

他们当然是反对这份报告的，反对它的内容，反对它的叙述方式，反对它的结论。他们尤其反对这份报告完完全全针对他们。如果单纯针对他们，国会的民主党人（那些听取过简报的高层）早在 2002 年就会抗议，因为那时美国的创伤感更加真切，遭受的威胁更加紧迫，未来更加不可确定；然而到了 2014 年，形势已经发生逆转。

美国人民与中情局的看法保持一致。费恩斯坦报告发布后一次又一次的民意测验显示，越来越多的民众选择站在中情局这边。皮尤研究中心的调查数据显示，51 ： 29 的人赞成中情局的行动为正当；认为中情局从引渡、关押和审讯计划中获取的情报成功预防了袭击的比例要更大，为 56 ： 28。对于始终关注这个问题的人来说，支持我们的数字要大得多：59 ： 34。美国有线电视新闻网（CNN）获得了类似的数据：66 ： 34。

布鲁金斯学会是著名的政策研究机构，也是华盛顿尤为看重的智库。它在报道中使用了惊爆公众的标题：美国人接管了中情局的审讯计划。文中指出中情局的策略被证明是承前启后的，“未来的美国总统如果不能像布什一切尼政府那样放开手脚，他们或许会发现自己在政治上处于完全暴露的位置，尤其是恐怖分子计划再次对美国发动大规模恐怖袭击时”。

这显然不是民主党人希望在情报委员会上看到的结果。

但这无法作为整个事件的定论。引渡、关押和审讯计划需要准确和公平的历史。我们 6 人在《华尔街日报》的文章中表达了同样的观点，我们说费恩斯坦报告让我们错失了“对重要公共政策问题开展严肃而公正研究的机会……对这些计划和相应的建议开展公正的研究将使美国和中情局同时受益。可惜，委员会的报告远不是这样的研究”。

我们依旧在等待公平。

第二十一章

私人部门

华盛顿哥伦比亚特区，2009—2014 年

2013 年 6 月初，我下榻在加利福尼亚州拉荷亚一家舒适的酒店。在那里，我收到英国路透社情报专线记者马克 · 霍森鲍尔发来的一封电子邮件。邮件标题上写着："这是真的还是玩笑？"邮件正文字数不多，但附带了一个链接。点开之后，我发现这是记者格伦 · 格林沃尔德刚刚在《卫报》网站上发表的一篇文章。

标题上赫然写着"美国国安局每天收集数百万美国电信运营商威瑞森客户的电话记录"，副标题则指出授权此业务的法庭命令。

我很欣赏霍森鲍尔，但我没有回复他的邮件。这不是玩笑，是真的，但我不打算谈这个问题。这是我们"星风"监视计划收集电话元数据的后继计划，如今通过法庭命令来执行，这不是我该承认或解释的事情。我很想知道，这个消息如何泄露的？

第二天，《卫报》的格林沃尔德和《华盛顿邮报》的巴顿 · 杰尔曼同时声称美国国安局根据"棱镜计划"，拥有自由访问微软、谷歌、雅虎、Skype、YouTube、脸书、美国在线及苹果等公司在美国服务器的权限。

铺天盖地的新闻报道使我不仅想起第二次伊拉克战争中汤米 · 弗兰克斯发起的代号为"震慑与敬畏"的军事行动，而如今这场舆论风潮简直就是新闻界的翻版。

很快我们就发现，消息是被博思艾伦咨询公司 29 岁的雇员爱德华 · 斯诺登泄露出去的。博思艾伦是我们国防项目的承包商。事发时，斯诺登已经逃到香港，并企图借道俄罗斯逃往南美。

2013 年夏，我退出政府长达 4 年，正潇洒地在切尔托夫集团做主管。切尔托夫集团是前国土安全部部长迈克尔·切尔托夫创办的安全咨询公司。与此同时，我还在弗吉尼亚北部的乔治梅森大学的政策、政府和国际事务研究生院任教。我在切尔托夫集团遇到很多志趣相投、经历相似的朋友。能与中情局传奇查理 · 艾伦经常交流思想是件幸运的事。在乔治梅森大学任教源于 2008 年在前参议员扎克 · 罗伯家的圣诞派对上和该校的某个老师聊天。他通过行政手段授予我乔治梅森大学访问教授的头衔。虽然我心里怀疑他们希望我在课堂上透露一些机密，但“情报与政策”这门课我很喜欢。

我还从事其他事务，比如到某些组织机构中担任董事或顾问。我经常在想，我有什么可取之处呢？可邀请信往往如雪片般源源不断地飞来。一次偶然的机会，我和查理 · 艾伦用了几小时向一些企业领导者解释情报机关的结构和运作。情报工作其实并不神秘，可随后我俩在电梯里有种难以置信的感觉，因为他们把我们讲的东西全都记了下来。也许我们低估了我俩身上加起来将近 100 年的情报工作经验。

因此离开政府后我没有得闲，总有各种各样的机构来找我，把我的日程填得满满当当。

我发现离职后我并没有像之前预想的那样怀念政府工作。每当有人问起，我会回答说我很怀念以前的使命感，也怀念我共事的同事（有时还会加上一句，怀念开战斗机的日子），但那只是客套话。大多数早晨醒来，我会翻个身，抓起床边的苹果平板电脑，读读中情局的新闻剪辑，然后再起床。随后我给妻子端上咖啡，她总会问我：“有什么新闻？”我经常回答：“我现在是个逍遥自在的退休情报官。”

后来因为斯诺登的事，我被拖进了那场论战。那是我离职后第一次对情报工作发表言论。

我早就说过，这场论战迟早要来。20 世纪 90 年代末，国安局就意识到，对待国外通信，我们不能仅仅孤立地以敌人的通信网络为目标（就像苏联的战略部队）。现代目标（比如基地组织在万维网上的电子邮件往来）与无辜的甚至受到保护的信息共同存在于统一的、完整的全球通信网络之中。

只不过9·11事件之后，我们面临的处境更加窘迫。敌人无异于宣布他们已经进入我们的国门——即便人在美国境外，但通信的大门始终敞开——恐怖分子会经常使用我们国家的电子邮件服务。

格林沃尔德、杰尔曼之流大加鞭挞的罪恶，指的就是国安局和其他情报机关在这种新形势下采取的应对措施。有些措施在安全与自由方面的确引发了严重的后果，而斯诺登事件对这场论战无疑是火上浇油。泄密事件，尤其泄密的方式和途径被人们大肆渲染，这件事越描越黑。

以“棱镜计划”为例，它公开的时间正好是竞选活动开始的第二天。有些媒体为了吸引公众眼球，发布的报道并不属实。他们说国安局对美国境内通信服务商的服务器拥有直接和自由的访问权限，这和诽谤简直没有区别；它几乎等于告诉公众：国安局会检查普通美国人的电子邮件。事实上，国安局是在法院的监督下通过服务商对特定的外国情报目标的电子邮件账户进行监控。

我们不妨设想下，国安局要监控也门的某恐怖分子的通信，结果发现这个恐怖分子经常利用电子设备与另一个恐怖分子通信，这个恐怖分子可能在巴基斯坦，也可能在也门，甚至可能在美国。他们进行交流的电子邮件系统的主机恰巧设在美国。

还有，我们发现有人运输军民两用化学物质潜入某国，有用于研制化学武器的怀疑，也会对与此相关的电子邮件，或其他包含潜在网络攻击情报的通信实施跟踪和监控。

上述这些情况与“美国”直接相关的就是他们的通信发生在美国境内，由美国的互联网公司提供通信服务。我们监控的目标却是实打实的美国境外的外国人。

国家情报总监（前国安局局长）约翰·麦康奈尔洞悉这一点，并于

2008 年说服国会修改《涉外情报监控法》（第 702 条），使之更有利于国安局对这类通信实施监控。尽管在执行上国安局要接受法院的监督（法院要求公司提供相应数据），但具体程序大大简化，不再需要耗时烦琐的行政审批。

“棱镜计划”只是国安局监听计划的一环，但不可否认它是最新和最有价值的一环。即便如此，它的监听对象依然是具有外国情报价值的外国通信。

“棱镜计划”并没有像元数据收集计划（即“215 计划”）那样引起大规模的国内抗议，因为有《爱国者法案》的支持。“棱镜计划”主要针对外国人，“215 计划”针对的是美国公民。国安局有个美国公民电话数据库，这里储存的不是电话内容，而只是记录了通话双方的电话号码、通话时间、通话地点以及通话时长等信息。这是个海量的数据库，对访问权限有着严格的控制。能够接触这些数据的人数十分有限，访问这些数据的目的只能用于反恐。

如果国安局需要调出海外某个与恐怖主义有关联的电话号码，比方说，上面提到的被也门军方逮捕的恐怖分子，问题是，截至目前，那个未知的号码有没有和美国境内的任何电话联络过。号码一旦确认，只需查询下 215 数据库，这个问题就能迎刃而解。国安局负责寻找与此号码联系过的其他号码。拿到号码，剩下的工作交给 FBI（联邦调查局）。

在我看来既合情合理，又能受到有效约束，别人却不这么看。许多美国人都不太高兴，他们表示不能理解。有些国会议员对此感到生气。部分原因是许多人不相信这个计划能受到有效的约束。他们怀疑收集的数据会用于其他目的，或者通过大规模运算来研究个人的行为模式。

有些议员宣称，如果所言属实，国安局不仅违反了美国法律，也违反了物理定律。我甚至听到有评论员说，只要是国安局怀疑的或感兴趣的内容，他们只需点开那个号码，就能听到人们任何时间使用这个号码的通话详情。没开玩笑吧？点击通话记录就能听到人们之前说的通话内容？荒谬至极。

我和茶党的新晋议员贾斯汀·阿玛什接受《福克斯周日新闻》采访时，在讨论中狠狠驳斥了这种观念。

> 阿玛什：要知道，这个计划已经超出元数据的范畴。也就是说，我们以为只收集元数据，但政府没说不能收集实际的通信内容。如此，他们当然可以像收集元数据那样收集你的通话内容……

> 海登（我）：我必须补充一点，歪曲这个计划不会增加美国民众对它的好感。说白了，这个计划不会授权收集通话内容。

早前国安局为“215元数据计划”辩护时曾经透露，行政机关、国会和法院都知道这个计划并表示支持。对弗兰克·丘奇后的委员会情报改革时代，这些已经足够，但公众显然并不满意。

分歧导致了奇怪的阵营。福克斯新闻网放弃了一贯的国家安全立场，转而抨击总统，并支持平民主义的茶党。每当提及这个问题，福克斯新闻网都会冠以“国安局丑闻”的导语，带有明显的倾向性。

仲夏，“215计划”险些搁浅。秉承中间派立场的共和党和民主党联盟以12票的微弱优势战胜了更注重意识形态的极左派和极右派联盟。在罕见的两党合作中，接近60%的民主党人和超过40%的共和党人赞成对该计划停止拨款。有位在国会见证这个历史时刻的人说，投票前的几小时简直就像肉搏战[①]。

公平来讲，“215计划”自始至终遭到少数人的反对（在参议院尤为明显），比如来自俄勒冈州的参议院情报委员会成员罗恩·怀登。斯诺登

---

① 根据2015年6月颁布的《信息自由法案》，国会限期国安局6个月内停止获取美国人的元数据，但国安局仍然可以通过电信运营商得到相应的数据。

事件之前，怀登曾给国家情报总监詹姆斯·克拉珀下套，妄图诱使他透露“215 计划”的内容。他在某次公开会议上质问克拉珀，国安局是否以某种形式收集了“数百万美国人的资料”。怀登和情报委员会成员当然知道这个问题的真正答案。事出突然，克拉珀笨拙地回答：“不，先生，这种事不会有意为之。”

这样的回答让人遗憾，但这样的问题着实让人讨厌，甚至可以说卑鄙。如果怀登想在公开听证会上揭露国家机密，他应该自己去发现，何必让克拉珀顶雷呢？斯诺登事件之后，怀登将他的提问视作胜利，更多人则对克拉珀的回答感到愤怒。我们应该牢记，怀登之所以在公开会议上提出那样的问题，是因为在闭门会议中提出此类问题毫无意义，“215 计划”在委员会中以大票数落败就是证明。实际上，“215 计划”被曝光后，它最大的支持者就是两院情报委员会的高层和众多议员。

令人欣慰的是，熟悉国安局工作的议员发自内心地表示支持。在行政机关，有些人虽然知情，却保持了沉默，他们的表现让我感到莫名其妙。

副总统可曾为国安局做过公开辩护？我想答案是否定的。除非我不小心错过，国安局的上司国防部部长自始至终都在保持沉默。

此外，还有国家安全顾问和国务卿等高层官员，他们协助制订了情报收集的要求并收到过任务报告。不要告诉我，他们不知这些情报从何而来？

说来也怪，斯诺登事件发生后，在网络上为当前政府计划辩护的支持者中，来自布什政府的官员要多于奥巴马政府。

在某种程度上，奥巴马总统为国安局说过好话。斯诺登事件发酵之初，他在加州会见中国国家主席习近平之前接受提问（显然是有意安排）。总统看似是即席回答，但这个答案经过认真起草、反复推敲，在技术层面准确无误（这并非易事），他的回答冷静沉着且坚强有力。

在接受美国有线电视新闻网记者查理·罗斯采访时，总统继续使用问答式为国安局进行辩解。他辩解的理由和之前相似，只不过现在他不得不承认“国安局的力量让公众感到恐惧”。

9月访问瑞典时，他被外国观众包围，总统的回答更具有道歉的意味和防御意识。他不介意讨论过去的事，并煞费苦心地指出："我在国内所说的，以及我在国际上所说的……即使我们能做，并不代表我们会去做。"

早在2006年实施"元数据计划"以及2008年实施"棱镜计划"时，布什总统就授意国安局局长基思·亚历山大接受授权并捍卫美国。如果在政治上存在争议，布什说他将尽力捍卫国安局（我负责的那些项目总统的态度亦是如此）。

2009年奥巴马总统上台。既然他接受了这些成就，也应当接受相应的社会契约，即便对他而言也许很难实现，因为那对他根基的伤害要甚于布什总统。稍后这会变得更加艰难，这种看似侵入性的监视与他之前那些"基地组织正在退却"和"战争大潮正在消退"等观点前后矛盾。

此外，在2008年总统大选期间，奥巴马力图在他与布什政府之间拉开距离。毫无疑问，在他的第一届任期内，他决定了要与布什政府时期的政策划清界限，他说："至于我们的共同防御政策，我们拒绝在我们的安全与我们的理想之间做出选择。"这个宣言使他接受前任的那些契约难上加难。

与此相对，2013年6月他在解释国安局行动时声称："我想每个人都应该明白……这里面牵涉某种妥协……我们不可能在获得百分之百安全的同时还能拥有百分之百的私人空间、不做出任何的牺牲。在现代社会，我们必须学会取舍。"

总统似乎再次采取了折中的做法，就像2009年司法部备忘录发布时他对中情局的态度那样（第二十章）。可如今他明显身处困境。他的国内和国外议程全被打乱，因为他的情报机关保密工作出现失误，动摇了世界各地支持者的信心。据说向来稳重的总统在多次小组会议都会发火。

斯诺登泄密事件不断发酵，不断地为政府制造尴尬和影响。继9月伦敦《卫报》记者格伦·格林沃尔德和劳拉·珀特阿斯爆料后，《洛杉矶时报》《今日美国》《华盛顿邮报》相继加入。"国安局和以色列共享包括美国公民资料的情报。”这明显是在指责国安局草率地将美国公民的个人信息透露给不太可靠的盟友。

那类文章通常让政府部门措手不及，因为政府做出回应之前都要经过烦琐的内部审查，导致反应滞后、无力，甚至错过最佳时机。其实在这件案子中，但凡对信号情报有所了解的人都能找到别的线索，然而，这样的线索在报道中并不建议提及。

我不要求此类所谓的活动需要专门的作业知识，根据我个人的经验，每当需要与盟友合作并向他们传递信号情报时，我们通常会起草一份谅解备忘录，这样即便发生美国公民资料被泄露的意外，也能保护他们的隐私。谅解备忘录对保护美国公民的隐私有益无害，但在公开的报道中却很少有人提及。

2013 年 8 月，《华盛顿邮报》在头版头条写道：“审计部门发现，国安局每年违反隐私规则上万次。”我在《今日美国》发表文章对这个数据进行分析，并指出：

> 所有事件都是因为疏忽大意。没人故意违反规定。所有意外都是国安局自行发现、报告并纠正的。
>
> 三分之二的事件与“流浪者”有关，即那些暂时在美国境内居住但被我们锁定目标的外国公民(暂时受《第四修正案》保护)。

我详细解释了“流浪者”的相关资料。设想某个暂时未被国安局发现的外国情报目标进入美国。目标从美国境内拨出电话，他的电话并未被监听，但在电话被接通之前，因为涉及收费，我们会进入对方的通信网络。只要是外国电话，我们都会通过这种手段收集数据，直到特定的通话内容或窃听到的某些方面证明这个电话来自境内。此时，收集行为停止，虽然拨打电话的是情报目标，但这个通话侵犯了个人隐私。当目标离开美国，国安局会重新对他实施监控。

我还解释了其他的违规行为，包括数据库查询、数据检索等。《华盛顿邮报》提到的那份档案显示，在为期 3 个月的时间内，共有 115 次非法查询，其中的错误包括打错字或使用了太宽泛的检索标准。而这 115 次非法查询的基数是 6100 万次查询。

我在文中并没有透露这些数据，不过，我在《华盛顿邮报》发表的文章使用了更显眼的标题："国安局的工作近乎完美。"

我在《今日美国》的文章背景非常有教育性。《华盛顿邮报》周四曝出内幕。《今日美国》计划在下周一发表包含正反两方观点的社论文章。它邀请国安局提供反方观点，国安局欣然接受。然而到了周六夜里，我听说白宫没有通过，国安局不禁感到绝望。之后不久，《今日美国》找到了我。

我在周日上午写好文章，当天下午做了修改。然而无法解释的是，国安局却不能这么做，离开国安局达 10 年之久的我仍能保持前后一致的立场，证明这件事和分离原子绝对不是一码事。

政府忙得焦头烂额，奥巴马不愿效仿小布什当年在"星风"监视计划曝光后为鼓舞士气访问米德堡的做法。

即使政府保持沉默，还是没能躲开海内外的抨击。外国领导人和总统的国内政治对手全都加入进来。因为斯诺登和他同党的揭秘并不局限于美国。他们还宣称，美国曾侵入中国计算机并窃听俄罗斯总统梅德韦杰夫的卫星电话。披露这些消息时，斯诺登身在香港，准备逃往莫斯科谢列梅捷沃机场。他们随后透露说美国对德国、巴西、墨西哥等众多国家的领导人都实施了秘密监听。

欧洲国家似乎格外愤怒，与世纪之交"梯队系统"曝光（第二章）引起的混乱前后呼应。德国《明镜》周刊有位作者直言，欧洲与美国总统蜜月期已结束，这肯定会让总统深感痛心。他还写道："以前，我们至少认为这只是布什总统个人的问题，美国这个国家还不错。如今我们总算明白，美国本质都是一样的。"欧洲人的态度应该说来了个 180 度大转弯，因为总统上任才几周他们就给他颁发了诺贝尔和平奖，表彰他没有走布什总统的老路。

国安局前法律顾问斯图尔特·贝克负责收集了大量美国情报机构的观点，他注意到欧洲各国最让人惊讶的是，他们居然能收回他们之前的愤怒言论，而且丝毫不觉得尴尬，但此举没能改善总统的心情。私下会面时，众多情报机关资深官员感到愤怒的是，无论美国还是欧洲，政治领导人都不愿公开承认间谍活动是各个国家普遍接受的国际行为，受美国《宪法第四修正案》的保护，任何无理由的调查都应反对。可惜该修正案并不是国际条约。

顿时多个外国领导人或以情报机关主管为代表，纷纷赶到华盛顿讨要“说法”，美国情报界负责人的处境岌岌可危。

但奥巴马总统力挽狂澜，有次他在会见外国政要时抱怨“有些官员遭到公开的侮辱，我们知道他们的目标是我们”。后来他又表示“即便目标一致，我们的实现手段要高明得多”。这话可谓一言道出实质。

可以明显看出，政府正在重新考虑国安局以全球通信为目标的做法。除了发表“我们能做并不代表我们会做”的看法，总统还承认存在其他问题，比如我们在与其他政府打交道的过程中是否过于侵入性。

总统后来补充说：“在此期间我们和其他国家进行交流，搞清楚什么是他们最担心的领域。”

让我说得更直白些。这相当于在征求那些国家的意见，我们针对他们的间谍活动哪些方面让他们感觉最不舒服?

显然，政策和政治都要求总统采用安抚的语气，至少得放低姿态。公开指控某种间谍活动需要提供愤怒的“原告”，还有可以作为调查目标的“被告”。

如果用力过猛也很危险。国家情报总监克拉珀吐露，国家情报总监办公室曾被要求提供精确情报，但不能让别人觉得尴尬，更不能威胁到他人的隐私和商业底线。符合上述条件的情报活动可以说是“完美情报”。

2014 年的确是倒退的一年。

据斯诺登爆料，美国政府监听了德国总理默克尔的手机。有位美国政府高级官员告诉记者，美国政府已经“下令停止对数十位国家领导人实施监听”。数十位，这意味着至少在20位以上，甚至更多。

总统发表声明：“如果我想知道［其他国家领导人］对某个问题的看法，只需拿起电话打给他们就可以。”好吧，这听起来有些天真或虚伪，因为外国领导人可能会对奥巴马言不由衷，挂断电话才会对本国的外交部部长、国防部部长或情报局局长说出他的真实想法。

甚至奥巴马发布声明之前，路透社报道说总统已经下令停止对联合国、世界银行以及国际货币基金组织等国际机构的监控。很多人对这些报道表示欢迎。他们的理由是，毕竟这些机构不是敌人。

不管这些报道的真相究竟如何，我们对争论都应该谨慎对待。它有点像格林沃尔德、珀特阿斯以及斯诺登口中那些所谓的无嫌疑监听套路。那种态度将执法与情报合二为一。情报收集并不局限于敌人或犯罪分子的通信，其本质是获得保证美国人安全与自由的有用信息。这两者有着本质的区别。

美国情报部门在20世纪90年代遭受重创，那时情报人员得到指令活动暂停，也不能和“坏人”交谈。我们如果告诉信号情报人员不能对“好人”实施监听，曾经的历史将会再次上演。

随后涌现大量报道，说中情局已经“限制针对西欧关系友好政府的间谍活动”。那只是对中情局遭到指控收买德国情报人员事件做出的回应。针对那项指控的具体情况，我对美国公民的反应了解不多，但报道的趋势足以证明美国的间谍活动令人难以琢磨。

情报机构正在践行总统的承诺，收集和使用情报时，将保护隐私的适用范围扩展到美国移居海外的外国公民。据说这个计划进展缓慢。有位观察员半开玩笑地说：“我们简直搞不懂那是什么意思。”对此我并不奇怪，因为美国情报机构和美国法律之前从未把《第四修正案》的概念扩展至海外的外国公民。

传统意义上，美国的信号情报始终受《第四修正案》的限制，保证美国安全的需要。反之，没有政府引导，如果你不受美国宪法的保护，而你的通信包含了和美国自由与安全相关的信息，这种信息除了监听再没有其他手段获得，那么监听就变得顺理成章。在那些情形下，海外居住的外国公民隐私不属于国安局局长的工作范围。

我在国安局任职时，得到的政治指导是将注意力对准特定目标。除了理想的情报收集，还有很多其他现实的因素会对我们的行动造成影响。但那些因素相当于零售，而这看起来更像是批发。

因此，在我们自己禁锢自己之前，最好还是先想想长远意义。奥巴马总统反思了当前和历史的现实，他说："只有出于合法国家安全的目的，美国政府才会使用信号情报，不会不加选择地审查普通民众的电子邮件和电话。"

这种操作为什么不能标准化呢？世界如此动荡不安，面对新时代的新要求，这个系统明显力不从心，我们还要给它附加多少政府负担？这样的法律和政策制度会向它的官僚机构强加多少不必要的谨慎，使我们连规避风险的成本都无法承受？

9 · 11 事件之前我们实际就有这样的尝试，那时情报部门和执法部门还不像现在这样紧密，两者仿佛隔着一堵墙。虽然那个尝试带来的后果是灾难，但至少它体现了美国公民的宪法权利。可这件事却没有。

最后一个问题，有人与我们同行吗？在海外情报收集上，世界上有没有国家将本国宪法的保护范围扩展至外国人身上？

我看没有。

2014 年 2 月，我受邀参加慕尼黑安全会议，并被会议主办方安排晚上 10 点 30 分在接待酒店的酒吧里发言。与我同时参会的还有前国会议员简 · 哈曼以及德国联邦情报局局长奥古斯特 · 汉宁。大家边喝啤酒边讨论某些敏感的话题。那注定是场别开生面的讨论。

我没有证实美国的任何情报行动，只是谈了领导意图在任何国家都会优先考虑。随后我坦率承认德国总理默克尔是美国真正的朋友，还向听众问起她的前任格哈特·施罗德，他在很多国际问题上都和美国唱反调。我们对伊拉克战争和俄国的见解不同。他为俄罗斯天然气工业股份公司提供了10亿欧元的贷款担保，于是他卸任德国总理后不久便进入该公司的董事会，这怎么看都像是笔交易。“这到底是聪明的治国之道，”我问，“还是别有深意？”

接着我提到美国的某个小插曲。2008年奥巴马总统赢得大选，他用的是款黑莓手机。我们当时就觉得，哎呀，天啊，他得赶紧扔了那老掉牙的玩意儿。但他坚持继续使用，我们不得不让技术人员对它进行改进，使它变得更加安全。

“那件事的大背景是什么呢？”我问面前的德国听众，“我们在奉劝即将成为世界上最强大的国家最有权力的总统，如果他在纽约继续使用这样一部智能手机，外国的情报机关很容易就能窃听到他的电话并进入他的电子邮箱。我们不会假装愤怒或爬上道德制高点。我们只是解释，‘事情本来就是这个样子’。”

我在慕尼黑的确有所收获。尽管我认为德国对斯诺登事件的反应毫无根据，但我清楚地认识到，我们经常在其他地方看到的愤怒真实存在。鉴于他们的历史环境，我们低估了包括总理在内的德国民众对隐私的重视。我发现德国人对隐私，就像我们美国人对待言论自由或宗教。只能说我们对德国缺乏足够的认识和考虑。

因此斯诺登事件暴露出来的问题不仅是伤害感情那么简单。我在国安局工作时曾大力支持发展与德国的战略关系。这其中最大的障碍就是设在巴伐利亚的巴特艾布灵监听站。冷战时期以及德国被占领时期，这里就是美国的一块飞地，任何德国人都不得进入。监听站并非以德国为目标，但因为它在德国境内，从而使两国的关系变得复杂。

在是否保留巴特艾布灵监听站的问题上，美国人也存在争议。监听站的负责人是陆军安全局，当情报人员退休，他们会优先考虑招募新人，而不是关闭监听站。情报界对这里的支持出人意料，大家似乎都很憧憬被分配到巴伐利亚阿尔卑斯山脉工作。因此关闭这里难度不小。

为了清除美国与德国的政治障碍，我在2004年下令关闭这个监听站，从而与德国开展更深层次和持久的合作。我看重的是长远效益。德国对斯诺登事件的政治反应险些使这些努力付诸东流。

德国人是我们的朋友，在慕尼黑的交流更多是对话而非对抗；几个月后我在多伦多与格伦·格林沃尔德就斯诺登事件辩论时，才是真正意义上的与魔鬼对视。那实际上是团队协作，与我并肩作战的是著名法庭辩护律师艾伦·德肖维茨（又一个相当奇特的组合），而格林沃尔德的搭档则是年轻的互联网企业家兼著名社交网站红迪网（Reddit）的合伙创始人亚历克西斯·欧海宁。

辩论那天上午，格林沃尔德在《多伦多环球邮报》上这样评价我们的组合："我认为海登和德肖维茨是这个世界上最险恶的人。他们道德低下，与他们同处一室会让人变得虚伪，因为我不得不表面做出尊重他们的样子，但其实我心里并不想这么做。"

虽然这只是辩论前故意打击对手士气的小伎俩，但我有充分理由认为那天晚上的辩论并不友善。我不奢望会出现彬彬有礼的意见交流，毕竟我们有着不同的价值观，我们面对的并非只是选择自由还是安全那样简单的议题。果然，我的猜测没错。

我已记不清楚格林沃尔德和欧海宁曾经多少次宣称美国的监听无孔不入、无处不在，总之比我和德肖维茨提到被格林沃尔德称为打击恐怖主义的"借口"的次数要多得多。

德肖维茨对"借口"之说给予迎头痛击，丝毫不给居心叵测的放肆观点任何生存的机会。格林沃尔德指责我们的所作所为罔顾道德，根本不值得争论，于是德肖维茨反驳说，任何人都不能忽视我们那么做的动机，即便我们在工作中存在失误。

欧海宁则情绪激动地大谈特谈全球互联网存在的意义，暗指美国实施监听，相当于正在破坏这个全球性的通信工具。

我同意，也许真相、歪曲和虚假信息的流传的确会破坏网络，但这和间谍活动关系不大，他们只是恐惧思想和商业的自由流通。因此对于俄罗斯、中国、伊朗和其他国家来说，他们很容易把美国关于开放和自由互联网的争论看作我们开展间谍活动的幌子。

辩论组织者毫无防备地抛出了斯诺登特别录制的评论视频，使听众更加坚定地认为美国的监视网络已经到了难以形容的地步。“它覆盖你的电子邮件、短信、网络浏览历史、搜索记录和购票记录，甚至连你买过什么书都一清二楚。”如此等等。

我和艾伦对那段录音嗤之以鼻，并非因为它让人觉得我们是合伙诱使斯诺登评论，但没有预先通知的确让我们有点措手不及。

所以我对我当时的反应并不满意。视频播放完毕，调解人直接问我做何感想，我直言不讳。其实我不该那么急着回答。我应该跳起来，对着渐渐模糊的画面大喊：“等等，别走！我还有问题要问。既然你在这儿（当然，他怎么会在呢，那是提前录好的视频，不是现场连线），有些事情你为什么不解释清楚？”之后我应该问：

> 你说詹姆斯·克拉珀就国安局监听事件回答罗恩·怀登的话是促使你做出这些事的原因，那件事发生在2013年3月，可你从2012年12月开始向格林沃尔德，从2013年1月向劳拉·珀特阿斯提供档案资料。这该做何解释？
>
> 当你在香港抗拒引渡，你对媒体说国安局曾经侵入中国的电脑网络。这无论怎么看都像是你递交中国的投名状。你想以此获得中国政府的庇护，对不对？
>
> 在你逃往香港前一周，伦敦《卫报》（根据你提供的档案）

声称俄罗斯总统梅德韦杰夫在英国参加 G20 峰会时，美国对他的卫星电话进行监听。这并不牵涉公民的自由权利问题啊，你的目的是否利用机密情报换取俄罗斯的庇护？

你说你对这个系统的担心越来越多，却遭到警告说不要捣乱。但国安局没有找到系统方面的任何证据。你带走了成千上万份档案，其中有没有能让你自圆其说的证据呢，哪怕是一封电子邮件？你究竟在担心什么？

你说得言之凿凿煞有介事，但你最初公布的“棱镜计划”相关资料是错误的。你说国安局可以自由访问谷歌、微软和雅虎等公司的服务器。这个观点后来被《华盛顿邮报》推翻，你有没有看到？

法国《世界报》和西班牙《国家报》依据你的爆料说美国国安局每个月能收集数百万法国和西班牙公民的元数据信息。事实证明，那些信息是法国人和西班牙人自己搜集并提供给美国国安局用来帮助军方保护的。你做何解释？

唉，我至今还后悔错过了那次大好机会。到目前为止，斯诺登接受了美国公民自由协会律师吉姆 · 班福德的采访，班福德常年以批评美国国安局为业。甚至就连布莱恩 · 威廉斯的 NBC 晚间新闻听起来都像圣徒传记。真是该死！

我和艾伦在辩论中稳住阵脚。现场有好几千观众，大部分是年轻人，几乎都是加拿大人。我们完完全全属于客场作战。进场时，反对者与支持者的比例为 40 比 60；还有些摇摆不定。辩论结束后的投票比例依然维持在 40 比 60。收场后我和欧海宁互换名片，至于格林沃尔德，我连瞧都没瞧。

斯诺登事件令我们元气大伤，我认为这是美国历史上最严重的泄密事件。我知道情报优势不能维持太久，尤其是信号情报。对于那些已经成功渗透的网络，如果对方突发奇想，对网络进行升级，则意味着我们多年的努力付之东流。斯诺登泄密事件是全面泄密，导致美国获得的许多访问权限毁于一旦。如今，美国的监听目标已经熟悉美国的策略和技术，重新获取那些权限将要花费更多的时间、人力和物力。

如果我说斯诺登是个天真幼稚、自恋到无可救药且妄自尊大的叛徒，无疑会背叛了我的背景。2013 年 10 月初，在华盛顿的某次座谈会上，调解人戴维 · 伊格内休斯说斯诺登被欧洲议会提名萨哈罗夫思想自由奖且已进入最终候选人名单。（最终的获奖者是巴基斯坦年轻人马拉拉 · 尤萨夫扎伊。）我不禁有些幸灾乐祸，并在公开场合评论说："我必须承认，在过去几个月，我也想推荐斯诺登，但那是另一份截然不同的名单。"

结果我的评论在博客圈里炸了锅。斯诺登的支持者谴责我想把斯诺登列入暗杀名单。在我看来这种想法可笑至极，就像硬要把斯诺登与萨哈罗夫奖的受奖人科菲 · 安南、纳尔逊 · 曼德拉和昂山素季相提并论。

说实话，我本人，包括美国情报界的每一个人，对斯诺登本人和他的做法都感到义愤填膺。他们讲了个英国情报人员的故事。故事发生在第二次世界大战时期，有个年轻人加入了英国情报机构，在伦敦北部某个不起眼但很安全的小镇布莱奇利从事平民工作（那只是他的身份掩护）。他的行为遭到家人的误解，指责他胆小懦弱，害怕参军才逃到那里。年轻人一直没有违背他的誓言，对他的工作严格保密，他的父母直到去世都不知道他为破获德国的恩尼格玛密码做出的杰出贡献。这就是"保密"对情报人员的意义。

尽管如此，斯诺登在他擅长的领域颇有天赋，是杰出的情报人员。坦白说，我并不希望他成为煤矿中的金丝雀，但他却偏偏走上这条路。他是一场宏大的文化变迁中的可见效果（并非起因），这场文化变迁对合法的秘密、必要的透明度以及被统治者的意见进行了重新定义。

早在斯诺登泄密事件之前，我问中情局的文职顾问委员会："未来美国政府的间谍活动能否在更广阔的政治文化中开展？即在国民生活的方方面面，每天都要求更高的透明度和更高的公共责任。”委员会斟酌一番，随后报告说他们有自己的考虑，这样的答案很有分量。

美国情报界认为他们的工作至少能得到美国民众暗中的支持。情报人员相信，如果公众知道他们的工作内容，一定会大力支持。我们一直以为我们的工作得到了被统治者的同意。

如今，被统治者正在重新考虑他们想如何授予那种同意。许多人说情报机关只向国会的情报委员会汇报工作远远不够。“你们只是获得统治者的同意。”他们这样认为，“没有获得被统治者的同意。你或许告诉了他们，但你没有告诉我。”

斯诺登的“天赋”就在于他将这种困境暴露在所有人面前。如果我们将来继续开展间谍活动，我们需要在情报机构和它所服务的公众之间做出改变。

这谈何容易。间谍活动见不得光，机密是其成功的关键。尽管美国的情报活动存在潜在好的方面（合法、支持、理解），但它向来把公开（降低效率）看作最致命的缺点。

情报是高贵的演算和预测，但它很少为情报机构带来赞美。对待泄密，情报机构向来低调处理，不确认，也不否认，只是随着时间的推移等待人们渐渐淡忘，这就是最好的结果。即便泄露真相不会带来危害，但传统思维仍然认为那会带来难以承受的损失，尤其在情报运作方面。

形势在变，面对某些指控美国情报部门不得不从幕后走向台前。如果我们继续这场辩论，对方却沉默不语，结果不难想象，情报部门将受到严重的误导或伤害。最终，我们服务的自由和安全都只能成为空谈。

诚然，是否“公开”并不是情报部门说了算。很多原本秘而不宣的事情如今正在脱离情报机关的控制，一步步走进公众的视野。通常揭秘者都是政治领导人，他们发现向媒体爆料可以获得民众的支持。而其他非官方的泄密则源于某些人的不满，这种泄密比较随机，资料也比较琐碎。

换句话说，美国情报部门为此付出了高昂的代价，但它仍然认为把自己的工作内容暴露在公众面前没有任何好处。结果就是美国情报部门既失去了效率（泄密导致），也失去了合法性（沉默导致）。

在我的前同事感到震惊之前，我首先要承认，情报的公开要受条件限制。有些事必须秘而不宣，有些事即便政府“知情”也不能承认。

即便合法，透明也会带来危险。

那些一发不可收拾的局面必须避免。灾难之火一旦点燃，何时才能熄灭，最后会走到什么程度？更确切地说，某些事一旦公开，极有可能产生无法补救的连锁反应，很多时候连我们自己都无法自圆其说。到那时，国家机密成为空话，即便在无聊的法律诉讼中也难有胜算。连贯的新闻故事会为那些咄咄逼人的记者创造底线，遵循这条底线，他们开始榨取更多的额外信息。自愿披露找到了合理的借口，他们会说这样或那样的泄密不会损害国家安全。

我们还要向意欲对其公开更多机密的人群解释，那样做会增加风险。没有别的办法。同时对 3 亿多美国人实时监控，还不能让真正的监控目标察觉，这很难同时做到。

所以说，这里的目标也许不该那么透明，但用迈克尔·莱特（前国家反恐中心主任）的话说，可以半透明。迈克尔说美国情报部门在公众面前太过神秘，它应该公开更多的数据，当然不是特定的行动细节，增加公众对它的了解。对此，我深表赞同。公开数据可以建立信任，特定的行动细节却能对间谍活动固有的目标造成破坏。前国家安全顾问斯蒂芬·哈德利也持有类似观点，他曾对我说可以把政策框架和具体行动的操作细节区分开来。

这样做很难，一旦做错后果将不堪设想。可当时的大环境下我们只能策略性地保持沉默，结果，我们的情报部门既无法赢得公众的信任，也无法做到高效运转。

我们似乎正逐步走向公开，但不必操之过急。情报部门（简称 IC）在公众网站（icontherecord.tumblr.com，它本应读作 IC-ON-THE-RECORD，但反对者故意读作 I-CON-THE-RECORD）公布了更多的档案。涉外情报监控法法院制作了某些决策的公众版。情报部门官员继续发表公开演说。

这些措施没有取得突破性进展。实际上，2014 年 3 月国家情报总监出台的指导方针令人费解。斯诺登事件每天都给情报部门带来沉重的打击，这使得情报人员很难与外界公众交流，更无法反驳他们的冷嘲热讽。即便像我这样已经通过忠诚审查的人，面对记者的提问，解释某些机密或捕风捉影的传言之前，也要首先获得上级的许可。这里的指示不仅适用于机密问题，还适用于“所有与情报有关的问题”。这能起到怎样的战略效果呢?无非是情报部门与国家的进一步隔离，而这样的部门恰恰需要与国家进行良好的沟通。

奥巴马政府对情报的严格管制没有奏效。2014 年迈克尔 · 弗林将军提前从国防情报局离职是个复杂事件，但毋庸置疑，迈克尔向国会提交的证词比政府愿意接受的现实更加危言耸听（更加准确）。2012 年，中东、非洲多国掀起“反美浪潮”，引发流血冲突。9 月 11 日晚，美国驻班加西领事馆在遭遇当地民众示威抗议的同时被袭击，美国驻利比亚大使史蒂文斯等 4 名外交人员身亡。国家反恐中心主任马特 · 奥尔森在公开做证时将班加西袭击事件定性为恐怖主义活动，显然没有经过调查就草率得出了结论。

斯诺登事件闹得越来越凶，因为政府不允许他们为自己辩护，越来越多的情报人员希望我能站出来捍卫他们，捍卫他们的事业。有次我在参加哥伦比亚广播公司的《面对国家》节目录制时，鲍勃 · 希弗利用节目间隙对我的支持表示感谢，但他随即问我：“你怎么来了？当前政府监视政策的支持者好像都来自上届政府。”

2013 年 5 月，奥巴马总统在国防大学就恐怖主义发表演说，他承诺会在定点清除和无人机行动方面逐渐提高透明度。这个承诺至今仍然没有兑现，但无人机打击行动引发的争议越来越大。官方三缄其口的做法很难令有识之士在这个问题上展开成熟的公开辩论。

2015 年 4 月，美国在南亚的反恐行动导致两名人质死亡。许多评论员又开始谴责定点清除和无人机计划。我在《华盛顿时报》撰文表示支持，但用的是正式的官方声明。因为我的所有文章在发表之前都要经过保密审查，我按照正常程序提交了文章，但却被告知所有关于无人机的内容都不得发表。我认为这简直是对审查制度的滥用，愚蠢而可笑。我用了两天时间才说服政府，让他们相信在很多事上继续遮掩没有必要。

我认为美国政府的定点清除计划是合法的，在我们的技术能力之内，有助于实现我们的目标。任国安局局长时，每当问及“星风”监视计划的背景（第五章），我总会提到三个要素：技术上可行、操作得当、合法。三个要素重叠的领域就是国安局负责的范围。

任中情局局长后，我增加了第四个要素：政治上可持续。由于缺乏行政经验，总统（和他们的情报机关）都会犯错，这些错误之后他们都不会再犯。即便再受欢迎，也没有哪个总统在制订长期政策时不考虑其他政治分支，更不会直接或间接地忽略美国民众。

由于法律基点狭窄，效力不够成熟，我们的行动还需要政治和政策两条腿，而且它们必须产生于知情的辩论。因此要维持引渡、拘留、审讯计划（第十章、第十二章），就需要我更多地走到公众面前。如果公众认为你不够坦诚，则很难达成政治上的共识。

当然，上述的所有前提是我们相信美国的间谍活动具有价值，值得捍卫。我在乔治梅森大学授课时，每个学期开学初，我都会问学生一个问题：间谍活动和绝对机密是否和民主精神兼容？他们的回答通常是肯定的。我相信他们没有撒谎，哪怕提问者是中情局和国安局的前任局长。

我用更具挑战性的命题来总结这场讨论。“与其说兼容于民主，不如说民主更需要间谍活动。恐惧的人何谈民主。没有间谍，安全和自由都成问题。”

随后我和学生分享了我在华盛顿参加美国经典电影有线电视台迷你剧

《逆转奇兵》的首映见闻。《逆转奇兵》讲述了独立战争期间乔治·华盛顿的库伯帮在长岛的间谍活动。首映式在国家档案馆举行，我和珍妮受邀参加，那是个非常愉快的夜晚。仪式过后我还参加了他们的座谈会。会上，我首先祝贺库伯帮不仅在大众电视文化中受到纪念，在档案馆也占有一席之地。它的档案资料在馆内与《美国宪法》及《英国大宪章》的副本仅仅咫尺之遥。

我承认，“美国公众与间谍机构的关系很不稳定，总是时好时坏”。部分因为公众获取的信息不够完整（毫不奇怪）。“你知道本尼迪克特·阿诺德，知道内森·黑尔……但间谍活动有条铁的法则：你只能知道那些因计划失败身份暴露的间谍；而那些成功潜伏的间谍，你永远都不知道他们是谁。”

因此这部剧集的出现让我感到欣慰，我总算有机会告诉公众，我们美国历史上最早的间谍组织首脑，正是我们的第一任总统。他甚至坚持从国会获得了隐蔽行动的预算。最关键的是，这是彻头彻尾的美国做派。“间谍活动与我们美国同龄。”我说，“论资格，棒球、苹果派……都要排在它的后面。”

然而，讲历史，讲必要，都不足以为它正名。临下课时，我向学生们读了柏拉图的洞穴寓言，引导他们思考关于表象与现实的问题，发现真相的挑战。

“我们真的能够知道真相吗？”随即我提到 30 多年前我在保加利亚人民共和国和某政府官员的对话。我已不记得当时我们在谈论什么话题，但他的某些观点让我大为恼火，最后我忍不住大声质问：“你觉得真相是什么？”他毫不犹豫地回答：“真相？真相就是服务于党的东西。”

这就为谈论情报的本质提供了舞台，至少是谈论情报在现代民主社会的本质。我把那次对话比作有两扇门的房间，一扇门为情报而开，另一扇则为决策者而留。决策者可以是战术指挥官、内阁部长，也可以是总统；而房间则可以指代用帆布临时搭建的战术指挥中心或华丽的办公室，也可以是总统办公室。

不管哪种情况，动力学都是同样的原理。即便同时从两个门进入，情报专业人员也需要与决策者联系。理想意义上，即便不是中心，那也是房间的中心。情报人员的职责是对另一方的思想施加影响，无论这个过程多么漫长。

这个过程同样艰辛。因为要合法进入情报之门，情报人员需要以事实为依据，真实地还原世界的本来面貌；而决策者却是基于视觉（把我们带到某处）并以他们希望的样子想象世界的面貌。

情报之门要求以归纳推理为基础进行思考。在资料的海洋里畅游，情报官的职责是创造综合的判断、结论或者控制性的叙述（长官，我们之前认为发生在伊拉克的叛乱，现在可以判定为内战）。决策者则依靠自己强大的推理能力，将他/她的施政原则应用在特定的环境中（给我每个犯人的转移计划，我要按照承诺关闭关塔那摩监狱）。

情报专业人员普遍感到悲观。罗伯特·盖茨有次嘲讽说，当中情局分析师停止闻一朵花时，他总是环顾四周寻找灵车的影子。如果决策者没有乐观主义精神，他/她就不会去争取那份工作。（记住，他们说自己会让一切变得更好。）

因此这其中的实质就是那些性格悲观、归纳能力强的情报人员在遵守职业准则（合法性处于首要位置）的前提下，把他们看到的世界原原本本地塞进那些性格乐观、推理能力强的决策者脑袋里。基本上可以说，情报人员使决策者的日子越来越难过（总统先生，叙利亚东部地区好像有座接近完工的核反应堆；或者总统先生，根据我们掌握的情报，“伊斯兰国”不是协作型团队）。

情报人员不参与政策的制定，但准确无误的情报活动能为理性的政策讨论设定合理界限，这才是它的最大贡献。

总而言之，美国情报部门很好地掌握了这门艺术和科学。它是目前世界上唯一的全球化力量；因此它的成绩主要表现在世界上有多少国家的情报机构启动前往兰利的“朝圣之旅”，寻求支持和加强合作。我们在工作上的确出现过错误和失败，我也不例外。但不可否认，存在瑕疵的政策体制内，我们做到了最好。

如今，相对于质疑美国间谍活动的能力，我们面临着更大的问题。尽管我们的根基回溯至华盛顿，但间谍活动始终没有在美国民众中产生触及灵魂的积极影响。在国安局我常说：“国安局的成功只需要两样东西：权力和保密。我们赖以生存的政治环境恰恰最不相信这两样东西。”

权力和保密。

今天我们经常目睹这样的戏码，多数都是黑暗层面。他们研究我们面对新型威胁（比如恐怖主义）时采取了哪些措施，使用了哪些新型技术（比如全球集成计算机网络），他们把结果想得黑暗无比，对他们所谓的“监听国家”只会无情地鞭挞。

其他则极尽渲染夸张之能事，把诸多子虚乌有的担忧放大几百倍，目的是造成群体性恐慌。

我一直在努力指出，有些人把间谍活动看作光明与黑暗的斗争，这简直愚蠢至极。它只是自由人士在权衡安全与自由时的一份普通工作。在这个问题上，我们会根据环境条件的变化（比如威胁的实质和等级）对工作进行调整。

我经常提醒听众，我们摆脱了乔治三世的专制统治，我们对推行 13 州邦联宪法的继任政府不再抱有希望，因为它太过软弱，无法按照我们期待的政府该有的方式保护这个国家。费城的奇迹给我们带来了希望。它创造了强有力的中央集权，强大到令人敬畏的政权，因此国会立刻通过了十余项修正案来限制它的权力，尤其是《人权法案》。这部电影我们都看过，我们其实就是电影的主角。

对“监听国家”和“流氓机构”的恐惧，如今在慷慨激昂的左派和右派身上都反映出来。2015 年初，我应邀到华盛顿出席一年一度的保守派政治行动大会。会上我要和福克斯新闻网的自由派法学家安德鲁·纳波利塔诺法官围绕国安局的“215 计划”进行辩论。我和法官认识，实际上还是朋友。我期待那次辩论会很有趣，结果确实没有令我失望。

法官开场便慷慨激昂地引用宪法对情报机构大肆抨击。他的发言结束，我站起来对数千名欢呼不断、二十多岁的自由主义者说："纳波利塔诺法官是位一丝不苟的自由论者。"

欢呼声平息下来后，我继续说："其实我也是。"结果引来一波倒彩，甚至有人高声表示反对："你不是！"

我没有被那样的场面震住，继续解释我是个自由论者，我的大部分人生都在为这个国家的某块基石服务，这块基石的本质便是"共同防御"。我提醒在场的年轻人，他们崇尚的自由不会让他们免于所有的审查，只是免掉那些不合理的审查。然后，我又讲了半小时。

走下讲台时，我听到有个女观众喊："海登，你是个骗子。你的手上沾满了鲜血。"我没有回头，因为我觉得她的指控毫无根据，不值得辩解，不值得浪费力气。她有她的世界，我们有我们的世界。

或至少可以说，我有我的世界。

我为美国的情报界几乎工作了半辈子，这让我感到骄傲。这里资源充足，使命来自全球各地，从来不缺问题。

这是场无与伦比的刺激之旅：从韩国的非军事区到以色列的马察达；从饱受战争蹂躏的萨拉热窝到优雅的日内瓦；从独裁专制下的巴格达到保加利亚共产党统治的索非亚；从古老的亚的斯亚贝巴到现代的伦敦；从与世隔绝的关塔那摩监狱到热闹繁华的巴马科。

我遇到过形形色色的人，有像犯罪分子一样的拉特科·姆拉迪奇（波黑塞族指挥官），有沉着冷静的李赞福（朝鲜谈判专家），有强硬的阿尔瓦罗·乌里韦（哥伦比亚总统），有英勇的阿卜杜拉二世（约旦国王），有彬彬有礼的穆罕默德·本·扎耶德（阿布扎比酋长国王储），有狂热的尼古拉·萨科齐（法国总统），有令人厌恶的赛义夫·伊斯兰（卡扎菲之子），等等。

最令人激动的还是我们的使命，那就是捍卫像我们美国一样神圣的共和国以及与我并肩战斗的同僚。他们中有我年轻时的前辈、有我的朋友、有被我帮助过的人，还有那些仍在幕后默默奉献、保守秘密的人。

华盛顿领导的间谍组织名曰库伯帮，那是他手下一位得力助手的外号。该组织成立于反叛军在长岛和纽约的惨败后，这次失败导致 21 岁的内森 · 黑尔被害。该组织是美国历史上最早的间谍组织。如今在中情局原总部大楼与礼堂之间的大院内还屹立着黑尔的雕像。

每位中情局局长都要设计一枚个人纪念币，作为表彰性礼物送给最优秀的特工。纪念币正面统一为中情局盾牌，背面图案由局长自行决定。我是历史专业的，所以选择了黑尔的雕像。这立即遭到我的副手史蒂芬 · 卡佩斯的反对。“你应该知道他在第一次执行任务时就被捕牺牲？他没有为华盛顿带回任何有价值的情报。”

史蒂芬说得没错，我不得不放弃了这个念头。在情报领域，谁都无法保证每次都成功，而失败则意味着要付出巨大的代价。毕竟黑尔被敌人处决了，而此后纽约一直被英军占领。

作为中情局局长，我的一天从清晨 5 点 30 分开始，首先沿着波多马克河跑上 5 公里，然后迅速冲个澡，坐到防弹萨博班的后座，带着我的简报情报官花半小时去兰利。我们在车上开始检查 8 点呈给总统看的材料，以及大量报告和从中情局各分站和基地传回的电报。这要花费一小时左右，其中一半在车上，一半在办公室。每天阅读这些材料，让我很难对人性保持积极乐观的看法。显然，我们的世界存在许多邪恶的东西。

面对邪恶，我们有责任去阻止它的发生，或至少降低它的危害。有时候我会想，如果黑尔生活在 21 世纪，他的失败将意味着什么？

这使我想到许多黑暗的念头，非常黑暗的念头。

致谢

写作本书最大的乐趣就是有机会和几十个老朋友重新联系，和他们自由自在地聊天，回忆往事，请他们纠正我那不太准确的记忆，并为我的故事注入新奇的东西。

我的写作方式很直接：先利用国内或国际长途飞行写出某个章节概要，随后确认其中涉及的人物和档案，保证他们准确完整，同时又不失趣味。

本书从动笔到完工前后长达一年半，我做过70多次采访。我很感激被采访者的配合，但出于保护隐私，以防引起不必要的骚扰和麻烦，在这里我决定不提他们的名字。

我还要特别感谢国安局的特工，他们制订了“星风”监视计划并成功实施；感谢他们带着该计划的大量资料接受我的访问。感谢参与中情局拘押计划的特工，他们的热情让我感动。当然，还有许多热心的法律人士，他们得知我这个项目，都不愿失去为他们自己领域正名的机会。我采访过的每个人都乐意把他们做过的事情公布出来让公众评判，他们希望看到的只是记录。

在中情局、国安局和国家情报总监办公室，我有大批出色的工作人员，他们的支持使我的工作倍感轻松。我在很多方面都要依赖行政助理、办公室主任和其他工作人员，荣誉属于他们所有人。感谢他们为我提供了大量的手写材料和许多意外而鲜为人知的细节。

情报机构的工作人员很少有机会能讲述和评价自己的工作内容。中情局情报站站长、国安局信号情报收集员以及中情局和国安局的分析师，都曾和我进行深入的探讨。他们坦率地告诉我什么方法有效、什么方法无效、他们对在哪里、错在哪里。我在叙述中尽量还原他们的真实态度。

当然，并非所有的情报官员都愿意和我交流。反恐领域两个出类拔萃的情报官就婉拒了我的请求。我把他们当作朋友，但我了解他们的性格，他们只是不习惯和别人交谈，哪怕是我这个友善的前任局长以写书的名义也不行。他们有他们坚持的原则，我对他们的原则表示尊重。

访问在职情报官员要先写申请，然后递交国安局和中情局总部，查阅档案也是如此。特别感谢他们对我的请求做出响应。坦白说，我自己也不知道局长每日的工作流程是如何被记录在案，又是如何供人取阅的。出于保密的考虑，这些人决定了我在书中可以说什么、不可以说什么。他们秉公办事，但有时也善解人意和助人为乐。

为了正确反映当初政策辩论的内容，我还访问了行政机构的同僚、内阁官员和白宫官员。他们对待我的提问慷慨而坦率。谢谢他们。

离开政府后，我杂七杂八地写了一些东西，定期发表在美国有线电视新闻网、《华盛顿时报》和《世界事务杂志》上。它们为这本书做了有益的补充。

这本书看似是我个人的作品，但我不得不感谢《华盛顿邮报》记者兼编辑弗农·勒伯，是他最早向我提议合作出版本书。在我们真正开始之前，弗农甚至放弃了休斯敦的一个编辑职位，最终坚定了我动笔的决心。

最后，我真心希望本书具有一定的可读性，因此我每个章节的草稿都会先请妻子和孩子试读。他们对我的措辞、语法、语言组织和逻辑关系慷慨地提出建议。感谢他们对我的鼓励，有时他们会明确告诉我，这是我的责任，我应该把我的故事留给子孙看。

我特别感谢家人的投入，正是由于他们的陪伴与鼓励，这本书才得以面世。如果书中出现任何错误、不足或啰唆冗繁之处，全部责任由我一人承担。